교회와 선교 교육

이재완 지음

기독교문서선교회

기독교문서선교회(Christian Literature Crusade: 약칭 CLC)는
1941년 영국 콜체스터에서 켄 아담스에 의해 시작되었으며
국제 본부는 영국의 쉐필드에 있습니다.
현재 약 650여 명의 선교사들이 59개 나라에서 180개의 본부를 두고,
이동도서차량 40대를 이용하여 문서 보급에 힘쓰고 있으며
이메일 주문을 통해 130여 국으로 책을 공급하고 있습니다.
CLC는 청교도적 복음주의 신학과 신앙을 선포하는
국제적, 초교파적, 비영리 문서선교기관으로서, 하나님의 뜻에 합당한 책을 만들고
이 책을 통해 단 한 영혼이라도 구원되길 소망하며
이를 위해 주님이 오시는 그날까지 최선을 다할 것입니다.

The Church and Mission Education

by
Jae-Wan Lee

Copyright © 2009 by Christian Literature Crusade
Seoul, Korea

추천사

고세진 박사
아세아연합신학대학교 총장

 교육은 한 사회를 유지하거나 발전시키기 위하여 교육자가 배우는 사람들을 변화시키려고 체계적이고 일관성 있는 과정 속에서 의도적으로 시도하는 행위의 연속이다. 선교를 위한 교육도 피선교국의 사람들과 사회를 더 나은 차원으로 변화시키고 유지, 발전시키는 데 협조하기 위하여 선교 지원자 자신이 먼저 피교육자가 되어 교육에 참여하여 선교지에서 예상되는 문제나 행할 주제와 방향들을 설정하고 심도있게 체득하여 실질적으로 효과적인 선교 활동을 할 수 있도록 예비하는 과정이라고 할 수 있겠다.

 이러한 과업에 대하여 열정과 자격을 갖춘 이재완 박사가 저술을 완성하게 된 것을 기쁘게 생각한다. 이 박사는 선교학자요, 선교 행정 경험이 풍부하며, 아세아연합신학대학교의 강의실에서 여러 해 강의한 경험도 있고, 도처의 선교 현장에서 강의한 경력도 있어서, 여러 가지 지식과 체험을 바탕으로 한국 교회 선교 교육의 실태를 분석하고, 선교를 위한 차원 높은 교육적 대안들을 모색하고 있다. 이 책은 선교 교육의 학문적인 이론과 실천적인 주제들을 구체적으로 다루면서 그러한 이 박사의 생각을 잘 정리한 것이다.

 선교학자들은 물론 한국 교회 성도들도 이 책을 일독함으로써 얻는 통찰과 지식이 많을 것으로 생각하여 진지하게 추천하는 바이다.

저자 서문

주님의 교회가 선교(Mission)해야 하는 근거는 무엇인가? 그것은 주님의 대위임령(The Great Commission) 때문이다. 그러나 주님께서 명령하신 선교는 열방을 향하여 선교사를 파송하는 것으로 그치지 않는다. 다시 말하면 선교지에 파송된 후 보다 효율적이며 능력 있는 선교 사역을 감당할 수 있도록 잘 훈련되고 준비된 자를 파송해야 한다. 훌륭한 선교사는 축적된 교육과 훈련으로 세워진다. 천신만고 끝에 한국에 들어오게 된 선교사들에 의하여 세워진 한국 교회의 역사가 120여 년이 넘는 한국 교회는 오늘날 2만여 명에 가까운 선교사를 전 세계에 파송한 그야말로 선교 대국이 되었다.

성경적인 선교란 무엇인가? 교회는 선교에 대하여 어떻게 이해하는가? 현대에 와서 다양한 선교신학적 이론들이 있는데 그중에서 보다 성경적인 기준(Biblical Norm)이 되는 선교신학은 무엇인가? 주님께로부터 위임받은 선교적 책임(마 28:18-20; 행 1:8)을 21세기 교회들은 어떻게 감당할 것인가? 교회의 선교와 선교 교육은 어떤 관계에 있는가? 교회는 어떻게 선교 교육을 실행할 것인가? 그리고 선교 교육의 기초를 어디에 두며, 어떤 목적으로, 어떤 내용으로, 어떤 방법으로 선교 교육을 행할 것인가?

이러한 질문 앞에서 본서는 교회의 존재 목적인 선교와 선교의 바람직한 실천을 위한 기초를 닦는 선교 교육(Mission Education)과 관련된 위의 여러 가지 질문들을 전제로 한 다양한 주제들을 다루었다. 이 주제들의 접근 방법으로서 제1부에서는 선교에 대한 학문적인 접근과 이해를 돕고자 하였으며, 나아가 교회가 행하는 선교 교육의 방향성을 설정하는 데 도움을 줄 수 있는 성경적인 개념을 확고히 하고자 했다. 이를 위하여 선교의 네 가지 관점(교육학적, 신학적, 성서적, 역사적 관점)에서 조명해 볼 것이다.

제2부에서는 선교 교육의 기초 개념들을 설정하는 데 초점을 맞추었다. 선교 교육의 중요성과 목적, 그리고 방법과 문제점들을 교회 현실의 토대 위에서 분석해 보고 방향을 제시하고자 하였다. 이것은 제1부의 내용을 토대로 할 것이며, 올바른 선교는 성경적인 선교 교육에 기초하기 때문이다. 성경적인 선교 교육은 그 내용과 방법 역시 철저히 성경을 중심으로 이루어져야 하며, 검증되어져야 할 것이다.

제3부에서는 선교 교육의 다양한 범주들을 다루게 되는데 이를테면 선교 교육에서 빼놓을 수 없는 기독교 세계관의 문제와 선교 교육의 주체인 목회 리더십, 선교를 위한 재정관리, 전문인 선교, 자비량 선교 등의 주제들을 다룰 것이다.

끝으로 4부에서는 선교 교육의 실제적인 방법으로서 선교 교육의 프로그램에 관하여 다루었다. 먼저 선교 교육의 분야들에 관하여 분류하였으며, 그것을 기초로 하여 신학대학교와 교회 그리고 선교단체에서의 선교 교육 프로그램을 다루었다. 마지막으로 선교 교육의 한 모델인 웨슬리의 선교 교육 프로그램에 관하여 분석, 연구함으로써 본서를 마무리하였다.

선교 교육은 기독교 교육의 한 분야로서 성경의 선교적 메시지를 해석하고 기독교 선교의 실천(praxis)을 도모하는 교회의 핵심적인 사역 중의 하나이다. 그러므로 올바른 선교는 올바른 선교 교육으로 이루어지는 것이다.

아무쪼록 본서를 통하여 새로운 선교를 준비하는 한국 교회와 모든 선교 지도자들, 그리고 선교하고자 하는 모든 분들에게 하나의 작은 지침이 될 수 있기를 기도드린다. 특히 필자의 연구를 위하여 사랑으로 섬겨 주신 정경란 권사님 그리고 수많은 선교지의 선교사 연장교육 강의실에서 만난 선교사님들의 중보기도와 신앙의 동역자들인 나의 사랑 임마누엘교회 모든 성도들과 늘 기도로 응원하는 사랑하는 아내 한명희 사모와 늘 다윗의 영성을 갈구하는 아들 광재의 기도에도 감사를 표한다. 아울러 저와 함께 산고의 고통을 나눠주신 기독교문서선교회의 박영호 목사님과 직원 여러분의 배려에 감사드린다.

한국 교회와 세계선교를 위하여 기도하며
아세아연합신학대학교에서 이재완 교수

Contents

차 례

추천사 ＊ 5
저자 서문 ＊ 6

제1부 선교의 이해 ＊ 11

제1장 선교의 교육학적 관점   13
제2장 선교의 신학적 관점   45
제3장 선교의 성경적 관점   81
제4장 선교의 역사적 관점   105

제2부 선교 교육의 이해 ＊ 125

제5장 선교 교육 - 세계 선교의 기초   127
제6장 선교 교육의 기초   137
제7장 선교 교육의 신학적 기초   167
제8장 모든 교회를 위한 선교 교육   179

Contents

제3부 선교 교육의 영역 * 189

제9장 선교 교육과 기독교 세계관   191
제10장 선교 교육과 목회 리더십   233
제11장 선교 교육과 재정 관리   267
제12장 선교 교육과 전문인 선교   275
제13장 선교 교육과 자비량 선교   285

제4부 선교 교육 프로그램 * 297

제14장 선교 교육의 분류   299
제15장 선교 교육 프로그램(1) - 신학대학교   317
제16장 선교 교육 프로그램(2) - 선교단체   333
제17장 선교 교육 프로그램(3) - 교회   353
제18장 선교 교육 프로그램(4) - 단기선교   417
제19장 선교 교육 프로그램(5) - 요한 웨슬리   433
제20장 결론   457

참고문헌 * 460

The Church and Mission Education

제1부

선교의 이해

제1장 선교의 교육학적 관점

제2장 선교의 신학적 관점

제3장 선교의 성경적 관점

제4장 선교의 역사적 관점

The Church and Mission Education

제1장

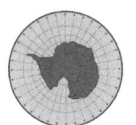

선교의 교육학적 관점

성령행전이라 부르는 사도행전(Acts)에 대하여 듀퐁(J. Dupont)은 "서신서들과 예수님 이야기 사이의 연결고리이다"[1]라고 했다. 예수 그리스도의 제자들은 성령강림 후 대위임령(the Great Commission)을 수행할 수 있었다. 오순절 날 성령이 모여 있던 신앙공동체 위에 강림하심으로 신약 교회가 태동되었으며 선교의 새 시대가 열렸다.[2] 그런 의미에서 주님의 몸 된 유기체요, 생명체인 교회는 성장해야 하며, 이 성장은 양적 성장과 질적 성장이 동시에 이루어져야 한다. 교회는 양적 성장을 위해 선교를 실천(praxis)하고 질적 성장을 위해서 교육(didache)을 실천해야 한다.[3]

폴 틸리히(Paul Tillich)는 "살아있는 그리스도의 몸인 교회는 다양한 기능을 가지는데 그중 확대의 기능은 교회의 성장과 관련된 것으로 선교와 교육이 여기에 속한다"[4]고 했다. 즉 선교와 교육은 교회의 성장, 곧 하나님 나라를

---

1) Jacques Dupont, *The Salvation of the Gentiles*, Translated by John Keating from the original French (New York: Paulist Press, 1970), 7.
2) Roger E. Hedlund, *A Biblical Theology of Missions*, 「성경적 선교신학」, 송용조 역(서울: 고려서원), 301.
3) 이재완, 「선교와 교육」(아세아연합신학대학교 강의안, 2008), 7.
4) 폴 틸리히(Paul Tillich)는 교회의 기능을 다음과 같이 분류했다. ① 구조의 기능: 전통을 받아들이거나 개혁하는 기능으로서 상담과 예배 등이 있다. ② 확대의 기능: 교회의 우주적 선포에 관련된 것으로 선교, 교육, 전도, 봉사가 있다. ③ 건설의 기능: 영적 잠재력의 실현과 관련된 문화 양식의 기능인 종교, 예술, 신학, 공동 개인생활 등이 있다. 김형태, 『기독교

확장시키기 위한 교회의 임무이다. 하나님은 그의 백성을 교회로 부르시고, 신앙공동체를 이루시며, 그 백성들을 양육하며, 다시 세상 가운데 말씀의 증거자로 내보내신다. 그러므로 선교와 교육은 세상 끝 날까지 하나님 나라(the kingdom of God)를 위한 역동적 힘이 된다.

'선교'는 예수 그리스도를 만난 사람들이 그 동안 자신이 추구하던 자기중심적인 삶(self-centered life)을 버리고 주님의 요청을 따라 말씀하신 그곳에서 그분의 마음으로 그분의 메시지를 선포하며 살아가는 삶이라 할 수 있다.[5] 그리고 예수 그리스도에게 전혀 충성하지 않는 자들에게 복음을 전하며 이들을 일깨워 예수 그리스도를 주와 구주로 받아들여 교회의 책임 있는 구성원이 되게 하는 것이다.[6]

반면 '교육'은 예수 그리스도의 인격(Being)과 행위(Doing)에 맞추어 그 본을 따르고 성숙한 제자들이 될 수 있도록 돕는 일련의 과정(process)이다. 선교는 예수님을 주님으로 고백하도록 하는 일이며, 교육은 그에 합당한 삶으로 지도하는 것이다. 따라서 한 사람이 예수님을 구주와 주님으로 고백했다면 선교의 목적은 성취되었지만 교육의 목표는 아직 남아 있다. 선교가 하나님의 자녀를 낳는 것이라면 교육은 그 자녀가 성숙한 제자가 될 때까지 양육하는 일이다. 그러므로 하나님의 자녀를 낳는 선교 후에는 그리스도의 장성한 분량이 충만한 데(엡 4:13) 이르기까지 교육해야 한다. 이 사실은 예수님의 공생애 사역에서나 지상명령을 선포하실 때(마 9:35; 28:19-20; 행 2:42, 47) 더욱 분명해졌다. 즉 예수님은 지상명령 가운데 선교와 교육을 동시에 부탁하셨고 제자들은 이 명령에 순종하여 초대교회 선교 초기부터 교육과 선교는 병행되었다. 이렇게 선교와 교육(Mission and Education)을 병행했을 때 교회가 부흥했음은 초대교회를 통해서 분명하게 알 수 있다. 교육은 선교의 결과를 위한 기본적인 동력이 되는데 이는 복음 전파 후 계속되는 제자화 과정이 교육에 관계되며, 선교와 교육을 함께 실시하는 것은 질적, 양적으로 균형 잡힌

『교육의 기초』(서울: 대한예수교장로회총회출판국, 1989), 26; Paul Tillich, *Systematic Theology*. Vol. 3 (Chicago: The University of Chicago Press, 1963), 182-216.

5) 이재완, 「선교와 교육」(아세아연합신학대학교 강의안, 2007), 5.

6) 이광순, 이용원, 『선교학개론』(서울: 한국장로교출판사, 1993), 19.

성장의 열쇠이다.

그 동안 한국 교회는 교회의 양적 성장에 주력하다가 교육을 통한 교회의 내적 성숙에 소홀했다. 그러므로 이제라도 선교와 기독교 교육의 병행을 공고히 해야 한다. 따라서 교육과 선교의 협력 관계의 가치와 당위성을 규명하고, 나아가 선교와 교육이 왜 협력 관계를 유지해야 하는지를 피력하겠다. 이제 앞에서 제기한 선교와 교육의 협력 관계의 당위성을 고찰하기 위해서 첫째, 교회 교육과 선교는 교회에서 어떤 위치에 있는가, 둘째, 교육과 선교가 역사적으로 어떻게 실시되어 왔고 그 결과는 어떠했는가, 셋째, 선교와 교육이 실천적 영역에서만 아니라 학문적 연구 과정에서도 협력 관계가 필요하다면 그 가능성은 무엇인가, 넷째, 협력을 통해 한국 교회에게 주는 유익은 무엇인가를 알아보고자 한다.[7]

먼저 '선교'(Mission)란 국내의 전도 활동이나 국외의 선교 활동을 포함한 모든 활동이다. 즉 교회의 '양적' 성장을 초점으로 한 포괄적인 의미이다. 그리고 선교는 타 문화권적에 대한 선교나 해외에서 활동하고 있는 선교사들의 제반 활동이라는 제한적 개념을 넘어 국내 전도나 해외 선교 등 하나님 백성의 양적인 성장과 교회의 복음 전파에 대한 포괄적 개념으로 사용된다.

또한 '교육'(Education)이란 교회 교육에서부터 해외 선교지에서 현지인 지도자 양성을 위한 제자화 과정에 이르기까지 하나님 백성의 영적인 성숙과 지(知), 정(情), 의(意)에 대한 성숙과 함께 인간의 바람직한 변화를 목표로 하는 전 과정을 의미한다.

1. 교육과 선교적 사명

1) 교육적 사명

교회의 기능이 교육에만 있는 것은 아니지만 교육 없이 교회는 존재할 수

---

7) 조해룡, 「선교와 기독교 교육과의 관계」, 2007.

없다. 교육신학자 제임스 스마트(J. Smart)는 그의 저서 『교회의 교육적 사명』 에서 다음과 같이 강조했다.

> 교회는 선교하는 것처럼 교육에도 주력해야 한다. 그렇지 않으면 교회가 교회일 수 없다. 교회는 교회의 본질에 속하는 것이며 기능을 소홀히 하는 교회는 교회의 본질을 구성하는 필수적인 요소를 상실한다. 복음이 전해지지 않은 교회나 올바르게 집행되지 않은 교회가 결함 있는 불완전한 교회일 수밖에 없는 것 같이, 교육적 기능이 제대로 움직이지 않은 교회 또한 결함 있는 교회이다.[8]

교회는 하나의 교육기관이다. "교회는 하나님에 의하여 특별히 계획된 인간 교육의 집이요 형식이다. 하나님은 직접 세우신 교회를 통하여 인간을 구원으로 인도하고 계신다. 교회 자체가 교육기관이다."[9] 교육은 하나님의 직접적이고 전적인 손 아래 있기에 교회의 모든 활동 자체가 교육과 관련된다. 그러므로 교회는 하나님의 위임 사명을 감당해 내기 위해 전체적이고 전문적인 교육을 수행해야 한다. 콜만은 그의 저서 『교육하는 교회』에서 하나님은 교육하시는 하나님이라 주장했다.

> 성경의 하나님은 교육하시는 하나님이시다. 태초부터 하나님은 인간의 마음속에 뿌리를 내리도록 계획된 지성적인 상징을 통해 하나님의 뜻을 인류에게 나타내시고자 했다. 그리고 태초부터 하나님은 이런 사역에 협력자가 되도록 교사를 임명하셨다. 오늘날도 교회의 교육적 기능은 여전히 하나님의 주도권으로부터 시작된다. 여호와께서는 여전히 이 일을 위해 사람들을 부르고 계신다.[10]

---

8) James D. Smart, *The Teaching Ministry of the Church* (Philadelphia: The Westminister Press, 1964), 11.
9) 오인탁, 『기독교 교육』(서울: 종로서적, 1991), 29.
10) Lusion E. Colman, 『교육하는 교회』, 박영철 역 (서울: 생명의말씀사, 1991), 139-140.

성경은 교회의 교육적 사명의 막중함에 대해 말하고 있다. 제자들에 대한 예수님의 명령이나 디모데에 대한 바울의 가르침이 그러하다. 바울은 디모데에게 교육의 임무를 완수하도록 부탁하였다(마 28:19-20; 딤전 3:2; 딤후 2:21; 4:11). 사회, 문화적 여건이나 생활 규범이 단순했던 당시, 예수님을 따르며 행적을 목격하고 직접 교훈을 받았던 제자들에게도 초대교회는 교육의 중요성을 강조했다.

또한 교회는 교육적 영역을 성장기에 속해 있는 연령층에게 신앙 지식과 교회 생활을 위한 의식을 전달하거나 훈련하는 과정으로만 이해해서는 안 된다. 계속적인 성장을 전제로 하는 교육은 성장기 연령층으로부터 노인 세대까지 그 대상이 된다.[11] 초대교회는 예수 그리스도를 대면하지 못한 2세들과 이방 문화 속에서 복음을 접하게 된 모든 연령층에게 기독교의 진리와 삶의 양식을 교육하여 바람직한 삶을 살도록 이끌었다.

교회의 교육적 사명은 이런 조명하에서 바르게 인식하고 효율적으로 이행되어야 한다. 교회는 하나님의 말씀에 계시된 진리 규범에 따라 모든 자녀들에게 천국의 참된 시민이 되도록 양육해야 할 특별한 사명이 있다. 이를 완수하기 위해 교회는 필요한 모든 물적, 인적, 사회적, 심리적 방편들과 조건들을 구비하여 가장 효율적인 교육 방법을 연구 개발하여 활용해야 한다.[12] 즉 교회의 교육적 사명은 교회가 교회되기 위한 것이며 하나님 나라를 확장하기 위해 없어서는 안 될 중요한 기능이다.

2) 선교적 사명

선교는 교회의 일부분만이 실행하는 특수 기능이 아니며 전 교회적으로 실행해야 하는 사업이다. 선교란 전 세계에 대한 그리스도의 관심을 표현해 가는 그리스도의 몸(the body of Christ) 자체이다.[13]

---

11) 박진경, "기독교교육에 대한 포괄적 이해,"「통합연구」, 제2권 1호 (1989, 2), 32.
12) 김용섭, "한국 교회와 교육문제,"「오늘의 한국 교회 무엇이 문제인가?」, 교회문제연구소 편 (서울: 엠마오, 1986), 119-23.
13) Donald G. Miller, *The Nurture and Mission of the Church* (Atlanta: John Knox Press,

먼저 교회의 선교 모형은 오순절 이후에 나타난 예루살렘 교회와 안디옥 교회에서 찾을 수 있다. 이 공동체는 그리스도를 머리로 하는 선교공동체였다. 주님의 분부대로 십자가와 부활을 증거하기 위해서 모였고, 중심 과제는 그리스도를 주라고 증거하는 것이었다. 그들의 말씀을 증거하는 삶은 믿는 자들의 수를 확장시키는 결과를 낳았다. 사도행전은 성도의 숫자적 증가와 더불어 복음의 지역적 확장을 그리고 있는데 이것은 사도행전 1:8의 말씀대로 복음은 사방으로 전파되었다.[14] 초대교회의 사도적 근원은 가장 먼 곳까지라도 기꺼이 달려가는 선교적 사명에 의해 형성되었다. 교회의 결론적 의미인 '선교'는 여러 학자에 의해 다양한 방법으로 표현되어 왔다.[15] 코스타스(Orlando Costas)는 교회의 선교에 대하여 언급하기를,

> 교회란 기본적으로 선교적 공동체이다. 즉 교회의 성격은 오직 세상을 향한 하나님 자신의 선교적 관점에서만 이해될 수 있다. 이와 같은 성격의 교회와 교회의 소명 사이에는 본질적이며 뗄 수 없는 상호관계가 있다. 즉 교회는 기적적인 구속의 공동체이다. 이 교회는 이 세상 속에서 구원 활동을 펼쳐 가시는 하나님의 역사적 산물일 뿐만 아니라 교회는 처음부터 그 자신이 태어나게 된 성령의 역사적 도구로 불려진 공동체이다.[16]

알프레드 크라스(Alfred C. Krass)는 교회는 선교를 위하여 존재한다고 주장하였다.

> 교회는 모든 피조물이 하나님께서 정하신 계획을 알아야만 한다는 그분의 뜻을 수행해 가고 있다. 이 하나님의 계획이란 바로 모든 사람들이 이 세상에 사는 동안에 구속받고 하나님과 성숙한 교제를 나누며 영원한 세계에서 그분의 영광에 함께 참여하는 일이다(골 1:27). 이것이 그리스도 안에서 교회의

1957), 69.
14) 이광순, 이용원, 『선교학개론』, 20.
15) Edward R. Dayon and David A. Fraser, 『세계 선교의 이론과 전략』, 곽선희 외 2인 역 (서울: 대한예수교장로회출판국, 1991), 97.
16) Orlando Costas, *The Church and Its Mission* (Wheaton: Tyndale, 1974), 8.

목회와 선교 안에서 활동하시는 하나님의 역사의 목표이다. 교회는 그 자체가 목적이 될 수는 없다. 교회는 오직 선교만을 위하여 존재한다. 교회는 곧 선교이다.[17]

폴 미니어(Paul Minear)는 『신약성경에 나타난 교회의 이미지』(Images of the Church in the New Testament)에서 하나님이 세상에 보내신 실재로서의 교회의 본질과 선교와의 관계를 설명하기 위해 신약성경에 사용된 96개 이상의 비유를 채록한 바 있다. 그는 "신약성경에서 빛, 소금, 누룩, 진리를 떠받치는 기둥, 하나님의 사자, 씨앗을 뿌리는 농부, 예배 의전 등과 같은 표현들은 교회의 본질과 선교와 관련된 비유이다"[18]라고 했다.

교회의 중심은 자기를 계시하시는 하나님께 있고 하나님은 보내시는 분이기에 교회는 본래적으로 선교적 성격을 띤다. 성령의 능력으로 구원받은 교회는 오직 자신이 받은 바와 같은 구원을 지상의 모든 사람들이 같이 누릴 수 있도록 도와주어야 한다. 그러므로 이 선교적 본질이야말로 교회가 존재하는 특성이라 할 수 있다.

3) 교육과 선교의 관계

선교와 교육은 교회의 중심적 과제이며 교회가 교회되기 위해서 없어서는 안 되는 사명이다. 오늘날 교회는 선교를 필연적 임무라고 생각하지만 기독교 교육을 경시하는 경향이 있다. 그러나 선교와 교육은 어느 것도 소홀히 할 수 없는 과제이다. 그러므로 하나님 나라를 확장하기 위해서 교회는 이 두 가지의 과제를 동시에 실시해야 한다.

초대교회는 가르치는 일과 복음을 전파하는 두 가지 유기적인 일을 통해 그리스도의 제자를 삼는다는 공통 목표를 가지고 있었다. 초대교회는 그 시작과 더불어 교회 안에서 교육은 배움의 과정이요 사회화의 과정으로서 선교

---

17) Alfred C. Krass, *Go and Make Disciples* (Napervilne, 1974), 6-11.
18) Edward R. Dayon and David A. Fraser, 『세계 선교의 이론과 전략』, 97.

의 과제와 나란히 교회의 정체성을 이루어 왔다. 선교와 교육의 사명은 모두 피조물에 대한 하나님의 사랑 안에서 그 공동의 원천을 갖고 있다.

사도행전에서는 가르치는 것을 '디다케'(Didache)로, 전파하는 것을 '케리그마'(Kerygma)로 표현했다. "저희가 날마다 성전에 있든지 집에 있든지 예수는 그리스도라 가르치고 전도하기를 쉬지 아니하니라"(행 5:42). 여기서 가르치는 '디다케'와 전도하는 '케리그마'가 함께 조화를 이루어 실시되었음을 보여준다. 스마트(James Smart)는 다드(C. H. Dodd)가 구분한 케리그마(복음 전파)와 디다케(교육)의 개념을 비판하면서 교회에서 복음 전파와 교육의 임무가 동등한 위치에 있음을 역설하고 있다.[19]

> 다드는 사도들의 가르침이 기독교 공동체를 대상으로 윤리적인 교훈이었던 것에 비해 사도들의 선교는 비기독교 세계를 향하여 그리스도를 공개적으로 선포하는 것이었다고 결론지었다. 즉 교육은 성격상 시종일관 윤리적이었고 케리그마와 같은 깊이와 힘을 가지고 있지 않은 것으로만 이해했다면 교육과 복음 전파와의 필연적인 관계를 분리시켜 놓은 것이나 다름없으며 교회의 사명으로서 기독교 교육의 위치를 약화시켜 놓을 수밖에 없다.[20]

교회가 선교 공동체로서 세상을 향한 누룩, 소금, 빛의 사명과 훈련장으로서의 역할을 감당하기 위해서는 교육공동체로 전환되어야 한다. 또한 교회가 삶의 모든 영역에 관심을 보이면서 선교에 동참해야 된다면 기독교 교육은 단순한 경건의 학습이나 영적 양육의 차원에 머물 것이 아니라 전 교인을 선교의 역군으로 훈련시켜야 할 필연적 과제에 집중해야 한다.[21]

선교가 하나님 나라의 확장이라는 목표의 전차적(前次的) 사역이라면 기독교 교육은 후차적(後次的)인 사역이다. 그러나 자칫 기독교 교육을 선교에 종

---

19) Roger E. Hedlund, *A Biblical Theology of Missions*, 252; James Smart, *The Teaching Ministry of the Church*, 25-26. 그리고 C. H. Dodd는 저서 *Apostolic Preaching and Its Developments*에서 메시지의 내용에 기초해 사도들의 복음 전파(kerygma)와 가르침(didache) 사이에 분명한 선을 그으려고 시도했다.
20) 오인탁, 『기독교 교육』, 154.
21) James Smart, *The Teaching Ministry of the Church*, 25-27.

속시키거나 선택 사항으로 인식하는 것은 하나님 나라를 확장하는 일을 실패하게 만드는 요인이 될 수 있다. 미래의 교두보를 마련하기 위해서 양대 사역은 공존적으로 실시해야 한다.

요약하면, 교육과 선교는 교회에서 없어서는 안 될 막중한 사명이며 어느 하나를 다른 것에 종속시키면 교회는 교육과 선교의 원천적 사명을 수행하지 못하는 결과를 낳는다. 그러므로 교회는 교육과 선교에 같은 비중을 두고 균형을 유지해야 하며 하나님 나라를 확장하기 위하여 교회의 사명을 역동적으로 감당해야 한다.

4) 교육과 선교의 역사적 고찰

하나님의 구원 역사는 창세에서부터 현대에 이르기까지 계속되고 있다. 역동적인 기독교 역사 속에서 그 방법과 형태는 시대에 따라 다르지만 기독교 교육과 선교는 함께 길을 걸어 왔다. 그리고 복음 전파에 가르치는 사역은 늘 필수적으로 동반되었다. 이제 신구약 시대의 발자취를 살펴본다.[22]

(1) 성경적 근거

a. 구약 시대

구약 시대부터 이스라엘 백성의 역사 가운데 열국을 향한 하나님의 구원 계획과 교육의 임무를 규정하셨음을 볼 수 있다. 아브라함의 약속과 출애굽 사건 그리고 예언자들의 활동 가운데에서도 하나님의 만민을 향한 관심과 이스라엘의 선교적 사명을 찾아볼 수 있다(창 12:3; 출 19:5, 6; 신 6:6-7; 사 49:6).[23]

이처럼 구약성경은 선교와 교육에 결코 무관하지 않다. 구약성경은 선교의 정신, 즉 하나님의 인간에 대한 보편적인 관심으로 가득 차 있고 하나님의 구체적인 활동은 이스라엘의 선택과 사역으로 드러나 있다. 구약은 현대적

---

22) 조해룡, 「선교와 기독교 교육과의 관계」, 2007.
23) 이광순, 이용원, 『선교학 개론』, 44-48.

의미의 선교적 활동은 충분히 보여주지는 못하나 넓은 의미의 선교적 사역은 충분히 보여주고 있다.[24] 인간은 하나님의 광대한 선교적 목적을 이해하지 못했고 불순종과 반역을 되풀이하고 있지만 하나님은 선교의 책으로서 구약성경을 주셨고, 선교 사역의 담당자로서 이스라엘을 그 도구로 사용하셨다.

구약성경은 이방을 향한 선교적 목적을 이루기 위해 교육을 사용하였다. 이스라엘에게 '가르치는' 하나님에 대한 개념은 하나님의 속성 그 자체이며 이스라엘에게 내재해 있는 교육은 히브리적 유산이었다. 새로운 시대가 도래할 때에도 기독교의 전통이 하나님의 법과 예언을 한층 더 세워 나가게 된 것은 교육의 결실이라 보아진다. 히브리인들은 '쉐마'(Shema)를 비롯한 율법 그 자체가 그들을 가르치는 내용의 실체이며 그들을 생명으로 이끄는 하나님의 등불이요 안내자로 여기게 되었다.[25]

고통스러운 역사 속에서도 유대민족은 교육에 대한 뿌리 깊은 애착으로 인해 존속할 수 있었고 그들의 종교의식과 기념물은 주로 교육을 위한 것이었다. 포로의 세월 속에서도 하나님 유일사상은 유대주의 교육을 통해 존속될 수 있었다. 회당(Synagogue)과 학교(Beth Hamidrash, Academy)는 망명 중에 있던 유대인의 교육을 위한 장소였다.[26] 구약 시대에는 이방을 향한 선교와 하나님 절대성을 뿌리 내리기 위한 교육이 존속되어 왔고, 신약으로 넘어오면서 선교와 교육이 하나님 나라를 위한 자리매김을 하게 된 것은 구약의 오랜 역사 속에 배어 있었던 결과라 할 수 있다.

---

24) 이광순, 이용원, 『선교학 개론』, 62.
25) 유대인들의 교육은 주로 종교 의식으로 행해졌는데 살펴보면 다음과 같다. ① 할례: 생후 8일 만에 행하였다. ② 메주자(Mezuzah): 양피지에 율법을 새겨 넣어서 출입문에 매달면 자녀들이 출입하면서 거기에 입맞추면서 "하나님이 나의 출입을 지금부터 영원까지 지킬지어다"라고 고백한다. ③ 바 미즈바(Bar Mizwah): 13세에 행하는 이스라엘 공동체의 책임 있는 일원이 되는 성인식이다. ④ 안식일 준수: 금요일 저녁에 깨끗하게 마련된 식탁에서 만나를 기념하는 빵 두 조각을 먹는다. ⑤ 두 절기: 유월절에는 무교병 식사, 포도주, 축복과 시편 읽기, 장막절에는 매년 7일간 장막 생활을 한다. 은준관, 『교육신학』(서울: 대한기독교서회, 1976), 88-91.
26) 김성환, "기독교 교육사", 『기독교 교육론』, 오인탁 외 편 (서울: 대한기독교교육협회, 1990), 127-128.

b. 신약 시대

예수님의 사역: 예수님은 공생애 동안 천국 복음을 전파하시고 가르치시며 백성 중에 모든 병과 약한 것을 고치셨다(마 4:23). 인류의 구속 사업을 완성하시고 하나님 나라의 도래를 선포하셨는데 이때 백성들과 제자들에게 말씀을 선포하고 가르치는 일을 하셨다.

무엇보다도 예수님은 제자를 훈련시켜서 선교 현장으로 파송하셨다. 12제자를 부르사 더러운 귀신을 쫓아내고 모든 병과 약한 것을 고치는 권능을 주어 전도 여행을 떠나게 하셨다(마 10:5-14; 눅 9:1-11). 부활 후 제자들에게 세계 선교를 명하셨는데 이는 유대인과 이방인에 대한 선교적 관심으로 가득 찼으며 제자 삼는 방법으로 '가르침'을 중요하게 여기셨음을 보여준다(마 28:19-20). 예수님의 공생애 사역과 부활 후의 명령으로 보아 예수님은 말씀을 전하고 가르치는 일을 요구하셨다.

사도들의 사역: 사도행전은 예수님의 공생애 사역의 결실이며 제자 교육의 성취를 보여주고 있다. 예루살렘과 유대와 사마리아와 땅 끝이 사도들의 선교 범위의 목표였고 복음은 예루살렘으로부터 시작하여 모든 족속으로 전해져 갔다.[27] 이것은 사도들의 선교 방향의 지침이 되었다. 그러면서도 사도들은 내적으로 가르치는 것과 친교, 기도 생활, 성만찬 등을 그리스도인의 행동양식에 포함시켰다.

기독교가 로마를 향해 뻗어나갈 때 교회 내적으로는 교사와 부모의 교육이 이루어졌다. 또한 이방인들이 기독교로 개종한 후 그동안의 우상숭배와 이교 신앙에서 돌아서기 위해 교회 자체에서 개종자들에게 교육을 행하였다. 바울은 목회서신에서 교육적인 과업에 대한 교회의 책임과 성직자의 의

---

27) 주의 동생 야고보: 예루살렘, 사마리아, 팔레스타인, 아라비아, 가이사랴 일대
   마가: 알렉산드리아, 테베, 이집트, 내륙, 페타폴리스, 인디아 일대
   도마: 인디아와 그 주변
   베드로: 안디옥, 시리아, 길리기아, 갈라디아, 본도, 로마, 스페인, 영국, 프랑스 일대
   요한: 에베소, 데살로니가, 모든 소아시아 지역
   안드레: 니케아, 니코메디아, 비시니아 모든 지역, 갈라디아 내륙 그리고 그 주변 지역
   누가: 비잔티움과 테레이스 모든 지역 그리고 다뉴브 강 일대
   아다이(72인 중 한 사람): 에뎃사, 니시비스, 아라비아 북쪽지방과 남부 주변 지역, 메소포타미아 등. 이재완, 「선교역사」(아세아연합신학대학교 강의안, 2009), 101-102.

무에 대하여 기록하였다. 바울은 디모데에게 세상에 나가서 사람들을 가르치고, 은사를 소홀히 하지 말고, 전심전력을 다할 것을 당부했다(딤전 4:14). 가르치는 은사에 대한 바울의 관심은 대단했다. 디모데후서에는 교육을 통해 신앙의 성숙을 영속하려는 바울의 관심으로 가득하다.

초대 기독교는 그리스도의 부르심에서 제자도의 삶을 요망하였고, 단순히 교리 주입만이 아닌 그리스도의 주권을 확고히 믿는 신앙을 바탕으로 교육하였고, 성도들은 교육을 통해 올바로 성장할 수 있었다. 초대교회의 삶과 선교 사역은 그 대부분이 교육을 통해 이루어졌으며, 언제나 말씀을 중심으로 교육과 지덕(知德)을 함양시키려는 성도들의 모임이 있었고, 세상에 말씀을 전파하고 가르치는 데 대한 긴장감이 있었다.

지금까지 기독교 교육과 선교의 성경적 기초에서 얻을 수 있는 결론은 가르치는 일과 복음 전파의 일은 유기적으로 함께 행해져 왔고 구약과 신약성경에서 선교에 있어서 교육의 역할을 배제할 수 없다는 사실과 그것이 성경적 원리임을 알아보았다.[28]

2. 교육과 선교의 신학적 고찰

교육과 선교는 변화하는 세상 속에서 하나님의 뜻에 부합하는 방법을 연구하는 실천적 신학이다. 그런데 두 학문은 실천적 영역에서만 아니라 이론적 연구에 있어서도 협력의 가능성을 발견할 수 있는데 그것은 이론화 작업에서부터 공유하는 면이 있기 때문이다. 그래서 여기서는 두 학문의 신본주의적 개념 정립과 연구 영역을 통해 두 학문 간 협력 관계의 가능성을 신학적으로 고찰하고자 한다.

---

28) 조해룡, 「선교와 기독교 교육과의 관계」, 2007.

1) 하나님 중심적 개념

오늘날 인본주의적 교육이 기독교 교육에까지 파고들고 있는데, 인간 중심적인 '하나님의 선교'(Missio Dei) 개념이 복음주의적 선교 개념에 많은 도전을 주고 있다. 그러나 어떠한 상황에서도 하나님 절대적인 선교와 교육이 행해져야 하고 이를 위해서는 무엇보다도 하나님 중심적 교육과 선교에 대한 개념 정립이 선행되어야 한다. 여기서는 인본주의 교육 개념을 신본주의적인 관점에서 평가함으로써 하나님 중심적인 기독교 교육학과 선교학의 개념을 확립하고자 한다.

(1) 교육 개념의 변천과 인본주의 교육의 평가

기독교 교육은 세속화 시대의 조류에 따라 그 동안 하나님 중심적으로 이해해왔던 개념들을 인간 중심적으로 이해하기 시작했다. 존 듀이(John Dewey)를 중심으로 한 인본주의 교육에 영향을 받은 조지 코우(A. Coe)는 1903년 진보적인 종교 교육 학파를 형성했다. 조지 코우는 진화론적으로 역사를 이해하면서 신의 내재화와 신격화된 인간의 가능성에 근거를 둔 낙관주의 교육론을 전개하였다. 인간 의식은 신의 사상 표현과 동일한 것이며 인간은 성장의 무한한 가능성을 가지고 있다고 이해했다.[29]

그는 기독교 교육의 목적을 삶의 목적 실현과 하나님의 민주주의에 있음을 말하고, 교육 목적의 실현 과정은 사회에 적응하는 일이라 했다. 교육 내용은 공정한 정부, 빈곤 없는 경제질서 확립, 삶의 자기실현, 사회복지와 환경 보호, 형제애 구현을 근거로 한 세계공동체 등이었다. 이런 점에서 볼 때 코우의 교육론을 뒷받침해 주는 교육신학은 사회복음 운동과 19세기 자유주의 신학의 낙관주의와 깊이 관계를 가지고 있음을 알 수 있다.

해리슨 엘리엇(Hallison Elliott)은 조지 코우를 계승해 "신(神) 인식이란 위로부터의 초월적 개념이 아니라 결국은 인간이 주체가 되어 그의 사고 구조와

---

[29] 은준관, 『교육신학』, 151.

경험 속에 가지게 되는 관심"[30]이라 했다. 인간은 죄인이긴 하지만 죄는 인간의 책임이 아니기 때문에 사회와 환경의 희생물이라 주장하며 사회적 죄를 극복해 나가는 경험을 성숙한 그리스도인의 경험이라 했고 이것이 종교 교육의 과제이며 과정이라 했다.[31] 이러한 기독교 교육의 작은 움직임 가운데 1965년 이후 세계는 변혁 일로의 상황을 되풀이하면서 진화론적 인본주의 교육은 교육의 전면을 휩쓸었다. 기술 왕국의 출현과 산업화, 기술화, 극도의 정보화와 가치의 다원화 등으로 인해 인간소외 및 비인간화의 문제가 인류의 절실한 과제로 등장하게 되었다. 이러한 전 우주적 상황의 변화는 신학적으로 이른바 세속화, 비종교화, 신의 죽음의 신학, 하나님의 선교의 신학, 해방신학 등 여러 신학 형태로 받아들여졌다. 기독교 교육에서는 '하나님의 선교' 신학을 주도한 레티 러셀(L. Russell)의 선교 교육론과 의식화 교육을 통한 '인간 해방의 교육론'도 등장하게 되었다.[32]

　이처럼 현대의 세속화된 인본주의는 모든 가치를 가변적인 것으로 상대화시키면서 절대적이란 것은 존재하지 않는다고 보았다. 곧 역사는 그때마다 일어나는 사건과 상황이 결정하는 것으로 역사적 주체와 목적 같은 것은 허용되지 않는다고 보았다. 그리고 인간의 자율성, 인간의 자유, 인간이 결단의 주체라는 인간 최고주의를 강조하게 되었다. 또한 인본주의 정신은 신본주의를 근본적으로 뒤흔들어 놓았다. 신본주의는 모든 창조와 인간은 스스로 잔존할 수 있는 존재들이 아니며 오히려 인간과 모든 창조는 신의 주권 안에서만이 그 존재의 이유와 근거를 찾는 초월적 절대주의이다. 신학의 초점은 과학, 이성, 철학이 아니라 신앙의 해석이며 과학과 역사성은 보조적 역할만 할 수 있다는 것이다. 그러나 인본주의는 인간을 스스로 운명을 결정지을 수 있고 사회와 역사까지 창조해 가는 창조자들로 보았다. 인간의 구원이 전적으로 하나님의 은총과 진리에 의존하는 하나님 절대 사상을 거부하고, 인간 문명과 기술의 발전, 성장과 진전에 있다고 보았다. 세속정신은 신학마저 그 학문성을 위해서는 과학적 분석과 언어적 분석으로 시도해야 한다고 보았

---

30) 은준관, 『교육신학』, 150-51
31) 김성환, "기독교 교육사," 『기독교 교육론』, 139-140.
32) 김성환, "기독교 교육사," 『기독교 교육론』, 141-142.

다. 신학은 기독교 복음의 의미가 무엇인가를 새로운 신학 방법으로 찾아가기 위하여 전통적인 신학의 틀을 탈피하려는 경향을 보이면서 세속신학이 출현하기 시작했다.

이러한 돌변적인 문화혁명은 충격적이었으며 기독교 교육의 목적(Aim), 내용(Content), 방법(Method)까지 흔들어 놓았다. 전통적인 기독교 교육의 목적은 세속적이며, 상황적이며, 인본주의적인 거센 물결에 의해 그 초점을 잃었다. 과거의 초자연적, 기독론적, 성서적, 교회론적인 교과과정은 자연주의적, 세속적, 경험적 세속신학의 도전 앞에 약화되고 말았다. 언어의 표현, 암기 등의 전통적인 교육 방법의 기독교 교육은 과학화와 함께 교수기계(Teaching Machine), 완전학습 같은 기계화된 교육 방법 앞에 무력화되었다.

교육 현장인 가정은 비부모화 현상으로 기독교 교육의 가장 중요한 가정을 잃게 되었고, 교회는 기독교 교육이 일어나는 모체적 현장이었지만 '하나님의 죽음의 신학' 이후에 세계교회는 위기를 경험하게 되었다.[33] 이러한 맥락에서 학교는 사회 적응과 유지를 위한 수단으로 전락하였고 인간을 교육한다기보다는 사회의 구성원을 만들어 내고 진리를 추구하기보다는 지식을 전달하는 기능에 머물게 되었다.

(2) 하나님 중심주의적 교육과 선교 정립

교육과 선교는 20세기에 들어오면서 인본주의의 영향을 받아 선교와 교육의 주체를 인간으로 바꾸었다. 하나님은 이미 무능한 신이 되어 버렸고, 하나님이 없이도 모든 것을 다 이룰 수 있는 '진화된' 인간이 되었다. 즉 세속적인 차원에서의 인본주의 교육관은 절대적인 하나님을 떠나 표류하게 되었다. 복음주의(evangelism)는 이러한 도전에 응답하면서 보다 넓은 교육 개념과 차원으로 확대하여 인본주의를 극복해야 할 것이다. 그러므로 복음주의 교육은 인본주의 교육을 비판하고 하나님 중심적이며 성경의 권위를 절대적으로 인정하는 하나님 중심주의적 교육관을 확립해야 한다.

---

33) 은준관, 『교육신학』, 155-156.

a. 하나님 중심적 교육

기독교 교육의 출발점은 기독교 세계관이다. 세계관(world view)이란 어떤 사건이나 상황에 대한 주변 지식 또는 판단의 기본이 되는 틀을 의미하는데, 어떤 사건에 대한 생각의 틀을 의미하는 세계관은 인생과 세상의 의미를 밝히고 사람들에게 주변 세계에 대한 나름대로의 개념을 가지고 살아가게 한다. 그러므로 진정한 기독교 교육의 세계관은 하나님 중심(God centeredness)의 세계관이며 창조주 하나님의 대한 신앙을 기초로 한다.

성경은 역사적 지식이나 과학적 지식 그리고 신앙의 행위와 규범에 있어서도 무오하다.[34] 그분의 말씀은 진리이며 무오(inerrancy)한 계시라는 이 신본주의적 기초는 인간의 삶과 형성에 있어서 절대적인 힘을 가진다.[35]

그러므로 모든 교육의 목표가 있는 성격적 교육은 인간 중심적 강조점을 적극적으로 부인하고 대적해야 하며 기독교 교육의 교과 과정과 방법론에서 그것을 완전히 제외시켜야 한다. 진정한 교육은 창조주로서의 하나님께 바탕을 두어야 하며, 모든 진리의 계시자로서 성령에 의해 영감된 성경에 의해 지도되지 않으면 안 된다.[36]

신본주의 교육은 어떤 교과 과정을 막론하고 하나님의 완전한 피조 세계, 죄와 저주의 보편적 결과, 그리스도의 구속 사역이라는 구조 안에서 이해하고 교육하지 않으면 안 된다. 이중 어느 하나라도 부정하면 진리 안에서의 교육이 되지 않는다. 그리고 하나님의 성경 말씀은 삶의 모든 영역에 있어서 포괄적이고 결정적인 진리가 된다. 표면적으로는 종교와 관계없는 것으로 드러나는 진리의 측면들도 실제로는 온전히 성경 계시의 권위 아래 있으며 진정한 기독교 교육은 그와 같은 사실을 명확하게 가르쳐야 한다. 모든 교육은 하나님 중심적인 교육에서 출발해야 한다.

---

[34] 김영한, "성경은 하나님 말씀," 「명성교회 창립 30주년 기념 학술세미나」(서울: 명성교회, 2009), 56.
[35] 존 칼빈(John Calvin)은 성경의 무오함을 천명하였다. John Calvin, Institutio, Ⅲ, 149.
[36] 헨리 모리스, 『기독교 교육 개요』, 이갑만 역 (서울; 생명의말씀사, 1987), 83-87.

b. 하나님 중심적 선교

복음주의와 에큐메니칼(Ecumenical) 진영은 선교의 신학적 이해의 차이로 인해 분열을 반복하고 있다. 에큐메니칼 선교는 '선한 사업' 때문에 가장 중요한 일인 "모든 족속으로 제자를 삼아 아버지와 아들과 성령의 이름으로 세례를 주라"(마 28:19-20)는 일은 소홀히 하였다. 에큐메니칼 신학에서 구체화된 '하나님의 선교' 사상은 선교의 주체를 하나님이라고 하면서 하나님이 없는 '인간 중심적 선교'가 되었다.

그러므로 서로 상반된 선교신학적 갈등을 해소하고 그리스도의 교회가 연합하기 위한 방안을 모색해야 할 필요성은 절실하다.[37] 절대적인 기초가 되는 것은 성경적 선교관이다. 이것은 복음 안에서 하나님의 은총을 확인하고 예수 그리스도를 주로 고백하며 성령으로 일치됨을 경험하는 기초 위에서 출발해야 한다.

복음주의는 신본주의 선교관에 굳건히 서서 에큐메니칼 선교로부터 배워야 할 것을 인정하고 겸허히 반성하는 동시에 에큐메니칼 선교가 구원의 의미를 약화시킨 것을 보완하고 에큐메니칼 운동의 선교가 진정한 하나님의 선교가 되도록 복음적이고 성경적인 기초를 두고 조언해야 한다.

2) 교육과 선교의 기초

기독교 교육과 선교에 있어서 기초적 원리는 기본적인 학문(foundational discipline) 위에 세워지며 동시에 실제 운영을 위해서는 실천적이며 분명한 지도를 주어야만 한다.

그런데 이 같은 일련의 원칙들은 항상 수정을 받아야 하므로 이는 그 원리가 서 있는 기본적인 학문의 연구가 발견된 것들이 변화되고 교육과 선교가 시행되는 동안에 그의 문제들이 변화되며 실제 운영을 통한 검증을 받아야만 한다. 그러므로 교육과 선교 원리의 발전과 향상은 교육과 선교의 기초적인 가설과 원칙들의 힘들인 노력과 이론적이며 실천적인 연구에 따라 이루어지

---

37) 헨리 모리스,『기독교 교육 개요』, 103-122.

게 된다.[38] 기초 학문에 대한 이러한 긴밀한 관련성은 교육과 선교에서 공통되는 측면이라 할 수 있다.

(1) 다(多) 학문적 기초

기독교 교육의 기초학문은 신학, 철학, 역사(교육사), 심리학(교육심리학), 사회학(교육사회학), 커뮤니케이션 등으로부터 원리의 기초를 취한다. 이러한 기본적인 학문 위에 세워진 지식은 기독교 교육의 현장에 적용될 때는 반드시 성령의 조명을 거쳐야 한다.

'신학'(Theology)은 하나님, 사람, 죄, 구속, 역사, 과학, 책임, 운명에 대하여 기독교적 이해를 제공한다. '철학'은 인간이 추구하는 입장에서 실제 지식 및 가치의 문제를 다루는 데 도움을 주며, '교육철학'은 이들 문제에 대한 독특한 교육관을 마련한다. '역사'는 현재의 정황과 미래에 영향을 주는 경향에 대한 통찰을 갖게 하고, '교육사'는 과거의 교육적인 경향과 영향에 관심을 집중한다. '심리학'은 인간의 마음과 육체 및 행동의 형태와 의미를 이해하고, '교육심리학'은 교육적인 문제에 적용하여 학습, 동기에 대한 원리를 발견하게 한다. '사회학'은 사회적 집단과 운동의 본질과 실제 운영을 탐구하고, '교육사회학'은 이 같은 발견들을 학교와 전반적인 교육 사업 및 사회의 문제에 입각하여서 보는 것이다. 심리학과 사회학으로부터 나온 '커뮤니케이션'에 대한 새로운 학문은 이념과 태도가 개인과 집단 및 문화로부터 상대방에게 전달되는 방법을 연구한다.[39]

선교학(Missiology)의 기본적 학문은 성서신학, 교의학, 조직신학, 윤리학, 교회사, 종교학, 성경해석학 등의 신학 과목들과 문화인류학, 비서구 사회학, 정치학, 논증학과 같은 비신학 과목들이다. 성서신학의 주석과 해석학은 교회의 선교에 대한 이해뿐만 아니라 의사소통에 대한 바른 시각을 준다. 선교의 기초에 대한 대다수의 주석적 연구가 기존 신구약 주석의 과목들을 보완한다. 또한 성경해석학(Hermeneutics)은 선교에 있어 매우 중요하다. 복음서

---

38) 헨리 모리스, 『기독교 교육 개요』, 103-122.
39) 헨리 모리스, 『기독교 교육 개요』, 103-122.

들은 복음이 다양한 환경들의 변화 내에서 어떻게 제시되었는지에 대한 실제 삶의 사진들이 된다. 사도행전은 유대인들, 이교도들, 고대 종교에 몰입한 이들 같은 부류의 사람들 사이에서 복음이 전달되는 많은 본보기를 제시한다. 선교학이 조직신학을 보완할 수 있는 것만큼 조직신학의 과목들, 즉 교의학, 교리사, 변증학은 선교학에 가치가 있다. 교회사에서는 서구 선교의 역사로부터 많은 것을 배운다. 선교학과 종교학(Science of Religion)은 매우 밀접하다. 현대 종교들의 현상학과 역사 없이는 선교적 접근이 불가능하다. 문화인류학(Cultural Anthropology)은 신생교회들의 문화상황 이해에 결정적으로 중요하다. 비서구 사회학(Non Western Sociology)과 정치학과 전쟁학(Polemology)도 선교학에 중요하다.[40]

그러나 무엇보다도 중요한 것은 신학에 대한 의존성이다. 선교 이론과 기독교 교육 이론은 신학의 각 분야와 긴밀한 관계에 있다. 신학은 선교학과 기독교 교육학의 원리를 형성하는 데 필수적인 성경적 자료를 마련해 주고 있다. 선교와 기독교 교육은 다른 신학 분야와 매우 긴밀한 관계에 있기 때문에 고립될 수 없고 신학의 제 분야들과 근본적인 분리가 있을 수 없다. 두 학문은 이 창조된 하나님에 대한 신앙을 중심으로 하여 성경에 기록된 사실들과 진리들의 체계적인 신학적 기초를 정립하여야 한다.

(2) 사회 문화적 기초

교회는 문화적 상황에 영향을 받는다. 교회의 교육과 선교는 그 시대적 문화를 고려해야 하며, 비판하고, 건설하며, 나아가 문화를 반영하고, 개조해야 한다. 교회의 중요한 기능인 선교와 교육 역시 교회에 속해 있으므로 문화에 영향을 받으며, 이것은 교육과 선교에도 영향을 준다. 그러므로 교회는 인간의 사회 문화적 측면을 이해해야 한다. 사회와 문화는 하나님께서 인간을 구원하시고 교육하시는 활동의 장이다. 오늘의 문화는 종교 생활과 제도에 급격한 변화를 가져왔다. 문화는 이질적이고 세속적이며 과학적이다.

문화적 상황에 따라 사람들의 세계관, 인생관, 철학, 생활양식, 가치관은

---

40) J. 베르카일, 『현대 선교신학 개론』, 최정만 역 (서울: CLC, 1993), 26-28.

복음과 갈등을 일으킬 수 있다. 따라서 기독교 교육학과 선교학은 인간, 사회, 문화, 세계에 영향을 받으며 이에 대한 기초 지식을 바탕으로 해야 한다. 문화적 정황은 교회의 교육과 선교에 영향을 주며, 문화적 상태는 교육 방식이나 선교 방식에 영향을 준다. 인간과 문화는 밀접한 관계에 있으므로 문화적인 통로를 통해서만 효과적인 커뮤니케이션이 가능하다. 그러므로 선교와 교육에 있어서 사회 문화적 측면이 간과되어서는 안 된다.

3) 교육과 선교 이론

(1) 목 적

기독교 교육의 궁극적 목적은 에베소서 4:13을 기초로 "그리스도의 장성한 분량이 충분한 데까지 성장"하도록 돕는 것이며, 인간의 성품(Being)과 행위(Doing)가 그리스도를 닮아갈 때까지 하나님의 사람으로 완전하게 이르게 하는 것이다.[41]

선교의 목적은 이방인의 회심과 교회의 설립과 그리고 하나님의 은혜를 확증하고 영광을 돌리는 것인데, 바빙크(J. H. Bavink)는 이 목적은 '하나님 나라의 도래'($\dot{\eta}$ $\beta\alpha\sigma\iota\lambda\epsilon\dot{\iota}\alpha$ $\tau o\hat{\upsilon}$ $\theta\epsilon o\hat{\upsilon}$)라는 하나의 목적으로 종결된다고 했다. 따라서 선교의 목적은 하나님 나라의 도래를 위해 하나님을 알지 못하는 자들에게 하나님의 사랑을 선포하는 것이라 할 수 있다. 그러나 교육과 선교의 이러한 궁극적인 목적은 이해가 되며 받아들일 수 있지만 이러한 목적의 결과를 얻기 위해 어떤 행동을 해야 할 것인가? 이 거룩하고 고상한 목적들은 알맞은 목표들에 의해서 뒷받침되어야만 한다.

교육과 선교의 목표 안에 수많은 작은 목표들이 있다. 선교와 교육은 이 궁극적 목적 아래 수많은 작은 목표들을 성취시키기 위해서 독자적인 목표를 세워야 한다. 오직 교육과 선교의 목표는 그 목적이 실현될 수 있는 방향으로 수립되어야 하며 올바른 목표로 수행되어야 한다. 목표들은 미래의 사건들이기 때문에 서로 연관되어 있다. 목표들에는 보다 높은 목표들이 있고 낮은

---

41) J. H. Bavink, 『선교학 개론』, 63.

목표들이 있다. 우리는 목표들 간의 상호 의존성을 서술해 주는 많은 종류의 언어를 가지고 있다. 우리는 일차적 목표들, 중간적인 목표들, 또는 즉각적인 목표들에 관해 생각해야 한다.[42]

이렇게 세밀화된 목표는 의사소통을 강화시켜 주며 훌륭한 계획이 바탕이 되며 토의와 변화를 위한 근거를 제공한다. 또한 분명한 목표는 전진의 방향을 드러나게 하는 데 도움이 되며 우리의 신앙을 강화시키고 검증한다.[43]

(2) 내 용

교육과 선교의 내용은 모든 이에게 이해될 수 있는 것이 되기 위해서 반드시 신학적으로 적절해야 한다. 그러기 위해서는 모든 행동과 가치의 기준은 성경이며 교육 행위와 선교 행위의 근거도 성경에서 찾아야 한다. 모든 내용은 성서와 교회사, 자연계에 대한 이해와 사회생활, 문화생활을 통해 교회에 속한 일원으로서 기독교 신앙을 파악하는 방식의 중심이 된다. 그러므로 교육과 선교의 내용은 자연-인간-역사-하나님과의 모든 관계들의 영역 안에 필수적인 관심의 중점들이며 그리스도인의 신앙과 생활의 대주제들이라 할 수 있다.

선교와 교육의 내용은 성경을 중심으로 심판, 권면, 회개에의 부름 같은 다양한 국면들을 가지고 있지만 그 중심점은 구속의 복음이며 기쁜 소식이다.[44]

(3) 전 략

교육 방법과 선교 전략은 그 과정에서 매우 중요한 비중을 차지한다. 왜냐하면 모든 내용은 선택된 방법론에 의해 그 대상자들에게 전달되기 때문이다. 사용되는 방법론은 구성원들의 상호관계에 따라 밀접한 관련이 있으며 방법론을 적용하고자 할 때에는 사람들 속에서 일어나는 기본적인 이해와 변화를 반드시 고려해야 한다.

---

42) C. B. Evay, "기독교 교육의 목적과 목표," 『기독교 교육학 개론』, 에드워드 헤이스 편, 정정숙 역 (서울: 성광문화사, 1990), 66-67.
43) Edward R. Dayon and David A. Fraser, 『세계 선교의 이론과 전략』, 561-562.
44) J. H. Bavink, 『선교학 개론』, 141.

교육 방법은 가르치는 수단이나 의사 전달의 통로이다. 내용과 경험적 측면은 방법론에 의해 하나로 연결될 수 있다. 방법론은 교육 대상자에게 하나님의 말씀을 보다 효과적으로 전달할 수 있는 수단이다. 그리고 방법론은 학생들의 관심을 집중시켜서 정보와 의미를 전달해 주고 사물을 올바르게 식별할 수 있는 통찰력을 길러 주며 학습 지도에 대한 반응을 격려하는 역할을 한다. 신중하게 교육 방법론을 선택하기 위해서는 첫째, 가르칠 내용을 철저히 준비해두어야 한다. 둘째, 학생들의 연령과 성경 내용, 시간의 적절한 배분이 필요하다. 셋째, 다양한 방법들 중에서 가장 적절한 것을 선택해야 한다. 넷째, 대화와 의사 전달의 통로를 열어 주는 방법론을 이용해야 한다. 다섯째, 현재의 방법을 보완해 줄 수 있는 여지를 마련해야 한다.[45]

기독교 교육은 계속적으로 방법론을 활용하는 지식을 개발해야 하며 그것들을 실제의 교육 현장에 창조적으로 적용시킬 수 있어야 한다. 선교 전략이란 이미 세워진 목표를 성취하기 위하여 선택된 수단이다.[46] 선교의 목표 달성을 위하여 취하는 수단, 즉 하나님께서 주신 사명을 성취시키기 위하여 교회가 취하는 수단이다. 그러나 전략을 수립하더라도 언제 어디에서나 통용될 수 있는 보편적인 전략을 제시하도록 해야 할 것이다. 적절하고 효과적인 전략이 있는 곳에서 성공적인 선교도 이루어지기 때문이다.[47]

어떤 선교지의 문화와 상황을 고려하지 않은 방법으로는 그 선교지를 효과적으로 복음화시킬 수 없다. 접촉하는 민족들은 다양하기 때문에 반드시 이를 위해서 다음과 같은 기준을 고려해야 한다.

첫째, 선교 전략의 기준은 초문화권적(cross-cultural) 배경 속에서 주의 깊게 검토되어야 한다. 둘째, 그것들은 원리와 윤리 면에서 명확한 것이어야 하며, 현지인들의 의미맥락의 범주 속에서 적용되어야 한다. 셋째, 선교 전략은 전도를 지향하고 있어야 하며 현지인들의 문화에 적합해야 한다. 넷째, 선교사들이 떠난 후에도 자신들의 복음화를 지속시키는 데 유용해야 한

---

45) 윌리엄 B. 하번, "학습지도방법," 『복음주의 기독교 교육론』, 베르너 그랜도르 편, 김국환 역 (서울: CLC, 1992), 253.
46) Peter Wagner, *Stategies for Church Growth* (Ventura, CA: Regal Books, 1987), 26.
47) 이광순, 이용원, 『선교학 개론』, 268.

다. 다섯째, 그 수단은 성경적으로 타당하며 윤리적으로 보아 합법적인가를 생각해야 한다.[48]

그리고 전략상의 연구 과제로 고려해야 것들로는 다음과 같다. 첫째, 전도에 있어서 성령의 역사를 어떻게 선교 방법과 연결시킬 것인지, 목표 달성을 위한 성경적 윤리적 기준은 존재하는지, 보다 좋은 결과를 위하여 어떤 평가 방법이 있는지 검토해야 한다. 둘째, 성경으로부터 보다 효과적인 방법을 구하여 도울 수 있는지를 연구해야 하며 전도를 위한 커뮤니케이션과 조직화를 위하여 비토착적 기법을 사용하기 전에 토착적 문화로부터 이용될 수 있는 것들을 모색해야 함을 고려해야 한다. 셋째, 전도의 대상으로 삼고 있는 집단에 타종교 운동이 끼치는 영향은 무엇인지 고찰해야 한다. 넷째, 새로운 전도의 방법을 개발하고 검증하기 위하여 어떤 종류의 시발적 계획안이 필요한지를 생각해야 한다.[49]

3. 선교와 교육의 관계 모색

선교와 교육을 서로 보완하고 균형 있게 실시하는 것이 한국 교회의 대내외적 문제를 위한 하나의 유용한 해결책이라 할 수 있다. 대내적으로는 교육의 인식을 고취시킴으로 교회 교육의 위기를 극복하고 교회의 질적인 성장을 도우며, 또한 선교 교육을 통해 전도와 선교를 실천하고 전 세대에 선교의 비전을 심어 주게 된다. 대외적으로도 효과적인 선교 전략으로 부상되고 있는 교육 선교는 교육과 선교에 대한 협력을 통해 더 강화될 수 있고 선교지의 지도자를 양육하기 위해서도 교육적인 접근이 필요하다.

---

48) Edward R. Dayon and David A. Fraser, 『세계 선교의 이론과 전략』, 378.
49) Edward R. Dayon and David A. Fraser, 『세계 선교의 이론과 전략』, 378-382.

1) 대내적 문제

(1) 교회 교육

한국 교회는 교육의 위기에 직면해 있다. 지금까지도 교회는 전도에 힘써 왔는데 물론 이 일은 앞으로도 계속해야 할 일이다. 그러나 이에 못지않게 중요한 것은 성장세대만 아니라 기성세대까지 기독교 교육이 절실히 필요하다는 것이다. 그런데 교회 교육은 그러한 교육적 요구에 대처하지 못하고 있으며 변화하는 사회 속에서 그리스도인들이 올바른 신앙의 삶을 살도록 교육적 책임을 다하지 못하고 있다. 한국 교회는 지금까지 질적 성장을 외면한 양적 성장에만 주력했고 교회 교육은 여기에 종속되었다. 교회 교육의 방향이 근본적으로 어디로 향하고 있는지에 대하여 분명한 자기 목적과 방법론이 없었다.[50] 한국 교회는 이제 양적 성장과 함께 균형 잡힌 내적, 질적 충실이 요청되는데 이것은 교회 교육을 통해 완성될 수 있다.

지금까지 한국 교회의 방향은 어떻게 구원을 받을 것인가에 대한 선교적 차원의 구원의 은혜를 전달하는 일에 모든 힘을 쏟아 왔다. 그러나 그 중심 목표인 구원받은 백성이 어떻게 이 세상 속에서 구원받은 백성의 가치와 목적에 상응하는 적절한 삶을 살아야 할 것인지 대하여는 소홀히 해 왔다.[51] 선교 혹은 전도적 차원에서의 목회는 한국 교회 선교역사 1세기 동안에 있어야만 했던 필연적인 것이었다. 그리고 한국 교회의 민족 복음화를 위한 전도 운동과 선교 사명은 계속되어야 한다. 그러나 선교적 차원의 목회는 이제 수정되어야 할 시점에 왔다. 특별히 한국 교회의 선교와 전도의 실제는 더 이상 현재의 방법과 스타일은 한계가 있다는 점에서 새로운 방법의 개발, 새로운 목회관이 시급하다.

교회는 현실주의, 물질 만능주의, 시대의 거센 유혹의 파도를 이겨 나갈 수 있는 신앙적인 삶을 구체적으로 제시하지 못하고 있다. 이를 위해 교회는 교육적 목회관으로 방향을 전환해야 한다. 교회의 본질을 선교공동체로 규

---

50) 김용성, "한국 교회와 교육문제," 『오늘의 한국 교회 무엇이 문제인가』, 김기정 편 (서울: 엠마오, 1986), 127.
51) 정일웅, 『교육목회학』(서울: 솔로몬, 1993), 293.

정하면서 선교를 지향하는 교육공동체가 되어야 한다. 선교론적 지평에서 모이는 교회는 선교 기능을 수행하기 위해 교육공동체로서의 성격으로 전환되어야 한다.[52]

교회 교육의 전문화를 위해 다음의 몇 가지를 제시한다. 첫째, 교육 지도자의 전문화이다. 교육 지도자의 전문화란 교회의 특수성에 따른 제반 여건을 존중 유지하면서 교육 지도자로서의 교회의 교육 과업에 전념할 수 있는 제도적 장치를 의미한다. 한국 교회의 교육에 새로운 도전을 마련하는 길은 무엇보다도 교육만을 전담할 교육 전담목사 제도의 정착이 시급하다.[53] 한국 교회의 미래는 교회 교육의 성패에 달려 있다. 이를 위하여 이제 교육을 교육 전문인에게 맡겨야 한다. 교육이 교회 전체를 통할하는 목회라고 하는 규범 안에 포함되지만 교육은 목회 일반과는 구별되는 고유한 기능을 가진 것 때문에 교회는 이를 감안하여 그 독자성을 보장하지 않으면 안 된다. 교회 교육은 담임 목사의 관할이지만 교육의 특수성에 비추어 교육 전담목사를 두어 독자성을 가지고 헌신할 수 있도록 제도화하는 것이 바람직하다.[54]

둘째, 교회학교 교사의 전문화이다. 훌륭한 교육목표나 내용을 설정하고 시설, 환경 여건들을 구비하고 투자하더라도 헌신적이고 유능한 교사가 없다면 이 모든 것은 성취될 수 없다. 교회 교육의 실질적 운영자인 교사들에게 자질 향상을 위한 배려가 있어야 한다. 교회와 교단, 대학의 연구기관, 총회 교육부가 다양한 교사 교육 프로그램을 실시하는 것이 바람직하다.

셋째, 교육 내적인 요소들의 특성화, 조직화, 과학화이다. 교회는 장단기에 걸쳐 도달해야 할 목표를 설정해야 하고 이를 실현키 위한 조직화된 교육내용을 구성하고 이 내용을 전달하고 가르쳐야 할 합리적인 방법을 개발, 활용해야 한다.

넷째, 교회 교육에 대한 인식 전환 문제이다. 교육의 중요성을 인식시키기 위하여 교회는 부단한 노력을 해야 한다. 교회학교는 성장 세대, 청년, 장년,

---

52) 조현배, "선교론적 지평에서 본 교육 목회의 기능 이해,"「석사학위논문」(서울: 장로회신학대학교대학원, 1984)
53) 김용섭, "한국 교회와 교육문제,"『오늘의 한국 교회 무엇이 문제인가?』, 128.
54) 오인탁,『기독교 교육』(서울: 종로서적, 1991), 178.

노인층에 이르기까지 전 교인을 대상으로 한다는 인식을 심어 주고 각기 알맞은 교육을 시켜야 한다.

다섯째, 교육에 기초한 목회관 수립이 되어야 한다. 삶의 구체적 방식들을 말씀으로 교훈과 자극을 받게 하고 그 영향으로 가정의 자녀에게까지 나타날 수 있도록 평신도 교육이 병행되어야 한다.[55]

(2) 선교 교육

'선교'란 예수 그리스도에게 전혀 충성하지 않는 자들에게 복음을 전하며 이들을 일깨워 그리스도를 주와 구주로 받아들여 그의 교회의 책임 있는 구성원이 되게 하는 것[56]이며, '교육'은 그리스도의 인격과 행위에 맞추어 그의 본을 따르고 성숙한 제자들이 될 수 있도록 돕는 일련의 과정이다. 그러므로 선교를 위한 교육의 가치는 아무리 강조해도 지나치지 않다. 교회 교육은 선교 차원의 교육을 미시적이면서 거시적인 안목으로 실시해야 한다. 전 세대들에게 전도의 과업을 인식시키고 행동화할 수 있게 해야 한다. 교회 교육의 공과는 전도의 가치를 높이고 전도를 실천하도록 훈련시켜야 한다. 더욱이 교회 교육을 통해 선교에 대한 소명을 일깨워 부르심에 합당한 삶을 제시할 수 있어야 한다. 선교에 대한 교육이 심도 있고 계획성 있게 실시되어야 하며, 교회 교육은 선교에 대한 중요성과 선교를 위한 각 개인의 현재 역할을 교육해야 하며 이러한 교육 방법을 고안해야 한다.

성장세대에게 해외 선교의 중요성과 하나님의 뜻을 명확하게 알려줄 필요가 있다. 교회 교육은 성장세대에게 해외 선교에 필요한 영적, 인격적, 학문적 자격을 가르치며 지도하는 것도 중요하다. 현재 선교 주도자들은 청장년층이지만 불과 몇 년이 지나지 않아 새로운 선교 사역의 주역들은 성장세대로 바뀔 것이다. 그래서 이 성장세대들이 선교에 동참할 수 있도록 어려서부터 선교에 대한 훈련을 시킨다면 어학연수 기간도 단축되고 나아가 선교지 적응도 매우 빠를 것이다. 또한 선교사의 나이도 젊어서 선교지에서의 사역

---

55) 정일웅, 『교육 목회학』, 287-301.
56) 이광순, 이용원, 『선교학 개론』 (서울: 한국장로교출판사, 1993), 19.

이 장기화되고 효과적일 것이다. 중고등부 학생은 몇 년 후의 선교 열매를 거두기에 좋은 시기임을 알고 이들에게 선교사의 자질, 선교 방법에 대해 교육하여 그들이 선교에 대한 꿈을 키우며 소명감을 갖도록 해 주어야 한다. 교회 교육은 선교를 위한 체계적이고 계통적인 교육이 중요하다. 전체 장년 교육도 선교 교육으로 이해되고 실천되어야 한다. 구심적 교회 교육에서 하나님 나라의 사명과 비전을 실천하는 선교적 교육으로 전환해야 한다.[57]

교회는 구조 자체가 선교를 지향하는 교육 공동체로서의 기능을 가져야 한다. 선교는 하나님의 구원에 전 교회가 참여하는 참여 양식이고, 교육은 선교를 가능케 하는 신앙 구조와 대화의 참 자유를 경험한 이들의 증언을 돕는 전 교회의 의도적인 시도라고 정의된다.[58] 교회는 선교에 참여할 사명공동체라고 볼 때 교회 교육은 전교인을 선교의 역군으로 훈련시켜야 할 필연적 과제에 집중하지 않을 수 없다. "선교 없는 교회는 뿌리 없는 나무요, 교육 없는 선교는 열매 없는 뿌리와 같은 상태"[59]라면 선교 지향적 교회의 자각은 곧 교회 교육의 적극적 성격을 띠게 해 준다.

2) 대외적 문제

(1) 교육 선교

교육 선교란 선교 전략의 하나의 접근법으로 교육 사업을 선교지에서 행하는 것을 의미한다. 여기에는 문맹퇴치, 기독교 학교 설립, 유치원 설립 등이 있을 수 있다. 오늘날 선교 전략에 대한 양상도 달라지고 있는데 목사 선교사에서 평신도 선교사로, 직접 선교에서 간접 선교로 선교 전략이 다원화되고 있다. 한국 교회도 겨우 10% 미만이던 평신도 선교사의 수가 90년대 이후부터는 전문화되고 다변화된 선교지의 변화에 따라서 급증하고 있다.[60]

---

57) 이혜경, "세계선교를 위한 교회교육 평가 및 제안," 「석사학위논문」(서울: 아세아연합신학대학교대학원, 1993), 47-52.
58) 고용수, "교회교육론,"『기독교 교육론』, 오인탁 외 편 (서울: 대한기독교교육협회, 1990), 154.
59) 조현배, "선교론적 지평에서 본 교육 목회의 기능 이해," 「석사학위논문」, 15.
60) "다원화 되어가는 한국 교회의 선교," 「선교정보」, 1992호, 72-75.

즉 한국 교회의 선교는 직접 선교와 교회 개척 및 선교지 교회와의 단순한 협력에서 점차 개발, 기술, 봉사, 의료, 교육을 통한 선교로 확대되어 선교지의 사회봉사에 기여하는 종합적 선교로 발전하는 추세이다. 특히 교육 선교는 의료 선교와 구제와 함께 선교의 궁극적인 목적인 하나님 나라의 확장을 위한 수단으로 사용된 고전적이며 범문화권적 전략이다. 교육 선교는 장기적인 선교 효과를 위한 필수 조건이며, 복음 전파와 자립 교회를 세우는 데 필수 불가결한 도구이다.

교육 선교는 점진적 선교와 전도의 전략 기지로 삼아 복음의 씨앗을 뿌려서 선교의 열매를 얻는다. 기독교 학교가 없는 곳에 인재양성 기관으로 기독교 학교를 설립하고 유치원에서부터 초·중·고등학교, 대학교, 신학교를 설립해 정치, 경제, 사회, 문화 제반 분야에 유능한 기독교인을 배출하여 국가에 영향력 있는 자가 되게 해야 한다. 선교 교육은 자력 전도를 위한 시발점이 될 수 있으므로 교육 사업도 체계 있는 교육적 접근이 필요하다.

(2) 제자 양육

네비우스의 원리에 의하면 선교사는 현지인을 양육하고 교육함으로 설립한 교회 안에서 지도자를 세운 후 우호적으로 철수해야 한다. 그러므로 선교사는 교회를 책임지고 이끌어 갈 지도자를 세우고 그들이 자질을 키워나가도록 조력해 주어야 하며 현지인들이 그들 중 지도자를 세우고 교회를 자립, 자치, 자력 전파할 수 있도록 훈련시켜야 한다.

그러므로 현지인을 제자로 교육하는 것은 미래의 잠재력이며 평신도를 제자로 양육해야 한다. 현지인의 영적 성숙을 위해 계속 노력하면서 그 가운데 은사를 받고 영적으로 자질을 갖춘 사람을 선택해 그들 스스로 교회를 유지할 수 있도록 도울 때 교회는 효과적으로 확장되어 간다. 그리고 영적인 자질과 지·정·의 모든 자질을 갖추어 낼 수 있도록 제자훈련과 신학교를 운영하는 것은 바람직하다.

선교 현지에서 기독교의 기본 개념과 그 의미를 이해하도록 이끌어 주어야 한다. 선교사는 영혼이 거듭난 자의 삶으로 변화되도록 기독교 교육의 본질에 대한 이해와 효과적이고 창조적인 학습 지도 방법을 준비해야 한다. 그리고 다양한 상황에 맞게 학습 능력을 창조적으로 재구성할 수 있는 능력이 필요하다. 선교사는 성경적 기독교 교육의 기본 원리나 가치관을 확립하고 훈련을 통하여 체득한 성경적 원리를 그 문화권에서 다양하게 적용할 수 있어야 한다.

세계의 선교 현황을 보면 기독교 교육 훈련과정을 거친 현지인 지도자가 절실하게 필요함을 알 수 있다. 지도자는 일상적인 삶과 연관있는 성경지식을 바탕으로 성경공부를 지도하는 방법과 교육과정 및 조직을 관리하고 경영하는 데 필요한 기본 원리를 알아야 한다. 리더십을 위한 기독교 교육 훈련과정을 강화해야 하며 교인들을 위해 성경에 입각한 훈련과 교육 방법을 배워야 한다. 그리고 선교지의 특성과 상황에 적합한 기독교 교육 프로그램을 개발할 수 있도록 각 지역 교회에 적절한 교육 자료를 제공해 주어야 한다.[61]

선교사는 초신자들에 대한 제자훈련은 구원의 확신, 기도, 교회, 세례, 간증 등 그리스도인이라면 알아야 할 기본 개념과 교리 공부와 문화적인 관습과 신앙의 조화, 갈등과 핍박의 문제를 극복하는 방법 등 그리스도인다운 삶을 영위할 수 있도록 가르쳐야 한다. 현지인들이 영적 진리 이해와 그것을 자신들의 체험으로 적용할 수 있는 훈련이 필요하고 그들은 자기가 배운 내용을 가르칠 수 있는 교수 능력을 습득하도록 요청받는다.

선교와 교육이 협력할 때 그 유용성은 세 가지로 정리할 수 있을 것이다. 첫째, 한국 교회가 질적으로 성장할 수 있다. 둘째, 선교 교육을 통해 전도와 선교를 실천하고 전 세대에 선교의 비전을 심어 줄 수 있다. 셋째, 효과적인 선교 전략인 교육 선교는 교육과 선교에 대한 협력을 통해 더 강화될 수 있다.

---

61) 윌리엄 B. 하번, "학습지도방법," 『복음주의 기독교 교육론』, 베르너 그랜도르 편, 김국환 역 (서울: CLC, 1992), 562-568.

4. 결론

교회에서 선교와 교육은 없어서는 안 될 막중한 사명이며, 어느 하나를 다른 것에 종속시킨다면 교회의 교육과 선교의 원천적 사명을 수행하지 못하게 된다. 이것은 성경적 원리이다. 개신교 선교 역사 속에서도 선교 활동을 할 때 교육적인 접근을 했고 그때 선교 사역은 더욱 부흥하였다.

또한 기독교 교육학과 선교학은 신본주의적인 개념을 정립해야 할 과제를 가지고 있으며, 이들 학문은 실천 이전에 원리를 수립해야 하고, 그 원리 위에 학문적으로 협력해야 한다. 선교와 교육을 서로 보완하여 균형 있게 실시하는 것이 한국 교회의 성장을 위한 해결책이 될 수 있다. 대내적으로는 교회 교육의 위기를 극복하고 교회의 질적 성장을 위하여 성장세대에서 장년세대에 이르기까지 선교의 비전을 심어 주며, 대외적으로는 효과적인 선교 전략으로 부상되고 있는 교육 선교는 교육과 선교에 대한 협력을 통해 더 강화될 수 있고, 선교지의 지도자를 양육하기 위해서도 교육적인 접근이 필요하다. 그러므로 한국 교회는 선교에 있어서 교육의 중요성과 교회의 양적 성장을 위해서도 그 기초를 마련해 주어야 한다.

그러나 현대에 만연한 인본주의와 다원주의적 사고는 세계 각국의 정치, 경제, 사회, 문화 속에 깊숙이 자리 잡고 있으며 기독교 진리를 상대화시켜 선교에 심각한 도전을 주고 있다. 그러므로 다변화하는 세계 정세 속에서도 기독교의 절대성을 계속적으로 고수하기 위해서는 선교 초기부터 교육적 접근은 필수적이다. 선교와 교육의 공존적 관계는 한국 교회의 성장을 위해서도 중요하다. 외적 확장 속에 겪고 있는 내적 충실성의 상실과 사회 전반의 세속주의, 물질주의가 신앙의 순수성을 퇴색시키고 있다. 이런 현실 앞에 건전한 성장과 발전의 길은 양적 성장과 함께 균형 잡힌 내적 충실화에 있다. 이는 신앙과 생활의 바른 원리를 깨달아 알게 하고 실천하게 하는 교육을 통해서만 가능할 것이다.

한국 교회의 성장과 세계 선교를 위해는 반드시 기독교 교육과 선교는 동반자적 관계를 유지해야 하며 선교하면서 교육하고, 교육하면서 선교해야 한다. 교육을 선교의 부차적인 개념으로 여기거나 선교에 있어서 교육의 필요성을 통감하지 않을 경우 교회성장과 바람직한 선교의 질을 떨어뜨리는 결과가 되고 말 것이다.

The Church and Mission Education

제2장

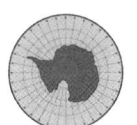

선교의 신학적 관점

오늘날만큼 전 세계에 복음이 확산된 때는 없었다. 뿐만 아니라 현대 교회가 세계 선교에 대해 다시 관심을 갖고 지역 교회들마다 세계 선교를 위하여 기도하는 것은 전적으로 하나님의 은혜이다. 그런데 한 가지 안타까운 것은 선교의 개념에 대한 모호성이다. 모든 것이 선교라는 방향으로 이해되면서 이제는 어디에나 선교라는 이름을 붙인다. 그런 의미에서 선교학자 스티븐 니일(Stephen Neil)은 "모든 것이 선교라면 선교는 있을 수 없다"라고 언급하면서 이런 모호성을 단호하게 거절한다. 물론 선교라는 단어는 성경에 나타나지 않지만 초대교회는 선교를 '파송'으로 이해하였다. 즉 부활 후 예수께서 제자들이 모인 다락방에 나타나셔서 "아버지께서 나를 보내신 것 같이 나도 너희를 보내노라"(요 20:21)고 하셨는데 이것이 복음을 전한다는 뜻의 '유앙겔리온'(euangelion)과 비슷한 개념으로 발전되어 복음을 전하기 위해 다른 지역으로 파송되는 것을 '선교'라고 이해하게 되었다.

트리니티신학교 선교학 교수였던 케인(Herbert Kane)은 "선교란 영혼 구원과 사회봉사"로 설명하였다. 물론 이때 '우선권'(priority)에 대한 질문이 생길 수 있다. 이것은 굶주려 죽어가는 사람을 앞에 놓고 "복음이 먼저냐, 빵이 먼저냐?"는 질문으로 생각할 수 있다. 하나님의 사람들은 '가든지 보내든지' 해야 한다. 주께서 제자들에게 "아버지께서 나를 보내신 것 같이 나도 너희를 보내노라"(요 20:21)고 하셨다면 선교의 중간 지대는 있을 수 없다.

1. 선교란 무엇인가

선교(mission)란 용어는 라틴어 'mitto'에서 유래된 것으로 '보내다'라는 의미이다. 헬라어로는 '아포스텔로'(αποστέλλω)와 '펨포'(πέμπω)로 신약성경에 쓰여져 있는데, '아포스텔로'는 약 135회 나타나 있고, '펨포'는 약 80회 정도 나타난다. 이 두 헬라어 역시 '보내다' 혹은 '파송하다'를 뜻한다.[1] 이러한 어원적인 배경 위에서 볼 때 특수한 임무를 부여하여 그 임무를 수행하도록 파송하는 것이 선교라는 용어 자체가 지니는 본래적 의미임을 알 수 있다. 그 이외에도 헬라어로는 '유앙겔리조', '카탕겔로', '아팡겔로', '케뤼그마' 등이 있다. 이 말들은 주로 동사로서 '좋은 소식을 전하다', '선포하다', '전도하다', '선언하다'의 의미로, 선교는 선포하는 것이다. 단순한 선포를 통해서 하나님께서 선택하신 자는 부르시고, 유기(遺棄)된 자는 정죄(定罪)하신다(막 16:15-16; 히 11:7). 인간의 구원과 유기는 하나님의 주권에 속한 것이기 때문이다.[2]

이러한 개념에 근거하여 영어의 'missionary'(선교사)가 나타났는데, 이것은 13세기에 천주교의 수도원에서 사용되었다. 당시에 이 단어는 "세상에서 사도의 생활과 사역을 위하여 보냄을 받은 자"를 지칭했다. 16세기와 17세기에 와서는 천주교가 세워지지 않은 지역에 파송하는 전도자들에게 선교사라는 명칭을 부여했다. 후에 개신교가 세계 선교를 하면서 이 명칭을 그대로 사용하여 복음 전도를 위하여 파송되는 사람들을 선교사로 불렀다.[3] 허버트 케인은 선교사에 관하여 다음과 같이 정의를 내렸다

---

1) Gerhard Kittel, (ed), *Theological Dictionary of the New Testament*, vol.1, (Grand Rapids: Eerdmans, 1964), 396-406.
2) 이재완, 「선교와 교육」, 27.
3) Wieser Thomas, (ed), *Planning for Mission* (New York: The U. S. Conference for the World Council of Churches, 1966), 39; 박영호, 『선교학』(서울: CLC, 1993), 13; 전호진, 『선교학』(서울: 개혁주의신행협회, 1994), 20.

전통적 의미에서 선교사란 말씀과 기도 사역을 전임하도록(행 6:4) 하나님에 의해 부름 받은 사람이며, 예수 그리스도가 널리 알려지지 않은 지역에서 복음을 전하기 위해(롬 15:20) 지리적 혹은 문화적 경계를 건넌(행 22:21) 사람들을 지칭하는 것이다.[4]

이러한 정의는 성경적이다. 기독교 전임 사역의 개념을 목회자와 복음 전도자 그리고 선교사에게만 적용하는 것을 반대하는 사람들이 있는데, 그들에 의하면 헌신적인 모든 그리스도인들은 직업에 상관없이 기독교 전임 사역자라는 것이다. 허버트 케인은 이 같은 주장에 대해서 반대했다. "만일 모든 그리스도인들이 전임 사역자라면 이제 말할 것은 이것뿐이다. 모든 그리스도인은 다 선교사이다. 그러나 스티븐 닐(Stephen Neill)은 만일 모든 그리스도인이 선교사라면 아무도 선교사가 아니라고 경고했다." 모든 그리스도인은 증인이어야만 한다는 말은 옳다. 그러나 모든 그리스도인이 선교사라는 말은 옳지 않다.[5] 우리는 선교사가 독특한 역할을 수행한다고 말할 때 그가 다른 신앙인들보다 낫다거나 색다르다는 의미는 아니다. 선교사가 고향에 머물고 있는 목사나, 심지어 평신도보다 영적으로 반드시 뛰어나다는 것도 아니다. 그러나 타문화적 상황에서 선교사는 다음의 중요한 역할을 수행하고 있다. 곧 ① 그는 그리스도를 위한 대사이며, ② 진리의 사자이며, ③ 사랑의 사도이며, ④ 평화의 사절이며 ⑤ 문화의 운반자라는 것이다.[6]

선교 이론으로는 두 측면의 이해가 필요하다. 먼저, 선교와 전도는 어떻게 다른가? 흔히 전도는 직접적인 말씀 선포를 뜻하지만, 선교는 정책, 기획, 운영, 관리 등 전 사역을 포괄하는 것이라 할 수 있다. 그런 점에서 전도는 선교 사역 안에 있는 한 역할이며, 동시에 전도를 위해 선교의 다른 역할들이 필요한 것이란 점에서 전도는 선교의 목적이라 할 것이다.

---

4) Herbert Kane. 『기독교 선교 이해』, 신서균 역 (서울: CLC, 1997), 29-30.
5) Herbert Kane. 『기독교 선교 이해』, 30-32.
6) Herbert Kane. 『기독교 선교 이해』, 33-43.

너희는 온 천하에 다니며 만민에게 복음을 전파하라(막 16:15)

너희는 가서 모든 족속으로 제자를 삼아 아버지와 아들과 성령의 이름으로 세례를 주고 내가 너희에게 분부한 모든 것을 가르쳐 지키게 하라(마 28:19-20).

대위임령 가운데 가장 길고 가장 잘 알려져 있으며 가장 빈번하게 인용되는 형태는 마태복음 28장의 본문이다. 이는 선언으로 시작하여 위임을 거쳐 약속으로 종결된다.[7]

이 대위임령에 관한 말씀을 대할 때마다 우리는 '제자를 삼아', '세례를 주고', '지키게 하라'와 같은 강력한 어휘들에 많은 감동을 받게 된다. 하지만 '너희는', '가서', '모든 족속으로'와 같은 어휘들을 삶 속에서 실천하는 일에는 소홀히 함으로 이 대강령을 장롱 속에 가두지 않았는지 돌아볼 필요가 있다.

대위임령은 선교의 삼대 초석 중의 하나이다. 그중에 선교를 위한 대위임령은 다섯 가지가 있다.[8] 사복음서에 하나씩 있고(마 28:18-20; 막 16:15; 눅 24:44-49; 요 20:19-20), 나머지 하나는 사도행전(행 1:8)에 있다. 마가복음 16:15의 "너희는 온 천하에 다니며 만민에게 복음을 전파하라"의 '온 천하'와 사도행전 1:8의 '땅 끝'은 선교의 세계화를 향해 우리에게 위임된 명령이다.[9] 이 네 본문은 서로 강조점은 다르게 보이나 본질은 모두 동일하다. 모펫(S.H. Moffett)은 마가복음의 대위임령을 사도행전과 관련지어 더 강조했다.

'너희는'이라는 말 속에 우리 자신들이 들어 있지 않다면 그분과 우리는 어떠한 관계이며, 우리가 주일마다 예배당에 모이는 의미는 무엇일까? '너희'가 누구인가? 그분이 모든 것을 분부한 그들, 그분을 만나 가르침을 받은 사람들, 그분의 삶과 죽음과 부활에 관계가 있는 사람들, 그분께 은혜를 받은 사람들, 바로 그들 중에 우리 각자가 들어있는 것이다.

'가서'라는 말은 단순히 비행기 타고 가는 것을 말하는 것은 아닐 것이다. 그분의 의도하시는 방향성이 있고 그것에 상응하는 실제적인 행동이 있는 삶

---

7) J. Herbert Kane, 『선교신학의 성서적 기초』(서울: 나단, 1990), 63.
8) Samuel Hugh Moffett, *Three Rocks for Mission to stand on*, 1.
9) Samuel Hugh Moffett, *Three Rocks for Mission to stand on*, 4.

(praxis)을 의미하는 말일 것이다. 나의 삶에 그분의 의도하심이 실현되는 영역이 있다면 그것이 '가서'라는 말에 합당한 삶의 영역이 될 수 있다.

또한 '모든 족속'은 누구를 가리키는 말이겠는가? 먼저 우리 자신이다. 누군가가 복음을 들고 우리 민족에게로 왔다. "예루살렘과 온 유대와 사마리아와 땅 끝까지"에서 '우리'는 바로 땅 끝에 속한 족속이었다. 이같이 지정학적인 족속의 의미도 있지만 문화적으로 다양한 족속들이라는 의미도 있다. 그리고 더 나아가면 다양한 종족 집단들도 있는 것이다.

'제자를 삼아'라는 의미를 보자. 성령의 능력을 받기 위하여 기다리던 제자들은 오순절 날 드디어 성령의 능력을 받아 예루살렘 거리로 나갔으며, 또한 유다와 갈릴리와 사마리아 지방으로 진출해 나갔다. 그들은 나가서 세례를 주고 가르칠 뿐만 아니라 주의 제자로 삼는 일에 진력해 나갔다.[10]

'가르쳐 지키게 하는' 일은 결코 물리적인 사역이 아니며 독자적인 사역은 더구나 아니다. 가르치는 일에 참으로 헌신된 사람들의 종합적인 사역이 공동체의 사역이라고 할 수 있다. 선교 교육은 모든 족속에게로 가서 가르쳐 지키게 하려는 우리의 삶의 가장 중요한 도구가 될 것이다.[11]

도표 1			
가라	제자를 삼으라	세례를 주라	가르치라

도표 2		
가서 제자를 삼으라	세례를 주라	가르치라

도표 3	
가서 : 제자를 삼으라 : 세례를 주라	가르치라

위의 세 가지 도표가 보여주는 것은 교회가 목회와 선교의 실제적인 경험에서 선교(전도)와 교육(성경 지식과 영적인 성장)이라는 2중 구조로 되어 있다는 것이다. 그러므로 '가르치라'는 명령은 그 가르침을 받아야 할 대상이 분명히

---

10) 장중열, 『교회성장과 선교학』(서울: 성광문화사, 1978), 80.
11) 이재완, 「선교와 교육」(아세아연합신학대학교 강의안, 2007), 5.

예수 그리스도 안에서 회심을 경험한 사람이며, 나아가 회심을 경험한 사람에게 '가르치라'는 사역 명령이 주어지고 있음을 알 수 있다. 그리고 이러한 해석은 여러 성경 주석학자들이 지지하고 있는 선교학적 해석이기도 하다.[12] 그리고 교회성장학자인 도널드 맥가브란(Donald A. McGavran) 박사도 역시 이 사실을 강조한 바 있다.[13]

그는 지역적으로는 바로 이웃 부락이었으나 문화권을 달리하는 흑인 부락을 대상으로 사역했다는 입장에서 그의 사역을 선교로 이해했다. 분명히 이러한 경우는 선교와 전도에 대하여 지리적인 구분이 문화적인 구분과 동일할 수 없는 것이다.

요약하면, 지상명령이 담고 있는 내용은 주님이 선교를 직접적으로 명령하신 지상명령의 내용을 파악하는 일 또한 선교의 의미를 파악하는 좋은 방편으로 이해된다. 주님이 선교 사역을 지상명령으로 주신 말씀들은 복음서와 사도행전에 각각 기록되어 있다(마 28:16-20; 막 16:14-18; 눅 24:44-49; 요 20:19-23; 행 1:8). 그런데 주님께서 지상명령으로 주신 말씀들의 내용은 단순히 복음 전도 이상의 포괄적 의미로서의 사역을 명하고 있다. 스토트(Stott)는 요한복음에 담긴 지상명령에 대해 언급하기를 선교가 단순히 복음 전도의 차원 이상임을 강조하면서 요한복음의 지상명령은 교회의 선교가 성자의 선교를 본받아야 할 것으로, 그것은 우리가 섬기기 위해 이 세계 속으로 보냄을 받았다는 것과 우리의 겸손한 봉사는 그리스도의 봉사처럼 말과 행위를 다 포함하며 기아에 대한 관심뿐 아니라 육체와 영혼의 질병에 대한 관심, 즉 복음 활동과 사회 활동을 다 포함해야 할 것을 가르치고 있다는 것이다. 그러나 어떤 사람이 지상명령이 전적으로 복음 전도에만 관계된 것이라고 확신하고 있다고 가정해 보면 어떤 문제가 생길까? 과연 하나님의 주권이 교회와 성도들로 통하여 인간 삶의 모든 영역에 시행되게 하는 포괄적인 그리스도의 제

---

12) Floyd Filson, *A Commentary On The Gospel According To Matthew*, 306; A. B. Bruce, *The Gospel According To Matthew*, 340; A. T. Robertson, *World Pictures In The New Testament*, vol. I, 246.

13) Donald Anderson McGavran, *The Bridges of God, - A Study in the Strategy of Missions -*, (London: World Dominion Press, 1955). 14.

자가 되게 하는 일이 적극적으로 전개될 수 있겠는가?[14]

하워드(Howard)에 의하면 마가복음의 지상명령(16:15)은 선교 사역에 관한 범위에 대해서도 가르치고 있는 것으로 '세계'(world), 곧 코스모스(cosmos)가 우리의 선교 사역의 영역에 포함되기에 포괄적 사역을 외면할 수 없다는 것을 강조하고 있다.[15]

캠벨 몰간(C. Morgan)은 지상명령이 담고 있는 선교는 구원이 필요한 인간을 위하는 사역으로 시작되어야 하지만 보다 포괄적인 사역으로서 모든 피조물의 소생과 관련되어야 할 것을 피력하였다.

교회는 항상 사람과 더불어 시작해야 한다. 이 지상명령이 강조하는 바는 모든 피조물의 소생에 대한 것임을 교회는 잊지 말아야 한다. 즉 각 개인의 구원과 그리스도인의 책임에 대한 개념은 피조물들의 탄식을 전적으로 도외시하는 한, 이 지상명령의 의미와 완전히 조화를 이루지 못하게 된다.[16]

즉 그리스도께서 특별히 선교에 대한 최상의 명령으로 남긴 대위임령은 틀림없이 복음으로 제자 삼는 일이 중심이지만 단순히 복음 전도만을 명한 것이 아니라 인간 삶의 모든 영역에서 그리스도인으로 활동할 수 있는 제자 삼도록 명령하는 내용을 포함하고 있다. 따라서 그리스도의 지상명령 자체가 선교란 복음 전도를 중심으로 하여 하나님 나라의 확장과 관련된 포괄적인 사역으로 가르치고 있는 것으로 이해된다.

선교에 있어서 문화적 구분의 개념으로 선교를 이해할 수 있다. 어느 선교사가 사역한 곳은 근접해 있는 동남아의 이웃 부락이었다. 지역적으로는 바로 이웃 부락이었으나 문화권을 달리하는 부락을 대상으로 사역했다는 입장에서 그의 사역을 선교로 이해하고 있었다. 분명히 이러한 경우는 선교와 전도에 대하여 지리적인 구분이 문화적인 구분과 동일할 수 없는 것이다. 이러한 문화적인 구분으로 선교를 정의하려는 학자들 중에는 선교학자 맥가브란

---

14) Stott, J. R. W., *Christian Mission in the Modern World* (London: Falcon, 1975), 28ff.
15) David M. Howard, *The Great Commission for Today*, 『그리스도의 지상명령』, 김경신 역 (서울: CLC, 1970), 97-102.
16) Morgan, G. Campbell, *The Missionary Manifesto* (Grand Rapids: Baker Book House, 1970), 77f.

을 들 수 있다. 그는 선교에 대한 정의를 내릴 때 "선교란 예수 그리스도를 따르지 아니하는 사람들에게 전도하기 위하여 복음을 가지고 문화의 경계를 뛰어 넘는 것"이라고 했다.[17]

한 가지 중요한 언급은 선교의 우선성에 관한 것이다. 19세기 말부터 20세기에 이르러 두 축의 선교 이론이 팽팽히 맞서 왔는데, 이 두 가지 축의 선교 이론의 이해를 위해서는 신학적 배경 이해가 필요하다. 독일 신학자 젬러(Semler Johann Salomon, 1725-1791)에 의해 자유주의 신학(Liberal Theology)이란 용어가 등장했고, 동시에 독일 신학자 리츨(Ritschl Albrecht, 1822-1889)에 의해 확고히 자리 잡은 자유주의 신학은 "인간의 주체적인 사고와 활동과 그 의의를 적극적으로 수용하고 인정하는 신학"으로 발전하였고, 나아가 자유주의 신학운동이 확산될 때 이 운동과 맞서 미국에서는 "현대주의와 그리스도교는 서로 용납할 수 없다는 주장"과 함께 일어난 운동이 소위 근본주의 운동(Fundamentalism movement)이었다.

'성경의 보수'라는 주제로 집필한 딕슨(A. C. Dixon)과 토레이(R. A Torrey)는 *The Fundamentals: A Testimony to the Truth*라는 소책자를 당대의 거부인 스튜어트(Stewart)의 출판비 지원으로 수백만 부를 발행하여 전 세계에 무료로 보급해서 결국 1919년에는 세계 기독교 근본주의 연합회를 결성할 만큼 놀라운 성과를 거두었다. 물론 16세기와 17세기에 걸쳐 활동하였던 화란의 신학자 보에티우스(Gisbertus Voetius, 1589-1676)와 17세기 독일의 경건주의 운동을 일으켰던 스페너(Philip Jacob Spener, 1635-1705)[18] 또는 후기 경건주의자 진센도르프(Ludwig Von Zinzendorf, 1700-1760)[19] 등과 같은 인물들이 꾸준히 맥을 이어 왔던 '경건주의 운동'이 19세기에 이르러 미국에서 근본주의 운동으로 재확인된 것이라 할 수 있다.

이러한 신학 논쟁이 벌어지면서 선교신학에도 크게 신학적 차이가 나타나게 된다. 요약하면 자유주의 신학 쪽에서는 소위 '사회 복음'(social gospel)에

---

17) Glassser, A. F. and McGavran, D. A., *Contemporary Theologies of Mission* (Grand Rapids: Baker Book House, 1983), 26.
18) 이재완,『웨슬리와 선교』(서울: 한들출판사, 2004), 163.
19) 이재완,『웨슬리와 선교』, 115.

우위를 두며, 보수주의(근본주의)는 '개인 구원'(personal salvation)에 우위를 두는 경향이다. 두 논쟁은 우리나라의 경우에는 20세기 중반에서부터 말에 이르기까지 보수주의 선교론이 우위를 점하였으나 보수주의 신앙 노선의 경향을 가진 교회들의 문제들이 나타나고, 한편으로는 개척교회들의 난립 현상이 나타나면서 보수주의 선교론을 재점검해 보아야 하는 시점이다.

교회가 로마 교회가 되면서 신론(神論)을 시작으로 기독론, 구원론, 교회론, 종말론 등 쉴 틈이 없는 신학 논쟁의 과정을 통하여 기독교 교리들이 확립되어 왔으나 선교론은 아직까지 도상의 신학이라 할 수 있겠다.

2. 선교 개념의 변천과 하나님의 선교

17세기 화란 신학자 보에티우스는 그의 저서 *Politica Ecclesiastics*에서 선교의 삼중 목적을 이방인의 개종과 교회의 설립 그리고 하나님의 은혜를 선포하고 영화롭게 하는 것이라고 정의했다.[20] 근대 선교 운동은 이 세 가지 목적을 선교의 주요 과업으로 삼았다. 20세기 화란 신학자 바빙크(Bavinck)도 *Science of Mission*에서 보에티우스의 정의를 따라 "선교의 목적은 무엇보다도 하나님과 그의 영광, 그의 나라를 선포하는 데 있다"고 했다.[21]

그러나 이 같은 고전적 선교 개념은 심각한 도전을 받게 되었다. 현대 에큐메니칼 선교학자 호켄다이크(Hoekendijk)는 종교개혁자들의 고전적 선교와 복음 전파에 대한 개념을 비판하면서 선교와 복음 전파의 목적이 개인 구원에 있기보다도 땅 위의 샬롬(Shalom)을 건설하는 데 있다고 역설했다.[22] 이렇게 고전적 선교 개념에 획기적인 변화를 가져온 이유는 첫째, 현대 선교 운동이 서구의 식민주의 정책과 병행되어 왔는데 제2차 세계대전 후 아프리카 및 아세아에서 독립국들이 일어나면서 민족주의적 반서구 감정이 고조되었으며 옛 종교들의 재흥과 함께 아세아 국가들이 기독교로의 개종을 법으로 금

---

20) 김명혁, 『현대교회의 동향』 (서울: 성광문화사, 1991), 107-108.
21) J. H. 바빙크, 『선교학개론』, 전호진 역 (서울: 성광문화사, 1991), 163.
22) C. J. Hoekendijk, 『흩어지는 교회』, 이계준 역 (서울: 대한기독교서회, 1994), 17.

지하기 때문이다. 둘째, 최근의 서구 자유주의 신학의 흐름이 기독교 진리의 절대성을 부인하고 나아가 타종교와의 공존 내지는 혼합 종교를 인정하게 된 때문이다. 셋째, 신학적인 관심을 인간과 하나님과의 종교적 관계의 관심으로 전환시킨 것[23]이라는 역사적 신학적 상황 때문이다. 이미 알려진 바와 같이 1910년 에딘버러(Edinburgh)에서 개최된 세계선교대회(WMC)[24]는 과거 선교역사의 결산이며 또 새로운 선교역사의 출발점이다.[25]

에딘버러 대회는 세계선교협의회(IMC)[26]와 '생활과 실천'(Life & Work) 그리고 '신앙과 직제'(Faith and Order)[27]의 세 가지 에큐메니칼(Ecumenical)운동을 태생시켰다.

전통적 선교 개념이 심각한 도전을 받아오면서 자유주의 신학자들은 현대의 역사적 상황에 적합한 새로운 선교의 개념을 모색하기 시작했다. 1952년 빌링엔(Willingen)은 선교 활동의 지역뿐만 아니라 그 근거와 내용을 새롭고 넓게 정의한 점에서 선교신학사에서 갖는 의의가 크다. 선교 활동의 내용을 선교사들의 활동에 국한시키지 않고 역사 안에서 일하시는 삼위 하나님의 활동에 참여하는 모든 일을 선교의 활동으로 보게 되었다. 즉 선교 활동의 근원은 그 자신이 선교사이신 삼위 하나님 자신이며, 이 세상을 구원하기 위한 삼위 하나님의 사랑이 표현되는 모든 일을 '하나님의 선교'로 보았고, 이러한 하나님의 선교 활동에 참여하는 모든 일을 선교 활동의 내용으로 보게 되었다.

빌링엔에서 채용된 하나님의 선교의 개념은 1961년 뉴델리(New Delhi)에서 모인 제3차 WCC 대회에서 '하나님의 활동의 세속성의 개념'으로 더욱 구체화되었는데 하나님의 선교 개념은 오늘날 커다란 변화를 초래하고 있는 바

---

23) 김명혁, 『현대교회의 동향』, 18-22.
24) World Mission Conference
25) 이동주, 『현대선교신학』(서울:CLC, 1998), 169-170.
26) International Missionary Council. 제1차 레이크 몽크, 제2차 예루살렘(1928), 제3차 인도 마드라스(1938), 제4차 위트비(1947), 제5차 빌링엔(1952), 제6차 가나(1958) 진행 중 1961년 IMC가 WCC와 통합되면서, IMC는 CWME(Commission on World Mission and Evangelism)로 명칭이 변경되었다. CWME는 멕시코(1980)→방콕(1973)→멜버른(1980)→산 안토니오(1989)로 계승되었다. 이동주, Ibid.
27) '생활과 실천', '신앙과 직제' 이 두 기관은 1948년에 통합됨으로써 WCC를 출범시켰다.

목회나 전도는 물론 사회사업이나 구제 민권운동이나 혁명운동도 선교로 불리게 되었다.[28]

1968년 웁살라(Uppsalar)에서 모인 제4차 WCC 대회를 전후하여 선교의 개념은 가장 급진적인 영향으로 변하게 되었다.[29] 곧 하나님의 선교의 개념에서 인간화(Humanization)된 개념으로 변천하게 된다. 하나님은 이미 온 세상을 그리스도가 완성한 구속 사업 안에서 자기와 화해시켰으며 비기독교인들에게 그 복음을 전파하는 것을 선교 활동으로 보는 것은 아주 그릇된 생각이라 주장한다. 그들은 선교의 궁극적인 목적은 대화를 통한 새로운 인간화, 성숙한 인간화의 운동에 있다고 보게 된 것이다.

웁살라의 '인간화' 선교의 개념은 결국 하나님 중심의 선교를 인간 중심의 선교로 대치하였고, 하나님에 대한 관심을 인간에 대한 관심으로 전향하게 됨으로 종국에는 비성경적인 인간 중심의 운동으로 발전하게 된다.

이에 맞서 전통적 복음주의 선교는 혁명신학의 선교 개념과 정면으로 대결하게 되었다. 혁명신학의 선교 개념은 비록 급진적 교회 지도자와 신학자들에 의해 주창되었지만 그 영향은 특히 제3세계에 있어 심각하게 증폭되었다. 복음주의자들은 사회봉사의 중요성을 인정하는 새로운 복음주의적 선교 개념을 모색하면서 선교 운동에 임하려고 하였다.[30]

1966년 휫튼 선언은 전통적인 복음 전파의 우선성과 사회정의와 인간 구호사업에도 같은 힘을 기울여야 할 것을 주장한다. 1970년 프랑크푸르트 선언은 고전적 선교의 개념을 주장하면서 구원의 열매로서의 사회봉사도 강조하였다. 1974년 로잔 세계복음화국제회의(International Congress on World Evangelization)[31]는 인류의 2/3 이상이 복음을 듣지 못하고 있다는 사실을 상

---

28) 김명혁, 『현대교회의 동향』, 109-12.
29) Ed. by Norman Goodall, *The Uppsalla Report 1968* (World Council of Churches, GENEVA, CVB-Druck, Zürich, 1968).
30) 김명혁, 『현대교회의 동향』, 109-12.
31) 로잔위원회(LCWE: Lausanne Committee for world Evangelization)는 미국의 세계적 부흥사 빌리 그래함 박사가 주도한 복음주의 운동으로 '세상은 그의 목소리를 들을지어다'라는 주제하에 1974년 7월 스위스 로잔에서 10일간 개최한 로잔 국제회의 결과로 설립됐다. 당시 이 대회에는 150여 국에서 2,700여 명의 복음주의 교회 지도자들이 참석했다. 이 대회에서는 세계복음화를 위한 복음주의 운동에 기초가

기시키면서 세계 선교의 시급성을 강조함과 동시에 그동안 소홀히 해 온 사회 참여도 힘써야 할 것을 천명했다. 선교의 궁극적 목적은 예수 그리스도가 재림하실 때 새 하늘과 새 땅을 회복시키는 데 있다. 선교는 우선 구속적 활동과 예수 그리스도의 주 되심을 선포하는 데서 이루어지며 이 세상의 변화는 신자가 이 세상에 봉사한 결과라는 복음주의 선교의 개념으로 정의하였다.

3. 선교학의 정의

1) 맥가브란

선교의 결과는 숫자로 표시되는 교인 수로 나타나야 한다는 견해는 교회 안에서 매우 오래된 것이다. 이것이 교회성장(church growth)이라는 말로 정리되어 체계적으로 소개된 것은 맥가브란[32]의 공로이다. 맥가브란은 인도에 와

되는 신학을 15개항으로 정리한 로잔언약이 채택됐다. 당시 「타임」(Time)지는 "로잔대회야말로 지금까지 모였던 기독인 모임 가운데 가장 광범위한 모임으로서 보수적이요, 성경적이요, 선교에 관심을 가진 기독교의 역동적 모습을 보여준 모임이었다"고 평가했다. 이 대회 후 아시아, 유럽, 호주, 아프리카, 북미, 남미 등 약 25개의 국가 혹은 지역 차원의 선교운동 조직이 형성됐다. 그 후 1989년 필리핀 마닐라에서 제2차 로잔대회, 2004년 태국에서 3차 대회가 열렸다. 로잔은 하나의 운동이다. 로잔은 로잔언약에 나타난 정신과 신학적 입장에서 세계 복음화에 뜻을 같이하는 사람들이 이 일을 위해 서로 협력하고 또 서로 협력할 수 있는 기회나 계기를 제공하는 일을 담당하고 있다. 로잔의 사명은 전 세계 모든 교회를 격려하여 온전한 복음을 전 세계에 전파하는 것이다.

32) 맥가브란(Donald A. McGavran, 1897-1990)은 인도 선교사를 지냈고 풀러신학교 선교대학원 초대 원장을 역임했으며 '교회성장학 이론'으로 유명하다. 그는 『하나님의 교량』에서 전통적인 선교 방법인 선교기지 중심의 개인주의적 전도 방법을 비판하고 사람들의 삶의 근저인 문화 속에 들어가서 문화 변혁의 메커니즘을 인식하여 문화 속의 사람들의 공동체를 변화시켜 그리스도께서 인도한다는 사람들의 운동을 주장했다. 대위임령의 성경적 선교로 돌아갈 것을 촉구하며 지역 교회를 중심으로 한 선교의 중요성을 강조했다. 그리고 『교회성장의 이해』에서 그는 무지로 인한 선교 실패 방지를 위해 사회학적 인류학적 통찰을 적극 사용하여 선교의 장애들을 최소화하고 효율적인 선교를 수행할 것을 촉구하였으며, 마 28장을 '제자화 개념'으로 해석했다. 이러한 그의 사상에는 사회학이나 인류학을 신학보다 우선시하는 위험한 실용주의적 사상이 내포되어 있으며, 교회의 수적 성장을 영적 성장의 외적 표증으로 보는 물량주의화된 서구인의 세속적 가치관이 숨어 있다. 그럼에도 불구하고

있던 미국인 선교사의 가정에서 출생했다. 예일대학과 콜롬비아대학에서 신학 훈련을 받은 후 1937년부터 1954년까지 인도 선교사로 활동했다. 그는 3대째 인도 선교사였다. 1954년에 고국인 미국으로 돌아와서 인디애나폴리스의 선교대학에서, 1961년부터는 오리건의 크리스찬대학에서 가르치면서 교회성장연구소를 운영했고, 1965년부터는 캘리포니아 패서디나의 풀러신학교에서 선교학자로서 자리를 굳히게 되었다.

맥가브란은 1958년에 아프리카 가나 IMC 대회 때부터 극성을 부리기 시작한 에큐메니칼 진영의 선교 개념에 대해 주목하였다. 에큐메니칼 진영의 선교의 사회적 책임이란 주장에 대하여 그는 복음주의적 선교를 옹호 또는 대변하고 나섰다. 에큐메니칼 진영의 선교 개념은 1968년 스웨덴 웁살라 대학에서의 WCC 총회에서 그 진보성의 절정을 이루었다. 이에 대하여 맥가브란은 "Will Uppsala Betray the Two Billion?"(웁살라는 복음을 알지 못하는 20억을 외면할 것인가?)이라는 글로써 반대 입장을 분명히 했다.[33] 특히 맥가브란은 하나님의 선교라는 선교 개념을 반대했다. 하나님의 선교 개념은 그 자체로 세속화를 말하는 것이었다. 남아프리카의 선교학자 데이비드 보쉬(D. Bosch)에 따르면 "오랫동안 교회 밖에는 구원이 없다(extra ecclesiam nulla salus)라는 말이 있었지만, 점차 교회 밖에도 구원이 있다(extra ecclesiam multo salus)라는 말로 바뀌었으며 지금은 교회 안에는 구원이 없다(inter ecclesiam nulla salus)란 말이 유행한다." 이에 대하여 맥가브란은 '교회는 선교'라고 말하면서 "가장 불완전한 교회라도 그것은 가장 좋은 비신앙적인 사회보다 더 하나님의 진리에 가깝다"라고 갈파했다. 그리하여 선교를 사회봉사로 이해하는 부류에 대해 "선교가 모든 것을 포함한다면 그것은 동시에 아무것도 의미하지 않는다"라고 일갈했다.[34]

맥가브란은 복음 선포를 통한 결신자 획득과 그들을 교회 회중 속에 연합

WCC의 잘못을 지적하고 성경적 선교로 돌아올 것을 촉구하고, 사회학과 인류학과 전달이론을 선교학에 응용한 공헌이 인정된다. 그의 사상은 풀러의 교회성장학파와 피터 와그너에 의해 계승되었다.

33) Norman Goodall, ed. *THE UPPSALLA REPORT 1968*, World Council of Churches (Geneva Switzerland : CVB-Druck, Zurich, 1968).
34) 도널드 맥가브란,『기독교와 문화의 충돌』, 이재완 역 (서울: CLC, 2007), 9-10.

시켜 교회를 성장시키는 운동을 선교학의 핵심으로 삼고 있다. 맥가브란은 교회성장학이 선교학의 구심점이 되었다고 주장했다. 그는 신학과 인류학을 비롯한 행동과학(Behavioral Sciences), 커뮤니케이션의 방법들이 교회성장학을 지원한다고 보고 있다. 맥가브란은 "선교학은 복음 전달의 과학으로서 하나님은 그의 교회와 신자의 공동체를 배가시키며 전인적인 구속을 확장시킨다. 선교학은 신자의 공동체를 배가시키며 전인 구속을 확장시킨다. 선교학은 기독교 신앙의 전파를 취급하는데 이것이 선교학의 중심이다"라고 하였다.[35] 맥가브란의 교회성장학은 선교 개념이 세속화(secularism)되고 선교 활동이 패배주의로 기력을 잃고 있었던 시기에 새로운 활력을 불어 넣었다. 오늘날 다원사회의 다원종교가 난무하는 상황에서 맥가브란의 주장은 우리의 신앙과 행동에 청량제 역할을 하였다. 또한 그는 성서신학적인 깊이가 없어 주석에 약점을 보이고 있기는 하지만 선교를 복음주의적 입장에서 체계화한 공헌이 있다. 교회는 성장할 수 있다는 확언은 선교지향적인 교회들에게 새로운 자신감을 심어 주었던 것이다.[36]

맥가브란의 공로는 서구의 탈(脫) 기독교화에 대한 저항이다. 그것도 선교신학적 입장에서 그러하였는데 그에 따르면 서구에 만연한 개인주의와 다원주의가 선교를 구시대적인 것이요 더 이상 필요하지 않은 것으로 만들었다. 하지만 성경은 여전히 성경이라는 것이다. 이런 관점에서 그는 'Search Theology'와 'Harvest Theology'라는 용어들을 만들어 냈다. 여기서는 이 용어들을 번역하지 않고 Search Theology를 ST로, Harvest Theology를 HT로 표기한다. 맥가브란의 이론은 search theology와 harvest theology로 설명된다. 그리고 교회성장을 위하여 수용성의 원리(receptivity principle), 동질 집단의 원리(homogeneous unit principle), 토착교회 원리(indigenous church principle), 대중운동의 원리(people movement) 같은 개념들이 적극적으로 채택된다. 그리고 물론 이런 원리들에 대하여 성서적 근거를 제시하려고 노력하고 있다. 그러나 맥가브란의 교회성장은 교회의 멤버들을 구체적으로 셀 수 있다고 한

---

35) Donald A. McGavran, *Understanding Church Growth* (Grand Rapids: W. Eerdmans, 1970), 31-48.
36) 이재완, 「선교와 교육」, 2007, 42.

것에서 전통적인 신학의 입장을 벗어난다. 우주적 교회와 인간과 다른 하나님과 그분의 사역을 인간의 머리로 셈할 수 있다고 주장하는 것은 문제의 소지가 다분하다. 교회성장학이 교회의 수적 증가와 교인 수의 증가를 중점적으로 취급하면서 이를 위한 이론과 원리 그리고 전략을 발전시켜 나가는 것을 부분적으로 이해할 수가 있다. 하지만 그것이 매우 미국적 실용주의를 도구로 채택하고 있고, 더 나아가서 실제적인 적용의 면에서는 미국식 패권주의를 포기하지 않고 있기에 오해를 불러일으킬 소지가 있다.

우리나라에 교회성장학이 도입된 것은 70년대 후반이었다. 한국의 경제가 크게 부흥하면서 한국 교회의 재정도 풍성하게 되었고 이를 바탕으로 해외 선교가 본격적으로 시작되었다.

(1) 맥가브란의 교회성장론

교회성장 운동의 시조는 맥가브란이라 할 수 있다. 왜냐하면 그는 '교회성장'이라는 말을 처음 사용했고 교회성장 운동에 관한 이론과 실제를 독창적으로 발전시켰기 때문이다. 교회성장에 관한 폭넓은 연구와 아울러 교회성장의 중요성을 학문적으로나 실증적으로 온 세계에 알리는 일을 위해 가장 크게 공헌한 사람은 맥가브란이라 인정된다. 그리하여 교회성장학을 연구하는 학도들은 맥가브란을 '교회성장의 아버지', '교회성장의 시조'라고까지 칭한다. 그렇지만 맥가브란도 여러 학자들과 해외 선교사들로부터 도움과 영향을 받았는데 그중에서도 가장 큰 영향을 준 사람은 피켓(J. Waskom Pickett) 감독이었다. 헌터(Hunter)가 한 말은 이를 실증해 준다.

맥가브란은 1937년부터 1954년까지 인도에서 선교 활동을 하고 있을 때 피켓 감독으로부터 '하나님의 교량들을 발견하는 것'에 관하여 배웠다. 피켓 감독은 인도에서 '그리스도인 대중 운동'을 전개하면서 하층 계급의 인도인들에게 기독교 신앙을 전하려고 노력했다. 피켓 감독은 당시의 사회적 조건과 계층들 속에서 교회가 자랄 수 있는 길을 모색했다.[37]

---

37) Donald A. McGavran & George G. Hunter III, *Church Growth* (Nashville: Abingdon Press, 1980), 8-29.

맥가브란은 17년간 인도 중심부에서 선교 사역을 하는 동안 교육, 나환자와 병원 사역, 재난 구제, 농촌 개건, 전도를 열심히 했으나 얻은 것은 1,000명의 신도뿐이었고 교회가 성장하지 않았다. 그리고 인도의 다른 지역에서도 선교 활동과 막대한 재정 지원에 비해 교회가 성장하고 있지 않음을 발견했다. 그래서 그는 인도 선교의 총무 겸 회계 직임을 떠나 교회성장에 관한 연구에 몰두하면서 메노나이트 감리교회, 장로교회, 성공회의 선교 지역을 두루 다니며 교회가 성장하는 이유와 성장하지 않은 이유를 관찰했다. 그는 교회성장의 여러 가지 원칙들을 형성하고 실험했다. 1954년 아프리카의 7개국을 방문하여 20개 선교 본부가 세운 교회들을 연구했으며, 교회성장에 관한 자신의 원칙들을 상황이 다른 아프리카에 실험했고, 마침내 이 모든 연구와 실험을 토대로 『하나님의 교량들』(Bridges of God)[38]이라는 책을 발간하여 전 세계적으로 큰 관심을 끌었다.

교회성장을 위한 맥가브란의 주요 전략은 '하나님의 교량들'의 발견에 있었다. 여기서 중요한 관점은 사회망 속에 그리스도를 믿지 않는 친척과 친구를 가지고 있는 회심자들이다. 연구와 실험에 의하면 회심자가 교회에 나왔을 때 그들에게 적합한 전도 훈련을 시행하면 그들의 사회망 속에 있는 비기독교인 친척들과 친구들을 효과적으로 전도해 낼 수 있다는 것이다. 기성 교회에 이미 속해 있는 신도들은 사회망 속에 비기독교인 친척과 친구들을 많이 가지고 있지 않지만, 새 신자는 그리스도를 모르는 친척과 친구들을 많이 가지고 있으므로 그들에게는 효과적인 전도의 길이 열려 있다. 그러므로 신자들은 자신들의 친척과 친구들에게 먼저 복음을 전하고 교회로 초대할 때 교회가 성장한다고 맥가브란은 주장한다.[39]

『하나님의 교량들』이라는 책을 통하여 교회성장 운동을 본격적으로 시작한 맥가브란은 『어떻게 교회가 성장하는가』(How Churches Grow)라는 책을 영국에서 발간했다.[40] 이 책에서 그는 교회성장과 인구 요인, 일반적 요인, 방

---

38) Donald A. McGavran, *Bridges of God* (New York: Friendship Press, 1955).
39) Donald A. McGavran, *Bridges of God*.
40) Donald Anderson McGavran, *How Churches Grow* (London: World Dominion Press, 1959).

법들, 조직과 행정을 취급했다.

맥가브란에 의해 교회성장에 대한 연구가 진전되자 캘리포니아주 패서디나(Pasadena)에 풀러(Fuller)신학교를 설립(1965)하여 교회성장과 세계 선교에 관하여 연구하는 센터가 형성되었다. 특히 1970년에 출판된 『교회성장 이해』(Understanding Church Growth)라는 저서는 교회성장 운동의 발전을 위해 초석을 놓았다. 이 책에서 맥가브란은 교회성장에 대한 신학적 고찰과 성장의 원인을 분석하고 교회성장의 본질과 행정에 대하여 논했다.[41]

맥가브란의 교회성장 운동은 초기에는 외로운 활동이었으나 점점 발전하여 세계적인 선교 분야의 지도자들로부터와 북미와 유럽의 지도자들의 후원을 받게 되었다. 한편으로는 그의 교회성장학에 대한 비판론도 나타났다. 비평가들은 가난하고 억압받는 사람들과 정의와 평화, 인간 해방의 과제, 부와 생활양식의 문제, 제자의 도리와 하나님 나라에 대한 문제들과 관련하여 나타나는 교회성장론의 미비점을 지적하였다. 그렇다고 해서 맥가브란이 주장하는 교회성장은 사회적인 문제와 전적으로 무관한 것은 아니다. 그의 책 『교회성장 이해』의 두 장 안에는 가난한 사람들의 문제를 비롯한 사회적 문제가 다루어져 있다. 그렇지만 그가 주장하는 교회성장론은 복음을 전파하고 교회에서 하나님과 인간이 화목하는 것을 기조로 하는 선교론에 근거하고 있다. 그리하여 그는 문화적 위임을 선교로 보지 않고 그리스도인들의 의무라고 본다. 이런 점에서 맥가브란의 교회성장론은 전도와 교회 활동을 통한 효과적인 교회성장을 위해서는 지대한 공헌을 했으나 전도와 사회 변혁을 포괄하는 통전적 선교를 전망하는 일에 있어서는 불충분했다고 볼 수 있다.

a. 복음 전도의 단순화

일반적으로 서구 선교학에서는 복음 전도가 현존(Presence), 선포(Proclamation), 설득(Persuasion)의 세 가지 방법으로 실천된다고 생각해 왔다. 현존은 구원받지 못한 자들과 함께 살면서 복음을 생활화하는 방식으로 전도

---

41) Donald A. McGavran, *Understanding Church Growth* (Grand Rapids: Eerdmans Publishing Co., 1970).

하는 것이다. 복음을 위해 사회봉사 활동을 하는 것을 말한다. 선포는 복음을 구두로 선포하는 것이다. 하지만 이것은 전도의 결과인 회심에 대해서는 깊이 생각하지 않는다. 선포 그 자체로 만족한다. 설득은 복음을 구두로 선포하고 회심을 설득하는 행위를 말한다. 맥가브란은 이 세 가지 방법을 ST(Search Theology)와 HT(Harvest Theology)라는 것으로 요약하고 이렇게 이분화시킨 구조 속에서 복음 전도의 당위성을 설명하려 한다.

ST는 세상에서 어떤 결과를 바라지 않고 그리스도를 증언하는 것이다. 즉 복음 전파를 하되 회심을 요청하지 않는 것이다. 오늘날은 교회를 세우는 시대가 아니라고 전제하기 때문이다. 여기서 타 종교와 우호적이고 협력적 관계가 요청된다. 이렇게 해야만 시대에 맞는다는 것이다. 다수의 잃어버린 자들을 찾아야 한다는 주장은 더 이상 매력적이지 않다. 그것은 시시하다. 그것은 성공 지향적인 서구인들의 패권주의에서 비롯된 것이다. 이에 대하여 맥가브란은 "하나님은 찬양 그 자체만으로 기뻐하시는가? 아니면 잃었다가 찾은 자녀들로 인하여도 기뻐하시는가?"라고 묻고, 복음 전파는 하나의 수단이며, 결국 그것은 다수의 사람들이 그리스도 안에서 하나님과 화해를 추구하는 것이라고 단언한다.

b. 복음 전도는 회심이 목적

따라서 맥가브란에게 있어 ST는 복음 전도의 부분적인 것이다. ST는 어떤 특정한 상황 속에서 선호될 수 있는 것이기는 하지만 선교의 유일한 신학으로 생각되거나 모든 사람들에게 적용될 수 있는 대안이라고 주장한다면 무리한 주장이 된다. 왜냐하면 이것은 시대적, 사회적 배경에 따른 것이지 성경의 원리를 따른 것이 아니기 때문이다. 이런 반선교적인 발언은 서구인들의 선교에 대한 무관심과 피선교지 사람들의 선교사들에 대한 적개심, 그리고 교회의 패배 의식에서 비롯된 것이어서 정당하지 않다는 것이다.

맥가브란은 ST를 반대하면서 HT를 주장하고 나섰다. HT는 인간을 구원하기 위해서 오신 예수 그리스도의 사역을 강조한다. 잃은 양을 단순히 찾기만 하는 것은 의미가 없다고 본다. 잃은 양을 안고 우리로 되돌아와야 한다.

따라서 맥가브란에게 있어 복음 전도는 사람들을 찾아가야 하는 것이고, 또한 사람들이 살고 있는 곳에서 선교의 모든 것이 이루어져야 한다. 여기서 맥가브란은 복음 전도의 결과를 셈해야 한다고 말한다. 하나님의 계시, 즉 복음은 구원받은 자들의 수(數)를 세라 한다는 것이다. 사람들이 화해하는 곳에서 하나님은 영광을 받으시며, 하나님의 부름에 응답하는 죄인들의 수는 그 부름이 일어난 장소와 방법과 긴밀한 관계가 있다. 이것이 맥가브란의 추수신학(HT)의 핵심이다.

c. 복음 전도는 선포와 양육

이런 전제 아래 맥가브란은 복음 선포와 기독교 교육을 말한다. 복음 선포(evangelism)는 회심(conversion)이며 양적 성장(quantitative growth)이다. 기독교 교육(Christian education)은 양육(nurture)이며 질적 성장(qualitative growth)이다. 이 두 가지 차원은 기독교인이 되는 두 가지 영역이다. 전자는 제자화(discipling)이고, 후자는 완전화(perfecting)이다. 근거는 마태복음 28:19-20에 나오는 예수 그리스도의 지상명령이다.

제자화는 한 민족 집단을 복음화시키는 것이다. 처음에는 미미한 수의 사람들이 복음을 받아들이지만, 결국 그 민족 대다수가 스스로 우리 민족은 기독교인들이고 우리의 책은 성경이며 우리의 예배 장소는 교회당이라고 인정하게 만든다. 완전화는 특정 민족공동체 안에 있는 그리스도인 사회가 윤리적 변화를 일으켜 그 민족공동체 전체를 기독교적 생활방식을 따르게 하는 것이다. 이러한 일이 일어나지 않으면 교회는 시들어갈 것이라고 맥가브란은 단언한다. 그러므로 모든 그리스도인은 다른 사람들을 그리스도에게 인도하는 일과, 인도된 사람들이 그리스도의 은혜 속에서 윤리적 변화와 인격적 완성을 추구하는 일을 해야 한다. 두 가지 사명을 지니게 되는 것이다.

제자화는 완전화와 함께 일어나는 수는 있어도 이보다 나중에 올 수는 없다. 만약 순서가 뒤바뀐다면 복음화는 지연될 것이다. 지나친 윤리의 요구는 복음을 제대로 이해할 수 없게 하며 결국 다른 두 가지가 하나의 것으로 간주되는 실수를 저지르게 되기 때문이다. 맥가브란은 이 두 가지가 하나로 간주

되는 경우 반(反) 성장 또는 성장 억제 개념이 나타난다고 말한다.

d. 남은 자 신학

여기서 남은 자 신학(Remnant Theology)이 필요하다고 맥가브란은 주장한다. 이 신학은 ① 신앙으로 고난 받는 미미한 소수가 참 교회이다. ② 이런 소수가 사실상 선교의 열매이다. ③ 박해받는 교회가 참 교회이다. ④ 창조적 소수는 교회 존재를 위해 분투해야 한다. ⑤ 건전한 교회를 만들기 위해 하나님께서는 인내하신다. ⑥ 급격한 성장은 거짓일 가능성이 많으며, 중요한 것은 성장의 건전성이다.

2) 알란 티펫

알란 티펫(Alan R. Tippett)은 "선교학은 학술적 방법론(Academic discipline)이나 사이언스(Science)로 정의된다. 이것은 성경적인 것에 관계된 자료, 문헌 및 자료 사용을 포함한 역사, 인류학적 원리와 기술, 그리고 기독교 선교의 신학적 기초를 연구하여 기록하며 응용한 것이다"라고 하였다.

선교학에 관한 이론과 방법론 그리고 데이터 뱅크(data bank)는 대략 세 가지인데 첫째, 기독교 메시지가 전달되는 절차, 둘째, 비그리스도인들에게 복음을 선포하는 데서 오는 문제들, 셋째, 교회를 세우고 회중을 조직하는 일, 결신자를 회중 속에 연합시키는 일, 친교의 성장과 그 타당성, 내적 성숙과 외적 전도와 같이 여러 문화 유형 속에서의 효과적인 선교를 돕는 일이다.

성경은 진리이며, 모든 신학의 최선의 수단이기에 성경을 떠나서는 바른 선교신학(Mission Theology)을 정립할 수가 없다. 오랫동안 성서신학이나 조직신학적인 입장에서 성경을 연구하는 일은 매우 보편적이었으나 선교신학적인 입장에서의 연구는 등한히 해 왔다. 그러다가 20세기에 와서야 신구약 성경을 선교신학적 관점(Missiological Perspective)에서 조명하는 경향이 나타나기 시작했다. 이것은 교회의 선교가 기독교의 역사를 통하여 항상 교회의 핵심적인 활동의 영역이 되어 왔음에도 불구하고 선교에 대한 학문적인 연구가 매우 늦게 시작되었다는 것은 유감스러우며, 그렇기 때문에 성공적인 선교를 위한 준비로서의 선교 교육은 더더욱 소홀할 수밖에 없었음이 당연할 것이다.[42]

선교를 어떻게 이해할 것인가? 이 질문에 대해 먼저 성경에서는 선교를 어떻게 이해하고 있는지를 살펴보아야 할 것이다. 왜냐하면 선교 교육에 대한 기초적인 개념들을 설정하려면 성경적 선교가 되어야 하기 때문이다.

티펫의 『교회성장 이해』를 보면 그는 교회성장의 근거와 원동력을 신약성경에서 찾고자 한다. 그는 저서 『교회성장과 하나님의 말씀』에서 '교회성장'을 성경적 개념으로 받아들여 서술하고 있다. 여기서 티펫은 "신약성경 시대 교회는 그 출현 초기부터 이미 수적, 질적 그리고 조직적으로 성장하는 공동체였다"(행 2:46-47)라고 전제한 후 "교회 활동의 배후에 있는 추진력은 성령이요" 그리스도가 주신 대위임령(마 28:18-20)은 약속의 후사로서 세워진 교회의 계속적인 성장과 사명 수행을 명령한다고 본다.[43]

티펫에 의하면, 교회성장의 문제는 약속된 축복을 유업으로 받지 못한 것, 무책임한 행동으로 하나님의 역사를 방해하는 일, 전략적 지역 선정의 원칙을 따르지 않는 것, 사회를 위한 봉사 활동이 경시되거나 결여된 채 선교를 수행하는 것이다.[44]

그리고 '하나님의 약속', '언약의 성취', '영원한 기업의 언약'(히 9:15)과 관련하여 교회성장을 이해한다. 약속의 주제는 아브라함에게 주신 영원한 언약, 약속의 땅의 소유에 관한 언약, 시내산 언약, 예언자들에게 주신 언약에 나타난 구약성경 시대의 하나님의 약속을 비롯해 신약성경 시대에 더욱 발전되었다고 본다. 신약성경 안에는 '그리스도의 구원의 약속'(마 28:19-20), '언약의 기업'(히 6:12), '약속을 받는 일'(히 10:36), '영원한 기업의 언약'(히 9:15)이 나타나 있다. 신약성경은 성령에 대한 약속, 믿는 자들에게 장차 주어지는 보증에 대한 약속(엡 1:12-14)도 전해 주고 있다. 최후의 완성과 관계된 그리스도인의 희망이 하나님의 약속의 내용에 포함되어 있다고 볼 때 교회는 하나님의

---

42) 이재완, 「선교와 교육」, 17.
43) Alan R. Tippett, 『교회성장과 하나님의 말씀』, 장중열 역 (서울: 보이스사, 1978), 9-11.
44) Alan R. Tippett, 『교회성장과 하나님의 말씀』, 87-109.

명령을 준행하여 하나님의 왕국이 속히 임하게 함으로써 약속의 후사가 될 것이라고 그는 본다.

전체적으로 볼 때, 티펫은 교회성장에 대한 명령과 약속이 이미 신약성경 안에 나타나 있다고 주장하면서 교회는 주님의 선교 명령을 책임성 있게 준행함으로써 약속의 보증을 받는다고 확신한다. 그러므로 티펫은 성경에 뿌리를 둔 교회성장, 즉 그리스도 안에서 수적으로 질적으로 그리고 조직적으로 성장하는 교회를 전망한다는 점에서 크게 공헌하였다.

3) 베르카일(J. Verkuyl)

선교학이란 온 세상을 통하여 하나님 나라를 실현시키려는 성부와 성자와 성령의 구원 활동에 대한 연구와 선교의 도구가 되는 교회가 성령을 의존하여 이 세상을 향하여 구원을 베푸시는 하나님을 섬기도록 준비시키라는 하나님의 명령에 관한 연구이다. 나아가 여러 형태의 죄악들과 투쟁하는 인간의 다양한 활동들을 분석하여 이미 도래한 그러나 아직은 완성되지 아니한 하나님 나라의 표준과 목표들에 미치는지를 연구하는 학문이라고 정의했다.

4) 얀센 스춘호벤(E. Jansen Schoonhoven)

복음을 그 시대와 상황에 적합하도록 해석하고 적용해서 주님의 몸인 교회를 세우는 데 학문적으로 기여해야 할 책무와 선교 일선에 있는 선교사들을 이론적으로 도와주는 학문이며, 또한 기독교 신앙의 유일성(uniqueness)과 독특성(particularity)을 확인시키는 학문이며, 모든 교회의 본질적 목표와 사명을 확인시켜 주는 학문이라고 정의했다.

선교학이란 하나님 나라의 확장을 위해 교회에 위임하신 복음전파와 세계 속에서의 봉사적인 사명에 관한 성경적인 원리들을 믿음과 순종의 자세로 고찰하며, 그 원리들을 수행하는 데 필요한 방법들을 역사의 과정과 문화적 배경과 관련시켜 연구하고, 그 연구의 결과를 실질적으로 적용하는 데 필요한 훈련들을 다루며, 기독교 선교를 예수 그리스도의 지상명령으로 확신하고 이를 효율적으로 수행하기 위한 과학적인 방법을 제시하는 학문이라고 언급하였다.

5) 제랄드 앤더슨(Gerald H. Anderson)

기독교 신앙의 입장으로부터 기독교 세계 선교의 동기, 메시지, 방법, 전략과 목표를 확고히 하는 기본 전제와 중요한 원리들에 대해 연구하는 학문이라고 정의하였다.

4. 선교의 목적

선교는 무엇을 위하여 필요한 것인가? 선교의 목적에 대해 경건주의 운동[45]은 개인의 영혼 구원과 교회 설립에 선교의 목적을 둔다. 보에티우스는 그의 저서 *Politica Eccelesiatica*에서 선교의 목적을 이방인의 회심, 교회 설립과 확장 그리고 하나님께 영광을 돌리는 것이라고 했다. 이것이 바로 선교의 목적이다. 헤르만 바빙크(J. H. Bavink, 1854-1921),[46] 피터 바이엘 하우스(Peter Beyerhaus)도 이것을 전폭적으로 수용했다. 이 세 가지 목적들은 독립적인 것이 아니라 하나님 나라의 도래와 관련되어 있다.[47]

---

45) 어거스트 프랑케(August Francke, 1663-1727)와 그의 스승인 필립 스페너(Phillip Spener, 1635-1705)에 의하여 일어난 경건주의 운동은 종교개혁 이후 서서히 고착된 당시 교회의 형식주의에 대한 일대 도전이며, 나아가 그리스도인의 신앙과 생활 수준을 높이려는 헌신적인 노력이었다. 종교개혁이 이신득의(Justification by faith)를 강조한 나머지 이에 대한 부작용들이 일어났는데, 주로 신앙과 생활의 불일치에서 오는 것들이었다. 이에 대한 이들의 부흥 운동은 일부 뜻있는 사람들의 가슴 속에 복음의 씨를 뿌렸고, 그 결과로 1698년에 할레대학(The University of Halle)의 설립을 가져오게 되었다. 이 대학은 선교활동의 중심지가 되었고 외국 선교 활동의 전진 기지 역할을 하였다. 이재완, 『웨슬리와 선교』, 106-111.
46) 바빙크, 『선교학개론』, 163.
47) 이복수, 『하나님의 나라』 (서울: CLC, 2002), 172.

1) 하나님께 영광

에스겔 선지자는 선교의 목적을 "이와 같이 내가 여러 나라의 눈에 내 존대함과 내 거룩함을 나타내어 나를 알게 하리니 그들이 나를 여호와인 줄 알리라"(겔 38:23)라고 했다. 신약에서는 하나님 나라 도래가 공통된 주제인데 이것은 바로 '하나님께 영광'과 직결되는 것이다. 예수 그리스도의 구속의 목적은 하나님 나라와 하나님의 영광이다.

2) 교회 설립과 확장

부활과 재림의 중간기에 구체적으로 선교를 담당하는 교회를 설립하시겠다는 계획이 하나님의 뜻이었다. 선교는 성령의 역사를 통해서 주께서 친히 주관하여 완성할 것이다. 교회는 역사 과정의 한 현상이 아니라 하나님의 비밀한 선택에 의한 것이다. 성령의 능력이 사도들과 그리스도의 공동체로 하여금 역사 안에서 구원의 증언을 할 수 있게 했다. 바울의 선교에 있어서 교회 설립과 확장 운동은 교회가 예수의 부활과 재림의 중간기에 놓여진 선교를 위한 종말론적 공동체라는 신학적인 이해 위에서 수행되었다.

3) 이방인의 회심

교회 설립과 교회성장은 회심 운동의 과정에서 일어난다. 회심에는 신적 측면과 인간적 측면이 있다. 신적 측면은 성령께서 죄를 깨닫게 하시며, 고백하게 하시며 용서와 구원을 확신하게 하신다. 인간적 측면은 사람을 하나님 앞에 인도하여 신앙과 복종의 결단을 촉구한다. 하나님 말씀에 대한 깊은 이해와 아울러 복음 선포의 대상이 되는 사람들과 사람들이 살고 있는 사회와 문화에 대한 문화 인류학적인 통찰이 있으면 복음의 메시지는 보다 효율적으로 전달될 수 있다. 특히 바빙크나 베르카일은 보에티우스의 삼중 목적의 선교론을 인정하면서도 "이러한 삼중 목적은 서로가 분리되는 것이 아니라 하나님 나라 확장이라는 단 한 가지 목적의 세 양상에 불과하다"고 말해 선교 목적이 하나님 나라 건설에 있음을 시사한다.

여기서 보에티우스의 삼중 목적으로의 선교론에서 바빙크와 함께 하나님 나라로 진전하지 못한 채 개인 회심과 교회 설립에 멈추어 버린 것이 아쉽다. 즉 지금도 많은 선교사들이 선교지에 나가 열심히 전도를 해서 결신자를 얻게 되면 예배당을 건축하는 것을 선교의 목표로 삼고 있는 것이 선교 현실이다. 이렇게 하나님 나라로의 진전을 하지 못하는 것은 18세기부터 시작된 현대 선교의 결과일 것이다. 그런 점에서 선교론적 입장에서도 반드시 교회 개혁은 이루어져야 한다. 교회 구조가 바뀌어야 새로운 선교신학이 나올 수 있다.

또한 선교신학자인 영(John M. L. Young)은 그의 저서 『선교의 동기와 목적』(The Motive and Aim of Missions)에서 다음과 같이 말한다.

> 참된 선교는 그 근본이 하나님 안에 있다. 또한 하나님이 선택한 인간에 의해 이루어지는 일이며 하나님의 영광을 위해 세계 도처에 퍼져 나가는 데 선교의 목적이 있다. 선교란 아직 복음을 모르거나 조금 밖에 모르는 다른 나라들에게 하나님의 종들을 통해 복음을 전하도록 주로 외국에 하나님의 백성을 파송하는 일을 말한다.[48]

5. 선교의 기본적인 문제점

기본적인 문제점은 선교 개념의 혼란이다. 1961년 뉴델리 선교 대회에서 국제선교협의회(IMC)와 세계선교협의회(WCC)의 합동이 있었다.[49] 그 이후

---

48) John M. L. Young, *The Motive and Aim of Missions*, 『선교의 동기와 목적』, 권달천 역 (서울: 개혁주의신행협회, 1972), 9.
49) 뉴델리 대회는 세계교회협의회와 국제선교협의회가 합해진 대회였고, 이것은 세계교회협의회의 한 분과위원회와 세계 선교와 전도분과위원회(CWME)로 변모하게 되었다. 이러한 계기에서 선교의 목적은 '온 세계에 예수 그리스도의 복음을 땅 끝까지 선포하여 모든 사람들이 예수 그리스도를 믿고 구원을 얻게 하기 위한 것으로 묘사되었다. 이 대회에서 요셉 씨틀러(Joseph Seetler)는 에큐메니칼 논쟁에 '우주적 그리스도의 개념'을 소개했다. 그는 골

WCC 진영과 보수적 복음주의 진영 사이에는 신학적인 견해차가 심각하게 대두되었다. 1960년대를 결정짓는 것은 신학 사상의 급변한 변천이다. 휘체돔(G. F. Vicedom)이 주창했던 '하나님의 선교' 개념은 곧 WCC에 의해 차용되었으나 휘체돔이 말한 것과는 왜곡된 형태로 사용되었다. '하나님의 선교' 개념은 선교가 삼위일체 하나님이 선교의 유일한 근거이며 선교는 하나님의 거룩한 뜻에 근거한다는 것이다. 그런데 WCC에서는 세상사의 진행 속에 하나님이 계심으로 전통적 선교를 거부하고 있다. 결국 선교의 관심이 하나님 나라 도래에서 새로운 인간성 구현으로 변질되고 말았다. 이것은 나중에 선교열의 냉각을 초래하고 말았다. 화급을 요구하는 그리스도의 선교의 대명령의 참뜻을 왜곡해서는 안 된다. 사회 참여가 선교의 전체요 유일한 목적으로 내세워 전통적인 선교 개념의 울타리를 붕괴시키므로 선교 개념의 혼란을 야기시키는 문제를 극복해야만 한다.

선교와 사회 참여나 봉사가 명백하게 구별될 때 선교와 사회 참여는 각기 본연의 임무를 다하게 될 것이며 개념적 혼란을 피할 수 있게 될 것이다.

6. 복음주의적인 새 방향

구미 선교가 문화 상대주의의 비판에 위축되며 선교 개념의 혼란으로 교회 내에 선교 기피증이 일어나기 시작하여 급기야는 선교의 사양길을 걷게 되었다. 이때 아시아인들에 의한 선교적 각성이 일어났고 그 첫 단추가 서울선언이었다. 아시아 교회는 힛튼(Heaton) 선언(1966년)[50], 프랑크푸르트 선언(1969

1:15-29에 근거하여 창조와 속죄의 관계를 더욱 가까이 하고자 하였다. 즉 속죄를 창조처럼 포괄적 개념으로 이해해야 한다고 했다. 이러한 해석의 결과는 곧 하나님이 세계 역사 안의 모든 면에서 활동하고 계신다고 생각하는 것이다. 따라서 원칙적인 면에서 교회와 세계 사이에 차이점이 없어지게 되는 것이다. David Bosch, 『세계를 향한 증거』, 전재옥 역, 222. 이재완, 「타문화권 선교 방법론 연구-상황화」 (아세아연합신학대학교대학원- 선교사연장교육 강의안, 2007), 25.

50) 힛튼(Heaton) 선언은 미국 내의 보수적 복음주의 진영에서 WCC의 선교 이념에 대한 첫 번째 도전이었다. WCC가 1948년 네덜란드 암스테르담에서 조직되었고, 1961년 뉴델리(New Dehli)에서 국제선교협의회(International Missionary Council)와

년)[51], 백림 선언의 입장에서 성경적 선교 개념을 주장했다. 서울선언[52]에서는 과거 선교의 잘못된 점들을 반성하고 왜곡된 '하나님의 선교'의 개념을 지적하였으며 우리의 관심을 세계 인구의 90%에 돌리고 있다. 그리고 동서양의 선교적 협력의 중요성과 선교적인 결의를 표명했다. 서울선언은 제3세계의 선교적 책임을 강조한 것이다. 이어 1974년 스위스의 로잔(Lausanne)에서 모인 세계복음화전도대회(International Congress on World Evangelism)는 교회의 사역에 있어서 그 동안 사회적 책임을 소홀히 한 것을 회개하면서 전도와 사회적 책임을 동시에 강조했으나 전도에 우선순위를 둔다고 고백하는 보고서를

합동하였다. 그러나 실제적으로는 IMC가 WCC의 산하에 들어간 것이다. 그 결과 선교의 적극적 기능이 약화되었으며 인간화와 복음화라는 양극상이 일어나기 시작하였다. 이러한 상황 아래서 WCC의 선교 개념에 대한 복음주의 진영의 공개적 도전이 미국 일리노주에 있는 휫튼대학에서 열린 국제대회에서 나타났다. 이 대회에는 900여 명의 구미 선교사와 제3세계 교회지도자들이 모여 선교에 대한 성경적 명령을 모색하였고, WCC에 대해 맹목적 비판이 아니라 그들의 시정을 요구하는 비판이었다. 휫튼 선언은 독일의 바이엘하우스 교수와 미국의 맥가브란 교수에 의하여 그 정신이 더욱 촉진되었다. WCC의 선교 이론에 대해 진지한 토론이 시도되었다. 휫튼 선언은 복음주의자들에 의한 첫 번째 비판이라는 점에서 더욱 의의가 깊고 이로 말미암아 새로운 선교에의 열의가 일어나는 계기가 되었다.

51) 휫튼 선언 이후 WCC의 웁살라 대회를 전후하여 맥가브란 교수는 그들과 계속 논쟁하였다. 독일에서는 바이엘하우스 교수가 복음주의 진영을 지도하여 선교의 새로운 방향에 대하여 호소했으나 독일 선교협의회는 계속 침묵했다. 그러자 바이엘 하우스를 중심한 신학자들과 목회자들이 모여 선언문을 발표하기에 이르렀다. 이 선언문은 휫튼 선언보다 더 신학적이며 선교학적인 선언문이다. 휫튼 선언이 그리스도인의 수평적 의무인 사회적 의무를 인정하는 동시에 수직적 의무인 선교적 의무의 중요성을 강조한 것이라면 프랑크프루트 선언은 선교적 의무의 우위성을 신학적으로 강조하면서 동시에 선교는 본질적으로 사회적, 정치적 요인으로 결정될 수 없으며 인간화가 선교의 목적이 아니라 그것은 복음화의 결과라는 점을 강조하고 예수 그리스도의 궁극성, 절대성을 강조하였다. 그러나 WCC 지도자들은 이러한 복음주의자들의 선언에 대해 무관심했고, 1973년 방콕 대회에서 '오늘의 구원'(Salvation of Today)을 선교의 주제로 하여 인간화만이 선교의 목표라고 강조하였다.

52) 1975년 8월 28-31일까지 4일간 서울에서 아시아선교협의회 창립총회가 있었다. 아시아 14개국 대표와 구미 옵서버들이 참석한 가운데 1975년 8월 31일 서울 순복음중앙교회에서 서울선언이 발표되었다. 서울선언은 WCC가 선교 개념을 왜곡시키고 있는 것을 지적하고 휫튼 선언, 프랑크프루트 선언, 베를린 선언의 정신을 계승하여 아시아 교회의 선교적 사명을 강조하였다. 구미교회 중심의 선교 형태에서 제3세계 선교에 대한 새로운 열의를 강조하였던 것이 서울선언이 가지는 시대적 의의이다.

냈다.[53] 로잔 언약(Lausanne Covenant) 역시 전도와 선교를 구분하여 각각의 개념을 정립하고 있지 않으나 세상을 향한 교회의 사역은 성격적인 그리스도를 선포하는 것이 필수불가결함을 밝히면서 아울러 세계 속에서의 책임 있는 봉사를 피해서는 안 될 것으로 강조하여 포괄적 사역을 제시하고 있다.

교회와 선교의 본질과 목적은 성서에 근거해야 한다. 오늘날 선교 개념의 혼란과 선교 활동의 침체는 문화상대주의의 공격 이상으로 사회 및 정치적 영향을 받은 선교 개념의 범람에 기인하고 있다. 예수 그리스도가 부활 후에 주신 선교의 대명령을 수행하면서 예수의 공생애에 주신 사랑의 계명을 잊어 버리지 말아야 한다.

7. 선교에 대한 명령[54]

'선교'는 오직 하나님의 분명한 부르심을 받은 사람들이 감당할 수 있는 매우 특별한 사역이다. 여기에 신약성경에서 가르치는 "어떻게 선교에 참여해야 되는가"하는 제자훈련의 기본적인 성경의 가르침을 살펴본다. 월터 프레이타그(Walter Freytag) 역시 선교를 "주 예수 그리스도를 믿는 믿음이 이방인 가운데서 이루어져 하나님의 나라가 이 땅에 임하도록 하는 것"[55]으로 말하

---

53) "복음을 전파한다는 것은 예수 그리스도께서 우리의 죄를 위하여 죽으시고 또 성경대로 죽은 자들 가운데 살아 나셨으며, 이제는 통치하시는 주님으로서 모든 죄의 용서와 자유케 하시는 성령의 은사를 믿고 모든 회개하는 자들에게 주시는 좋은 소식을 전하는 일이다. 우리 그리스도인들이 이 세상에 있는 것은 복음 전도에 필수 불가결한 일이며 … 그러나 복음 전도 그 자체는 사람들을 개인적으로 그리스도께로 나아와 하나님과 화목하게 되도록 설득할 의도로 역사적이며 성경적인 그리스도를 구세주와 주님으로 전도하는 일이다. 복음의 초대를 나타냄에 있어서 우리는 제자의 직분에 따르는 희생을 피할 수 있는 자유가 없다. 예수님께서는 여전히 그를 따르는 자는 모두 자신을 부인하고 자기의 십자가를 지고 그가 속한 새로운 사회 속에서 동일하게 생활하면서 따라오도록 말씀하며 부르고 계신다. 복음 전도의 결과들에는 그리스도께 대한 순종과 그리스도의 교회 안에서의 협력과 세계 속에서의 책임 있는 모든 봉사가 포함된다." Douglas, J. D, (ed.) *The Lausanne Covenant, Let the Earth Hear His Voice* (Minnesota: World Wide Publications, 1975), 4.
54) Stewart, *How are you doing?* (Bromley: STL Books, 1984).
55) Manecke, D., *Mission Als Zeugendienst* (Wuppertal: Theologischer Verlag Rolf Brockhaws, 1972), 66.

여 단순한 지역 개념보다는 이방인에게 복음을 전하는 것을 선교로 이해한 입장을 표명하고 있다.

1) 공급하라(요 4:35)

예수께서는 우리의 시야를 우리가 살고 있는 지역에서 즉각적으로 보다 높고 넓은 곳으로 향하기를 기대하고 계신다고 성경의 여러 곳에 나와 있다. 헬라어 'epairo'는 '두 방향에서 나아오다'라는 뜻으로 'epi'는 위, 'airo'는 '올리다'라는 뜻이다. 이것은 특정한 장소로부터 임시적으로 격리되어지는 훈련으로, 즉각적이며 긴급하게 선교와 선교사 그리고 우리 자신의 문화 밖에 있는 사람들의 필요들에 관심을 지니기 위해 찾아나서는 것이다. 이것은 극히 성경적이다.

2) 관찰하라(요 4:35)

텐달 성경(Tendal; TEV)은 '무르익은 밭을 보라'고 번역했는데 이것이 정확한 번역이다. 왜냐하면 '보라'는 말의 일반적인 헬라어 'blepo'를 사용하지 않고 보다 깊은 의미의 '풍만하다'는 의미를 지닌 'theaomai'가 사용되었기 때문이다. 이 단어에서 바로 우리가 현재 사용하는 'theatre'(극장)이 나왔다. 그리고 극장을 찾는 사람들이 단지 무대와 스크린을 가끔씩 그냥 처다보는가? 아니다. 한곳을 고정하여 바라보는 것, 깊은 집중이 바로 예수님께서 요한복음 4:35에서 말씀하신 '보라', '주의 깊게 지속적으로 관찰하라'이다.

그 밭은 마태복음 13:38에서 '이 세상'이라고 규정지어져 있다. 교회에 정기적으로 참석하거나 선교 행사에 참석하는 것으로 충분하지 않다. 매달 선교사들의 방문을 통한 고상한 관심 또한 전적으로 표면적인 것에 불과할 뿐이다. 예수께서는 우리 자신들이 세계 선교의 현장에서 무슨 일이 일어나는지 이에 대한 자세한 사항들을 찾아 나서게 되길 기대하고 계신다. 다른 말로 하면 우리가 세계를 품는 그리스도인이 되기를 원하신다.[56] 구체적으로 다음과 같은 방법으로 접근하면 좋을 것이다.

> **도서관 방문하기**: 지리학에 대하여 자세한 관심을 갖고 이 세계에서 일어나는 일에 대하여 주목하라. 그리고 가장 작은 것에서부터 시작해 보라.
> **편지 쓰기**: 선교회의 정기 간행물을 신청하여 구독하라. 교회가 파송한 선교사나 친숙한 선교사에 격려의 편지를 보내라.
> **질문하기**: 친분이 있는 선교사가 있으면 그들이 무엇을 하고 있으며, 무엇 때문에 그런 일을 하고 있는지를 편지로 질문하라.
> **구입하기**: '세계 기도 정보'나 'G.T지' 혹은 '10/40 창문에 비쳐진 견고한 진' 등을 구입하여, 읽으면서 각 나라의 영적인 필요들을 기록하라. 특별히 관심 있는 한 지역에 대하여 조사해 보는 것도 좋을 것이다.
> **기도하기**: 주님께서 선교사, 그 가족, 선교사 모임, 사람들, 나라, 지역들, 라디오, 문서, 의료, 지역개발 등 특별한 분야의 선교 사역들을 위해 중보기도할 수 있도록 기도하라.

3) 간청하라(눅 10:2)

실제적으로 여기에 사용된 단어들은 영어 성경의 번역보다 훨씬 깊고 중요한 의미가 있다. '청하다'는 단순히 묻거나 요구하는 것이 아니다. 이것의 진정한 의미는 '간청하다', '필요에 대한 감정을 떠나서 아주 진지하게 간청하다'이다. '보내다'라는 의미는 폭력을 동반한 굽히지 않는다는 의미를 지니고 있다. 따라서 다르게 번역한다면 '밀어내다', '떼밀다', '쫓아내다'이다. 따라서 이 구절을 다시 읽으면 "거대한 필요들을 알아차리고 추수의 주인에게 진지하게 그의 추수 밭으로 일꾼들을 보내도록 간청하다"이다.

---

56) Herbert Kane, 『세계를 품는 그리스도인, 왜 되어야 하는가?』, 민명홍 역 (서울: 죠이출판부, 1990), 87.

- 당신은 이 명령에 충실한가?
- 이것이 당신의 삶의 모습인가?
- 당신은 선교에 사로 잡혀 있는가?
- 자신의 신실함에 대한 증거를 깨닫고 있는가?
- 당신의 자원함은 기도에 대한 응답인가?

4) 추수하라(요 12:24)

본문에는 추수의 법칙이 있다. 죽음을 통한 생명, 이것은 또한 영적인 추수에도 적용된다. 열매를 위한 값이 요구되나 그 결과는 영광스러운 것이다.

출애굽기 29장을 보면 젊은 이스라엘 청년이 제사장직을 위임받을 때 수양 위에 손을 얹고 안수하며, 수양을 잡고 그 피를 취하여 오른 귀와 오른손 엄지와 오른발 엄지에 발랐다(출 29:19). 그리고 그들은 죽은 자의 자세로 하나님을 향한 사역을 시작하게 된다. 이것은 바로 전적인 독립적인 삶의 방식의 중단을 의미한다. 그리고 그들은 하나님의 사람이 되었다. 만약 우리들도 하나님의 사람이 되려면 베드로후서 3:9의 "오직 너희를 대하여 오래 참으사 아무도 멸망치 않고 다 회개하기에 이르기를 원하시느니라"는 말씀에 귀 기울여야 한다. 과연 우리가 선교에 대한 관심을 갖지 않고 어떻게 이 구절을 진지하게 이야기할 수 있겠는가?

중국의 소수 민족인 리수부족(Lisuland)의 선교에 혁혁한 공을 세웠던 영국 선교사인 제임스 프레이져(J. O. Fraser)는 그가 전혀 사용해 보지도 못할 토목공학 공부를 막 마쳤을 때 하나님께서 자신을 중국으로 부르시고 있다는 사실을 깨달았다. 물론 그는 토목공학을 포기했지만 오히려 그의 신실한 선교적 헌신을 통하여 예수 그리스도를 발견한 리수의 부족들로부터 수많은 열매를 얻게 되었다.[57]

---

57) Eileen Crosmann, 『산 비』(*Mountain Rain*), 최태희 역 (OMF, Rodem Books, 2006).

5) 기회를 주라(눅 24:46-47)

모든 민족들이 그리스도 안에서의 그분의 사랑을 듣고 회개와 죄 용서함을 받을 수 있는 기회를 반드시 지녀야 한다는 것이 분명한 하나님의 의도라는 것을 이 구절을 통해 발견할 수 있다. 따라서 선교는 하나님의 뜻이다. 그분은 세상을 사랑하셨으며 그래서 당신의 독생자를 주셨다(요 3:16). 잃어버린 사람을 구원하시고자 하는 하나님의 이러한 열정을 무시하는 것은 기독교의 표준 이하에 사는 것과 같으며, 이 세상에서 하나님께서 그리스도인들 속에 함께 거주하시는 절대적인 목적을 상실한 것이다.

6) 영향력을 끼치라(요 15:16)

본문의 '과실'은 단순한 성령의 열매는 아니다. 왜냐하면 이 구절에서는 열매를 위해 어떤 곳으로도 가라고 하지 않는다. 오히려 이 구절은 우리의 삶의 영향력과 연관되어 있다. 왜냐하면 열매는 최후에 얻어지는 것이기 때문이다. 따라서 이것은 단지 우리의 삶의 영향력 또는 다른 사람에게 증인이 되는 것을 나타낸다.

'가라'는 땅과 바다를 가로질러 잃어버린 사람들을 향해 다가가는 함축된 의미가 있다. 예수님은 분명하게 그의 제자들에게 '추수의 정신'을 가질 것을 격려하셨다. 그는 요한복음 4:38에서 "내가 너희로 노력치 아니한 것을 거두러 보내었노니"라고 하셨다. 당신은 효과적이 아닌 것처럼 보이는 것에 만족해 하는가? 이것이 하나님의 표준은 아니다. 그분은 열매를 기대하신다.

7) 순교자가 되라(행 1:8)

유대는 예루살렘으로부터 약 80km 이상 떨어진 곳이다. 그리고 사마리아는 유대의 북쪽 경계로부터 시작하며, 예루살렘의 북쪽의 동서 간의 거리는 약 40km이며 그리고 북쪽으로 45km 가량이 덧붙어 있다. 사마리아인들은 이방인들과 결혼했다. 왜냐하면 느헤미야 때 사마리아인이 성전 짓는 일에 도움을 요청했으나 유대는 이러한 제안을 거절했기 때문이었다. 따라서 사마리아인은 유대와는 다른 문화와 가치관을 형성하게 되었다. 그러나 그것이 유대와 크게 다른 것은 아니었다.

'땅 끝까지'는 전적으로 우리와 관계가 없는 언어와 문화에서 완전히 다른 사람들에게 가서 증인이 되라는 것을 분명하게 의미한다. 선교학 교수인 랄프 윈터(Ralph Winter)는 이것을 세 영역의 복음 전파로 구분했는데, 제1단계 복음 전파는 예루살렘과 유대, 제2단계 복음 전파는 사마리아, 제3단계 복음 전파는 땅 끝까지이다.[58]

모든 그리스도인은 위의 3단계 중 어느 한 단계에 자신이 포함되어 있어야 하며 우리 모든 사람은 반드시 제1단계에는 참여해야 하며, 다른 많은 사람들은 제2단계로 부르심을 받기도 할 것이다. 그리고 어떤 사람들은 보다 특별하며 기술적인 면이 필요한 제3단계 복음 전파의 부르심을 받는다.

8) 전파하라(막 16:15)

'전파하다'는 'kerusso'(헬라어)로 '선포하다'라는 의미가 있다. 이 단어는 오늘날 라디오 방송의 아나운서가 하는 일을 예로 들 수 있을 것이다. 이것은 본문에서 중요한 것으로 앞 구절에서 예수님은 제자들의 믿음 없음을 꾸짖으신 후 계속적으로 말씀하셨다. "믿고 세례를 받는 사람은 구원을 얻을 것이요"(16절). 만약 그들이 14절과 같이 믿음이 없어서 불안정하다면 그들은 사람들을 믿음으로 인도하지 못할 것이다. 따라서 15절은 믿음의 순종을 요구하는 것이다. 우리들 중 누구도 인간의 힘으로 이 말씀을 따를 수는 없다. 이것은 오로지 우리가 믿음의 관점에서만 이 말씀에 순종할 수 있다.

---

[58] Ralph Winter & Steven Hawthorne, 『미션퍼스펙티브』(*Mission Perspectives*), 227-234.

9) 제자 삼으라(마 28:19, 20)

오직 제자만이 다른 제자를 만들어 낼 수 있다. 우리는 우리 자신이 감당한 그 이상의 것을 다른 사람을 줄 수 없다. 예수님께서는 "네가 너희에게 분부한 모든 것을 가르치라"고 말씀하실 때 이러한 원칙을 분명하게 인식하셨다. 따라서 그는 제자들을 제자훈련의 길로 인도했으며 제자들은 똑같은 일을 다른 사람들에게 행했다. 제자훈련의 질은 그들 자신의 삶의 질을 통해 반사될 것이다.[59] '족속'은 이를테면 한국, 미국, 일본, 중국, 영국처럼 오늘날의 정치적인 그룹을 의미하지는 않는다. 이 단어는 자신들의 언어와 문화를 지닌 '인종적인 그룹'을 가리킨다. 연속해서 나오는 마지막 세 가지 명령에 주의할 필요가 있다. 증인됨 - 복음 선포 - 즉 제자를 만듦은 각기 간 문화권 소통(cross-cultural communication)의 모습을 나타낸다. 그리고 우리의 출발점은 개인적인 증인됨이나 그 목표는 다른 사람을 그리스도인으로 훈련시켜 그들이 또 다른 사람들을 낳게 하는 것으로 이러한 재창조를 계속해서 반복되도록 해야 한다.

10) 기도하라(딤전 2:1)

디모데전서 2:1에는 네 가지 기도의 단계를 통해 세계를 품어야 한다고 하는 바울의 세계 비전이 있다. '기도'는 단순히 요구하는 것이다. '간구'는 필요하다는 개념에서 번역된 단어로 '기도'보다 더 강한 의미를 지니고 있다. 이것은 '간청하다', '진지하게 탄원하다'라는 의미가 있다.

'중보기도'는 깊은 단계의 기도이다. 왜냐하면 중보기도자는 하나님의 명령으로 다른 사람의 책임을 대신 짊어지며 하나님과 사람 또는 문제 사이에 서서 기도하며 그 기도의 응답이 될 때까지 중단하지 않는 것이기 때문이다. 출애굽기 32:32에서 모세는 이스라엘이 금송아지를 만든 사건 후 이스라엘 백성들을 위해 "합의하시면 이제 그들의 죄를 사하시옵소서. 그렇지 않사오

---

59) 이재완, 「선교와 교육」, 6.

면 원컨대 주의 기록하신 책에서 내 이름을 지워버려 주옵소서"라고 중보기도를 하였다. 예수님은 최고의 중보기도자였다. 그는 세상의 죄를 스스로 짊어졌으며 인류의 중보자가 되셨다.

8. 결론

선교는 예수 그리스도를 만난 사람들이 자신이 걸어가던 길을 버리고 그분의 기대와 요청을 따라 그분이 가라고 말씀하신 그곳에서 그분의 마음으로, 그분의 메시지를 선포하며 살아가는 삶이라고 정의할 수 있다. 그런 면에서 볼 때에 그리스도인들의 삶의 본질은 이미 선교적인 삶이라 할 수 있다. 그분을 만난 감격과 그분으로부터 받은 사죄의 은총, 그분과의 사귐을 통해 얻어지는 지혜들은 이 삶을 이끌어 가는 근원적인 동력이다. 그리고 삶의 목적은 그분의 나라가 확장되고 결국에는 온전한 그분의 나라에 이르는 것이다.

그러므로 선교적 삶은 온전한 선교 교육으로부터 시작되며 '선교 교육'은 예수 그리스도와의 만남으로부터 시작되고 그 만남의 감격 속에 잠겨 살아가도록 교육하는 데서 출발한다. 이 감격 속에서 그분의 음성을 듣고 그분이 가라는 그곳에 가서 그분의 인도하심을 따라 살아가면 우리의 삶을 통하여 그분이 나타나시고, 그분이 증거되고, 그분의 나라가 이루어져 갈 것이다. 모든 성도들에게 각자의 삶이 선교적인 사고와 소명 의식을 갖고 살아가는 선교적인 삶이 되게 하는 교육이 요청된다. 바람직한 선교 교육을 위해서는 선교에 관한 충실한 강의와 선교사들의 생생한 사역 소개와 훈련된 일꾼들과 함께 하는 다양한 주제의 워크샵, 개인의 삶의 점검과 선교 사역을 위한 중보기도 훈련, 그리고 선교 현장 체험 등의 선교 교육 프로그램 등이 준비되어야 할 것이다.[60]

---

60) 이재완, 「선교와 교육」, 6.

The Church and Mission Education

제3장

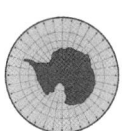

선교의 성경적 관점

선교 사역에서 선교사들의 사역이 회심자들의 삶에 미치는 영향은 선교사가 어떤 선교 교육과 훈련을 받았느냐에 따라 좌우될 것이다. 여기서 그런 훈련에 대한 진가는 철저히 성경에 기초한다. 예수께서는 "모든 족속으로 제자를 삼으라"(마 28:19), "복음이 만국에 전파되어야 그제야 끝이 오리라"(막 13:10)고 말씀하셨다. 여기서 '모든 족속'이란 타 문화권에 살고 있는 사람들이고, '만국'은 다른 문화권을 말한다. 일반적으로 선교사 소명을 인용할 때 "내가 누구를 보내며 누가 우리를 위해서 갈꼬"라는 주님의 음성에 "내가 여기 있나이다 나를 보내소서"(사 6:8)라고 대답했던 선지자 이사야의 소명과 더불어 선지자 예레미야의 소명(렘 1:4-10)을 사용하는 데 이는 적절한 본문이다.

특히 예레미야 1장의 본문 중에 '뽑으며'(to uproot), '파괴하며'(tear down), '파멸하며'(destroy), '넘어뜨리며'(overthrow), '건설하며'(to build), '심게'(to plant)라는 6개의 중요한 단어가 나오는데 이 단어들은 선교의 본질적 사역을 설명하고 있다. 여기서 '파괴'(destruction)라는 의미의 단어가 4번 계속 나타나고, '세움'(building)이라는 의미는 두 번만 표현되고 있다. 인용된 말씀이 주는 느낌은 '세우는 것'보다 '파괴하는 것'이 두 배의 노력을 요구한다는 것이다. 이 말은 어떤 새로운 것을 배우는 것보다 배워야 할 것을 못 배우는 것이 더 어렵다는 사실을 강조한다. 선교적으로 이해해 본다면 선교사의 사역이란 결코 쉬운 것이 아니며 새로운 생활방식의 도입으로 인해 복잡한 문화적 변화가 수반되므로 대단히 미묘하다. 그 말은 선교사가 현지에 교회를 세우는 것이 어렵다는 것이 아니다. 사실 돈만 있다면 선교사가 교회당 건물 하나 혹은 둘 이상을 짓는 것은 쉽지 않겠는가! 어떤 한국 교회에서는 선교사에게 많은 후원금을 보내면서 선교지에 세워지는 교회에 자기 교회의 이름을 짓도록 한다. 그러나 그런 교회는 진정한 의미에서 토착교회가 될 수 없다. 알렌(Allen)은 "만일 교회를 토착화하려면 처음에 뿌려진 씨들이 심어진 땅에서 싹이 나오도록 해야 한다"고 말했다. 전적으로 옳은 지적이다. 그러므로 선교사들은 현지에 토착교회를 건설하고 심는 데 있어서 그의 역할을 잘 알아야만 한다. 객관적인 충고자로서 선교사의 중요한 역할이란 아직 어린 교회가 그들 자신의 필요, 문제, 가치, 그리고 세계관이란 조명으로 스스로 결정하려 할 때 지도해 주는 일이다. 스몰리(Smalley)는 그 점을 "선교사란 역사에 대한 그의 지식, 성경에 대한 그의 이해, 그의 고국 교회와 다른 선교사들이 있는 지역에 대한 지식을 가지고 이따금 현지 지역의 사람들에게 그들이 살고 있는 현재보다 더 나은 삶의 길과 그들의 진퇴에서 구출되는 길이 그리스도 안에 있다고 말할 수 있는 사람이다"라고 했다.

 문화적 변화를 가져오는 실제 요소들은 사실 성령과 하나님의 말씀이다. 문화가 변화되는 것은 외부적 압력이 없이 본토인들이 전적으로 그리고 자연스럽게 수용할 때 가능하다. 그럴 때 그들 자체의 조직과 행정, 예배 의식, 성가대의 구성 등 모든 것이 그 사람들의 생활양식에 따라서 결정될 수 있을 것이다. 바로 이런 것이 성경에서 말하는 진정한 의미에서의 토착교회이다. 성경에는 타 문화권 훈련의 사용에 대한 좋은 증거들이 있다. 스몰리는 신약의 위대한 선교사 바울을 인용하면서 이 점을 다음과 같이 지지하고 있다. "바울은 헬라권에서는 외국인이 아니었다. 그는 개인적으로는 히브리 세계에서만큼이나 헬라 세계를 모국으로 하였고, 그뿐 아니라 히브리 세계의 성도들로부터 온 메시지를 헬라 세계에 전파할 수 있을 만큼 뛰어난 이중 문화권자였다." 신약의 바울과 다른 선교 전도자들이 타 문화권 방법의 실제적 사용 가능성을 만든 것에 대해서 딜리스톤(Dillistone)은 더욱 강력하게 변호한다. 그는 세 명의 초대 전도자들에게 그들의 문화적 배경이 있었다는 것을 이렇게 설명한다. "유대주의자들과의 접촉으로 이방인들 가운데 사역하였던 바울과, 겉만 보아서는 알렉산드리아인으로 보였을 유대주의자에게 관심을 표한 히브리서의 저자, 그리고 순수 헬라권의 배경을 가졌던 사람들까지 포함하여 넓은 영역에 걸쳐 접촉하였던 사도 요한이 그들이다."

타 문화 이해는 한 문화권의 심장부를 꿰뚫고 사람들이 복음을 이해하도록 함에 있어서 너무 효과적이기 때문에 매우 중요하다. 성경도 지식을 구하라고 거듭 훈계하고 있는데 그 이유는 "지식 없는 소원은 선치 못하고 발이 급한 사람은 그릇 행한다"고 언급했기 때문이다. 문화의 지식은 선교사로 하여금 예수님의 대위임령을 성취할 수 있도록 해 준다. 선교지를 향하여 그저 나가라고 도전하는 것만으로는 충분치 않다. 주 예수 그리스도의 구원 얻는 지식을 선포하려면 소망하는 지역의 사람들에 대하여서도 충분히 알고 또 이해해야 할 것이다. 선교사란 사람들이 살고 있는 문화권의 상황 안에서 확실하게 이해할 수 있는 메시지를 전달하는 사람이고, 특히 타 문화권에서 한 사람의 영혼을 얻고자 하는 사람인데 문화를 포함하여 인간의 지식을 사용하는 것을 비영적인 것으로 취급해서는 안 된다. 선교사 후보생들이 타 문화권 훈련을 통하여 문화 훈련이 되어야 복음을 더욱 효과적으로 전할 수 있게 될 것이다. 잠언 13:16도 "무릇 슬기로운 자는 지식으로 행하여도 미련한 자는 자기의 미련한 것을 나타내느니라"고 했다. 복음 전래의 결과로서 문화적 변화라는 것은 죄악된 생활 방식을 '뽑으며', '파괴하며', '파멸하며', '넘어뜨리며'의 진행이 시작된 후에야 진정한 토착 교회로서의 '건설하며'와 '심게'라는 방향으로 가도록 하는 전환점을 주는 것이다. 이런 점을 염두에 두어야만 한국 문화의 배경을 가진 선교사들은 헤셀그레이브(Hesselgrave, 1980)의 제안처럼 '자립'(self-support), '자치'(self-govern), '자전'(self-propaganda)이 이루어지는 진정한 그리스도의 교회를 세우는 대리인이 될 수 있다. 그러므로 주 예수 그리스도의 대위임을 성취시키고자 하는 선교사라면 선교지에서 부딪히는 문제의 중요성을 고려하여 종합적인 타문화권 훈련이 요청된다.

1. 선교의 기초

교회의 선교는 예수 그리스도 안에서 인류를 하나님께 화해시키려는 삼위일체 하나님의 사랑의 의지에 근거하고 있다. 이것이 교회, 곧 택함 받은 백성의 임무이다. 따라서 선교는 교회가 계획과 예산에 따라서 마음대로 결정하는 교회의 사도적 직분과 깊은 관계가 있다. 선교와 교회는 삼위일체 하나님의 거룩한 인류 구속의 의지에 근거한다. 하나님의 구속의 뜻은 예수 그리스도의 구속 사건에서 완전히 표현되었다.

블라우(Johannes Blauw)는 "세상에 보내심을 받은 교회 이외에 다른 교회란 있을 수 없으며 예수 그리스도의 교회의 선교 이외에 다른 선교란 있을 수 없다", "제사장이 한 민족을 위해 세움을 받았듯이 이스라엘은 한 민족으로서 세계를 위해 세움을 받았다"[1]고 했다. 셔러(James A. Scherer)는 "사도 시대에 있어서는 교회가 선교와 완전히 일치되었기에 교회는 확장되었다. 그러나 세월이 감에 따라 교회 지도자들이 선교활동을 좌우하게 되었을 때 교회 회중들은 선교 참여의 길과 영적 원동력마저 상실하게 되었다"고 하였다.

교회가 선교적 본질을 등한히 할 때 신학은 선교를 하나의 부산물 정도로 여기며 선교를 역사에 나타난 한 현상으로만 생각하게 된다. 그러나 선교를 단순한 역사적 현상이 아니라 하나님의 명령의 역사로 생각하게 될 때 선교의 성경적 근거가 중요시된다. 선교는 하나님의 보내심에 근거하며 동시에 이방이 복음을 필요로 한다는 주장 위에 서 있다(롬 15:12). 그런데 로마서 15:12이 근거하고 있는 이사야 11:10은 역사적으로 이스라엘이 마지막 날에 구원받을 때를 말하며 본문의 맥락으로 볼 때 종말론적인 예언이다.

기독교 선교는 이방에 복음이 필요하다는 전제에서 시작한다. 선교에 종사하는 사역자들은 누구도 이 사실을 부인하지 않는다. 그러나 선교하기 전에 이방이 복음을 필요로 하고 있고 기대하고 있기 때문에 복음 전파가 필요 없다고 주장하는 이들도 있다.

---

1) Johannes Blauw, *The Missionary Nature of the Church* (New York: McGraw-Hill, 1962), 24.

선교의 근거는 창조주 하나님께서 인류를 구원하시기 위하여 독생자를 세상에 보내신 하나님의 뜻에 있다. 나아가서 하나님의 뜻에 따라 세상에 온 예수 그리스도가 부활 후 내린 선교의 대명령에 확실히 근거한다. 선교의 대명령은 하나님의 인류 구원의 계획 가운데서 전 인류에게 구원의 복음이 필요하다는 것을 이미 전제하고 있다. 따라서 선교는 인류를 구원하시려는 삼위일체 하나님의 거룩한 뜻에 근거하며 또한 그리스도가 보내심을 받은 것 같이 우리를 보내시는 선교의 대명령 위에 서 있다. 이방이 주를 바라고 복음을 필요로 한다는 표현은 구원받은 그리스도인이 구원받지 못한 세상 사람을 향한 구령의 간절한 심정을 경험적으로 표현한 것으로 보아야 한다.[2]

2. 구약성경과 선교

선교는 예수와 함께 시작된 것은 아니다. 이것이 선교신학의 연구가 구약성경에서부터 출발해야 하는 이유이다. 블라우는 선교신학의 연구를 위해 구약성경에서 착수했다. 성경은 예수 그리스도를 증거한다. 예수 그리스도는 성경의 중심이다. 그러므로 "구약성경에 대한 전망을 제공하는 분은 바로 예수 그리스도이시다."[3]

구약성경과 선교의 관계에 관한 신학자들의 입장은 두 가지로 나누어진다. 하나는 하나님은 이스라엘의 하나님만이 아니라 전 세계의 하나님으로서 구약에 나타나지만 선교 명령은 없다는 입장으로서 이는 대부분의 자유주의 신학자들의 입장이며, 다른 하나는 구약의 선교를 생각하지 않고는 신약의 선교는 불가능하다는, 즉 선교에 대해 구약과 신약의 연속성을 주장하는 입장으로 대부분의 복음주의자들의 입장이다. "구약성경은 선교의 책이다. 왜냐하면 여호와는 선교의 하나님이시기 때문이다."[4] 그러면 기독교 신앙과

---

[2] 이재완, 「선교와 교육」, 17.
[3] Johannes Blauw, *The Missionary Nature of the Church*, 13.
[4] Herbert J. Kane, *Christian Missions in Biblical Perspective* (Grand Rapids: Baker Book House, 1976), 18.

구약성경의 연관은 무엇인가?

1) 기독교 신앙과 구약성경의 연관성

구약은 성령의 감동으로 기록되었다고 베드로 사도는 베드로후서 1:21에서 말하고 있다. 성경은 인류 역사의 처음과 끝에 대해서 말하고 있다. 역사의 시작과 역사가 지향하는 목표에 대해서 말한다. 구약과 신약의 통일성의 근거는 동일하신 하나님의 인류 구원의 뜻에 있다. 구약과 신약의 일치성과 연속성은 성령을 통해서 역사하시는 예수 그리스도의 아버지 하나님이시다.

갈라디아서 3:8에서 바울의 주장은 신구약 성경의 관계를 가장 명료하게 나타내고 있다. 아브라함에게 주신 구원의 약속은 메시아 구원의 축복이며 미래지향적인 구약성경의 성격을 가장 명료하게 설명해 주고 있다. 또한 이방인의 회심과 구원을 위해서 복음 전도가 필수 불가결의 선택 조건임을 초대교회가 확실히 알고 믿고 있었음을 보여준다. 교회는 종말론적 공동체요 참 이스라엘로서 구약의 예언을 성취할 책임을 부여받은 것이다.[5]

선교에 있어서 구약과 신약은 통일성, 일치성, 연속성이 분명하며 누가복음 24:40-46에서도 예수님께서 이 점을 명백하게 설명하셨다.

2) 구약성경에서 구원의 약속들

구약성경에서의 구원의 약속들을 살펴보는 방법에 두 가지가 있다. 첫째는 신약에서 말하고 있는 구약성경에서의 구원의 약속들을 살펴보는 것이고, 둘째는 구약 자체의 역사적 전망에서 살펴보는 것이다.

(1) 신약에서 말하는 구약의 구원의 약속

바울은 구약에서의 약속들이 이스라엘뿐 아니라 온 이방인들을 위해서 주어진 메시아에 대한 가르침을 유일한 약속으로 보며, 이 약속은 예수 그리스

---

5) 이재완, 「선교와 교육」, 17.

도 안에서 결정적으로 성취되었다고 확신한다.

(2) 구약에 나타난 구원의 약속

아담과 구원의 약속(창 3:15)[6], 아브라함과의 약속(창 12:1-3)[7], 모세와의 약속(출 19:1-24:11)[8], 다윗과 구원의 약속(삼하 7:1-21),[9] 시편과 예언서에 나타난 메시아 약속 등이 있다.

"아브라함의 선택은 열방을 향한 축복의 약속 또는 전망과 일치한다."[10] 모세와의 약속을 통해서 이스라엘을 택하신 목적은 자신과 자신의 뜻을 계시하는 것과[11] 이스라엘로 하여금 하나님과 인류를 위해 '섬기는 책임과 의무'를 감당하는 데 있는 것이다. 하나님 앞에서 타자를 위한 존재로 부름 받은 일, 이것이 이스라엘의 선택된 특권의 내용이었다. "그들은 하나님의 목적을 위하여 선택받았다."[12]

다윗과 구원의 약속(삼하 7:16)의 핵심은 다윗에게 약속하신 영원히 계속될 집과 왕권이다. 예언서에 나타난 메시아 예언은 그 이전에 주어진 약속의 반복, 전개, 보완 그리고 해결이라는 형식으로 되어져 있음을 보게 된다. 하나님의 구원의 목적은 이스라엘뿐 아니라 전 인류이다. 시편과 예언서에서는 이 점을 강조하고 있다.

선택은 단순한 특권이 아니라 봉사를 수반하는 특권이었다. 이스라엘의 선택은 특권이라기보다 섬기는 의무였다. 그래서 이스라엘은 '하나님의 백성', 만백성을 위한 '제사장의 나라', 선지자 그리고 구원의 '증인', 모본으로서의 임무를 부여받으면서 선택함을 받았다.[13] 하나님의 선택은 이스라엘 자체보다 온 인류의 구원을 위한 방법이었다. 아브라함과의 약속에서 "땅의

---

6) 팔머 로벗슨,『계약신학과 그리스도』, 김의원 역 (서울: CLC, 1983), 99-113.
7) 팔머 로벗슨,『계약신학과 그리스도』, 131-170.
8) 팔머 로벗슨,『계약신학과 그리스도』, 171-203.
9) 팔머 로벗슨,『계약신학과 그리스도』, 231-273.
10) Johannes Blauw, *The Missionary Nature of the Church*, 22.
11) Richard R., D. E. Ridder, *Discipling the nations* (Grand Rapids: Baker Book House, 1975), 32.
12) Johannes Blauw, *The Missionary Nature of the Church*, 122.
13) Johannes Blauw, *The Missionary Nature of the Church*, 28.

모든 족속이 너를 인하여 복을 얻을 것이다"(창 12:2)라고 했다. 하나님이 아브라함을 택하신 사건은 하나님의 능동적인 구원의 역사가 지배하고 있음을 보여준다.[14]

이스라엘 민족의 역사의식은 출애굽 사건에 대한 회고에 그 근거를 두고 있다. "너희가 내게 대하여 제사장 나라가 되며 거룩한 백성이 되리라"는 말씀을 받았다. 즉 만백성들 가운데 수행해야 할 이스라엘의 임무이다. 이스라엘 민족사는 초기에서부터 만방 가운데 '여호와의 증인'으로 '만방의 빛'의 직분을 수행하는 것이 그들의 사명으로 이해되었다. 즉 "이스라엘에 대한 하나님의 처사는 세계사에 심오한 의미를 준다. 왜냐하면 이스라엘에게 자신을 계시하신 것은 언젠가 이스라엘을 통해 열방에게 그 빛을 비추실 것이라는 것을 나타내기 때문이다."[15] 이제 구약성경에 나타난 선교적인 근거들을 살펴보도록 하겠다.

a. 모세오경

모세오경에는 "이방 세계에 가서 복음을 전하라"는 직접적인 선교의 명령은 없지만 하나님의 백성은 이스라엘에만 국한되는 것이 아니라 전세계적이며 하나님의 역사는 이스라엘을 통해 전 세계에 알려져야 한다는 것이 나타나 있다. 이를테면 창세기 1:1의 "태초에 하나님이 천지를 창조하시니라"라는 장엄한 창조 선언은 그 말씀 자체로서 선교적 근거가 된다. 창세기 1장의 인간창조는 선교적 근거가 된다. 하나님은 인간 아담을 창조하실 때 히브리 민족의 조상을 넘어 온 인류의 조상으로 창조하셨으며 창세기 1:24-28에서 다섯 가지의 문화명령을 특권과 함께 책임으로 주셨다. 그러나 죄로 말미암은 인간의 타락은 하나님의 형상과 회복이라는 선교를 지향하게 되었다.[16]

그리고 창세기 11장까지 나타난 하나님은 가나안과 나아가 이방 나라들의 왕이시며 통치자이시다. 하나님은 모든 인간, 가족, 언어, 민족들과 관계

---

14) 이재완, 「선교와 교육」, 18.
15) G. Eenest Wright, *Theology of Recital* (London: SCM Press, 1969), 51.
16) G. Eenest Wright, *Theology of Recital*, 51.

하셨다.[17] 창세기 12장에서 나타난 아브람의 소명은 구약에 나타난 첫 번째 선교 명령이다. 12장부터 나타나는 구약의 역사는 아브람을 통하여 이스라엘을 선택하시고 약속하시고 그 약속을 성취하시는 하나님의 선교의 역사이다. 하나님께서 아브람에게 행하신 일들은 열방의 구원과 밀접한데 이는 "아브라함의 복이 이방인에게 미치게 하려 함에" 있었기 때문이다.[18]

"하나님에 대한 순종과 불순종은 이스라엘에 대한 그 민족들의 태도에 따라 판정된다."[19] 출애굽기에서 이스라엘 백성들의 출애굽 역사는 열방 가운데서 그들을 구원하시는 하나님의 선교의 역사이다. 이는 창세기 12:3의 "하나님의 약속과 연속선상에 있다."[20] "출애굽 사건은 선교적으로 심원한 의미를 지닌다."[21] "모세는 최초의 선교사였다."[22]

b. 역사서

역사서는 애굽에서 나그네로 살다가 가나안에 정착하여 신정국가를 수립하여 선택받은 하나님의 백성으로서 등장한 이스라엘의 존재 목적이 이스라엘을 통하여 하나님의 영광과 주권을 선포하는 도구였다는 것을 나타낸다(사 49:6). 하나님은 이스라엘 백성들과 언약을 맺음으로써 이스라엘의 하나님이 되셨으며, 이스라엘은 언약백성으로서 이방 나라들 앞에서 하나님의 하나님 되심과 위대하심 그리고 전능하심을 온 세상에 알리는 도구가 되어야 했다. 이스라엘을 선택하신 하나님은 처음부터 열방들에게 대하여 관심을 가지고 계셨는데, 이는 구원이 이스라엘에게만 국한될 수 없음을 암시하는 것이다. 하나님께서 이스라엘과 맺은 언약의 궁극적인 목적은 온 인류를 구원하고자 함에 있었다. 구약성경에서 하나님은 이스라엘을 통하여 '일하시는 하나님'

---

17) Herbert J. Kane, *Christian Missions in Biblical Perspective*, 21.
18) Herbert J. Kane, *Christian Missions in Biblical Perspective*, 20.
19) Johannes Blauw, *The Missionary Nature of the Church*, 20.
20) Roger E. Hedlund, 『성경적 선교신학』(*A Biblical Theology of Missions*), 송용조 역 (서울: 고려서원, 1990), 83.
21) Roger E. Hedlund, 『성경적 선교신학』, 82-83.
22) H. H. Rowley, *The Missionary Message of the Old Testament* (London: Carey Kingsgate Press, 1945).

(the God who acts)으로 나타나셨다.

역사서는 출애굽 시대부터 이방인들이 이스라엘 회중 중에 가담할 수 있도록 허용되었던 예를 찾을 수 있다.[23] 이는 하나님의 관심이 이스라엘을 넘어 전 세계로 확장되었음을 보여 주는 것이다.[24]

c. 시 편

시편은 이스라엘 백성들의 찬양시인데, 두드러진 중요 사상은 창조주와 메시야 예언 그리고 구속의 주가 되시는 하나님을 찬양하라는 것이다. 그러나 이 찬양 시편은 탁월한 선교적 시편으로서 이방 선교에 대한 사상을 풍성하게 담고 있다(시 9:19-20; 67:3-5; 135:4).

피터즈(G. Perters)에 의하면, 시편에는 세상 나라들에 복음이 전파되는 구원의 세계적 성격을 띠는 보편주의에 관한 본문이 175개나 된다고 언급하였다.[25] "시편은 선교의 관점에서 보지 않아도 세계에서 가장 위대한 선교의 책 중의 하나이다. 시편에는 구원의 보편적인 내용이 들어 있을 뿐만 아니라 모든 시는 선교의 메시지요 도전이다."[26] 시편에 나타난 중요한 사상은 메시야 사상인데, 즉 메시야는 장차 이스라엘뿐만 아니라 온 이방 나라와 피조물로부터 영광과 찬양을 받아야 한다는 주권사상이다.

시편 67:3-5에서는 민족들로 주를 찬송케 하라고 노래하는데 이는 선교의 궁극적인 목적이 하나님을 위한 것임을 말하고 있다.[27] 시편 135:4에서는 "여

---

23) 이방인들은 이스라엘 회중에 가담한 후 유월절을 지킬 수 있었으며(민 9:14), 이방인 기생 라합 기사(수 2:1-21), 이방 여인을 주인공으로 다루는 룻 기사(룻 1-4장), 이방인 사렙다 과부에게 베푼 엘리야 기사(왕상 17:2-24), 문둥병자 수리아 장군 나아만에게 전도한 이스라엘 계집종 기사(왕하 5:25), 나아가 솔로몬 왕 시대에는 성전 건축에 고용되었던 이방인 153,000명에 대한 기사(대하 2:17)와 성전봉헌식 때 솔로몬의 기도에 나타난 이방인에 대한 응답을 요청하는 내용(대하 6:32-33), 이사야의 이방에 대한 예언 기사로 메시야의 초청은 이스라엘뿐만 아니라 하나님께 연합된 이방인들에게도 해당된다는 내용이다(사 56:6-7). 그리고 이방의 빛으로 세계 구원을 위한 도구로 이스라엘을 선택했음을 말씀하고 있다(사 60:1-3).
24) 이재완, 「선교와 교육」, 19.
25) Roger E. Hedlund, *A Biblical Theology of Missions*, 131.
26) George W. Peters, *A Biblical Theology of Missions* (Chicago: Moody Press, 1972), 116.
27) Roger E. Hedlund, *A Biblical Theology of Missions*, 133.

호와께서 자기를 위하여 야곱 곧 이스라엘을 자기의 특별한 소유로 택하셨음이로다"라고 노래했다.[28] 시편 145편에서는 "주를 앙망하는 모든 자는 도움을 받을 것이다"(15, 16절), "그는 의로우시며 은혜로우시도다"(17절)고 노래하고 있다. 그러므로 인생은 마땅히 하나님께로 돌아서야만 한다.[29] 시편의 선교 사상이 주는 교훈은 선교의 목적이 하나님의 영광에 있다는 것이다.

d. 선지서

선지서는 이스라엘을 통하여 세상에 말씀하시는 하나님에 대한 내용이다. 하나님의 백성들을 향해 수행된 예언 사역은 강한 선교적 의미를 지녔다.[30] 하나님은 이스라엘의 하나님이실 뿐만 아니라 이방인의 하나님도 되시므로 이방인도 구원을 받아야 함을 말씀했다. 그러나 이스라엘은 특권에 상응하는 책임을 다하지 못했기에 남은 자(the ramnent)만이 구원받을 것을 예고하고 있다. "배교하는 민족은 결단코 하나님의 백성이 될 수 없다."[31]

예언자들이 지니는 선교적 의의는 우상숭배, 혼합주의 그리고 외부 종교의 문제에 대한 그들의 반응에서 드러난다. 먼저 우상숭배에 대한 예언자들의 태도는 제2계명에 근거하며 "이 신들 배후에 어떤 실체가 있는가? 성경적 답변은 그것들은 아무것도 아니다"라고 드 리더(De Ridder)는 주장한다. 다음으로 혼합주의에 대해서는 그들의 주변 민족들과의 '문화적 대화'는 이스라엘을 종교적 타협에 빠지게 했다는 것이다. 혼합주의(syncretism)는 모든 진리는 단지 상대적인 것이라는 가정에 기초한다.[32] 혼합주의의 4대 물결은 출애굽 이전 시기, 로마 제국 시대, 13세기, 현대로 꼽는다.[33] 이방 종교는 거짓 종교들로서 하나님을 알지 못하는 민족들이 만든 인간적 기원을 가진 종교들이다. 예언자들은 의의 열매가 없는 종교들을 비판했다. 아모스는 그들의 삶이 그들이 사악한 자들임을 나타내고 있는 백성을 비난했다. 미가도 생명과

---

28) 이재완, 「선교와 교육」, 20.
29) Roger E. Hedlund, *A Biblical Theology of Missions*, 135.
30) Roger E. Hedlund, *A Biblical Theology of Missions*, 147.
31) John Bright, *The Kingdom of God* (Nashville: Abingdon Press, 1953), 74.
32) Roger E. Hedlund, *A Biblical Theology of Missions*, 150.
33) W. A. Visser't Hooft, *No Other Name* (London: SCM, 1963), 12-40.

실체가 결여된 종교에 반대한 감동적인 하나님의 대변자였고, 이사야는 부자를 편들고 가난한 자를 희생시킨 불의한 법을 통과시켜 하나님의 법을 위반한 법률 제정자들을 탄핵했다. 하나님을 아는 것은 공의를 행하는 것이다. 선지서에 나타난 선교 사상은 다음과 같다.

첫째, 이스라엘의 하나님은 만민의 하나님이시다(사 2:1-4; 25:6-9; 60:1-22; 렘 3:47; 슥 8:20). 따라서 하나님의 구원과 심판의 범위는 전 세계적이다. 둘째, 이방인들이 자발적으로 구원을 사모하여 하나님께로 나아옴을 보여준다. 이 방인의 도래에 대한 강조를 이사야는 이사야서 2:2과 66:13-21, 예레미야는 예레미야서 3:17, 스가랴는 스가랴서 8:22, 학개는 학개서 2:7에서 예언하고 있는데, 이 본문들에서 이스라엘이 하나님의 지식을 전파하기 위하여 열방으로 나아간 것은 아니지만 열방이 이스라엘 유일신교의 구심력과 이스라엘의 하나님과 왕이신 그분의 영광과 능력에 이끌리어 스스로 찾아오는 것을 볼 수 있다. 셋째, 종말론적이며(사 49:6; 욜 2:28-32; 합 2:14), 메시야의 고난을 통해 성취될 사건(창 3:15)으로 나타난다.

e. 요나서

요나서는 구약에서 하나님의 선교를 가장 명확하게 보여준다.[34] 요나서에서 하나님은 구체적으로 선교 계획을 세우시고 선교지와 선교 대상을 정하시고 그곳에 선교사로 보낼 사람까지 정하셔서 그곳을 결국은 구원하신다. 따라서 요나서는 요나의 선교가 아닌 하나님의 선교, 즉 하나님께서 선교의 주체가 되심을 보여준다. 요나서에 나타난 하나님의 구원은 열방으로까지 확대되고 있음을 명확히 보여준다.[35] 요나에게 니느웨로 가라는 명령이 선교 활동이냐에 대한 문제는 미해결된 이슈이긴 하나 분명한 것은 하나님께서 이방 나라, 특히 당시 세계 최대의 도시에 관심을 두시고 이방인의 심판과 구원을 의도하시는 하나님의 모습을 통해서 선교적 하나님을 발견할 수 있다. 니느웨는 용서받을 가망이 있다. "니느웨의 앞날은 사람들과 하나님의 구속적

---

34) Roger E. Hedlund, *A Biblical Theology of Missions*, 193.
35) Roger E. Hedlund, *A Biblical Theology of Missions*, 199.

인 뜻에 대한 그들의 태도에 달려 있었다."[36]

구약의 선교는 선민 이스라엘을 통해 나타나는 여호와의 영광을 보고 이방인들이 하나님께로 나아오는 구심적 선교(central mission)이며, 하나님의 구원 약속, 메시야의 약속, 하나님의 통치권 회복의 약속이 들어있는 보편적인 선교이다. 구약의 선교 사상은 인류 구원은 하나님의 역사이며, 동시에 죄인인 인간의 자력 구원을 거부한다. 이처럼 타락한 인간을 향한 하나님의 끊임없는 사랑은 그 선교적 행위를 통하여 일관되게 드러내고 계신다.

3) 구약 선교의 문제점들

구약성경과 선교에 관한 논의들이 선교학계에서 과거부터 있어 왔다. 구약에는 선교 명령이 없으며 선교의 책이 아니라는 신학자들(자유주의)과 양립했었지만 구약과 신약의 통일성의 견지에서 구약도 선교의 책이라는 사실을 확신할 수 있다.

(1) 구약성경의 선교적 성격

블라우, 엘튼 트루블러드(Elton Trueblood), 조지 피터스(G. W. Peters)와 같은 학자들은 구약성경에는 선교가 없다고 했다. 그럼에도 불구하고 많은 선교학자들은 구약성경을 선교의 책으로 인정한다. 이것은 선교와 보편주의(universalism)의 관계에서 일어난다. 하나님은 그의 구원을 성취하심에 있어서 "방법론적으로 특정 구속론적이다. 그러나 언약, 계획, 효력에 있어서는 보편적이다."[37] "이 보편성은 구약의 선교적 메시지를 위한 토대이다."[38] 구약성경은 만민에 대해 자주 언급한다.

---

36) Francis M. Dubose, *How Churches Grow in an Urban World* (Nashville: Broadman, 1978), 108.
37) George W. Peters, *A Biblical Theology of Missions*, 89.
38) Johannes Blauw, *The Missionary Nature of the Church*, 17.

(2) 선교의 보편주의

구약성경 메시지의 성격을 선교로 볼 것인가 아니면 보편주의로 봐야 할 것인가? 이것은 만인구원론을 의미하지 않고 여호와의 열방에 대한 관심의 보편성은 유일신론과 더불어 구약성경의 기본적 성격을 형성한다. 구약성경의 선교 이념은 후일 신약교회에 주신 세계 선교의 명령을 위한 준비 단계였다고 할 것이다. 구약성경 전체에는 모든 백성들을 구원하시려는 하나님의 뜻이 일관되게 계시되어 있다.

4) 예수님 당시 유대교 선교는 무엇인가?

유대교 개종 운동의 성경적 기원은 모세의 율법과 아브라함의 언약에까지 소급해 올라간다. 그러나 개종 운동의 직접적인 원인은 바벨론 포로 시대의 급변한 생활에 적응하기 위해서 마련된 새로운 형태의 종교의식과 생활양식에 있었다(회당 중심).

바벨론에서의 회당 예배는 많은 이방인들에게 공개되었고 이로 인해 많은 이방인들이 여호와 신앙에 돌아왔다. 그들은 고난의 기간(바벨론 포로생활)을 이방인 개종 운동을 시키려는 하나님의 섭리로서 이해하게 되었다. 이와 같은 신앙적 확신과 회당 예배를 통해서 급증하는 이방인의 개종에 자극되어 적극화된 개종 운동은 이스라엘 종교 지도자들의 선교적 관심과 선교 정책 결정에 의해서 수행된, 조직적 종교 활동이 아니었다. 이것은 개인들의 신앙적 각성에 의해서 일어난 공동체적인 운동이었다. 여호와 신앙을 받아들인다는 것은 이스라엘의 종교적 공동체에로의 귀화를 의미했다.

유대교의 포교 활동에 있어서 가장 큰 장애물은 할례였다. 회당 예배에는 개종한 이방인들과 할례를 받지 않았으나 하나님을 경외하는 경건한 이방인들이 참석했다. 유대교의 개종 운동은 회당 예배의 공개, 개인적 접촉(개인 전도), 구제 활동, 그리고 70인역 희랍어 구약성경(LXX), 기타 종교 문서 등의 보급을 통해서 활발히 수행되었다.

마태복음 23:15에서는 바리새인과 교법사의 개종 활동에 대한 예수의 비난을 수록하고 있다. 이것은 그들의 선교 방법을 예수님이 비난한 것이 아니다. 즉 그들이 하나님의 세계 구원의 뜻을 수행하기는커녕 오히려 배타적이고 편협한 민족 우월주의(ethnocentrism)에 입각한 개종 운동(귀화 운동)으로 변질시킨 것, 그리고 믿음으로 받은 구원의 축복을(갈 3:8-9) 육신의 할례로 방해했다는 사실을 비난한 것이다. 하나님의 세계 지향적인 인류 구원의 계획은 배타적이고 편협한 유대 민족 우월주의로 인해서 왜곡되어 버렸다.

3. 신약성경과 선교

"선교는 예수 그리스도의 인격과 생애와 행적 전체에 기초한다."[39] 기독교 선교는 예수와 그의 사역에서 시작되었다. 복음서에 나타난 대로 조지 피터스(George Peters)는 "예수는 이상적인 선교사, 하나님의 사도로서 빛난다"고 했다.[40] 신약성경은 선교의 책이다. 신약성경이 쓰여지게 된 것은 초대교회의 선교 사역 때문이었다. 사복음서는 선교적 메시지들의 생생한 기록들이며, 서신들도 선교 사역 자체의 실제적인 수단과 도구였다. 그런데 신약성경에 나타난 선교의 특징은 예수 그리스도께서 세상 모든 민족들을 그의 제자 삼으시려고 부르심에 있다. 신약에서 모든 민족으로 제자를 삼으라고 교회에 명령하시는 예수는 아브라함에게 하신 약속(창 12:3; 15:6-21)과 이사야서의 약속(사 49:6)과 같은 구약의 선교 의지를 확증하는 것이다. 그러므로 신약성경에서 계속되는 선교는 예수 그리스도와 그의 몸 된 교회를 향하신 명령으로 나타나고 있다. 초대교회는 진정한 의미에서 선교하는 교회였다.

1) 복음서에 나타난 선교

예수님의 공생애 그 자체가 전 세계를 위한 하나님의 선교였다. 이 세상에

---

39) A. Korokaran, "Theological Foundations of Evangelization," *Indian Missiological Review*, Vol. Ⅰ. No. 2 (April, 1979), 168.
40) George W. Peters, *A Biblical Theology of Missions*, 36.

보내심을 받은 예수님의 사명은 '인류 구원의 약속의 성취'였다. 부활 후 제자들에게 준 선교 명령은 예수의 공생애에 있어서의 전도와 제자들의 파견, 그리고 선교의 긴급성에 대한 언급과 불가분리의 관계에 있으며 결코 독립된 단편적인 명령이 아니었다. 신약의 하나님은 예수 안에서 예수를 통해서 선교하셨으며, 동시에 예수가 곧 복음(Gospel)이며, 케리그마 자체이시다.[41] 예수는 선교하는 그리스도이시다. 무엇보다도 복음서에서 선교에 대한 핵심적인 문제는 이방 선교의 시작이라 할 수 있다.[42]

(1) 마태복음

해리슨(E. Harrison)은 말하기를 "마태복음의 주된 관심은 이방에 대한 것"이라고 했다.[43] 특히 마태복음의 결론을 맺는 마지막 구절에 선교 명령이 가장 명확하게 나타나 있는데, 마태복음 28장은 예수의 지상명령으로 예수의 권세와 선교 명령 그리고 약속으로 이루어져 있다. 부활하신 예수는 '그러므로 가라'고 말씀하신다. 이는 "떠나고, 출발하고, 경계선을 가로지르는 것"을 의미한다. 사회적 경계선, 인종적 경계선, 문화적 경계선, 지정학적 경계선 등이다. 또한 "모든 족속으로 제자를 삼으라"고 명령한다. 마태복음은 참으로 강력한 선교적 내용을 담고 있다.

(2) 마가복음(이방인에 대한 예수의 태도)

복음서는 열방에 전해진 이야기라고 할 수 있는데, 그것은 마가복음의 첫 부분에 간략하게 잘 나타나 있다.[44] 마가복음은 예수를 종으로 묘사하고 있다. 인자이신 예수는 종의 모습(막 10:35-45)으로 소개된다. "예수께서 갈릴리에 오셔서 하나님의 복음을 전파하여 가라사대 때가 찼고 하

---

41) Louis J. Luzbetak, *The Church and Cultures* (Techny, Illinois: Divine Word Publication, 1963), 245.
42) 이재완, 「선교와 교육」, 22.
43) Evertt Harrison, *Introduction to the New Testament* (Grand Rapids: Eerdmands, 1965), 162.
44) H. G. G. Herklots, *A Fresh Approach to the New Testament* (New York and Nashville: Abingdon-Cokesbury Press, 1950), 69-70.

나님의 나라가 가까웠으니 회개하고 복음을 믿으라"(막 1:14-15). 마가복음에 나타난 예수의 생애와 사역은 이방인을 선교하는 일에 적합하도록 되어 있다.

예수의 공생애 기간에 수시로 이스라엘 국경을 넘나들었으며(사마리아 여행, 두로 지방과 시돈 지방 여행), 마가복음에서는 복음 전도에 대한 명백한 명령을 기록하고 있다. '온 천하에 다니며'(막 16:16-16)는 제자들이 이방인의 회심을 위하여 전 세계로 떠나야 한다는 것을 의미한다. 공관복음서에서 선교에 대한 핵심적인 문제는 이방 선교를 시작했다는 점이다.

(3) 누가복음(세계사적인 맥락에서)

저자인 누가에게 선교적 특징이 있다.[45] 누가는 이방인 개종자로 교회의 선교 사역에 일찍이 참여했을 뿐만 아니라 누가 자신이 선교의 결과이기도 하다. 누가는 유대인도 아니었고 예수를 따라 다닌 증인도 아니었다. 그래서 누가는 세계사적인 관점을 강조하기 위하여 구약을 많이 인용하는 것이 돋보인다. 예수의 공생애 기사는 예수가 선지자 이사야의 글을 읽고 자신에게 적용하면서 사역에 대해 말씀하셨던 그 유명한 나사렛 선언으로 시작하고 있다(눅 4:17-21).[46] 누가복음의 목적은 하나님 나라와 계획에 이방도 포함된다는 것을 나타내는 데 있다.

(4) 요한복음

요한복음은 불신자들에게 믿음을 주기 위한 복음 전도의 목적으로 쓰여졌으며, 반복적으로 예수가 세상의 구주시라는 구원의 보편성을 강조하면서 선교의 필요성을 역설하고 있다. 저자는 복음서와 3개의 서신을 썼는데 그 목적은 첫째, 사람들로 하여금 예수를 믿게 하는 것(요 20:31)이고, 둘째, 예수께서 육체로 오셨다는 사실을 믿는 믿음을 견고하게 하는 것(요일 4:2-3)이며, 셋째, 그리스도 안에서 믿는 자들의 교제를 유지하는 것이었다(요일 1:3).[47]

---

45) Roger E. Hedlund, *A Biblical Theology of Missions*, 244.
46) Roger E. Hedlund, *A Biblical Theology of Missions*, 244-245.
47) 이재완, 「선교와 교육」, 23.

특히 "오직 이것을 기록함은 너희로 예수께서 하나님의 아들 그리스도이심을 믿게 하려 함이요 또 너희로 믿고 그 이름을 힘입어 생명을 얻게 하려 함이니라"(요 20:31). 이보다 더 위대한 선교 목적이 어디 있겠는가? 그런 의미에서 요한복음은 '선교사였던 사람'이 기록했음이 분명하다.[48]

그러나 그럼에도 불구하고 교회가 여기 쓰여진 선교적 목적을 알아차리기에는 10세기가 걸렸다.[49] 요한복음은 신자의 믿음을 더해 주기보다는 불신자에게 신앙을 주기 위하여 쓰여졌다. 즉 복음 전도의 목적으로 쓰여진 것이다.

예수의 선교를 다룰 때 또 하나의 주제는 '하나님 나라'이다. 예수의 가르침은 하나님 나라가 중심이었다. 하나님 나라는 사람들 가운데 그의 통치를 확립하기 위하여 역동적으로 활동하시는 하나님의 구속적 통치로 말세에 묵시적인 방법으로 나타날 이 나라는 죄를 이기시고, 인간을 죄에서 건지시며, 하나님의 통치에 그들을 부르러 세상에 오신 예수의 사역으로 말미암아 이미 세상에 임했다.[50] 요한복음은 되풀이해서 예수가 세상의 구주시라는 구원의 보편성을 강조하고 있다(요 4:42).

'이미'(Already) 지금 이 세상에 와(임해) 있는 왕국(이 세대)과 '아직'(Not Yet) 오지 않은 그 마지막 현시(오는 세대) 사이에서, "오늘날 이 성경이 너희 귀에 응하였다"(눅 4:21)라는 주님의 약속과 "이 천국 복음이 모든 민족에게 증거로서 온 세상에 전파되리니 그제야 끝이 오리라"(마 24:14)라는 약속의 말씀, 바로 그 사이에서 살고 있다.

---

48) H. G. G. Herklots, *A Fresh Approach to the New Testament*, 159.
49) P. B. Santram, *The Purpose of St. John's Gospel: The Spread of the Good News* (Duraisingh and Hargreaves, 1975), 109.
50) 이재완, "영적전투에 관한 선교신학적인 연구,"「석사학위논문」(서울: 아세아연합신학대학교대학원, 1999), 27.

도표 4 하나님의 나라와 영적 전투도[51]

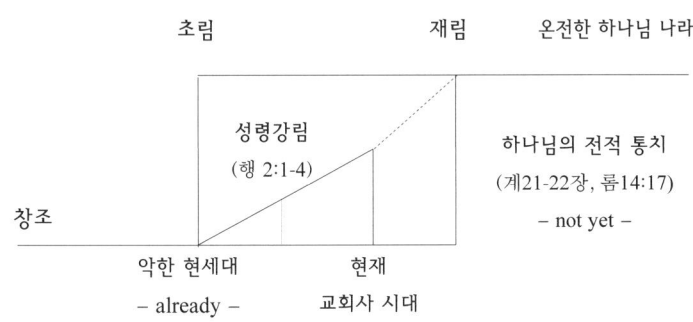

예수는 이스라엘의 중보적 기능을 통해서 모든 인류를 그리스도에게 불러 모으시는 것이 하나님의 뜻임을 계시했다. 예수의 이스라엘을 위한 활동이 곧 세계를 위한 활동이었다. 복음서의 선교적 논의에 있어서 예수의 유대인과 이방인에 대한 태도를 이해하는 것은 중요하다. 복음서들은 예수의 선교의 관심사는 전 인류 구원을 위한 하나님의 구원의 언약의 성취에 있었음을 증언하고 있다. 예수의 활동은 구약성경의 빛 아래서 연구되어야 한다. 이스라엘에게 선포하는 구원의 소식은 동시에 이방인에 대한 구원의 선포였다.

요한복음과 공관복음에는 많은 차이가 있지만 사도들의 핵심 주제는 똑같다.[52] 요한복음과 공관복음에는 선교적 목적이 있다. 각 복음서는 성경의 중심인물이신 예수 그리스도를 증거하고 있다. 기독교 선교를 구별되게 하는 것은 바로 예수 그리스도이시다. 예수는 교회에게 열방으로 제자를 삼으라는 명령을 하셨다(마 28:19, 20).

---

51) George Eldon Ladd, 『하나님 나라의 복음』, 신성수 역 (서울: 한국기독교교육연구원, 1982), 41.
52) C. H. Dodd, *The Parables of the Kingdom* (London: Nisbet & Co. Ltd. 1941), 343; Roger E. Hedlund, *A Biblical Theology of Missions*, 248. 재인용.

2) 예수 당시 유대교 선교

마태복음 23:15, 로마서 2:15 두 본문을 통해서 예수님 당시에 유대인들이 선교 활동을 했음을 알 수 있다. 유대교 개종 운동의 성경적 기원은 모세의 율법과 아브라함의 언약에까지 소급해 올라간다. 그러나 개종 운동의 직접적인 원인은 바벨론 포로 시대의 급변한 생활에 적응하기 위해서 마련된 새로운 형태의 종교 의식과 생활양식에 있었다. 바벨론 시대의 회당 예배는 이스라엘 민족의 높은 유일신 신앙과 수준 높은 도덕생활 등을 둘러싼 모든 이방인들의 눈앞에 공개하는 계기를 마련했다. 이스라엘 백성이 바벨론 땅에서 보여준 바 여호와 신앙과 그들의 공동체 생활은 분명히 세계 내에 현존하는 '이방의 빛'이요 '여호와의 증인'이었다.

(1) 바벨론 이후의 유대교 활동
회당 예배는 바벨론 포로 시대부터 많은 이방인들을 여호와 신앙으로 인도하는 매개체의 역할을 해 왔다. 유대교 회당 활동은 유대교 신앙을 이방 사회에 알게 하며 하나님의 구원의 빛을 이방에게 빛나게 하는 '세계의 빛'의 임무를 감당했다.

(2) 개종 운동의 성경적 기원
유대교 개종 운동의 기원은 회당보다 훨씬 이전의 시대로 소급된다. 아브라함이 받은 축복의 약속과 할례의 명령에서 그 기원을 찾을 수 있다. 역사적 배경에도 불구하고 여호와 신앙을 받아들이는 이방인들과 그들 사회 속에 체류하기를 바라는 외국인들은 동족과 같이 대우했다. 그 이후로는 여호와 신앙을 받아들인다는 것은 할례를 받아 이스라엘 민족에 귀화하는 것을 의미했기 때문이다. 따라서 유대교 개종 운동의 본질은 여호와의 구속의 보편성을 그리고 보편성 이상의 세계 지향적인 성격을 편협한 유대교의 민족주의로 변질시킨 일종의 민족 팽창주의였다.

(3) 예수 당시의 유대교 개종 운동

여호와 신앙을 받아들인다는 것은 이스라엘의 종교적 공동체로의 귀화를 의미했다. 유대교 포교 활동에 있어서 가장 큰 장애물은 할례였다. 유대교의 개종 운동은 회당 예배의 공개, 개인적 접촉, 구제 활동, 70인역 희랍어 구약성경(LXX), 기타의 종교 문서 등의 보급을 통해서 활발히 수행되었다.

유대교 회당과 희랍어 구약성경의 역사적 의의는 다음과 같다. 첫째, 당시 사방에 흩어진 유대인들과 세계를 위한 빛의 역할을 감당했다. 둘째, 회당과 희랍어 구약성경은 유대교 자체의 신앙생활 및 종교 교육의 필수불가결의 수단이었다. 셋째, 양자는 유대교 포교의 중요한 수단이었으며 많은 이방인들이 유대 신앙에 관심을 가지게 하는 계기가 되었다. 넷째, 성경과 회당은 신약교회가 세계에 진출하는 데 결정적 공헌을 했다. 유대교는 주후 90년경 기독교와 단절하였고 독자적 포교 활동을 했으며 5세기에는 종말을 고했다.

예수께서 유대인들의 개종 활동을 비판한 것은 선교 자체의 비판이 아니라 포교가 하나님의 세계 구원의 뜻을 수행하기보다는 배타적이고 편협한 민족 우월주의에 입각한 개종 운동으로 변질시킨 것과 믿음으로 받은 구원을 육신의 할례로 방해했다는 사실에 있다.

3) 사도행전의 선교: 사도행전은 선교의 문서이다

신약의 교회는 오순절 성령강림 사건으로부터 시작되며, 전도도 오순절 성령의 역사로 시작된다. 초대교회는 이방 선교를 위한 성령의 특별한 지시를 받았다. 안디옥 교회가 바울과 바나바를 파송할 때와(행 13:1-3), 바울이 아시아에 먼저 선교를 하고자 할 때에도 구라파로 향하도록 지시하신 것도 성령이었다(행 16:1-6). 사도행전의 '땅 끝까지'(행 1:8)의 전도 사상은 구약성경에서 '땅 끝까지'(사 49:6)와 일치하고 있다.

(1) 로마제국 하의 유대교

회당은 초대교회의 선교에 결정적 도움을 주었는데 주후 약 90년까지 선교의 매개체 역할을 감당했다. 기독교가 로마제국의 국교가 된 후 선교 활동이 점점 소멸되자 종교 의식과 교육에 전력을 기울이게 되었다.

(2) 초대교회 선교

사도행전의 선교 명령은 시간적 개념이 아니라 지리적 개념 위에 서 있다. 백부장 고넬료의 회심 사건을 계기로 이방인 선교를 수행하기 시작했다(행 10장). 이방인 선교에 대한 명령이 구체적으로 그 실천에 옮겨지기까지는 다음 4단계의 준비 과정이 있었다.

1단계: 오순절 성령강림 사건이며 모든 나라에서 온 유대인들과 개종한 이방인들이 복음의 첫 열매가 되었다.
2단계: 스데반의 순교와 신자들의 피난으로 유대와 사마리아, 갈릴리 전도가 시작되었다.
3단계: 다메섹에서의 바울 사도의 소명과 회심 사건으로서 하나님은 그를 이방인의 사도로 부르셨다고 바울은 술회하고 있다.
4단계: 고넬료의 회개로서 성령이 임하고 베드로는 그 가정에 세례를 주었다. 이 사건을 통해서 이방인들에게도 복음을 전하는 것이 하나님의 뜻임이 더욱 분명해졌다. 사도행전의 역사를 주관하신 분은 성령이시다. 그래서 사도행전은 '성령의 행전'이라고 한다.

(3) 안디옥 교회의 선교

피선교지 교회인 안디옥 교회가 선교하는 교회가 되었다는 것은 신약성경적인 교회가 되었다는 것을 의미한다. 스태판 닐(Stephan Nill)은 "선교에 종사하지 않는 사람(교회)은 기독자라고 할 수 없다"고 했다. 안디옥 교회가 바울과 바나바를 이방 선교에 파송한 것은 중요한 의의가 내포되어 있다. 첫째, '땅 끝까지' 선교 명령이 실천에 옮겨지기 시작했다. 둘째, 이방 선교에 진출한 것은 예루살렘 교회 지도자인 사도들이 아니라 희랍 문화권에서 성장한 이중 언어를 구사하는 바울이었다. 셋째, 안디옥 교회는 피선교지 교회에서 선교하는 교회로 급성장했다.

(4) 이스라엘 전도 및 이방 선교의 관계

사도행전 15장의 논쟁을 포함해서 할례에 대한 논쟁은 선교를 위한 논쟁이었다. 베드로, 야고보, 바울의 설교에 나타난 선교 동기는 예수님의 지상명령이었다.

(5) 설교에 나타난 선교 이해

베드로 설교(행 3:25-26): 주님의 선교 명령의 내용이 나타난다.
야고보 연설(행 15:14-17): 이방 전도가 구약성경에 근거함을 보여준다.
바울 설교: 이방 전도가 구약 예언에 따른 것임을 강조한다. 선교의 동기는 선교 명령에 대한 복종이다. 사도행전은 성령의 간섭과 인도 가운데서 바울 선교팀이 세계 선교에 진출했음을 보여준다. 고넬료의 회심 사건은 예루살렘 교회와 유대인 신자들이 이방 전도를 주의 뜻으로 받아들인 주요 사건이었다. 예루살렘 회의는 이방 선교에서 할례의 의무를 철폐시킨 획기적 사건이었다. '믿음으로 구원받는다'는 것은 바울 서신의 기본 사상이다. 여기에 초대 교회의 깊은 신학적 확신과 타 문화권 선교에 대한 문화 인류학적인 깊은 통찰이 숨어 있다. 누가는 바울의 로마행을 예수의 선교 명령의 빛 아래서 해석하고 있다.

4) 서신서

서신서 역시 중요한 선교의 원리와 전략을 제시하고 있다. 선교행전인 사도행전과 함께 서신서는 교회가 처한 당시의 핍박에 대처하기 위해 기록된 것이기에 가장 실천적이며 선교적이라 할 수 있다. 선교적 관점(missiological perspective)에서 서신서에서 가장 중요한 것은 사도들의 소명감(calling spirit)이다. 바울은 하나님으로부터의 직접 소명을 여러 차례 언급했고(갈 1:11-12), 그 소명은 바울이 안디옥 교회의 목회자로 초빙을 받고 곧 선교사로 파송되는 것으로 구체화되었다.

　이처럼 신약성경은 구약성경보다 더 분명하게 선교에 대한 관점들을 드러내 주고 있다. 일반적으로 예수 그리스도의 복음을 증거하여 하나님 나라를 확장하는 것이 선교의 출발점이 된다. 사복음서와 사도행전은 선교 명령이 부활하신 예수 그리스도로 말미암음을 증언하고 있다. 동시에 성령께서는 제자들에게 이적과 기사의 능력 행함과 말씀 선포를 통해 교회의 선교적 사명을 잘 감당하도록 도우셨다. 그러므로 선교는 교회의 가장 핵심이며, 동시에 모든 그리스도인들의 삶의 근본적 실체이다.

　이처럼 신구약 성경을 통하여 발견할 수 있는 진리는 하나님 자신이 선교의 주체자이시며, 하나님의 선교는 끊임없이 인류를 향한 하나님의 사랑에서 시작되었다는 것이다. 죄인들을 사랑하셔서 독생자를 보내주셨고, 구원받은 하나님의 백성들을 다스리시며 하나님 나라를 확장하시고, 예수는 말씀 선포와 축사와 신유를 통해 이 땅에 진정한 평화(Shalom)를 회복시키셨다. 진정한 선교는 부활하신 예수 그리스도의 권능 안에서만 가능하다. 그러므로 하나님 나라가 선교의 핵심적인 메시지이며 하나님 나라의 실현이 선교의 목표임을 직시하면서 초대교회의 선교가 오순절 성령강림 사건으로 시작되었듯이 성령의 능력을 받아 땅 끝까지 예수 그리스도의 복음을 전하는 교회가 되어야 한다.

제4장

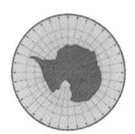

선교의 역사적 관점

　1세기 갈릴리의 유대 시골 사람들 속에서 시작된 한 작은 종파는 세상을 변화시키기로 운명지어졌다. 하나님은 유대의 시골 사람들에게 아브라함의 아들과 딸들을 통해 땅의 모든 사람들을 축복한다는 약속을 선포했었다. "나는 너를 축복할 것이며, 땅 위의 모든 사람들이 너로 인하여 축복을 받으리라." 유대 나라에서 메시야는 태어났고 죽었으며 다시 살아나 그의 약속을 성취했다. 그 후 기독교의 믿음은 모든 인종, 종교, 언어 그리고 문화 속의 개인과 공동체에 스며들며 변화시키는 놀랄 만한 힘을 나타내고 있다. 21세기, 예수 그리스도를 따르는 사람들은 각 대륙과 모든 나라로부터 나타나고 있으며 약 60억의 인구 중 세계 인구의 1/3인 20억이 예수 그리스도께 충성을 고백했다.

1. 선교의 대명령

1) 선교 명령

　헬라어 원문에는 선교 명령에 단 하나의 명령만 있다. 유일한 목적을 나타내는 명령은 '제자를 삼으라'는 명령 동사이며, 다른 동사들은 이 주동사에 소속한 분사이다. '가서, 세례를 주면서, 가르치면서, 제자를 삼으라'는 의미이다. 그래서 교육과 선교는 이분화해서는 안 된다.

2) 제자 삼는 선교

선교명령에 있어서 세례와 교육은 매우 중요한 부분이다. 세례와 교육은 제자 삼는 선교의 한 과정이다. 선교란 복음을 받아들이는 사람들로 하여금 예수를 믿고 '구원받을 뿐 아니라' 예수의 충성된 제자요 예수 그리스도의 몸 된 교회의 능동적이고 책임적이며 생산적인 회원이 되어 주를 위해서 고난을 기쁘게 받으면서 주의 일에 헌신하게 하는 데 있다.

바울의 경우, 복음을 전하고 결신자를 얻고 세례를 주고 그들을 모아서 주의 몸 된 교회를 세웠다. 그리고 그들로 하여금 교회의 능동적이며 책임적이고 열매 맺는 그리스도인이 되어 주의 일에 고난을 기쁘게 받는 자리에까지 이르도록 양육을 하였다.

2. 선교 운동의 역사

선교의 주체는 예수 그리스도이시다. 2,000여 년 전 주 예수님께서는 팔레스타인 땅의 구석인 예루살렘에서 하나님 나라를 전함으로 선량한 백성들을 선동한다는 참람한 죄목 아래 체포되어 죄인의 모습으로 십자가에서 죽음을 당하셨다. 그러나 말씀하신 대로 3일 만에 죽음에서 다시 살아나셔서 그의 제자들에게 복음을 전하라고 부탁하심으로 교회 역사는 시작되었다. 교회사에서 선교 운동이 일어나는 계기가 된 대전환점은 다음과 같다.

1) 스데반의 순교

교회는 창립할 때부터 '모이는 교회'(gathering church)와 '흩어지는 교회'(scattering church)란 양면성을 가지고 시작되었다. 그런데 초대교회는 아직 성전 개념에서 완전히 탈피하지 못한 채 '모이는 교회'로서 더 큰 의미를 가지고 있었는데, 그 이유는 예수님의 제자들이 대부분 유대인들로서 그때까지도 구약의 영향권 아래 놓여 있었기 때문이다. 구약의 유대인들은 어디에 살든지 유월절과 같은 절기를 맞으면 성전에 모이는 것이 관습이었다. 그러나 예수님은 승천하시기 전 제자들에게 "예루살렘과 온 유대와 사마리아와 땅 끝까지 이르러 나의 증인이 되라"고 하셨다. 그 후 제자들은 스데반의 순교(행 7:60)로 흩어지기 시작했는데 주후 30년경이었다. "예루살렘에 있는 교회에 큰 핍박이 나서 사도 외에는 다 유대와 사마리아 모든 땅으로 흩어지니라"(행 8:1). 만약 이때 스데반의 순교로 인한 핍박이 없었다면 유대와 사마리아 땅으로 흩어지는 일도 없었고 팔레스타인 지역의 한 작은 종교에 머물러서 세계 선교는 시작도 할 수 없었을 것이다.

2) 바울의 회심

스데반의 순교 사건 후 선교 역사에 있어서 가장 위대한 사도 바울이 탄생하게 된 것은 하나님의 계획이었을 것이다. 바울은 스데반의 순교 때 현장에서 가표를 던졌었고, 유대교에 대한 특심이 있었으나 당시 예수님의 제자들이 모여 있던 다메섹으로 내려가다가 부활의 예수님을 만나는 경험을 하게 된다. "사울아 사울아 네가 어찌하여 나를 핍박하느냐? … 주여, 뉘시오니이까? 나는 네가 핍박하는 예수라"(행 9:4-6)는 생생한 하늘의 음성을 듣는 순간 사울은 예수가 곧 하나님임을 깨닫고 십자가의 복음을 전하는 사도로 거듭나게 된다. 바울은 그 후 세 번에 걸친 선교 사역을 통하여 복음을 전하는데 첫째는 자신이 태어났던 길리기아 다소 지방과 근방이다(주후 46-48). 둘째는 지금의 터키 지역인 소아시아(주후 49-52), 셋째는 유럽 대륙의 관문인 빌립보 지방을 중심으로 데살로니가와 고린도 지역까지였다(주후 53-57). 후에는 그가 가는 곳마다 소요가 일어난다는 죄명으로 붙잡혀 당시 세계의 중심지인 로마로 호송되면서 복음이 자연스럽게 전해지게 된다. 복음 운동은 팔레스타인(예루살렘과 유대와 사마리아) 지역을 벗어나 소아시아, 헬라권 지역의 유럽, 그리고 다시 대로마 제국으로 전해지는 중요한 전환점에 있어서 기독교는 사도 바울이라는 걸출한 인물을 배출하게 되었으니 선교학자들의 언급처럼 그때 바울이 배에 태워져 로마로 간 것이 아니라 배가 기독교를 태우고 간 것이었다.

3) 밀란의 칙령

유대인 역사학자 유세비우스에 의하면 밀비안 전투에서 고전하던 콘스탄틴(Constantine) 대제가 십자가와 함께 'With this sign, conquer'란 환상을 보고 깃발에 십자가를 달았더니 전쟁에서 승리하게 되었다고 한다. 그때 예수 그리스도의 위대한 능력을 체험하고 로마로 돌아와 기독교를 더 이상 핍박하지 말도록 하고 국가적인 종교로 공인토록 한 사건이 바로 주후 313년에 발표된 유명한 '밀란의 칙령'(Edicts of Milan)이다. 이후 복음은 야만인(Barbarian)들이 살고 있던 유럽 전 지역에 전해지는 계기를 맞게 되었고, 짧은 시간 안에 '그리스도는 하나님이다'라는 니케아 회의(Council of Nicaea, 주후 325)[1], '성령님은 하나님이시다'는 콘스탄티노플 회의(Council of Constantinople, 주후 381)[2], '인간은 전적으로 타락하였다'는 에베소 회의(Council of Ephesus, 주후 431)[3], 그리고 '그리스도는 사람인 동시에 하나님이시다'는 칼케돈 회의(Council of Chalcedon, 주후 451)[4]와 같은 중요한 결정들을 내리는 등 기독교의 황금시대를 열게 되었다.

---

1) Herbert Kane, 『세계 선교 역사』(서울: CLC, 1995), 50-52; 이재완, 「선교 역사」(아세아연합신학대학교 강의안, 2009), 149-150.
2) 이재완, 「선교 역사」, 150.
3) 이재완, 「선교 역사」, 152.
4) 이재완, 「선교 역사」, 152-153.

4) 종교개혁

그러나 교회사에 있어서 '암흑 시대'라고 불리는 중세를 지나며 복음 운동도 마찬가지로 쇠약해지고 세속화되었다. 하지만 긍휼의 하나님께서는 독일의 마틴 루터(Martin Luther)를 세우셨고 그는 교회의 타락과 부패를 보고 분연히 일어나 위튼버거(Wittenberg)의 '성곽교회'(The Castle Church) 정문에 '95개조의 항의문'을 붙임으로 '의인은 믿음으로 말미암아 살리라'는 개혁운동의 불씨를 일으켰다(1517년 10월 31일).[5]

그의 뒤를 이어 멜랑히톤(Philip Melanchthon), 츠빙글리(Ulrich Zwingli)와 같은 좀 더 근본적인 개혁자들이 일어났고, 『기독교 강요』와 같은 신학 서적을 출판한 존 칼빈(John Calvin)은 스위스 제네바에 신학 아카데미를 세워 그를 통하여 자칫 격한 감정으로 치달을 뻔했던 종교개혁 운동의 뿌리를 더욱 든든히 함으로써 교회들은 다시 한번 정화되어져 순수한 복음을 유럽 대륙의 구석구석까지 전하게 되었다. 그러나 종교개혁의 가장 중요한 열매는 그때까지 성직자들의 손에만 들려져 있던 성경을 평신도들의 손으로 돌려준 것이며 라틴어로만 읽어지던 성경이 이제는 자국어로 번역되어져 누구나 쉽게 읽을 수 있게 된 것이다.

5) 위대한 세기

복음이 유럽 대륙을 벗어나 전 세계에 확산되는 데는 아무래도 '근대 선교의 아버지'로 불리는 영국의 윌리엄 캐리(William Carey)를 빼 놓을 수 없다. 그는 소책자[6]를 만들어 그때까지 유럽 대륙 이외의 지역에 복음을 전하는 데 소극적이었던 영국 교회를 깨우는 데 주력하였다. 그리고 자신이 선교사가 될 결심으로 목회자 정기모임에서 그 뜻을 열정적으로 발표하자 "여보게 젊은이, 자리에 앉게. 만일 하나님께서 이교도의 개종을 원하신다면 자네나 나

---

5) 이재완, 「선교와 교육」, 185-193.
6) "이교도의 회심을 위해 수단을 사용하는 크리스천의 책임에 관한 탐구"(Inquiry into the obligation of Christians to use means for the conversion of the heathens).

의 도움 없이도 얼마든지 하실 수 있다네"라는 어떤 목사의 면박에도 불구하고 1793년 인도로 선교사로 파송받아 떠남으로 드디어 복음은 아시아 대륙에 힘차게 전해지게 되었다. 그 후 선교 역사는 저 유명한 모라비안 교도들(Moravians), 리빙스톤(Livingstone), 아도니람 저드슨(Judson), 허드슨 테일러(Taylor), 언더우드(Underwood), 아펜젤러(Appenzeller) 등 수많은 선교사들이 앞 다투어 아프리카, 미얀마, 중국, 한국, 일본, 남미 대륙으로 복음을 전하고자 떠남으로 새 장을 열었다. 교회사가 라토렛(Kenneth Latourette)이 이때를 가리켜 '위대한 세기'(The Great Century)라 부를 정도로 무수한 선교사들이 배출되었고, 아프리카 대륙은 '선교사들의 무덤'이라고 알려질 만큼 많은 선교사들의 희생 또한 뒤따르게 되었다.

3. 근대 선교의 발전단계

랄프 윈터(Ralph D. Winter) 박사는 개신교의 선교 활동 역사에서 나타난 커다란 변화를 세 가지로 분류하여 '폭발적인 선교의 진보'라고 명명하였고 그 특성에 따라 분류하였다. 이들 각각의 진보는 세계의 특정한 지역 혹은 미전도 지역을 관찰해 봄으로써 세계 복음화라는 전체 과업을 완수하는 일에 선교적 진보가 초점을 맞추고 있음을 알 수 있다고 하였다. 그가 말하는 발전단계의 특징을 정리하면 다음과 같다.[7]

1) 첫 번째 시대: 연안 지역으로

이 시대는 윌리엄 캐리(William Carey)가 개척한 시대로, 캐리가 지은 작은 책『탐구』[8]는 복음주의의 대각성과 함께 미 대륙과 유럽 사람들에게 엄청난

---

7) Ralph D. Winter. "네 사람, 세 시대, 두 전환기: 현대 선교", 랄프 윈터, 스티븐 호돈 공동 편집 『미션퍼스펙티브』(*Mission Perspectives*), 정옥배 역 (서울: 예수전도단, 2001), 220-226.
8) William Carey, "*An Inquiry into the Obligations of Christians to use Means for the Conversion of the Heathens*" (이방인을 개종시키기 위한 도구로서의 신자들의 임무에 관한

비전을 주고 삶을 변화시켰다. 모든 사람들은 선교 활동이 성공하기 위해서는 반드시 선교회 형태의 조직적인 노력을 해야 한다는 캐리의 주장이 옳다고 분명하게 깨닫게 되었다. 미국에서는 5명의 대학생들이 캐리의 책에 도전을 받아 그들의 삶을 향하신 하나님의 인도를 위해 함께 기도하였다. 이들이 후에는 건초더미 기도회(Haystack Prayer Meeting)로 알려졌는데 이들이 시작한 학생 선교운동은 오늘날까지 이어지는 다른 학생 선교운동의 모델이자 선구자가 되었다. 선교 구조는 전형적인 초교파적인 선교회였다. 이 시대의 두 가지 특징은 놀라운 희생 정신과 뛰어난 선교 전략에 대한 훌륭한 통찰력이다.

2) 두 번째 시대: 내륙 지방으로

이 시대는 허드슨 테일러(Hudson Taylor)가 주도한 시대이며, 후에 주로 학생 자원운동(The Student Volunteer Movement)이 중심을 이루었다. 어떤 교단에도 속하지 않고 독립해 있는 선교 조직들을 '믿음선교회'(Faith Missions)라고 불렀는데 40개 이상이 설립되었다. 이들 선교회는 첫 번째 시대의 해안 선교와는 달리 대륙의 내지 선교를 목표로 하였다. 또한 학생 자원운동은 10만 명의 선교 헌신자를 배출하였고, 그 가운데 2만 명이 실재로 선교사로 헌신하였으며 나머지 8만 명은 고국에 남아서 선교 활동의 토대를 재건하는 일에 헌신하였다. 이때 그들은 평신도 선교운동(Laymen's Missionary Movement)을 시작하였고 기존의 여선교회를 강화하였다. 신참 선교사들은 이전 시대에 개발된 선교학적 지혜를 대부분 무시했지만 선교 전략 면에서 큰 과오를 범하게 되었고 결국에는 첫 번째 선교 시대에서 개발된 방법들을 배우고 익힘으로써 놀라운 선교 결실을 맺게 된다. 거의 모든 곳에 교회가 세워졌고 많은 사람들은 세계 복음화가 사실상 완수되었다고 생각했다. 일부 선교사들은 선교의 시대가 끝났다고 생각하여 선교사들을 본국으로 보내기 시작하였다.

1865년과 1910년 사이의 45년간은 첫 번째 시대인 연안 지역 시대에 성숙한 단계의 적당한 선교 전략과 두 번째 시대인 내지 선교 시대에 개척 단계인

『탐구』), 1792.

선교 전략 간의 전환기였다. 1967년경에는 북미 출신의 모든 선교사 중 90% 이상이 이미 상당 기간 속해 온 강건한 현지인 교회들과 함께 일하고 있었다. 그러나 대다수 사람들이 눈치채지 못하는 가운데 선교의 또 다른 시대가 시작되고 있었다.

3) 세 번째 시대: 미전도 종족들에게

이 시대는 학생 자원운동 출신의 두 젊은이, 카메론 타운젠트(Cameron Townsend)와 도날드 맥가브란에 의해 시작되었다. 맥가브란은 현 시대가 선교적 관점에서 보면 '지는 해'가 아니라 '뜨는 해'라고 주장하였다. 분명 현 시대에 윌리엄 캐리나 허드슨 테일러에 비할 수 있는 사람은 카메론 타운젠트이다. 타운젠트는 분명히 미전도된 선교지가 있음을 보았으며, 반세기 가깝게 세계의 소외된 부족민들에게 주의를 환기시켰다. 처음에는 이전부터 존재하는 위원회들이 부족민들에게 복음 전하는 것을 도우려는 마음이었다.

그러나 캐리나 테일러처럼 타운센트도 결국에는 스스로 '위클리프 성경번역회'(Wycliffe Bible Translators)를 만들었다. 처음에 타운젠트는 세계에 약 500개의 미전도 부족 집단이 있을 것으로 생각했으나 그 후에는 그 추정치를 1,000으로, 그 다음에는 다시 2,000으로 추정했으나 오늘날 그 숫자는 약 5,000(현재는 12,000 수준)에 달한다. 위클리프 성경번역회에는 현재 4,000여 명의 선교 사역자들이 있다. 맥가브란은 인도에서 언어의 장벽이 아니라 사회적 장벽의 심각성을 보았다. 타운젠트가 부족 집단을 발견했다면, 맥가브란은 보다 보편적 범주를 발견했는데 이것이 '동질집단'(Homogeneous Units)이다. 폴 히버트(Paul Hiebert)는 이것을 세분화하여 각 독자적 영역을 차지하고 있는 부족들에게는 '수평적 분할'이란 용어를, 지리에 의해 구분되는 것이 아니라 사회적 계층에 의해서 구분되는 집단을 '수직적 분할'이란 용어를 사용하였다. 이러한 집단들에 침투해서 집단의 경향을 따라 선교학적 돌파구를 부지런히 이용한다면 그 종족 집단에 대한 전략적인 '하나님의 다리'(Bridges of God)가 확립된다는 것이다. 맥가브란은 그러한 돌파구가 마련될 때까지는 복음 전도와 교회 개척을 할 수 없다고 하면서 활발한 저술과 활동을 통해 교회성장 운동과 미개척지 선교 운동을 일으켰다. 교회성장 운동은 이미 복음이 침투한 집단들 안에서 교회를 확장시키는 일로 미개척지 선교 운동은 아직 복음이 침투하지 않은 집단들에 접근하는 일에 힘썼다. 이 두 접근법은 민족 언어학적 접근과 사회 문화적 접근이다.

랄프 윈터와 다른 선교학자들은 '미전도 종족'(Unreached People)이란 용어를 만들어 냈다. 세 번째 시대의 특징은 '미전도 종족'이라는 규정하기 어려운 비지리적 범주의 사람들에게 복음을 전하는 것이다. 미전도 종족은 사회적으로 고립된 종족 집단이다. 이러한 개념은 너무나 정의하기 어렵기 때문에 세 번째 시대는 두 번째 시대보다 훨씬 더 서서히 시작되었다. 타운젠트와 맥가브란은 40년 전부터 잊혀진 종족들에게 주의를 기울이기 시작했으나 교회는 최근부터 관심을 쏟게 되었다. 또 하나의 특징은 비서구 선교 기관들이 수적으로나 영향력 면에서나 이전의 선교회들을 능가하고 있다.

개신교 선교 역사는 위대한 선교지도자에 의해 삼분된다. 제1기는 윌리엄 캐리, 제2기는 허드슨 테일러, 제3기는 카메룬 타운젠트와 도널드 맥가브란이다.[9] 이 패러다임이 교회와 선교를 깨우는 메시지가 되었을 때 하나님께서는 큰 선교의 물결을 일으키셨다.

윌리엄 캐리는 선교의 아버지로 불린다. 그는 잘못된 운명주의적인 예정론에 빠진 교회를 향하여 선교의 진보를 위해 선교단을 파송해야 한다고 외쳤다. 그의 놀라운 개척정신으로 말미암아 하나님께서는 영국 땅에서 놀라운 선교의 물결을 일으키셨다. 이 한 사람과 그의 관점을 공유한 사람들을 통해서 '해안선 선교 시대'가 열린 것이다.[10]

해안선은 선교사들에게 요나의 그늘과 같은 곳이었다. 항구를 통해 물자와 문명, 약품과 안전을 확보할 수 있었다. 이 안전지대에 선교사들이 거하고 있을 때 내륙에는 아직도 많은 영혼들이 예수를 고대하고 있었다. 내지의 영적 빈곤을 발견한 허드슨 테일러는 내륙으로 가야 한다고 외쳤다. 그의 패러

---

9) Ralph Winter, 『미션퍼스펙티브』(*Mission Perspectives*), 220-221.
10) Ralph Winter, 『미션퍼스펙티브』, 221-222.

다임을 통해 여러 '내지' 선교회가 탄생되었다. 그로 말미암아 '내륙 선교 시대'가 열린 것이다.[11]

맥가브란은 선교지에 있어서의 사회적 계층적 장벽을, 타운젠트는 선교지에 있어 언어의 장벽을 발견했다. 그들은 같은 나라와 국경 안이라 하여도 문화의 장벽 때문에 복음이 전파가 어렵기에 이 장벽을 뛰어넘어야 한다고 주장했다. 이들의 종족을 뛰어넘어 복음이 전파되어야 한다는 필요성이 새로운 선교의 시대를 열었다. 이른바 종족 선교 시대가 온 것이다.[12]

사도들의 선교적 노력은 전 유럽을 기독교화하는 데까지 연결되었다. 그런데 중세로 들어오면서 세속권과 교권 투쟁이 심각해지면서 후기 중세교회는 성경의 본질을 떠나 인본주의적으로 왜곡되어 갔다. 이에 개신교는 종교개혁을 통하여 성경적 교회관과 교회의 교육과 선교의 사명을 다시 부각시켰다. 이제 개신교 역사 속에서 복음 전파와 함께 교육적 접근을 했는지의 여부와 그 과정과 효과를 알아볼 것이다.

4. 근대 선교 역사의 흐름

1) 19세기 이전의 선교

근대 선교 활동의 최초의 시도는 1555년 칼빈이 네 명의 선교사와 프랑스 위그노 교도들을 브라질로 보낸 것에서 시작되었다. 근대 선교 활동은 30년 전쟁이 1648년 베스트팔렌 평화 조약[13]으로 종결된 후 독일 경건주의

---

11) Ralph Winter, 『미션퍼스펙티브』(Mission Perspectives), 222-224.
12) Ralph Winter, 『미션퍼스펙티브』, 224-226.
13) 베스트팔렌 조약(Peace of Westfalen): 스페인과 네덜란드 사이에 벌어진 80년 전쟁과 독일의 30년 전쟁을 마감한 조약(1648)이다. 30년 전쟁의 주요 무대는 독일이었다. 이들 용병 가운데 다수는 급료를 제대로 지급받지 못했기에 보급품 충당을 위해 시골 마을을 약탈하여 이른바 '늑대 전략'이 시작되었다.두 국가의 군대는 모두 진군 중에 약탈을 일삼아 도시와 마을 및 농장들을 황폐하게 만들었다. 마침내 열강들이 유혈 분쟁 종식을 위해 독일의 베스트팔렌에서 회동했을 때 유럽의 세력 균형은 근본적으로 변해 있었다. 스페인은 네덜란드와 서유럽에서의 주도적 입지도 상실했다. 프랑스는 서방 강국으로

운동에 의해 활발하게 전개되었다. 경건주의 운동은 르네상스 인문주의의 산물인 인본주의의 결점과 교회의 교리 중심적인 경직성에 의문을 제기하고 실천적 신앙생활을 중심으로 한 운동이었다. 경건주의는 독일 국민의 정신적 각성과 조직적 사회 운동으로 확대되면서 선교와 교육의 발전에 지대한 영향력을 행사했다. 이 운동의 시초를 닦은 경건주의의 아버지 필립 스

부상해 있었으며 스웨덴은 발트 해의 지배권을 장악했다. 네덜란드는 독립된 공화국으로 승인받았으며 신성로마제국의 소속 연방국가들에는 완전한 주권이 주어졌다. 따라서 정신적으로는 교황이 주도하고 세속적으로는 황제가 주도하는 유럽의 가톨릭 제국으로서의 신성로마제국은 사실상 붕괴되고, 주권국가들의 공동체라는 근대 유럽의 본질적인 구조가 확립되었다.

30년 전쟁: 최대의 종교 전쟁이며 또한 최후의 종교 전쟁으로 그 기간은 대체로 4기(期)로 구분되는데 전반 2기는 종교적 색채가 짙고 후반 2기는 정치적 색채가 짙다. ① 제1기(1618-1620): 독일의 개신교·가톨릭 간의 반목은 1555년 아우크스부르크 화의(和議) 이후에도 해결되지 않아 17세기 초 양파의 제후(諸侯)들은 각기 개신교 연합과 천주교 연맹을 결성하여 대립했다. 이런 정황 속에서 1617년 가톨릭교도인 페르디난트가 보헤미아의 왕위에 올라 가톨릭 절대 신앙을 강요하자 보헤미아와 오스트레일리아의 프로테스탄트 귀족들이 반란을 일으켰다. 1619년 페르디난트 2세가 황제가 되자 보헤미아인들은 팔츠선제후(選帝侯) 프리드리히 5세를 국왕으로 받들고 이에 대항하여 싸웠으나 1620년 바이서베르크 싸움에서 패배하여 프리드리히 5세는 네덜란드로 망명하고 보헤미아의 개신교도들은 탄압을 받기 시작했다. ② 제2기(1625-1629): 진작부터 독일에 영토적 야심을 가지고 있었던 덴마크 왕 크리스티안 4세는 이를 기회로 영국 및 네덜란드로부터 군자금을 얻어 1625년 개신교군의 총수로서 독일에 침입했으나 황제군의 장군 발렌슈타인과 틸리에게 패배하여 1629년 양측은 뤼베크 조약으로 화해했다. 이에 따라 황제는 배상령(賠償令)을 내려 종교제후(宗敎諸侯)의 영지(領地) 회복과 루터파(派)의 공인(公認)을 선포하였다. ③ 제3기(1630-1635): 이듬해 스웨덴 왕 구스타브 2세가 개신교도를 옹호하고 프랑스의 후원을 얻어 다시 독일에 침입했다. 스웨덴군은 황제군을 라이프치히 전투에서 격파하여 틸리를 전사시켰으나 1632년 뤼첸 전투에서 구스타브 2세도 전사했다. 이후에도 전투를 계속했으나 패배를 거듭해 1634년 황제군 사령관 발렌슈타인이 모반 혐의로 암살되자 1635년 황제와 그리스도교군의 작센 선제후 사이에 프라하 화의가 성립되었다. ④ 제4기(1635-1648): 프라하의 화의 직후인 1635, 1631년 이래 배후에서 그리스도교 세력을 밀었던 프랑스가 전면에 나서서 독일에 출병하고 스페인에도 선전포고하여 스웨덴과 연합전선을 폈다. 전쟁은 일진일퇴의 전황 속에 끌어가다가 1637년 황제위를 계승한 페르디난트 3세는 전세의 불리와 국내 제후들이 오랜 전쟁으로 시달려 1641년 종전을 제의하였다. 1644년부터 열린 강화 회의는 지지부진하다가 1648년 베스트팔렌 조약이 성립되어 30년간의 종교 전쟁은 종지부를 찍었다. 이로써 독일 제후국 내의 가톨릭·루터파 ·칼빈파는 각각 동등한 지위를 확보하였다. http://www.nobelmann.com/old/history/oldhistory/30years.htm

페너(Philip Spener, 1635-1705)[14]와 이를 학교 교육 제도로 정착시킨 프랑케(August Franke, 1663-1727)[15], 그리고 경건주의 해외 선교의 기틀을 마련한 진젠도르프(Nicolaus Ludwig Zinzendorf, 1700- 1760)[16]는 교육을 선교의 기반으

---

14) 독일 경건주의(敬虔主義) 운동은 필립 스페너(Philip Jacob Spener, 1635-1705)로부터이다. 그래서 필립 스페너를 '경건주의 아버지'라 부른다. 그는 1635년 알사스 지방의 귀족 가문에서 출생했고 가족은 철저한 루터파 신앙을 가졌다. 그는 어릴 때부터 영국의 청교도 서적들과 독일 신비주의 서적들을 통해 이 사상에 크게 감화를 받았으며, 독일인 존 안트의 저서 『참된 기독교』를 읽고 경건주의에 눈을 떴다. 또한 청교도 목사 레위스 베일의 『경건의 실천』이라는 책을 읽고 크게 감명을 받았다. 스트라스부르그 대학을 졸업한 후 제네바에 가서 칼빈과 여러 교회 사람들과 교제하며 교회생활 연구와 독일 내 여러 대학을 순방했다. 1666년 안수받고 프랑크후르트의 목사로 있을 때 웨드게스덴의 궁정 설교자가 되었고, 헤르만 프랑케를 추종자로 삼았다. H. L. 곤잘레스, 『기독교 사상사』, 3권, 이형기, 차종순 역 (서울: 예장총회출판부, 1989), 394. 당시의 설교가 이론에만 치우쳐 감명을 주는 바가 적음을 깨닫고, 실제적, 신앙적 설교에 주력했으며, 1976년 자기 집에서 형식적 종교에 불만인 자들과 '경건회'(Cellegia Pietatis)라 불리운 작은 모임을 만들었다. 이 이름 때문에 경건주의로 불렸다. 이 모임에서 성경 읽기와 연구, 기도회를 했으며 스페너가 주일날 4회 설교했다. 특히 경건회를 통해 신앙 독서로 영적 생활을 함양하는 데 전력했다. 1674년 안트의 설교집에 설교를 써 달라는 요청을 받고 긴 서문을 통하여 경건주의 운동 요강을 발표했다. 1675년 이 글은 「경건한 열망」(Pia Desideria)이란 표제로 출판되었다. 이 책으로 스페너는 일약 경건주의 운동 창시자로 인정을 받았고 경건주의 운동의 새 시대가 도래하게 되었다.

15) 17세기 독일에서 일어난 경건주의 운동은 종교개혁 이후 침체된 교회에 새로운 활력을 주었다. 프랑케는 교회와 독일 사회 전반에 큰 영향을 끼쳤다. 그는 루터교 정통주의의 토양 아래서 성장하여 학문과 경건을 겸비했고, 특히 1687년 회심 사건을 통해 사변적 신앙에서 체험적 신앙인으로 변화되었다. 그 후 그는 독일 할레에서 루터교 목사와 할레대학 교수로 활동하면서 그의 선생이자 동료인 슈페너가 제안했던 경건주의적인 삶을 살았다. 그는 교육과 선교 사업에 탁월한 업적을 남겼고, 이를 통한 목표는 '개인의 변화를 통한 사회의 변혁'이었다. 결국 그의 경건주의 운동은 인간의 전인적 구원을 목표로 삼았다.

16) 모라비안 경건주의의 선구자인 진젠도르프는 1700년 5월 26일 드레스덴에서 오스트리아 가문 출신인 한 작센 선 제후국 장관의 아들로 출생, 부친의 죽음과 모친의 재혼으로 경건주의자 스페너와 친밀하게 되었다. 프랑케와 함께 대중 교육과 성경 배포, 선교를 장려했던 외조모 카타리나 폰 게르스도르프(Katharina von Gersdorf) 밑에서 성장했으며, 10세에 할레대학에 입학해 공부했는데 이때 프랑케와 깊은 유대 관계를 가졌으며 경건주의의 이상인 순결한 교회와 영적 생활에 대한 뿌리가 내면에 자리 잡게 되었다. 그리고 할레대학 출신 선교사 지겐발크와 플뤼차우가 보낸 동인도 선교 보고들을 접했고 1713년에는 플뤼차우가 할레를 방문했을 때 만나기도 했다. 이처럼 진젠도르프는 할레 재단의 선교적 지원을 보면서 깊은 영향을 받았다. 그리하여 진젠도르프는 5명의 친구들과 함께 '겨자씨 모임'(the Order of the Grain of Mustard Seed)을 결성하여 예수 그리스도의 능력을 증거하고 신앙 문제로 고민하는 형제들을 도우며 해외 선교를 목적으로 활동했다. 그 후 1719년 진젠도르프는 네델란드와 프랑스로 연구 여행 도중 뒤셀도르프에서 화가인

로 사용하게 되었다.

도메니코 페티(Domenico Feti)가 그린 "내가 너를 위해 이것을 당했건만 너는 나를 위해 무엇을 했는가?"라는 각명(刻銘)이 달린 십자가에 달리신 그리스도의 모습이 담긴 이 그림으로부터 필생의 사역에 상당한 자극을 받았다. 그의 괄목할 만한 업적은 모라비안 교회를 설립하여 발전시킨 것이다. 로마 가톨릭 교회와 보헤미아 국가 교회의 박해를 피해 헤른후트(Herrnhut)로 피난 온 형제단(The Unity of the Brethren)이라 불리던 모라비아의 후스파(Hussites) 개신교도들이 진젠도르프의 지도하에 기독교 공동체를 발전시켜 나갔는데 이 공동체를 '모라비아파'라고 한다. 진젠도르프는 이 형제단을 돌보기 위해 나중에는 변호사의 공직을 버리고 형제단에만 몰두했으며 루터교회의 신학자 시험에 합격하고 1727년 모라비안의 감독으로 안수받았다. 모라비안 교회는 선교 지향적 교회였다. 교회의 모든 회원들이 기독교의 기사(騎士)가 되어 복음을 전하는 것이 지도 이념이었다. 특별히 그는 모라비안 교회의 형제들을 작은 그룹으로 구성하였다. 그는 그 자신이 전도를 실천했는데 암스테르담, 발틱 국가들, 베를린, 제네바 등지에서 전도했다. 귀족들, 법원의 사람들, 대학생들, 교수들 모두가 그의 전도의 대상들이었다.

다음은 중보기도를 들 수 있다. 1722년까지 90명이 헤른후트에 정착하고 1726년에는 300명의 기독교 공동체를 형성, 1727년 서로를 권고하고 부흥을 위한 작은 소그룹 기도 모임을 갖기 시작했다. 24명의 형제와 자매가 자정부터 그 다음날까지 계속 기도하기 위해 각자 1시간씩 맡을 것을 서약했다. 모라비안 교회의 중보기도는 그 후 100년 이상 지속되었으며 이 기도는 다음 200년 이상 수많은 사람들이 모든 대륙으로 선교를 위해 파송되는 결과를 가져왔다.

다음은 모라비안 교회의 타문화권 선교이다. 1732년 레온하르드 도버(Leonhard Dober)와 다비드 니츠만(David Nitschmann)을 서인도 제도(the West Indies)로 파송하는 것을 시작으로 1735년 그린랜드, 1735년 수리남(Surinam), 1737년 아프리카, 1740년 북아메리카 인디언과 실론(Ceylon), 1742년 중국, 1747년 페르시아, 1754년 자메이카, 1756년 안티구아(Antigua)에 선교사를 파송했다. 1760년 진젠도르프가 죽기까지 모라비안 교회는 28년간 226명의 선교사를 배출했고, 1760년 당시엔 그린랜드의 13개 지역과 중북부 아메리카와 서인도제도에서 49명의 형제와 17명의 자매들이 약 6,125명의 영혼을 책임지고 있었다.

진젠도르프와 모라비안 교회의 이러한 선교는 독일 개신교 안에서 가장 먼저 일어난 자발적인 선교 운동으로서 순교의 피를 흘리면서 세계 각처에서 사명을 완수했으며, 개신교 역사상 처음으로 공동체의 전적인 지원을 통해 선교사를 파송했다. 아울러 개신교 내에서 "선교에 대한 책임은 만일 어떤 주어진 지역 내에 적법하게 세워진 교회가 있다면 그 교회를 통해 수행되어야 한다"는 생각과 함께 교회의 지역적인 견해로부터 벗어나게 하는 역할을 감당했다. 선교의 전진은 더 이상 전통적인 교구의 경계에 의해 제한되지 않았다.

진젠도르프 사후에도 모라비안 교회는 놀라운 헌신적 표준을 세웠고, 서인도제도로 건너간 모라비안들이 200년에 걸쳐 3,000명의 선교사를 지원하는 경이적 기록과 해외 선교구에 속한 신자의 수가 내지 교회보다 3배나 되는 특수한 예를 보여주었다. 모라비안 선교사들은 개척정신과 고난을 달게 받으며 전적으로 그리스도께 헌신하고 영혼 구원을 위해 활동했다. 모라비안들은 그린랜드와 레브라도(Labrador), 그리고 알라스카와 서인도제도, 동부 및 남부 아프리카와 빅토리아에서 선교 활동을 계속했으며 국내 전도에도 매우 활동적이었다.

스페너는 청소년 교리 교육을 교회에 도입하여 목회자의 주요 직무로 삼았다. 신앙 지식의 정도에 따라 어린아이들을 네 개 반으로 편성하고 각각 정도에 맞는 교육을 시켰다. 그는 요리문답 시험 제도를 도입해 매주 1,000여 명의 어린아이와 성인들이 함께 공부하게 되었다. 스페너가 교리 교육에 힘쓴 이유는 기독교 교리의 근본을 이해하지 못하면 설교의 대부분을 이해할 수 없으며 설교만으로는 불충분하다는 사실을 간파하였기 때문이다. 그리고 마음 밭이 부드러운 어린 시절이 복음의 파종에 용이하다는 선교적 판단을 중요시했다.[17] 평신도 운동에 깊이 관여해 사회적 문제들, 특히 빈곤의 문제와 개인의 신앙생활에서 영적 체험 문제, 평신도들과 청소년들을 위한 성경 연구에 힘썼다.

스페너의 친구이자 추종자인 프랑케는 교육에 큰 영향력을 행사했다. 프랑케는 당시 교육의 가장 큰 결점은 가정이나 학교에서 기독교 훈련의 결핍이라 주장하고 단순히 교리의 암기에 주력할 것이 아니라 참되며 실제적인 것을 가르치도록 역설했다. 프랑케는 가난한 아이들을 수용하는 고아원이나 학교를 세움으로써 이 운동이 제도적으로 지속될 수 있는 기반을 마련했다. 그는 할레대학을 독일과 해외에서까지 선교 활동을 할 경건주의 지도자들을 양육하는 중심지가 되도록 변모시켰다.[18]

18세기 할레선교회와 함께 선교의 중심 기관은 진젠도르프를 중심한 모라비아형제단(Moravian Society)이다. 그들은 그의 지도하에 다양한 선교 사업과 교육 활동에 전념하였다. 그들의 선교 목적은 이교도들의 회심과 영적 생활의 갱신이었고 교육의 모든 프로그램은 세계 복음화의 과업을 실현하기 위해 중요한 교육 환경을 조성해 선교 활동에 중점을 둔 선교 교육을 강조했다. 이 공동체는 선교와 기독교 교육은 매우 밀접한 관계가 있음을 인식하고 활

모라비안교회는 비록 작은 교회였지만 미친 영향은 특별했다. 이처럼 모라비안선교 운동이 기독교 역사에 서 중요한 것은 지역적으로 유럽과 세계에 널리 영향을 미쳤다는 점이다. 그래서 녹스(Ronald Knox)는 모라비안운동을 가리켜 '유럽 선교에 활력 있는 누룩'이라 하였으며, 하세(Hasse) 주교는 '모라비안의 영향은 초기 영국 부흥의 중요한 요소들 가운데 하나'라고 평가했다.
17) 한인수, "필립 야콥 스페너," 『경건신학』 제2호 (1994. 8), 3f.
18) Herbert Kane, 『세계 선교 역사』, 신서균, 이영주 역 (서울: CLC, 1993), 100-107.

동을 전개했다.[19]

독일에서 발생한 경건주의 운동의 여파는 영국과 미국의 복음주의 대각성 운동을 초래했다. 이 운동은 복음 전파의 정열에 사로잡혀 국내외 선교에 총력을 기울이는 가운데 세계 곳곳에 자발적 복음 운동과 선교 단체를 일으키게 했다. 그러나 대각성 운동은 하나님 나라에 들어가는 방법으로 회심과 재생의 변화를 강조한 나머지 교육과 양육을 소홀히 하는 결과를 낳기도 했다. 이렇게 대각성 운동의 회심주의가 양육과 교육의 중요성을 등한시하는 경향에 반기를 들고 호레이스 부쉬넬(Horace Bushnell)은 *Christ Nurture*라는 책을 통해 양육의 중요성을 전개했다.[20] 그는 기독교 이념과 그 실행을 위해서는 가정을 중심으로 회심과 함께 기독교 교육이 이루어져야 한다고 주장했다.

2) 19세기 선교

교회사가 라토렛은 19세기의 폭발적 기독교 확장 사업을 일컬어 '위대한 세기'라 불렀다. 18세기 말 개신교 선교 활동은 영국에서 시작했다. 최초의 미국 선교부는 1810년에 조직되었다. 이 19세기 동안에 개신교 국가들은 이방 세계로 선교사들을 파견하기 시작했다. 19세기 말에 이르러서는 세계 각국의 모든 개신교 국가들이 선교사들을 선교지에 파견하게 되었다. 이와 더불어 서구 사회의 전반적인 교육 요구 중재로 인해 교육은 다양하고 보편적인 것으로 확대되어 갔다. 이러한 사회 여건에 따라 선교 전략으로서 학교라는 개념은 널리 수용되었다.

개신교 선교의 아버지 윌리엄 캐리(William Carey, 1761-1834)는 모든 그리스도인에게 세계 선교의 비전을 보여주었다. 캐리의 영향으로 선교 전략의 개발 운동은 훌륭한 선교 학자들을 배출했다. 런던, 스코틀랜드, 네덜란드, 영국에 선교기관이 조직되었고 학생 선교운동이 조직되었다. 캐리는 근대

---

19) C. B. Evay, 『기독교 교육사』, 김근수, 신청기 역 (서울: 한국기독교교육연구원, 1986), 244-248.
20) 은준관, "현대의 교육신학," 『기독교 교육사』, 강희천 외 역 (서울: 교육목회, 1992), 344-50.

선교의 획기적인 새로운 선교 방법을 사용함으로 선교의 전환점을 가져오는 계기를 만들었다. 그는 "① 모든 수단으로 복음을 전한다. ② 성경을 현지어로 번역한다. ③ 새로운 토착교회를 세운다. ④ 교육을 통한 현지인 인재 양성을 한다. ⑤ 현지인 선교사를 파송한다. ⑥ 세계선교기구의 창설과 운영한다"[21]는 것을 선교의 목표로 삼았다. 캐리는 인도 청년들에게 영어를 가르치되 인도의 교육 언어를 개발하고 자국어로 번역된 책들을 교육의 필수 도구로 사용하는 것을 최선으로 여겼다.

유럽의 세계 진출은 기독교가 전 세계로 선교지를 넓히는 데 계기가 되었다. 기독교회사의 유래 없는 선교의 시대가 도래하게 되어 가장 협조적이고 조직적 선교 활동이 나타났고, 세계 선교를 위한 많은 선교회가 조직되었다. 또한 아도니람 저드슨, 로버트 모리슨, 데이비드 리빙스톤, 허드슨 테일러, 그리고 한국 선교사 호레이스 언더우드, 헨리 아펜젤러 등 선교의 거장들이 19세기를 주도해 나갔다.

19세기 선교사들은 각자의 선교지에서 서양 학문을 바탕으로 하는 근대적 교육 제도를 설립했고 그들은 교육자, 전도자로서의 역할을 담당했다. 이들의 선교 사업은 성경 번역, 주일학교 구성, 영어반, 재봉과 가사반 구성, 의료 사업, 교육기관 설립 운영, 농업 위생, 국가 정책 등이었으며 이런 일을 하는 것이 위대한 지상 명령에 포함되는 것으로 여겼다.

선교사들은 세계 도처에 학교, 병원, 보건소, 의과대학, 고아원, 나병 치료소를 설립했다. 버려진 아이들을 양육하고 소녀들을 교육하고 여자들에게 자유를 주장했다. 그들은 조직체적 구조와 지원 방법들은 달랐지만 활동 방법은 복음 전파, 의료 활동, 교육 사업에 광범위하게 관여되어 있었다.[22] 그들의 균형 잡힌 프로그램들은 육체, 정신, 영혼의 전 인격의 필요를 채우고자 했다. 그들의 다양한 활동 속에서 두드러지는 현상은 선교와 교육이 결합된 경우보다 지속적이고 광범위한 결과를 얻고 있다는 것을 확인할 수 있다.

---

21) 채은수, 『선교학총론』(서울: 기독교지혜사, 1991), 275.
22) Herbert Kane, 『세계 선교 역사』, 123-134.

3) 20세기 선교

19세기 전후 전 세계적으로 볼 때 근대적 학교는 거의 없었고 문맹률이 높았으며 여자나 빈민들은 교육받을 기회가 전혀 없었다. 그러나 서구교회는 오랫동안 교육기관과 연결되어 있었고, 기독교대학이 세속화되어 기독교 사역을 위한 사역자를 배출하지 못하게 되자 복음주의적인 교회는 독자적인 신학교를 설립하게 되었다. 이런 기관을 통해 선교사들이 문맹률 높은 제3세계에서 선교의 일환으로 교육 사업에 참여하게 되었다. 그들은 영혼의 구원만이 아니라 인간의 지(知), 정(情), 의(意)의 전인적인 발달에 관심을 가지게 되었다. 인간이 하나님의 자녀로서 올바로 성장하기 위해서는 지적인 능력을 개발할 수 있는 기회를 가져야 한다고 보았다. 그래서 그들은 학교를 설립해 피선교자들의 교육에 역점을 두었다.

아시아, 아프리카, 남미, 유럽, 중동 등 모든 지역에서 교육 사업은 활발히 전개되었다. 선교사들의 교육은 큰 영향을 미쳤다. 예를 들면 선교의 전성기에 중국에는 340개의 중등학교와 13개의 대학교가 있었다. 그들의 교육은 세 가지를 목표로 하고 있었다. 대중에는 영향을 미치기 위한 상류계급의 회심과 회심자들을 위한 대학 교육, 그리고 중국 전체의 점진적 기독교화였다. 기독교 학교, 병원, 서양 문화의 번역, 여성 교육의 시작, 자선과 구제 등은 근대화 운동의 자극제가 되었다. 1930년대 초기에 중국의 명사인명록의 35%가 기독교 학교에서 교육을 받았다.

초기 선교사들이 아프리카에 도착하였을 때 대부분의 아프리카 언어는 문자가 없었다. 그래서 선교사들은 문자를 고안하고 교과서를 집필하며 학교를 설립하는 등의 교육 조달자 역할을 했다. 1961년까지 아프리카 학생의 68%가 기독교 학교에 다녔다. 교회와 학교와의 관계는 매우 밀접했다. 수만 개의 야외 학교들은 성경과 기독교 교리와 쓰기, 읽기, 셈하기를 가르쳤다. 오늘날 아프리카 사회 지도자의 대부분은 성장기에 기독교 학교와 밀접한 관계 속에 자랐다.[23]

---

23) Herbert Kane, 『선교사의 생활과 사역』, 백인숙 역 (서울: 두란노, 1991), 355-58.

회교국가나 로마 가톨릭이 국교인 지역에서도 교육기관을 통한 선교는 19, 20세기의 중요한 특징이다. 학교가 다른 지역보다는 많지는 않으나 직접 선교하기 어려운 지역에서 학교를 통한 선교는 제한적이지만 지속적인 열매를 맺고 있다. 또한 교육기관으로서 탁월한 명성을 얻게 되어 기독교의 인식을 높이는 데 기여하기도 했다.

한편 선교지를 위한 기독교 교육 운동은 1930년 초기에 무디성경학원에서 시작하였고 복음주의교사협회, 전국주일학교협회를 창설하였다. 1960년대 초에 기독교 교육은 선교지에 수출되기 시작했고 범세계적인 기독교교육협회를 창설하여 아프리카와 아시아 등 선교지 기독교 교육의 역할을 담당했다. 최근에 세계의 복음주의 출판사들이 제3세계의 기독교 교육을 위해 주일학교 교재를 50개 이상의 언어로 출판하였다. 아시아, 아프리카 여러 곳에 기독교 교육에 대한 실습회가 열렸고 그 결과 제3세계는 주일학교 교과과정의 기독교 교육의 가치를 깨닫기 시작했다.

인도, 필리핀, 한국 등 아시아의 몇몇 국가들은 전국기독교교육협회를 구성하였다. 인도의 기독교교육복음주의협회는 29개의 언어로 주일학교 교재를 출판하였다. 아시아신학협회의 조사에 의하면 아시아의 교회들이 교사 훈련, 적합한 주일학교 교재, 기독교 교육의 개념을 발전시킬 목사와 신학도들이 필요하다는 조사 결과가 나왔다. 그리고 선교지의 문화적인 상황과 현실성에 적합한 기독교 교육의 교재와 형태, 교수법을 재개발해야 한다고 보고 했다.[24]

교육 사업은 기독교 신앙을 전파하고 토착교회를 세우는 데 필수적 사업이 되었다. 교육 사업을 통하여 현지인을 대단위로 수용하여 하나님 말씀을 가르치고 토착교회를 설립하고 그들을 제자로서의 삶을 살아가도록 이끄는 데 많은 역할을 했다. 그러므로 우리는 개신교 확장의 역사 속에서도 선교 활동을 할 때 교육적인 접근을 했고 그렇게 했을 때 선교 사업은 더욱 부흥하게 되었음을 알 수 있었다.

이 장에서는 기독교 교육과 선교가 어떻게 실시되어 왔는지를 역사적 고

---

24) Herbert Kane, 『선교사의 생활과 사역』, 419-21.

찰을 통해 살펴보았다. 즉 신구약 시대와 근대 선교 이후 시대와 19세기 동안에 발전되어 왔던 발자취를 나누어 살펴봄으로서 기독교 교육과 선교가 함께 유대 관계를 가지고 이루어져 왔다는 사실을 알게 되었다. 즉 이스라엘 구원 사역에서도, 예수님과 사도들의 사역에서도 선교와 교육은 유대 관계를 가지고 조화롭게 행했고 그렇게 하는 것이 선교의 성경적 원리이다. 또한 개신교 선교 역사 속에서도 선교 활동을 할 때 교육적 접근을 했고, 그때 선교 사업은 더욱 부흥하게 되었음을 알 수 있다. 그리고 선교와 교육의 동반자적 관계의 표본으로서 교육 사업과 기독교 교육이 선교 활동의 동력원이 되었음을 발견할 수 있다.

The Church and Mission Education

제2부

선교 교육의 이해

제5장 선교 교육 – 세계 선교의 기초

제6장 선교 교육의 기초

제7장 선교 교육의 신학적 기초

제8장 모든 교회를 위한 선교 교육

The Church and Mission Education

제5장

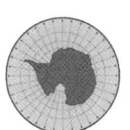

선교 교육 - 세계 선교의 기초

1. 21세기 선교 상황

예수 그리스도의 복음이 한국 땅에 전래된 이후 1909년에 평양신학교 1기 졸업생들이 주축이 되어 선교사로 파송된다. 그리고 1907년 대부흥 운동이 일어나고 있을 때 한국을 다녀간 세계학생운동과 에큐메니칼 운동의 지도자인 존 모트(John R. Mott)는 귀국하여 다음과 같이 말했다.

> 한국을 생각해 보라. 그 나라에서는 지금 전국적으로 영적인 부흥운동의 불길이 휩쓸고 있다. … 이 사실은 하나님의 성령이 어떻게 역사하는가를 보여주고 있다. 한국을 방문하고 돌아오는 사람들은, 만일 오늘날 한국의 기독교가 이만큼의 속도로 계속 성장하게 된다면, 한국은 근대 선교 역사상에서는 완전히 복음화된 유일한 비기독교국이라는 확신을 가지게 될 것이다.[1]

이처럼 영적 대각성과 부흥 운동으로 교회가 일치단결하고 선교에 대해서 일찍부터 착수하게 되지만 그러나 교회의 계속적인 성장과 비례해서 선교가 같은 수준으로 증가하지는 못했음을 교회의 성장 과정을 통해서 보게 된다.

---

1) 민경배, 『한국기독교회사』 (서울: 대한 기독교출판사. 1983), 267-68.

이러한 양적 증가 일변도의 현상을 한국 교회의 문제점으로 지적하기도 하였으나[2] 선교에 있어서는 1990년대부터 해외 선교사가 급속도로 증가함으로써 이제 2008년에 들어서면서 한국 해외 선교사는 18,000여 명에 달하고 있다.[3] 따라서 한국은 선교 대국이 되었고, 선교 대상 지역의 상황 변화에 따라 이제는 전문성을 지닌 직업 선교가 선교를 주도하는 상황에 이르렀다. 지난 2000년 8월 서울에서 개최된 세계선교대회의 보고에 따르면, 전 세계에 파송된 한국인 선교사 가운데 25% 이상이 평신도 선교사이다.[4] 이처럼 평신도 전문인 선교가 갈수록 증가하고 있고, 특히 창의적 접근 지역의 현지 상황이 전문인 선교사만의 입국이 가능토록 변화되고 있기에 전문인 선교사가 계속적으로 증대될 전망이다. 따라서 이 같은 실제적인 선교사 수요와 선교 대상 지역의 상황에 부응하기 위해서는 준비되고 훈련된 전문인 선교사가 절실한 상황에 이르렀다.

2. 타 문화권 선교

에즈베리신학교 선교학교수였던 존 시멘즈(John T. Seamands) 박사는 "기독교의 선교야말로 최대의 사업이요, 최고의 이슈(issue)이다"[5]라고 주장하면서 그 이유를 세계 인구의 증가에 따라 더 많은 사람들이 그리스도와 연결이 되고 구원을 받아야 된다는 시대적 사명인 최대의 임무에 직면하였고, 인류의 가장 깊은 요구인 영적 필요, 다른 종교들의 강력한 경쟁에 직면한 시기이기 때문이라고 말한다.

선교는 여러 가지 교회의 기능 중에 하나가 아니라 그 자체가 교회의 생명

---

2) 옥한흠, 『다시 쓰는 평신도를 깨운다』(서울: 두란노, 1998), 22-33.
3) 이재완, 「선교인류학」(아세아연합신학대학교대학원 강의안, 2008), 88.
4) 한국 전문인 선교협의회가 1999년 5월에 국내의 78개 파송 선교단체와 9개의 교단 선교부를 대상으로 조사한 결과에 따르면, 조사된 선교사 5,398명 가운데 평신도 선교사가 3,083명으로서 평신도 선교사가 57%에 달하고 있는 것으로 보고됨. (한국전문인선교협의회 편집, 2000), 220~24.
5) John T. Seamands, "선교-교회의 지상과제," 『신학과 선교 Vol. II』(The Supreme Task of the Church), 허경삼 역 (부천: 서울신학대학교출판부, 1974), 112.

선이라 할 수 있다. 예수 그리스도가 잃은 자를 찾아 구원하는 일을 수행하기 위한 유일한 목적 때문에 교회가 존재하기 때문이다. 그래서 교회는 지금 우리에게 주어진 상황 안에서 세계적인 선교를 충성스럽게 담당해야만 한다. 예수 그리스도의 지상명령은 마태복음 28:18-20, 마가복음 16:15, 누가복음 24:47, 요한복음 20:21, 사도행전 12:8에 잘 나타나 있다. 세계 선교는 타 문화권 선교가 불가피하며 타 문화권 속에서의 선교 활동은 선교사가 지니고 가는 문화와 현지 문화 간의 조우가 불가피하다.

현대 선교신학에서 타 문화권 선교 방법은 중요한 관심사이다. 실제로 1920년대부터 선교학은 보다 효율적이고 타당한 타 문화권 선교를 모색하기 시작했으며 문화 인류학의 통찰과 방법론을 도입하여 세계 선교의 체제를 정비하면서 선교사들을 재훈련하여 세계 선교를 강력히 추진하기 시작하였다.[6]

왜냐하면 지리와 역사, 언어와 민족이 서로 다르기 때문에 지역마다 각기 다른 문화가 형성되었고, 이러한 문화적 차이가 문화권이 다른 지역에 복음을 전파하는 데 있어서 커다란 문제점을 안겨다 주었기 때문이다. 그러나 문제는 지역적인 것에 있었던 것이 아니라 복음을 들고 문화적 장벽을 올바로 해결하지 못했던 데 있었다.

이 장의 목적은 "어떻게 하면 효과적으로 타 문화권 선교를 할 것인가?"에 대한 효과적인 타 문화 선교를 위한 접촉점에 관한 연구에 있다. 이것은 선교에 있어서 문화적 장벽을 극복하기 위한 시도이며 이것을 통해 선교의 새로운 영역을 개척할 수 있도록 새롭게 눈을 뜨기 위한 시도이다.

접촉점에 있어서 가장 좋은 실례는 예수 그리스도의 성육신(incarnation) 사건이라 가정할 수 있다. 성경은 모든 문화, 모든 사람에게 말하고 있으며, 예수 그리스도가 인간과 의사소통에 있어서 하나님의 사랑에 근거한 유일한 예(例)이며, 예수는 우리와 함께 하시는 하나님 - 인간이 경험하는 하나님의 사랑의 실재 - 이기 때문이다.[7]

---

6) 장중열, 『교회성장과 선교학』 (서울: 성광문화사, 1990), 5.
7) 셔우드 링엔펠터, 마빈 메이어스, 『문화적 갈등과 사역』, 황태종 역 (서울: 죠이선교회, 1989), 12.

그래서 본서는 예수 그리스도의 성육신 사건을 보는 선교문화인류학적인 접근 방법인 타 문화권에서의 경험에 초점을 맞춤으로써 타문화 선교를 위한 기본 태도를 설정하고, 실제로 타 문화 선교 사역에 임하는 선교사의 성육신적 선교의 자세와 이를 위해 타 문화권 선교사가 준비해야 할 것들을 제시하는 데 그 목적이 있다.

타 문화권 선교를 보다 효과적으로 수행하기 위해서는 선교 분야의 학자들 중 유진 나이다(E. A. Nida), 윌리엄 스몰리(W. A. Smalley), 웨번(W. D. Ueyburn), 찰스 크래프트(C. H. Kraft) 등은 인류학자로서 문화인류학의 이론과 방법론을 타문화권 선교에 도입해야 효과적인 선교가 가능하다고 주장했다.[8]

3. 선교는 교회의 사명

그럼에도 불구하고 전통적으로 선교는 선교사가 하는 것으로 이해해 왔다. 물론 선교의 중심 역할을 선교사가 감당한다. 그러나 분명한 것은 선교는 교회공동체의 사역이 되어야 한다는 것이다. 전체 교인, 즉 성도들을 통해서 신속한 지구촌 복음화가 이루어질 수 있기 때문이다. 그러나 1989년 제2차 로잔대회를 계기로 나타난 세계 선교 통계는 충격적이었다. 세계 2만 4천 여 개의 종족 가운데 1만 1천 개 종족에 복음이 전파되지 않았던 것이다. 도대체 2000년 동안 세계 교회는 무엇을 했단 말인가? 근대 개신교 세계 선교에 있어서 근본적인 문제가 제기되었다. 즉 선교 패러다임의 문제이다.

첫째, 이미 복음화된 지역에 해외 선교사의 90%가 집중되어 있다는 사실은 세계 선교가 하나님의 세계 경영 차원에서 전략적으로 수행되지 못하고 있었다는 사실을 여실히 나타내고 있다. 모든 민족의 복음화와 주님의 재림을 예비하는 사역 기조는 거의 고려되지 않았으며 실제로 교단 및 교세 확장 차원의 자본주의 논리가 지배하고 있었다. 결과적으로 선교는 열린 지역을 향하게 되었고 선교 접근을 제한하는 전방 개척 지역 선교는 각자 나름대로

---

8) 장중열, 『교회성장과 선교학』, 143.

규정하게 되는 신비적 개념의 '하나님의 때'에 방치되었으며 정식 선교사 비자를 받아야 선교할 수 있는 것으로 이해되어 왔다. 복음을 들고 나가 십자가를 지고 순교를 불사하며 선교해야 한다는 초대교회적 사역 기조는 원시적이고 무모한 것으로 오히려 비난받아야 하는 지경에 이르렀다. 어떻게 보면 선교는 근대 문명사회의 기독교 종교 사업의 일종으로 전락해 버린 것이다.

둘째, 교회 전통 신학은 선교를 '소명 받은 특정인'에게 주어진 사명으로 이해하고 있었다는 것이다. 소명이라는 신비적 개념을 강조함으로써 선교는 아무나 할 수 없는 것으로 제한시켰다. 선교는 모든 제자들에게 주어진 지상명령이요 교회에게 부탁하신 주님의 위임명령이다. 그럼에도 불구하고 해외 선교 참여자의 범주를 극도로 축소시켰고, 해외 선교 참여의 영역을 신비화함으로써 그리스도인의 선교 헌신을 지능적으로 봉쇄해 왔다. 결과적으로 선교를 소위 성직자 계급이 독점하는 전략을 구사해 온 것이다.

모든 선교 사역이 그런 것은 아니지만 전통적으로 의외로 많은 교회 지도자들은 해외 선교를 교세 확장을 위한 종교 사업으로 이해해 왔고 또 그러한 측면은 전통적 선교의 교회개척 정책과 전략, 그리고 콘텐츠가 여실히 보여주고 있다. 파송교회는 선교사 지원기관이요 선교는 선교사가 독점적으로 진행해 왔다. '보내는 선교사'(sending missionary), '가는 선교사'(going missionary)라는 용어를 사용하여 선교 패러다임 전환을 시도했으나 안타깝게도 보내는 선교사의 사역 범주는 여전히 전통적 개념의 하부 개념(종속 개념)을 벗어나지 못했다. 왜냐하면 가는 선교사를 말하면서도 해외 현장 선교사와 선교기관(선교단체)의 자기 영역 수호라는 직업의식이 작동하면서 선교사 중심의 사역 구조 인식의 한계를 극복하지 못한 것이다.

4. 세계 복음화 - 해외 교회 개척

오순절 성령강림은 모든 민족을 향한 복음 증거를 시작하셨다. 그리고 이런 선교를 위해 교회공동체에게 다양한 사역적 은사를 부여해 주셨다. 선교를 위해서 다양한 사역적 은사들이 결합함으로 온전한 선교가 가능하기 때문이다(엡 4:1-12). 그러나 현장 선교사의 은사는 한두 가지로 제한적일 수밖에 없다. 선교사 개인의 특정 은사를 가지고 어떻게 온전한 사역이 이루어지겠는가? 이론적으로나 실제적으로 불가능한 일이다. 이런 이유로 에베소서 4:11-12에서 '성도를 온전케 하기 위해' 다양한 사역적 은사와 역할의 필요성을 극히 강조하고 있는 것이다. 따라서 교회 개척 전략의 핵심은 다양한 은사의 동원을 통한 팀 사역이다. 선교사 개인에 의한 교회 개척이 아니라 사역팀, 즉 교회공동체에 의한 교회 개척이 성경적 교회 개척 사역의 기조를 이루고 있다. 오순절 직후 베드로가 수천 명의 군중 앞에 행한 담대한 설교 역시 열두 제자가 함께한 공동 사역이었다는 것은 주목할 만하다. 그들은 공동체로 함께 군중을 상대했다. 베드로의 담대함과 성령의 역사는 이러한 팀 사역 기조에 기인한 것으로 보인다. 이런 맥락에서 전통적 교회 개척 방법은 근본적으로 변환되어야 한다. 한편 팀 사역은 현장 중심의 팀 사역 개념으로 그 영역을 축소 해석해서는 안 된다. 미전도 종족 현장 교회 개척이라는 절대 과업을 놓고 다양한 수준의 팀 사역이 구사되어야 한다는 것이다. 이를 위해 다음과 같은 것이 필요하다.

첫째, 현장 사역팀의 전략적 동력화를 해야 한다. 선교는 한 민족을 경영하는 것이다. 비록 한 마을, 한 지역에서 전도와 제자 양육을 통한 교회 개척을 시도하지만 그 교회는 궁극적으로 그 민족의 미래의 운명을 좌우하게 될 것이다. 따라서 한 교회를 통해서 그 민족의 미래를 보는 장기적 안목이 필요하다. 교회 개척은 단순하게 예배하는 그리스도인 공동체 개척이라는 목표를 넘어서 한 민족을 변화시킬 교회 지도자 및 민족 지도자 양성이라는 목표를 두고 전인적 제자 양육에 초점을 맞추어야 한다. 또한 한 민족을 변화시킬 교회공동체 개척이라는 영적 리더십을 가진 교회공동체에서 전략적 선교 비전의 수행 차원에서 매우 중요하다. 따라서 교회 개척팀은 이러한 비전이 전략적으로 수행될 수 있도록 구성되어야 한다. 먼저 사도, 선지자, 전도자, 교사, 목자 등 영적 은사로 구성된 사역팀을 고려해야 한다. 다음으로 그 민족 사회 지역의 필요를 채워 줄 수 있는 직업적 및 직능적 은사로 구성된 사역팀을 고려해야 한다. 전자는 직접적 교회 개척 사역을 수행하는 데 필요한 은사들이며, 후자는 교회 개척을 위한 기반 사역 차원에서 필요한 은사들이다. 특히 전방 개척 지역 대부분이 기독교 선교를 거부하거나 제한하고 있다는 점을 고려할 때 직업적 및 직능적 은사를 기반으로 한 사역팀은 21세기 세계 선교 현장에서 갈수록 그 중요성과 필요성이 증대되고 있다.

둘째, 파송교회 및 파송단체와 현장 사역팀의 은사적 팀 사역이 전략적으로 활성화되어야 한다. 전방 개척 지역 선교는 기독교에 대한 적대감을 극복하며 교회를 개척해 나아가야 하는 이중적 과제를 가진다. 따라서 그 민족 혹은 지역 사회의 필요를 전략적으로 충족시키면서 동시에 다양한 은사적 사역이 구사될 때 교회개척의 수월성은 증대될 것이다. 이런 점에서 후방교회 및 사역공동체의 선교 동력화는 전략적으로 매우 중요하다. 후방 교회공동체의 사역 동력화는 다양한 형태로 이루어질 수 있다. 가장 보편적으로 적용 가능한 것이 전략적 단기선교팀을 통한 현장 교회 개척 전략이다. 이 방법은 이미 지난 15년 동안 한국 교회 현장 사역팀이 넓게 활용했던 방법이다.

사실 1990년대 초기까지만 해도 파송교회는 파송 선교사의 사역을 보기 위해 목사 혹은 장로 몇 사람이 선교 현장을 방문했다. 위로 방문 사역적 성격이 강했다. 그러나 이후에 청년부 및 각 교회 기간 및 구역팀이 참여하는 단기 비전트립으로 단기선교가 한 단계 업그레이드되었다. 이후 1990년대 중반에 들어서서 비전트립 성격의 단기선교는 단기 현장 사역팀 성격으로 전환되었다. 파송 선교사가 사역하는 현장에서 단기 사역을 수행함으로써 현장 선교사의 사역을 돕는 것이다. 파송교회에는 다양한 사역적 및 직업적 은사를 가진 많은 교인들이 있으며, 따라서 다양한 은사들을 교회 개척에 활용할 수 있다. 의사, 미용사, 전기공, 비즈니스맨, 스포츠맨, 찬양 음악, 농업인, 경영학 교수, 영어 및 컴퓨터 교사 등 다양한 직업적 은사들이 잘 활용될 때 선교 현장의 한 마을 및 한 지역의 구도를 바꾸어 놓을 수 있을 것이다. 물론 이러한 단기선교는 현장에 장기 선교사가 기반을 가지고 있을 때 효율성은 더 증대될 수 있다. 그러나 장기 선교사가 없다 하더라도 현장에 대한 이해도가 높은 지역적 전문성을 가진 전문 선교단체와의 협력을 통해 교인들이 소규모 혹은 대규모로 참여하여 기대 이상의 결과를 본 사례들이 많이 있다.

한편 최근에는 교인들이 참여하는 이러한 현장 단기 사역 이외에 장기 선교사가 감당하기 어려운 최전방 지역에 대한 단기 교회 개척팀이 가동되고 있으며 놀라운 성과가 기대되고 있다. 현장 장기 선교사의 협력 없이 단기선교팀 단독으로 교회 개척을 시도하는 것이다. 이것은 최전방 종족을 목표로 시도하는 단기선교 사역 형태로서 정탐 수준을 넘어서 실제로 최전방 선교 현장에서 교회 개척 사역을 수행해 나가는 것이다. MIT(Mission Impact Team)라 불리는 이 단기선교 사역은 의료 사역팀, 찬양 사역팀, 중보기도 사역팀, 치유 사역팀, 지역 연구팀, 스포츠 사역팀, 미디어 사역팀 등 다양한 여러 은사를 가진 사역자들로 구성된다. 이 사역의 장점은 단기 MIT팀 사역자가 단기 사역 효과를 기반으로 장기 사역자로 헌신하여 자연스럽게 바로 그 사역 현장으로 가는 장기 사역으로 이어질 수 있다는 것이다.

셋째, 인터내셔날 사역팀을 통해 전략적으로 팀 사역을 수행할 수 있다. 다민족 사역팀은 최전방 교회 개척 사역에 절묘한 사역적 시너지를 창출할 수 있다. 예를 들어 한국인, 중국인, 일본인, 몽골인, 카자흐인 등으로 구성된 사역팀이 아프가니스탄이나 우즈베키스탄에서 사역한다고 가정해 보자. 우선적으로 현지인에 의해서 서구인의 종교로 인식되어 심리적 사회적으로 배척당하는 기독교에 대한 인식의 틀을 전환시킬 수 있어서 선교적 접근을 위한 심리적 및 영적 환경 조성에 매우 효과적인 사역팀이 될 수 있다. 뿐만 아니라 다민족팀은 단순히 이러한 인식 변화를 유도할 뿐만 아니라 각 민족교회가 가지는 사역적 은사들을 십분 활용함으로써 다민족 간 사역적 시너지를 증대시킬 수 있다. 물론 타 문화권에서 문화 간 연합 사역팀 운용이 이중적인 문화 차이를 극복해야 하는 과제가 있다. 그러나 비전과 선교 전략이 충분히 공유될 수만 있다면 이 팀은 오히려 현지인들에 대한 설득력과 추진력 차원에서 폭발성을 갖게 될 것이다.

5. 선교사 교육과 파송정책

선교사 교육과 파송 정책은 이러한 새로운 패러다임의 선교 사역과 교회 개척이 가능하도록 구조 조정되어야 한다.

첫째, 국내 선교훈련의 경우 그 내용이 영성 훈련, 말씀(신학) 훈련 및 팀 사역(공동체) 훈련 그리고 선교 정보 등이다. 그러나 이제는 선교사 후보자에 대한 은사 개발 및 사역적 전문성 교육이 필요하다. 예를 들어 인성 훈련이 잘 되었다고 팀 사역을 잘 할 수 있는 것이 아니다. 팀 사역은 구성원의 은사적 결합이 기능적으로 잘 이루어져 있을 때 팀 사역을 효과적으로 잘 할 수 있다. 특히 전방개척 선교는 직업적 및 사역적 은사들이 결합하여 전략적 팀 사역으로 이루어진다. 따라서 파송단체의 선교사 선발과 훈련 프로그램에 이러한 내용이 강화되어야 한다. 이러한 방향으로 선교사를 선발하여 팀을 구성함으로써 현지 사역팀의 직업적인 전문성이 드러나도록 해야 하며 또한 어린이 사역, 여성 사역, 중보기도 사역, 치유 사역, 축사 사역, 상담 사역, 문서 사역, 목회 사역, 신학 교육, 캠퍼스 사역, 찬양예배 사역, 청소년 사역 등 다양한 사역적 전문성이 역동적으로 나타나도록 팀을 구성해야 한다. 모든 선교사가 직업적, 사역적 전문성 둘 다 가질 필요는 없으며, 그중 하나의 은사를 가지면 된다. 사역적 혹은 직업적 전문성은 팀의 전문성을 말하는 것이지 개인의 전문성을 말하는 것이 아니기 때문이다. 전문성은 팀으로 나타나야 한다.

둘째, 선교사 훈련에 있어서 국제학 및 지역적 전문성을 강화해야 한다. 선교는 한 민족을 경영하는 것이다. 글로벌 시대에 국제학적 통찰력은 선교사의 필수적인 소양이다. 세계가 글로벌 패러다임으로 작동하고 있기 때문이다. 또한 선교 대상 국가 지역에 대한 지역학적 통찰력은 현지 제자 양육과 교회 개척에 있어서 선교사의 사역적 리더십을 강화해 줄 것이다. 특히 전방개척 선교는 선교접근의 전략성이 고도로 요구되는 관점에서 지역적 전문성은 모든 선교사들에게 필수적이다. 말씀 본문에 대한 전문성과 나아가 상황에 대한 전문성이 있을 때 탁월한 상황화(contextualization)가 가능하기 때문이다. 말씀은 육신이 되어 현장에서 작동될 때 능력 있는 사역이 가능하다.

셋째, 다양성을 가진 교회 연합 운동이 활성화되어야 한다. 미국 9.11 사태 이후 세계 선교는 새로운 도전에 직면해 있다. 이런 시대에 모든 교회는 함께 연대해야 한다. 한국 교회가 연합하고 세계 교회의 글로벌 파트너십을 강화해야 한다. 그러나 이 모든 연합과 연대는 사역적 및 은사적 다양성의 차원에서 이뤄져야 한다. 새로운 도전에 개방적이어야 하는데, 이러한 개방성과 유연성은 다양성을 인정할 때 가능하다. 한국 교회 내에서 열방 회복과 '신속한 세계 복음화'를 위해 새로운 세대가 일어나며 새로운 선교 전략이 구사되어 지금의 한계를 극복할 수 있기를 간절히 소망하고 있다. 이러한 소망이 성취되기 위해서는 에베소서 4장에 제시된 것처럼 복음의 단일성과 더불어 사역의 다양성이 절대적으로 담보되어야 한다. 따라서 한국 교회의 세계 선교의 연합 운동은 기관과 지식의 조직화보다는 인적 및 사역적 네트워크로 계속 발전할 수 있어야 한다.

제6장

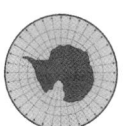

선교 교육의 기초

한국 교회는 지난 선교 1세기 동안 엄청난 부흥과 성장을 이룩하였다. 그래서 외형적으로는 선교의 열기가 뜨거웠으나 내용적으로는 짧은 선교 역사, 선교에 대한 충분하지 못한 교육, 충분히 준비되지 못한 선교사 파송 등으로 한국 교회의 선교가 많은 시행착오를 일으킨 것은 주지의 사실이다. 그 원인들을 분석해 보면 선교에 대한 인식과 이해의 부족으로 말미암아 발생하는 양적 실적에 대한 요구, 선교사를 잘 훈련할 수 있기 위한 선교신학의 부재와 선교 교육의 부재 등을 우선 들 수 있다. 그리고 빼놓을 수 없는 문제점은 한 선교사가 부름 받아 헌신하여 파송되기까지 준비 기간이 너무 짧다는 것과 선교 교육과 훈련이 부족하다는 것이다.[1]

1. 선교 교육의 본질

'선교'라는 용어가 성경에 나타나 있지는 않지만 일반적으로 '선교'는 '보냄'(sending)을 의미한다. 이 말은 헬라어로 '*apostellin*', 즉 '파견, 파송하다'(to send forth)이며, 라틴어 'missio'에서 온 것으로 그 원형은 '보낸다'(to send)를 뜻하는

---

[1] 이재완, 「선교와 교육」, 25.

'mittere'이다. 영어의 'missionary'는 13세기 로마 가톨릭 교회(R.C.C)의 수도원에서 사용되었는데 그 의미는 세상에서 사도의 생활과 사역을 위하여 보냄을 받은 자를 가리키는 용어였다.[2] 그러므로 어원적으로 살펴볼 때 선교사는 하나님을 위하여 하나님의 비밀을 맡은 봉사자로서 파송된 자를 말한다.

그런 관점에서 선교는 하나님의 사업이며, 아울러 교회의 사명이며, 나아가 이 땅의 모든 그리스도인들의 사명인 것이다. 삼위일체이신 하나님의 본질은 그 속성상 선교적 하나님이다. 조지 휘체돔(George F. Vicedom)은 선교에 대하여 언급하기를 "하나님은 선교의 주역이시다"[3]라고 했다. 그러므로 선교는 예수 그리스도를 통하여 완성된 구원의 복음을 교회를 통하여 이 땅에서 성취해 가시는 하나님의 사업이다.

이를 위하여 예수 그리스도는 최초의 선교 교육자로서 사역을 하셨다. 예수께서 스스로 직접 삶의 현장 속에서 제자들을 만나셨고 부르셨으며(마 4:18-19), 제자들과 함께 공동체 생활을 하면서 직접 제자들을 가르쳐 훈련하셨다(마 5-8, 10장). 또한 열두 제자를 파송하셨고(마 10:1-12), 나아가 70인 제자들을 파송하셨다(눅 10:1-12). 그리고 승천을 앞두시고 마지막으로 제자들에게 "너희는 가서 모든 족속으로 제자를 삼아 아버지와 아들과 성령의 이름으로 세례를 주고 내게 네게 분부한 모든 것을 가르쳐 지키게 하라"(마 28:18-20)고 명령하시면서 선교 교육을 강조하셨다.

그러므로 선교 교육은 예수 그리스도에 관한 교육이며, 주님의 지상명령을 연구하는 교육이며, 순종케 하는 교육이며, 순종을 통하여 온 세계로 가게 하는 교육이며, 온 세계를 복음화할 수 있도록 지속적으로 격려하며, 훈련하는 하나의 성경적 훈련의 과정인 것이다.

---

2) 전호진, 『선교학』 (서울: 개혁주의신행협회, 1992), 20.
3) George F. Vicedom, *The Mission of God* (St. Louise Ms.: Concordia, 1965), 5.

2. 선교 교육의 필요성

선교 사역에 있어서 한국 교회는 긴 역사에 걸쳐서 단일 민족, 단일 언어, 단일 문화권을 지니고 있다는 것이다. 이것은 타 문화권 선교에 있어서 결정적인 약점으로 작용할 수 있다. 왜냐하면 타 문화권에 대한 이해의 부족으로 타문화에 대해 배타적이거나 아니면 반대로 전적인 모방적 태도로 일관할 수 있다는 것이다. 타 문화의 수용 능력이나 적응력을 가질 수 있는 기회를 그만큼 가질 수 없기 때문이다.

그런 의미에서 선교 교육은 대단히 중요한데, 선교 교육의 중요성에 대하여 데이턴(E. R. Dayton)은 "의사에게 실수라는 것은 치료받는 환자의 생명과 직결되기 때문에 수년에 걸쳐 수련 과정을 거친다. 하물며 이질적인 문화 환경에서 인간의 영혼을 구원하는 사명을 수행하는 선교사의 역할을 고려한다면 선교사가 받아야 할 교육의 중요성은 아무리 강조해도 지나치지 않다"라고 언급했다.[4] 그리고 허버트 케인(J. Herbert Kane)은 "선교사는 태어나지 않고 만들어진다"[5]라고 했고 "선교 없는 교회는 뿌리 없는 나무요, 교육 없는 선교는 열매 없는 뿌리와 같다"[6]라고 했는데 이는 선교 교육이 얼마나 중요한가를 단적으로 말해 주는 것이다.

선교에 헌신하고자 하는 모든 사람은 선교 교육을 받아야 한다. 그러므로 선교사는 교육을 받아야 한다. 그 어떤 이유로도 그 과정은 면제될 수도, 건너뛸 수도 없는 것이다. 선교 교육의 중요성은 아무리 강조해도 지나침이 없다. 선교에 대한 정확한 지식과 타문화에 대한 이해와 적응력을 가진 후라야 사역을 더욱 극대화할 수 있기 때문이다.

선교 교육의 필요성에 대하여 한국선교훈련원(GMTC) 백인숙 교수는 다음과 같이 말했다.

---

4) 박종구, 『세계 선교, 그 도전과 갈등』 (서울: 신망애출판사, 1994), 186.
5) 허버트 케인, 『기독교 선교 이해』, 신서균 역 (서울: CLC, 1997), 13-14.
6) 고용수, 『교회 교육론, 기독교 교육론』 (서울: 대한기독교교육협회, 1984), 154.

첫째, 교회가 교회적 사명을 다하기 위해서는 선교 교육이 필요하다. 선교는 교회의 본질이므로 교회가 성장하려면 선교적이어야 함은 당연하다.

둘째, 올바른 동기로 선교하기 위해서는 선교 교육이 필요하다.

셋째, 의미 있는 동역을 하기 위해서는 선교 교육이 필요하다. 선교는 비전가(Visionary)나 선교사 그리고 교회 전체가 참여하여 이루어지는 것이다. 현지에서 활동하는 선교사만 아니라 기도와 물질로 후원하는 자들도 중요한 인력이다.

넷째, 훌륭한 인력을 양성하기 위해서는 선교 교육이 필요하다. 그리스도인은 영적으로 거듭나는 순간 세계를 품는 그리스도인이 되어야 하는데 세계적인 선교훈련은 장기적이고 보다 조기에 실시하는 것이 이상적이라는 결론에 이르고 있다.

다섯째, 현재 활동하고 있는 선교사들이 더욱 양질의 선교사들이 될 수 있도록 교정하고 선교 발전을 위하여 선교 교육이 필요하다.

여섯째, 한국 선교의 장래를 위해 선교 교육이 필요하다. 예를 들면 선교사 자녀 교육의 공동 대처 등이다.

일곱째, 선교를 위한 행정 체계의 발전과 선교 사역의 발전을 위해서 선교 교육이 필요하다.[7]

3. 선교 교육의 목적

바람직한 성경적인 선교를 위해서는 선교에 앞서 선교 교육이 반드시 선행되어야 한다. 이때의 선교 교육은 성경에 나타나 있는 선교의 목적을 성취하기 위한 목적을 내포한 것이어야 할 것이다. 성경적 선교의 목적은 온 세계 열방의 잃어버린 자들을 구원하는 것과 함께 하나님 나라의 실현과 확정에 있는 것이다. 따라서 선교 교육은 교회가 하나님께서 특별히 선택한 사람들로 하여금 살아계신 하나님께 경배와 찬양의 삶을 드리며, 나아가 열방을

---

7) 백인숙, "선교 교육의 필요성," 「미션월드」 1993. 11-12월 호, 13-15.

향해 선교적 삶을 통하여 하나님 나라를 확장하는 데 기여하도록 체계적으로 돕는 데 있다. 즉 선교 교육은 성경에 계시된 하나님의 사랑을 온 세계 열방을 향하여 땅 끝까지 전파하므로 그들이 하나님을 알고(엡 1:15-23), 진리의 지식(요 14:6)을 통하여 구원을 받을 뿐만 아니라 선교적인 존재로 살아가도록 돕는 행위라 할 수 있는 바 선교 교육의 목적은 다음과 같이 정리할 수 있을 것이다.

첫째, 모든 그리스도인들로 하여금 자신을 먼저 하나님 앞에서 예수 그리스도의 온전한 제자로 세울 뿐만 아니라 그리스도의 장성한 분량에까지 성장하도록 도우며 지속적으로 강건하도록 돕는 데 있다.

둘째, 모든 그리스도인들로 하여금 하나님 앞에서(*Coram Deo*) 신실한 예배자로서의 삶을 살아 하나님께 영광 돌리도록 격려하며 이 세상을 향하여서는 선교와 봉사의 삶으로 선교적 사명을 감당할 수 있도록 돕는 데 있다.

셋째, 그리스도인들로 하여금 이 세상에서 선교적 존재로 살아갈 수 있도록 그 구체적인 방법과 내용들을 체계적으로 가르침으로서 선교적 책임을 가장 효과적으로 감당할 수 있도록 돕는 데 있다.

넷째, 모든 교회가 하나님으로부터 선택받은 공동체로서 궁극적으로 다른 교회를 설립하고 성장과 부흥을 이룩하며 이 세상에서 복음 전파와 선한 삶을 통하여 하나님 나라를 확장하는 데 있다.

다섯째, 선교 교육은 성도들뿐만 아니라 영적 지도자들(목회자, 선교사, 선교 지원자)에게도 절실히 필요한 것임을 인식해야 한다. 왜냐하면 좀 더 건강하고 성경적인 선교를 위한 것이 가장 중요한 이유이며, 또 올바른 선교사 후원과 양육 그리고 바람직한 선교 지도력 개발을 위해서는 먼저 지도자들 자신이 성경의 빛에 비추어서 하나님의 뜻에 합당하게 사역에 임하고 있는가를 점검해야 할 필요가 있기 때문이다.

4. 선교 교육의 문제점

교육이란 길을 안내하는 것이며 한 사회를 유지하거나 개혁을 위해 교육자가 피교육자에게 변화를 주기 위한 일련의 체계화된 상태 변화 과정의 행위이다. 그런 의미에서 선교를 위한 교육이란 피선교국의 사회를 유지하거나 바람직한 변화를 위하여 선교사나 영적 지도자들 자신이 먼저 피교육자가 되어 교육을 통한 어떠한 방향들을 설정하고 그 틀을 가지고 가르치는 일에 참여하는 것이라 할 수 있다. 그러므로 본문은 일반적으로 선교에 따르는 교육에 있어서 이러한 방향들로서의 교육을 잘못 인식하거나 미처 관심의 대상이 되지 못한 문제점들을 소개하여 함께 연구하고 토의하는 것이 목적이다.[8]

첫째, 일반적으로 선교 교육을 바라보는 시각인 두 극단이 있다. 흔히 선교는 문화권이 다른 곳이기 때문에 파송국가에서 받는 선교 교육은 큰 의미가 없다고 생각하는 경향이다. 이러한 경향은 선교는 하나님이 하시는 것이지(Missio Dei)[9] 인간의 것을 통해서 하는 것이 아니라는 신앙의 맹신적인 자

---

[8] 이재완,「선교와 교육」, 25.
[9] ① 의미: '하나님 선교'(Missio Dei)는 선교의 출발점은 하나님의 마음이며, 하나님의 사랑에 기초하며, 하나님의 뜻에 의해 결정되는 것이다. 선교는 복된 소식인 예수의 선포가 그 기초가 되며, 하나님은 그의 통치를 사악한 세상으로 확장시키고 하나님의 나라를 온 세상을 통하여 실현시키는 것이 그 의미이다. ② 배경: 선교의 대명령은 하나님의 인류 구원의 계획 가운데서 전 인류에게 구원의 복음이 필요하다는 것을 전제하며, 이를 위하여 그리스도가 보내심을 받은 것 같이 우리를 보내시는 선교의 대명령 위에 서 있다. 하나님의 선교 배경은 1950년에 등장하여, 이것은 "선교의 시대는 가고 선교의 시대는 도래하였다"라는 구호 속에 서구를 선교 국가로, 비(非)서구 세계를 피선교지로 구분했다. 기존의 서구교회가 비서구 세계에 선교사를 파송하는 타 문화 선교의 시대는 사라지고 새로운 선교를 해야 한다는 것을 의미한다. 즉 전통적 좁은 선교의 의미, 즉 개인의 구원보다 사회구원으로 방향을 돌리는 개념이다. 공헌자는 호켄다이크(J. C. Hoekendijk)이다. J. C Hoekendijk, *The Church inside out*, 1979. ③ 주장: 성경이 증거하고 있는 하나님 나라는 총체적인 구원의 선포와 실현을 포함하고 있으며, 이 총체적 구원이란 인간의 요구의 전면적인 범주를 포괄하고 인류를 위협하는 모든 죄악과 슬픔의 덩어리를 파괴해 버리는 구원이다. 하나님 선교는 사회 조화적 의미에서의 평화의 건설이라는 맥락에서 "유색 인종의 해방, 조사 관계의 인도화에 대한 관심, 전원 개발에 대한 다양한 시도, 사업 및 직업윤리 추구, 지적인 정직과 성실"에 대한 관심과 함께 선교의 목적으로 대두되고 있다. ④ 문제점: 하나님 선교는 전통적 개념에서 보다 확장적이고 새로운 개념(사회 참여와 인간화를 통한 구원)을 선교에 도입하였다. 이들의 주장은 선교의 본래 목적인 하나님 나라의 선포를 왜곡시킬 우려가 있다. 왜냐하면

세에서 오기도 하고, 또는 국내에서 배운 것은 선교지에서 새롭게 배워야 한다는 국내 선교 교육의 무용론에서 오는 발상의 결과라고도 볼 수 있다. 이러한 사고의 저편에는 교육이라는 것이 한 사회에서 적용하기 위한 일반적인 지식과 정보와 기술 축적만을 위한 과정이라는 생각과 혹은 형식 윤리나 법률을 습득하는 도장으로 여기는 교육의 잘못된 인식이 있다. 또한 선교라는 말과 타 문화권이라는 생각이 서로 연결되어 타 문화라는 사실에 너무 집착하거나 타 문화권 상황을 너무 과대평가함으로 말미암아 빚어지는 부작용이라 할 수 있다.[10]

또 하나의 인식은 국내 교육의 우월성을 너무 지나치게 강조하여 타 문화권에 대한 지식과 접근자세에 있어 과소평가하는 경향이다. 현대 사회는 지구촌을 형성하여 간다고 할 수 있을 만큼 문화의 유사도가 높아져 가고 있기에 선교사가 현지 선교지에서 받는 교육은 그리 중요한 것이 아니라는 생각과 함께 본국에서도 국제 사회에 적응할 수 있는 훌륭한 교육을 받을 수 있다는 생각이다. 사실, 언어와 사고 구조도 현대화 내지 산업화라는 말과 더불어 서구적 사고가 동양과 아프리카 여러 지배층 사회의 정신세계에 침투한 것도 사실이다. 또한 이민으로 인하여 인종이 다원화 현상을 보이고 있고, 각국 간에 교류할 수 있는 문화적 접촉도와 유사성이 높아진 것은 사실이다. 그럼에도 불구하고 인간의 정신적 변화는 물질적 변화 속도보다 훨씬 변화 속도가 늦으며, 또한 그러한 속도를 우리가 앞당겨야 할 필요가 있는지도 생각해 보아야 할 것이다.[11]

이는 민족과 환경을 사랑하는 선교사가 섬겨야 할 많은 선교지 민족들이 이데올로기나 종교의 교리를 넘어선 정신세계의 변화에는 생태적으로 변화를 거부하는 모습도 보아야 하기 때문이다. 선교사가 사역해야 하는 곳은 전

교회의 중요한 사명인 예배와 말씀이 오히려 부차적 개념으로 전락되기 때문이다. 즉 사회적 행동인지 전도인지 구별하기 힘들다. 이것은 선교의 주체인 사회적 행동은 오히려 인본주의적이며, 전도는 신본주의적 성격으로 나눠질 수 있기 때문이다. 선교는 전적인 하나님의 역사 속에 그리스도의 복음을 심는 것이며, 인간의 역할은 2차적인 것이기 때문이다. 그렇기 때문에 선교의 본래의 목적과 의미가 왜곡될 수 있는 문제점이 있다.

10) 이재완, 「선교와 교육」, 25.
11) 이재완, 「선교와 교육」, 26.

술한 바와 같이 문화적 접촉도와 유사성이 높은 모든 국가의 수도권만이 아니다. 선교사들이 사역해야 할 사명지로서의 문화권은 깊은 곳에 가려진 국제 사회에서 소외된 곳이 많다. 더 나아가 설령 한 나라의 수도권에서 사역한다 할지라도 그들에게 전달하는 신앙과 학문이 보편적인 것만이라고 생각할 수 없는 만큼 선교에서의 교육은 타 문화적인 요소를 떠나 생각할 수 없는 것이다. 따라서 선교 교육은 보다 넓어질 수밖에 없고 또한 어려워질 수밖에 없을 것이다. 이러한 면을 염두에 둔다면 국내 교육과 타 문화권을 위한 교육이 조화를 이루어 균형을 이루지 않으면 안 된다고 본다.

둘째, 범하기 쉬운 선교 교육의 오류는 선교를 본국 교회의 연장 사역으로 생각하는 면에서 오는 문제이다. 선교는 교회를 세우고 그 교회로 하여금 하나님의 모형으로 성장하고 그 안에서, 주 안에서 형제 된 자들과 교제의 기쁨을 누리는 것이다. 이러한 기본 목표는 잘못하면 인간적인 욕구로 발전되어 갈 수 있는데, 곧 파송교회의 모형을 피선교국의 교회에 재생시켜 보자는 것이다. 따라서 선교 교육이 이러한 욕구 수행을 위한 도구로 사용되기 쉽다.

교회가 성숙하면 그 문화에 따라 조직화되고 관료화 된다. 이러한 조직은 반드시 필요하므로 교회의 균형 잡힌 사역을 위해서는 목회자나 전문적인 선교를 위한 사역자들은 배우는 것이 마땅하다. 그러나 선교지에 나간 자들이 이러한 교육 프로그램의 원래의 동기를 잊고 이러한 교육 프로그램 자체가 마지막 가치로 전환되어 이러한 것에 집착하여 절대화하고, 원래 필요한 교육은 소홀히 하거나 무관심해 하는 오류를 범한다. 가령 본국 교회에서 적용하는 교육행정(Education Administration)이나 목회행정(Ministry Administration), 지도자론(Leadership Theory) 등 심지어는 어떠한 특수한 교리의 강조점까지 성경과 동일시하여 실제 선교지에서 사용되어야 할 다른 모델들이나 이론들을 비성경적으로 돌리려는 폐쇄적인 자세이다.

선교 교육은 선교사는 물론이고 선교 사역에 종사하는 모든 사역자들과 목회자 모두를 위해서 필요한 것이다. 그렇지만 국내 목회 현장에서 필요한 목회 방법이 선교지에서 반드시 필요한 것은 아니다. 선교 현지의 타 문화권에서의 리더십을 관찰해 보면, 한국적 유교 방식의 지도자 상과 많은 차이점이 있다. 한국에서의 목회행정을 선교지에 강제주입할 수는 없다. 교파 전통이라고 말하는 많은 것들이 얼마나 한국화된 것인가를 살펴보면 우리는 국내에서의 목회자 양육을 위한 프로그램이 피선교국에서 똑같은 비중으로 받아들여져야 한다는 생각과 이를 위한 선교 교육 프로그램은 많이 수정되어야 한다고 본다. 따라서 선교 교육을 실시하는 교과 내용에 있어서 본국 목회자 양성을 위한 내용보다 보다 넓고 다양한 면들을 제시함으로 한국 목회의 연장 사역을 위한 교육이 아닌 피선교국에 또 다른 형태인 하나님 나라를 세우기 위한 교육이라는 것을 강조하여야 할 것이다.

셋째, 한국 교회의 전통과 한국의 전통을 강조하는 교육이다. 곧 한국적 교육을 절대화하려는 자세이다. 한국에서의 교육은 가정과 사회에서의 비정규 교육과 더불어 정규 교육 과정에서까지 한국적 가치를 극화시키고 절대화시키는 것을 본다. 이렇게 시작된 한국의 가치 주입은 한국 선교사가 선교지에서의 교육에도 반영시키고 있는데 가령 신의, 명분, 체면, 보은, 서열 등의 가치관으로 성경을 해석하거나 교회의 행정에 관하여 강의할 때 강조되고 있다. 한국적 가치관이 절대화되는 것은 선교사가 타 문화권에서 교육할 때 피해야 할 요소이다.

더 나아가 성경의 세계관과 자신의 세계관을 중복시켜 가르치는 면도 없지 않다. 케냐인들의 천국에 관한 이해는 인도인들이 가지는 그것과는 상당히 다르다. 더글라스(H. Paul Douglass) 교수의 연구를 보면 미국 개신교도들은 구원, 용서, 순종 등 도덕적 가치를 더 중요하게 생각하고 있음을 알 수 있다. 반면 동남아 개신교도들은 전통적인 도덕적 가치보다는 오히려 성취적 가치 곧, 자기만족(평화), 자기성취도, 완성도, 논리성을 더 강조한다는 것이다. 성경은 인간과 사회의 총체적인 변화와 성장을 언급하고 있다. 그럼에도 불구하고 인간은 자기문화의 한계성 때문에 자기 사회에 필요한 면만을 보게 되고 선교사는 그렇게 성경을 보아 왔기에 자기가 찾은 면만 선교지에서 강조하는 경향을 자주 보게 된다.

두 문화의 가치관 차이에서 빚어지는 교육의 차이점을 인지할 수 있기 위해서는 선교지와 파송국의 두 문화권을 깊숙이 접해 본 전문가가 필요하다.

그러나 우리의 현 상황은 한국의 선교학 교수 대부분이 피선교국의 문화를 밀도 있게 접해볼 수 없었던 짧은 선교 역사를 갖고 있고, 또한 접하여 보았다 할지라도 체계적으로 연구하지 못한 비전문인에 의해서는 교육이 효과적으로 수행될 수 없는 안타까움을 우리는 안고 있는 것이다.

넷째, 선교를 위한 교육의 문제점은 선교국의 시대정신에서 오는 약점이다. 모든 나라가 자신의 고유한 개발 개념을 가지고 있다. 이러한 개념은 정치적인 개념부터 시작하여 경제, 문화, 인력 개발에 이르기까지 인생이 관련된 모든 분야에 적용되고 있다. 낭만주의 사조에 살던 사회의 일반적인 교육의 지침은 개인의 완성이다. 실용적인 교육관에 입각하여 풍요로운 미국 사회를 맛본 많은 이들은 인간의 실용적 개발에 목적을 가지고 교육을 실시해 왔다. 선교사는 인간이나 사회의 개발에 대한 자신 나름대로의 개념을 가치 척도의 기준으로 삼아 피선교국과 자신의 모국과 비교하는 자세를 먼저 버려야만 한다. 더 나아가 선교사가 세우는 여러 가지 사역이 진정 영적인 것인가 아니면 자신이 가진 개발 개념에 의하여 선교 활동에 임하고 있는가를 살펴보지 않으면 안 될 것이다.

영적인 면에 있어서도 영적 개발의 잘못된 이해에서 오는 미숙한 점은 마찬가지이다. 개인의 영적 개발을 기초로 한 기독교의 하나님 나라 확장은 분명 개인주의적 기반에 선 것임을 부인할 수 없다. 그러기에 선교 교육이 전도 방법, 제자화 훈련에 초점을 두고 개발되었는가를 재확인하여 보아야 할 것이다. 이러한 시도 없이 신학교에서 선교 후보생을 위한 교육하는 것은 비교의 기회가 전혀 없기 때문에 자기들이 하는 방법은 훌륭한 방법이고 더 나아가 성경적인 방법이라고 주장하게 되는 것이다. 영적 개발 범위와 분야, 그 방법은 성경이 말하는 것이 아니고 한 사회가 말한다고 본다. 다만 이러한 것들이 인간의 총체적인 발전을 저해할 경우에는 판단하고 비판할 수 있는 진리를 성경은 가르쳐 주고 있다. 따라서 선교사의 교육이 일반적인 교육의 제한성을 파악하고 상대적이라는 면까지 인식할 수 있는 교육의 장이 필요하다.

다섯째, 한국 교회의 선교 교육이 너무 수입 의존적 교육이라는 것이다.

한국 선교사들의 기질과 장단점을 고려하지도 아니한 채 서구 선교 교육을 수정 없이 수용하는 것은 문제가 있다. 선교의 경험 축적은 물론 우리는 서구 선교기관과 개인에게서 받아야 한다. 그러나 인간 교육은 피교육자의 특성을 고려치 않고서는 그 교육은 인간을 교육시키는 것이 아니라 컴퓨터에 프로그래밍을 하는 것과 같다. 한국의 여러 단체들이 서구 선교단체들과 협력 사역하는 것은 바람직하다. 그러나 우리도 그들에게 공헌할 수 있는 것을 찾아보고 이러한 것들을 교육에 적용해 보는 것이 의미가 있을 것이다.

5. 기초 선교 교육(소수민족 교회 사역자 및 목사를 위한 지침)[12]

1) 무엇이 선교 교육인가?

선교 교육은 한 개인이 하나님의 선교 목적의 성격, 함축적 의미, 증거들을 이해해 감으로써 탐구해 나가는 과정이며, 또한 개인적 헌신과 순종을 통해 그 목적에 응답해 가는 과정이다. 선교 교육은 그리스도인들로 하여금 하나님이 행하신 일과 하고 계신 일, 그리고 예수 그리스도 안에서 약속하신 일들을 전 세계에 나타내고자 하는 교회의 선교 사역에 효과적으로 참여하도록 한다.

선교 교육은 탐구, 응답, 준비 등의 과정을 포함한다. 개인은 하나님의 선교 목적의 성격, 함축적 의미, 증거들을 이해해 가면서 탐구하게 된다. 다음에는 개인적으로 헌신하고 순종하여 그 선교 목적에 응답하게 된다. 이어서 지역적으로, 세계적으로, 전 세계를 향한 교회의 선교에 효과적으로 참여할 수 있도록 준비된다. 모든 교육에 적용되는 것과 마찬가지로 선교 교육은 몇 가지 요소들을 가지고 있다. 첫째, 선교에 대한 정보이며 둘째, 기술 개발, 즉 선교에 참가하는 방법이며 셋째, 그 주제에 대한 적극적 참여, 즉 선교의 실제적인 실천이다.

---

12) 디안 가르시아(Diane Garcia), 데니스 미첼(Dennis Mitchell).

교회에서 제시된 선교에 대한 인식과 참여 방법은 선교에 대한 성경적 이해에 기초하고 있다. 지역교회는 선교가 하나님의 사랑에서 시작되었고 예수님의 선교와 성령님의 역사로 계속되었다는 사실을 기억해야만 한다. 지역교회에서 건전하고 균형 잡힌 선교 교육의 강조점은 교인들을 다음과 같이 하도록 인도해야 한다.

- 선교를 위해 기도하라
- 선교를 감당하라(목사와 증인)
- 선교를 통해 배우라
- 선교를 위한 삶의 방식이 되도록 영적으로 개발하라
- 교회와 교파의 사역에 참여하라

2) 어떻게 - 선교 교육을 할 것인가?

균형 잡힌 선교 교육의 강조에 대한 필요성을 이해했다면 다음 질문은 '어떻게'일 것이다. 어떻게 지역교회들이 각 교인들을 지상명령을 수행하여 선교를 경험하도록 인도할 것인가? 당신의 교회가 지상명령을 수행할 수 있도록 전략을 개발하고 실행하게 할 선교팀을 어떻게 만들지를 생각하라.

3) 선교팀에 대한 정의

선교팀은 무엇인가? 선교팀은 무엇을 해야 하는가? 선교팀은 목사와 지역교회의 핵심 리더들로 구성되며, 그 리더들은 교인들이 대위임령을 수행하도록 인도할 임무를 가진다. 이 리더들은 그들이 속한 지역사회와 전 세계에 예수 그리스도의 복음을 전파할 공통적 열정을 가지고 있다. 하지만 선교팀은 세계로 홀로 나서는 것에 만족하지 않는다. 그 목표는 교회의 모든 구성원들이 개인적으로, 열정적으로 대위임령에 동참하는 것이다. 평범한 그리스도인들이 선교하는 그리스도인이 되고 평범한 교회가 선교하는 교회가 되는 것이 선교팀의 희망이다.

    선교팀은 대위임령을 앞세우고 종합적인 전략을 만들며 개인적으로 선교에 동참시킴으로써 교인들이 선교를 감당하도록 움직이게 하는 과정에 책임을 가지고 있다. 선교팀은 이 같은 과제를 위해 조직되어야 하며 몇 가지 실제적인 단계를 거치게 되는데, 이것들은 다음 장에서 소개된다.

    그렇다면 '선교'란 말은 어떠한가? 그 말이 의미하는 것은 무엇인가? 선교란 말은 교회의 궁극적 목적과 우선순위에 초점을 맞추는 신선한 방법이다. 선교라는 말 한 마디가 당신의 교회가 존재해야 하는 전적인 이유가 된다는 것을 상상해 보라. 선교를 감당하는 교회는 개인적인 선교 동참에 대하여 폭넓은 접근 방법을 개발하는 교회이다. 목사와 핵심리더들(선교팀)은 지상명령을 수행하기 위한 대담하고 균형 잡힌 성경적 전략을 선택하고 있다. 그들은 또한 교인들이 현재 삶의 방식의 일부로서 선교를 감당하도록 격려하고 자질을 갖추도록 도움을 준다. 선교를 하는 교회에서 정보는 언제나 동참을 이끌어내고 교육은 경험을 갖도록 인도한다. 교회의 모든 구성원들은 하나님의 지상명령 군대를 위한 학습자로서, 또한 잠재적인 일꾼으로서 비추어진다. 선교의 과제는 단지 일부가 아니라 모든 사람을 위한 것이다.

4) 선교팀에 대한 성경적 기초

    선교하는 그리스도인이 되는 것과 선교하는 교회로 성장하는 것에 대한 구체적인 주요 원리들은 이 장의 뒷부분에서 다루도록 하겠다. 우선 이 시점에서는 교회에 관한 몇 가지 성경적 전제들을 이해하는 것이 중요하다.

    ① 예수 그리스도의 교회는 예수님의 능력과 약속에 의해 존재한다.
    또 내가 네게 이르노니 너는 베드로라 내가 이 반석 위에 내 교회를 세우리니
    음부의 권세가 이기지 못하리라(마 16:18)

    ② 교회의 궁극적 목표와 목적은 하나님께 영광 돌리는 것이다.

이제 인내와 안위의 하나님이 너희로 그리스도 예수를 본받아 서로 뜻이 같게
하여 주사 한마음과 한입으로 하나님 곧 우리 주 예수 그리스도의 아버지께
영광을 돌리게 하려 하노라(롬 15:5-6)

③ 교회는 복음을 열방에 전하기 위해 택함 받은 하나님의 전달자이다.
예수께서 또 가라사대 너희에게 평강이 있을지어다 아버지께서 나를 보내신 것
같이 나도 너희를 보내노라(요 20:21)

④ 교회의 전 세계적인 선교 과제는 교회와 함께하시는 하나님의 초자
연적인 능력에 의해서만 성취될 수 있다.
무리를 보시고 민망히 여기시니 이는 저희가 목자 없는 양과 같이 고생하며
유리함이라 이에 제자들에게 이르시되 추수할 것은 많되 일꾼은 적으니
그러므로 추수하는 주인에게 청하여 추수할 일꾼들을 보내어 주소서 하라
하시니라(마 9:36-38).

이와 같은 전제들은 이 책의 내용 상당 부분을 위한 성경적 기초가 될 것이다. 이 전제들은 이어지는 다음의 원리들을 이해하기 위한 기초로 단순하게 언급한 것이다.

5) 선교팀의 목적 이해하기

교회 지도자들이 선교팀을 구성하기 위한 접근 방법을 채택할 때, 그들은 하나님이 그의 백성들을 위해 계획하셨고 바라셨던 것들을 통해 하나님과의 협력관계를 맺어야 한다. 이 관계는 마태복음 28:18-20에 나오는 지상명령으로서 가장 흔히 언급된다. 예수님은 부활하신 후 그의 제자들에게 모든 족속으로 제자 삼으라는 분명하고도 포괄적인 명령을 내리셨다. 이 명령은 지역교회의 사명이며 생활방식으로서 모든 믿는 자들을 염두에 둔 것이다. 이것은 선택사항이 아니며 무조건 순종해야만 하는 것이다. 선교는 결코 교회의

단순한 프로그램으로 잘못 받아들여져서는 안 된다. 글로벌 포커스 인터내셔널(Global Focus International)의 설립자이며 총장인 래리 리저(Larry Reesor)는 "선교는 교회의 사명이다!"라고 말한다. 지상명령을 위해 당신의 교회를 움직이게 하는 것이 선교팀을 만드는 주된 이유이다.

교회사역이 위로, 바깥으로, 앞으로 향할 때 하나님은 그의 초자연적인 능력을 모든 사역지에 나타내실 것이다. 하나님의 백성들 사이에서는 영적 감동을 예견하고 기대할 수 있도록 한다. 교인들이 그들 한가운데서 하나님의 역사를 경험할 때 역동적인 상승 효과가 나타난다. 그것은 당신의 교회에서도 일어날 수 있다. 선교팀은 또한 자신의 교회에서 지도자가 되어 선교하는 그리스도인들을 재생산하는 책임을 가지고 있다. 이 책임감은 개개인의 마음에 역사하시는 성령에 절대적으로 의존한다. 선교팀은 교회 내에서 영적인 환경을 만들어내는 능력이나 권한이 없다. 오직 하나님만이 그것을 하실 수 있다.

6) 선교팀의 성경적 균형 이해하기

초대교회가 예수님이 사도행전 1:8에서 말씀하신 세계 전략을 얼마나 빨리 외면했는가 하는 사실은 흥미진진하다. 그들은 곧 바깥으로, 앞으로보다는 안으로, 뒤로 관심을 두기 시작했다. 교회가 지역화될 때 곧 굳어지고 결국엔 고정화되고 만다. 많은 교회들이 '사해 신드롬'에 빠져 들어간다. 교회사역이 안에서 이루어지면 파송은 없어진다. 이 신드롬을 경험하는 교회는 이내 정체되고 자기중심적 모임이 되고 만다.

사도행전 7장 후반부까지는 초대교회가 대개 예루살렘 안에 국한되거나 예루살렘 가까이에 위치해 있었다. 세계의 다른 지역으로 복음의 증인들이 파송되기 시작한 것은 사실 스데반의 죽음과 그리스도인에 대한 박해가 심해진 것 때문이었다.

사도행전 8:1, 4이 이 사실을 뒷받침하고 있다. "그날에 예루살렘에 있는 교회에 큰 핍박이 나서 사도 외에는 다 유대와 사마리아 모든 땅으로 흩어지니라 … 그 흩어진 사람들이 두루 다니며 복음의 말씀을 전할새." 예루살렘 교회의 이 같은 역사적 사건은 교회가 지역화, 내부화가 될 때 나타나는 자연적 성향을 일깨워 준다. 교회는 움직이고 전도하도록 부름 받았다. 이것은 선교를 체험적으로 감당하는 교회에서 찾아볼 수 있는 초자연적 성향이다.

선교팀은 그리스도를 위하여 전 세계로 향하는 성경적이고 균형 잡힌 전략을 교회가 수용하도록 도와야만 한다. 그것을 '사도행전 1:8 전략'이라 부르기로 하자. 초대교회에 예수님이 가르치신 특별한 교훈을 근본으로 해서 이 전략은 네 가지 중요한 지명 이름에 주목하면서 전 세계 복음화를 계획한다. '사도행전 1:8 전략'은 선교의 한 부분에 편중함으로써 나머지 다른 지역들이 무시되는 우를 범하지 않도록 한다. 당신의 교회는 이 땅의 모든 사람들을 향하신 하나님의 마음을 간직할 수 있게 될 것이다.

예루살렘은 지역사회나 혹은 교회가 위치한 인근 지역을 대표한다. 예루살렘은 이웃이나 한 도시 전체를 의미할 수도 있다. 이 지역엔 양극단이 존재한다. 예루살렘은 교회 사역의 수고와 열정이 집중되든지 완전히 잊혀져 버리든지 둘 중 하나이다. '사도행전 1:8 전략'에서 지역사회는 교회 선교의 중심이 되는 균형적인 부분이 될 것이다.

오스왈드 스미스(Oswald J. Smith)는 "집에서 비추는 가장 밝은 빛이 가장 멀리 비추는 빛이다"라고 했다. 유대는 지역교회가 인접해 있는 지리적인 경계 지역을 의미한다. 우리가 세계에 복음을 전해야 하는 반면, 많은 경우 세계가 우리에게 다가온다. 미국의 도시들은 말 그대로 전 세계 민족들로 가득하다. 선교팀은 선교를 감당하는 다른 교회, 단체, 대행사들과 교류, 네트워크를 통해 교회들이 특정 지역이나 주의 도시, 교외, 시골 지역을 전도할 수 있는 참신한 방법들을 찾아내는 데 지원할 수 있다.

아마 개인적으로 선교에 동참할 때 가장 지나치기 쉬운 지역이 사마리아일 것이다. 북아메리카를 우리의 사마리아라고 가정해 보자. 성경의 사마리아를 생각해 볼 때 많은 평행선들이 그려질 수 있다. 사마리아는 유대인들이 회피하는 지역으로 비추어졌다. 대부분의 사람들은 사마리아를 통과하지 않고 돌아서 갔다. 그런데 그곳에 예수님이 계셨다. 요한복음 4:4에 기록된 놀라운 말씀을 기억하라. "사마리아로 통행하여야 하겠는지라." 예수님을 모델 삼아서 복음을 가지고 북아메리카를 통과해 보자. 사실, 이 땅에는 잃어버린 많은 수의 사람들이 계속 있어 왔다. 이 사명의 땅을 지나칠 수 없다. 선교팀은 지역교회 교인들이 그리스도를 위하여 북아메리카에 가고자 하는 흥미로운 전략들, 실제적인 의견들을 연구하도록 인도할 수 있다.

다음에는 종종 땅 끝으로 언급되는, 아직 복음이 전해지지 않은 광대한 지역이 있다. 수백만 명의 사람들이 아직도 예수님과 예수님의 사랑에 대해 들어본 적이 없다. 최근 자료에 따르면, 지구상의 인구가 65억을 초과하였다. 다행인 것은 45억의 인구가 적어도 복음이 접근할 수 있는 지역에 살고 있다는 것이다. 반면에 18억은 복음이 들어가지 않았거나 들어갈 수 없는 곳에 살고 있다. 그것은 불안한 소식이다.

주님은 모든 족속으로 제자 삼으라고 명령하셨다. 그것은 지상명령에 온전히 순종하도록 교회를 이끌어야 할 사명이 우리에게 있음을 도전한다. 너무 먼 선교지는 없으며, 너무 완고해서 하나님의 사랑에 녹아내리지 못할 곳 또한 없다. 선교팀은 하나님의 위대한 선교 사업에 지역교회가 기도하고 협력하고 세계적으로 참여하도록 도전할 수 있다.

'예루살렘, 유대, 사마리아 그리고 땅 끝'의 지명들이 일부 중복되는 특징을 가질 수 있다는 것을 기억하는 것이 중요하다. 예를 들면 여러분의 교회 예루살렘에서 세계적인 선교 기회를 발견할 수 있다. 당신에게 해당하는 유대 지역에서 옮겨진 사마리아인들을 발견할 수 있다. 이러한 경우는 특별히 더 큰 대도시에서 찾아볼 수 있다. 이와 같은 특징과 지명은 성격상 지형적이기보다는 문화적일 수 있다. '사도행전 1:8 전략'의 중요한 개념은 균형이다. 예수님은 교회가 다른 지역은 잊고 있으면서 선호하는 지역에 대해 선택적이 되는 것을 결코 원하지 않으셨다.

7) 선교팀의 구성: 아홉 가지 단계

(1) 팀 구성

선교팀의 규모는 어떠해야 하며, 누구를 포함시켜야 하는가? 선교팀은 여러 가지 요소들에 의존하기 때문에 교회에 따라 그 규모와 외형이 다를 것이다. 대부분의 사람들이 동의하는 한 가지 공통적인 요소는 목사가 핵심이다. 목사가 가장 중요하다. 그 이유는 강단에서 선포하는 말씀 사역 때문이다. 목사들은 교회 구조에 의존하기 때문에 다양한 정도의 권위를 가지고 있다. 따라서 목사들이 세계 복음화를 위한 균형적인 사도행전 1:8 계획에 인격적으로 참여토록 교회 전체에 동기를 부여하고 동화시키고 준비시킬 수 있는 교회 지도력을 가지고 일하는 것이 시급하다. 교회에 선교 목사로 봉사하는 멤버가 있더라도 담임 목사는 교회 전체를 위한 주요 선교 목사로 간주되어야 한다.

팀의 다른 멤버들로 선정된 멤버들, 기존의 선교 교육단체 리더들, 학생과 청년 사역 리더들, 그리고 팀을 향상시키고 강화시킬 수 있는 선교를 감당하는 다른 그리스도인들을 그 속에 포함시킬 수 있다. 추가적으로 제안할 수 있는 것은 자발적으로 봉사하려는 컴퓨터 기술을 가진 사람들, 전략적 기획 능력을 가진 사람들, 그리고 예술적 재능을 가진 사람들이 큰 도움이 된다. 선교에 대한 강한 헌신으로 교회의 선교 동참에 참가하고자 하는 사람이 제1의 후보자가 될 수 있다.

어떤 교회들은 선교팀 대신 이미 그와 유사한 조직이 있을 수 있다. 사실 선교팀에 대한 몇몇 다른 이름들이 있다. 어떤 교회들은 그 조직을 '선교팀', '세계 복음화팀', '선교위원회'라고 부른다. 중요한 것은 이름보다는 기능에 있다. 교회들은 자신의 그런 모임을 새롭게 정비하고 구성하려고 하기 때문에 새로운 이름이 좋은 착상이 될 수 있다. 전형적으로 팀은 교회 규모와 참여자의 범위를 고려해야 하므로 5-25명의 멤버들로 구성된다. 어떤 지도자들은 더 큰 조직을 선호한다. 반면에 일부 지도자들은 더 작고 현대화된 팀을 가지고 성공적으로 인도한다. 교회의 선교 참여가 증가함에 따라 선교팀은 새로운 멤버들을 수용하는 데 개방적이어야 한다. 이전에 주도적 역할을 해 왔을 멤버들은 선교팀의 참여자로서 간주되어야 한다. 팀 구성의 선택 과정에서 창조적이 되도록 기도로 준비하라. 멤버를 구성하는 경우, 한 사람의 목사와 사도행전 1:8에서 소개된 네 지역을 위한 멤버들을 고려해야 한다.

(2) 교회의 비전 표현하기

어떤 선교팀은 교회의 전체 비전을 표현하기 위해 처음부터 시작해야만 할 수도 있다. 만약 교회에 그와 같은 표어(statements)가 이미 있다면(목적, 사명, 비전 혹은 핵심적인 가치들), 그 표어들은 선교 목적과 원리의 기본을 밝히기 위해 검증할 필요가 있다. 예를 들면 교회의 비전 표어가 교인들이 지상 대명령과 대계명을 향하도록 하는 것인가? 교인들이 전도에 인격적으로 동참하도록 인도하는가? 교회의 주된 목적으로서 하나님의 영광이 언급되거나 속에 담겨져 있는가? 일반적으로 교회 비전의 표어는 성경적이고 전략적이며 단순해야 한다. 그리고 위대한 사명에 의도적, 전략적으로 동참하고자 하는 헌신을 전달해야 한다.

오브리 맬퍼스(Aubrey Malphurs)는 교회 비전과 비전의 표현 방법에 대해 많은 지식을 가지고 있다. 그는 『고급 전략 계획: 교회와 사역자들을 위한 새로운 모델』(*Advanced Strategic Planning: A New Model for Church and Ministry Leaders*)이란 책에서 "모든 교회는 전략을 가진다. 문제는 그것이 좋은 전략인가 하는 점이다. 나쁜 전략은 종종 수행할 비전이나 사명을 가지고 있지 않다. 그것은 쉽게 나타나는데, 사람들이 사역 활동을 꾸준히 하려고 하지만 그것을 유지하기가 쉽지 않다"고 언급하였다. 선교를 감당하는 원리나 목적을 교회 비전의 문구 속에 적절하게 엮어 넣으면 분명한 방향을 제시하게 될 것이다.

당신 교회의 비전을 제시하는 것은 신중한 일이기도 하지만 절대로 필요한 것이다. 선교팀의 일원으로서 하나님은 다가올 수년 동안 교회에 영향력을 미치도록 당신을 사용할 것이다. 맬퍼스는 "전략적으로 생각하는 사역자들은 앞을 내다본다. 그들은 사역이 진행되어야 할 분명한 그림을 표현하고 그려야 하기 때문에 사명과 비전을 가지고 시작한다"고 말했다. 하지만 교회의 비전은 표어 그 이상이라는 것을 기억해야만 한다. 그것이 전략이다.

(3) 선교 전략 교류

이번 단계는 목사가 커다란 책임을 떠맡는 단계이다. 하나님의 말씀을 가르치고 전하는 사역 때문에 목사는 평범한 기초 위에 있는 교인들에 앞서 선교를 감당하는 원리에 주목할 수 있다. 목사 자신이 말씀에 대한 깊은 확신을 가지고 실제적으로 적용할 때 설교를 통해 이러한 원리를 전달하는 것은 더욱 효과적이다.

목사와 선교팀의 핵심 리더들은 하나님 나라를 우선적으로 생각해야 하며, 선교에 성공한다는 것은 흔히 하는 방식(참가자 수, 건물, 돈)대로 평가될 수 없다는 사실을 기억해야 한다. 오직 영생만이 참다운 증거를 나타낼 수 있다. 주님이 교회로 하여금 직업 선교사 혹은 단기선교사들을 파송하게 하시고, 교회를 개척하게 하시며, 다른 사역을 지원하기 위해 일꾼들을 보내신다면 그것은 완전하게 받아들여지고 기대를 갖게 하는 것들이다. 하나님이 영광을 받으신다면 그것이 가장 중요한 것이다.

이런 점에서 목사에게 커다란 부담이 있을 수 있다. 교회 사역을 튼튼히 하고 일꾼들을 파송하는 이 두 가지 일을 균형 있게 감당하기란 언제나 쉬운 일이 아니다. 목사와 교회가 하나님의 가장 풍성한 축복을 깨닫는 것은 전 세계를 향하여 이루실 하나님의 속죄 사역을 전망하는 그 순간들이다. 강단에서 강하게 설교하는 것 외에 선교에 대한 전망을 전달하는 몇 가지 방법이 있다. 창조적인 선교팀은 상호 전달을 하기 위한 방법들을 개발해 낸다. 특정 교회를 위한 이 같은 상호 전달 방법들이 많이 만들어질수록 그 방법은 더욱 효과적이 된다. 상호전달 과정에서 자신의 상상력을 사용하는 것이 필요하다.

선교 전략을 상호 전달하는 한 가지 방법은 교회의 비전을 제시해 주는 교회 목표를 표시하는 것이다. 이 방법은 교인들이 항상 메시지를 상기하도록 한다. 아이들을 위한 설교, 성경공부, 제자훈련반도 선교 전략을 상호 교류하기 위한 방법이 될 수 있다. 청년과 아이들을 위한 사역, 캠프 그리고 주말 합숙 훈련 역시 이 과정에 포함될 수 있다.

선교 전략에서 상호 전달의 다른 수단은 교회 집사 사역을 통한 방법이다. 집사들은 교회의 영적 리더로서 목사와 교회에 속한 팀 멤버들 간의 비전을 서로 나눌 수 있도록 도울 수 있다. 팀 멤버들과 선교하는 다른 그리스도인들의 간증은 언제나 매우 효과적이다. 비디오나 다른 인쇄 자료를 활용하는 것과 같이 선교 사역을 감당하는 그리스도인들을 시각적으로 보여주는 것도 상호 교류에 있어 큰 도움이 된다.

(4) 멤버들 교육

선교팀의 또 하나의 역할은 선교 원리, 목적, 전략과 관련하여 교인들을 교육하는 것이다. 선교 교육은 '평범한' 생활을 하는 그리스도인에게 영적인 변화를 일으켜 신실하게 선교를 감당하는 그리스도인이 되게 한다. 이러한 개인과 교회의 영적 변화는 선교 교육, 조직, 자료, 전략, 행사 - 그리스도인과 교회들을 일깨워 지상명령에 동참토록 하기 위해 고안된 모든 것 - 를 통해 발생된다. 선교 교육은 개인이나 교회가 능동적으로 하나님과 연합하고 다양한 세계적인 선교 사업에 대해 열정적인 지지자들이 되기 위해 그들의 생활 속에서 적응력을 키워 주어야 한다. 이것은 선교팀이 멤버들을 교육하는 과정에서 어떻게 성취할 것인가 하는 것뿐만 아니라 무엇을 성취할 것인가에 대한 진정한 본질을 말해 준다.

지역교회의 선교 교육은 특정한 목적에 맞도록 조절되어야 한다. 선교를 감당하는 교회는 세계 선교 전략 기지로서 역할을 하기 때문에 그 목적은 그들의 능력에 대해 자신감을 가지며 지상명령에 대한 인격적 부르심에 신중하게 대처하는 교회와 그리스도인들을 만들어내는 것이어야 한다. 효과적인 선교 교육이 이루어지면 그리스도인들은 학습자가 된다. 그들은 선교 기술에 대해 배우고 실습하며 선교지에 대해 잘 알게 된다. 그것은 단지 몇 사람을 위해 준비된 프로그램이라기보다는 교회에 대한 폭넓은 경험이 될 것이다. 교육 과정에는 아이들과 청년들을 포함하는 것이 중요하다. 그들은 교회 선교 정신의 미래를 대표한다.

선교 원리에 대한 교육은 단순한 지식 전달이 아니라 영감을 주어야 한다. 그러므로 결과를 위한 교육이 중요하다. 좋은 선교 교육이라 하면 적용이 최선이다. 단지 과정을 채우는 것이 선교 교육의 목적이 아니라 삶의 방식에서 변화를 이끌어 내야 하는 것이다. 멤버들이 교육에서 경험으로 이동하기 시작할 때 그 목적이 성취되는 것이다. 선교팀은 선교에 대한 노출이 실제적인 선교 경험이 되도록 하기 위해 인격화한 선교를 강조한다.

그런데 이것은 진행 중인 과정이다. 선교팀의 목사와 멤버들은 하나님이 개인적 선교 참여에 문을 열어 두신 것처럼 기도하고 주고 배우고 갈 수 있는 기회를 제공함으로써 계속해서 멤버들을 교육해 나가는 것이다.

(5) 선교 전략 조정하기

선교를 감당하는 교회와 관련된 중요한 개념 중의 하나는 교회가 연중 내내 세계적인 선교와 관련된 주요 주제를 개발한다는 것이다. 리저는 "그리스도를 위하여 세계로 향하는 것은 교회의 주된 관심이다. 따라서 단지 1년에 서너 차례만 관심의 초점을 가져서는 안 될 것이다. 선교는 우리가 선택한 시기에 하는 것이 아니라 마음에 항상 두고 있어야만 한다"고 말했다.

기도는 성공적인 선교팀의 핵심 요소이다. 세상의 황폐함, 특정 그룹의 사람들, 세상의 대속을 위한 폭넓은 기도가 이 과정에 수반되어야 한다. 그리스도인들의 지속적인 선교 동참을 위해 전 세계의 직업적인 자원 선교사들을 위해 그리고 교회 선교팀을 위해 기도하라. 선교를 위한 기도는 예배 때 정규적인 요소가 되어야 하고 다른 모임들에서도 기도하도록 일깨워 주어야 하며, 멤버들은 특정한 기도 제목에 대해서는 동역자로서 협력해야 한다. 기도 조정자는 선교팀의 일원으로서 매우 가치가 있다. 연중 내내 중점적인, 개인화된 기도가 하나님의 초자연적인 역사를 위한 환경을 만드는 선교의 영감을 불러일으킨다.

게다가 교회 환경에 영향을 미치는 선교 예산을 조정하는 것은 선교팀의 중요한 역할이다. 이 점에서 예민한 감수성과 주의가 필요하다. 아는 바와 같이 교회에서 돈에 대해 얘기하는 것만큼 긴장을 불러일으키는 것이 없다. 특별히 '늘 행해지던 방법'이 유일한 방법이라면 말이다.

지역교회들과 관계를 맺는 선교에는 많은 접근 방법들이 있다. 핵심은 필요와 관련해서 멤버들로 하여금 그 필요를 충족시키도록 돕는 것이다. 어떤 교회들은 1년 중 특별한 때 선교헌금을 마련하는 데 이것은 꽤 성공적이다. 다른 교회들은 선교헌금에 대한 목표를 계획하고 그것을 교회 전체 예산에 포함시킨다. 몇몇 교회들은 이 두 가지 방법을 혼합해서 사용한다. 이에 대해 절대적으로 옳고 그른 방법은 없다. 하지만 선교헌금은 연중 내내 교회의 폭넓은 인식 속에서 채워져야 한다는 것이 중요하다. 많은 교회들은 해마다 통합된 전체 예산에 포함되지 않는 선교헌금을 마련하는 방법을 찾고 있다. 이러한 기부는 대개 지역, 주, 국내, 국외 선교를 위해 지정된 액수를 갖는다. 특정한 액수나 헌금의 일부는 각 선교 지역들을 위해 대개 지정되어 있다. 많은 교회들은 또한 단기선교 계획, 새로운 교회 개척 및 다른 특정 지역에 대한 지원을 그 해 예산 내에서 계획하고 있다.

여기에 그러한 과정을 어떻게 할 수 있는지에 대한 방법이 있다. 우선 교회는 전략적 일정계획을 세워 어떤 해에 몇몇 중요한 선교 사역에 헌금하기보다는 오히려 하나의 통일된 예산을 계획할 수 있다. 많은 교회들에게 있어 선교헌금을 위한 헌신의 날이 그 해의 가장 주목받는 날이 될 수 있다. 그래서 선교헌금에 대한 자세한 사항들을 미리 알려 주고 헌금을 준비할 수 있도록 몇 주간의 시간을 줄 수 있다. 헌신은 4주에서 12주 사이에 대개 이루어지면 좋으며, 사람들에게 공개적으로 선교헌금의 목적과 경과를 알려 주는 것이 좋다. 또한 교회의 특정 선교 사업을 추진하기 위해 특별 선교헌금 봉투를 만들 수 있다.

어떤 교회들은 이와 같은 교회의 폭넓은 헌신을 '선교를 위한 사랑의 헌금', '선교를 위한 행진' 혹은 '선교를 위한 믿음의 헌신'이라고 불러 왔다. 목사와 선교팀이 효과적으로 회중을 준비시키고 교인들의 희생을 인도할 때 실제적인 선교헌금은 상당히 증가한다. 선교헌금을 하도록 하는 이 같은 접근 방법은 개인적 측면에서의 헌신과 참여를 한층 강화시키고 증대시킨다.

특정 선교 지역에 초점을 맞추는 연중 기도 주간은 어떠한가 하고 물을 수 있다. 아무것도 달라질 것은 없다. 기도, 장려, 인쇄물 등 모든 것은 통상적인 때에 사용할 수 있다. 어떤 사람들은 그렇게 평상시 때 헌금하는 것을 선호할 수도 있다. 그렇게 하도록 하라. 선교팀이 매년 선교헌금 목표를 계획하는 한 기금은 적절한 지역에 쓰여질 수 있다. 핵심은 선교 기부 행위에 대해서 방관자가 되기보다는 가능한 한 많은 사람들을 동참시키는 것이다.

선교팀의 조정을 필요로 하는 또 다른 중요한 부분은 교회 연중행사 일정이다. 전략적 연중행사 계획 과정은 매년 진행되어야 할 뿐 아니라 그 해 전체에 걸쳐 진행되어야만 한다. 아는 바와 같이 선교 동참의 기회를 미리 계획하는 일은 때때로 어렵다. 연중 선교 행사에는 기도 시즌, 교회의 선교헌금 정보, 계획된 프로젝트, 선교 강사의 일정, 선교 여행과 같은 주요 선교 행사들을 포함시켜야 한다. 연중행사 일정은 선교 정신의 조화와 통일이 충분히 실현될 수 있도록 다른 교회 사역 행사와도 조절되어야 한다. 우리 프로그램들은 서로 경쟁할 필요가 없다.

따라서 여기에 연중 종합적인 선교 전략의 기초가 있다 - 환경, 예산 그리고 연중행사 일정. 선교 환경은 기도를 통해 만들어진다. 선교 예산을 세우는 것은 실제로 사역에 동참할 수 없는 사람들을 개인적으로 동참하게 하는 방법이다. 선교 연중행사 일정은 대위임령에 중점을 두는 교회라면 계속해서 그 일에 우선권을 둘 것이다.

(6) 개인의 선교 동참을 용이하게 하기

개인적 선교 동참의 가장 큰 동기는 영적 필요에 압도되기 위한 것이다. 선교 과정 중 어느 시점에서 지상명령에 대해 모든 그리스도인들이 책임을 느끼도록 하나님의 영이 개인의 마음에 부담을 준다. 개인이 선교지에 대한 하나님의 부르심을 인격적으로 받아들이기 시작할 때 강력한 군대가 형성되기 시작한다. 결국 교회는 하나님의 위대한 선교사 군대이다.

선교팀은 세 가지 면에서 개인이 선교에 동참하는 것을 용이하게 한다. 첫째, 멤버들에게 논리적으로, 비논리적으로 다양한 필요성을 알려줌으로써 참여를 용이하게 한다. 둘째, 멤버들에게 응답하도록 요청한다. 때로 우리는 요청받지 않기 때문에 응답하지 않는다. 셋째 방법은 훈련을 통해서이다. 아마 사람들이 선교의 필요성에 응답하지 않는 이유 중 하나는 두려움 때문일 것이다. 그들의 믿음을 나누고 복음을 교류하는 새로운 방법을 찾는 기본적인 훈련에 있어서 실패하기 때문에 그 두려움은 종종 강해진다.

　선교팀은 이 세 가지 요소를 지속적으로 공급해 주어야 한다. 멤버들은 지역사회에서 혹은 다른 기회가 있는 지역에서 가능한 한 자주 선교의 필요성을 인식해야만 한다. 그와 같은 선교 기회는 지역사회의 외부 지원을 필요로 하는 자매교회나 음식과 옷을 나누어 주고 조언을 해 주는 주말 봉사자들을 필요로 하는 선교 센터에서 찾을 수 있다. 핵심은 특정화되는 것이다. 만약 자매교회가 성경학교 일꾼들을 필요로 한다면 교회에게 알려라. 정보는 일을 용이하게 만드는 첫 단계이다. 기꺼이 자원봉사자들을 요청하라. 필요와 기회가 다가올 때 하나님의 백성들이 얼마나 은혜스럽고 용감하며 헌신적이 되는지에 대해 놀라게 될 것이다.

　다음에는 특정한 과제를 위해 필요한 훈련을 제공하는 것이 중요하다. 믿음을 나누는 시간이나 기초 언어반 같은 훈련이 있을 수 있다. 특정 부문에 재능을 가졌거나 훈련 지도자로서 기꺼이 봉사하고자 하는 교회 멤버들을 참여시키는 것도 중요한 방법 중의 하나이다. 이 방법은 교회 참여를 좀 더 확대하여 교회가 개인적 재능, 자원, 능력들을 나누게 한다.

(7) 선교전략 통합하기

　선교 정신(mind-set)은 교회의 모든 부서와 사역 속에 통합될 필요가 있다. 통합이란 적은 수에 의해 소유되고 이해되는 것으로부터 다수에 의해 넓게 받아들이고 인정되는 선교 원리들이 '함께 모아지는 것'을 가리킨다. 멤버들은 선교를 감당하는 교회의 목적이 하나님의 영광이라는 사실을 기억해야 한다. 멤버들이 열정적인 예배, 개인적 전도, 유용한 제자훈련, 실제적인 사역 그리고 선교에의 참여를 경험하고 그 일원이 될 때 그 목적이 성취된다.

이상적인 것은 교회의 모든 조직이 통합 과정의 결과로 선교 정신을 받아들이기 시작하는 것이다. 여러분의 주일학교는 선교하는 주일학교가 될 것이다. 음악 사역, 레크리에이션 사역, 청년 사역, 학생 사역 그리고 교회의 다른 모든 중요한 사역과 조직이 선교 정신에 의해서 특징화될 것이다. 지역사회 돕기, 관심 갖기, 제자훈련과 같은 이미 존재하는 교회의 전략들이 선교 원리들을 채택하기 시작할 것이다.

그 목적은 교회의 모든 멤버들이 선교 정신을 자연적(혹은 초자연적) 삶의 방식처럼 생각하고 실천하는 것이다. 리저에 의하면, 이러한 일들은 교회가 무엇을 하는가가 아닌 교회가 누구인가 하는 방식으로 세계 선교가 교회의 문화 속에 통합될 때 일어난다. 그들은 사도행전 1:8의 참여를 위한 균형적인 전략을 가지고 있다.

(8) 성과에 대하여 축하하기

사람들은 축하하는 것을 좋아한다. 특별히 그들이 개인적으로 참여한 것일 때는 더욱 그러하다. 그러나 그 어떤 것도 지상명령에 적극적으로 반응하여 순종하는 것보다 더 축하받아서는 안 된다. 이 시점에서 창조성이 중요하다. 예배를 드릴 때 축하 순서를 넣는 것을 두려워하지 말라. 예를 들면 한 목사는 교인들로 하여금 1년에 적어도 1명은 전도를 하겠다는 도전을 개별적으로 회중 앞에서 하도록 하였다. 수백 명의 교인들이 그와 같은 헌신을 하였다. 두려움의 장애를 제거하기 위해 훈련이 제공되었다. 이어서 친구들을 그리스도께로 인도한 친구들과 아는 자매를 주님께로 인도한 자매에 대한 이야기가 전해지기 시작했다.

축하를 위한 어떤 행사가 이루어져야 했다. 그 교회는 매 주일날 오전 성전에 '추수 감사 양초'를 두었다. 그 교회 교인들이나 사역자 중 한 사람이 한 주 전에 누군가를 주님께로 인도했다면 예배의 일부로 그 촛불이 밝혀졌다. 그 촛불은 선교를 감당하는 신자들의 삶을 통해 나타난 하나님의 역사를 축하하기 위한 방법이 되었다.

　로렌 미드(Loren Mead)는 축하의 중요성을 다음과 같이 표현한다. "외부에서의 선교는 신자들이 하나님의 능력을 경험하고 감사하기 위한 모임으로서 그 선교가 지원되고 강화되지 않는다면 일어나지 않을 것이다." 모든 승리는 크고 작음에 관계없이 집회를 통해서 나눌 필요가 있다. 하나님의 백성들이 그들을 쓰신 하나님의 역사를 찬양할 때 선교 정신은 진정으로 퍼져 나갈 것이다.

(9) 평가하기

　선교팀의 사역은 결코 그치지 않는다. 하나님의 지상명령에 대하여 그 팀이 인식하고 기도하고 헌신하고 행동하는 이 같은 교회의 반응을 평가함으로써 그 과정은 계속된다. 사실 교회 비전에 관련되어 지난해의 행사들, 활동들을 비평하기 위한 방법으로 평가 회의를 계획하는 것이 현명하다.

　효율적인 평가 과정에서 장점들은 기록되고 단점들은 문제 제기될 것이다. 단점들에는 연중 행사 일정의 충돌, 특정 사역 부문에서의 지원 부족, 선교 기회에 대한 불충분한 교류, 그 밖의 다른 문제들이 있을 수 있다. 평가 과정에서 잘못된 점들을 바로잡기 위한 해결책과 의견들이 주의 깊게 다뤄져야 한다. 교회 비전과 관련된 표어는 이 과정에서 좋은 안내 역할을 한다. 모든 시도는 '사도행전 1:8의 전략'에 초점을 맞추어 이루어져야 한다.

　궁극적으로 평가 과정은 선교팀이 그들 특정 교회를 위한 하나님의 강한 인도하심을 따르도록 해야 한다. 하나님이 일하고 계신 곳에 주목하라. 교인들 가운데 있는 재능, 능력, 자원의 개인적 영역에 주목하라. 다음 해의 행사 일정과 예산을 계획하는 데 평가 과정이 도움이 될 것이다. 무엇보다 하나님의 인도하심을 분별하고 그것을 따르고자 하는 노력에 용기를 잃지 마라.

　지금까지의 선교팀 과정에 대한 아홉 가지 실제적인 단계들은 서로 연결되어 있고 얽혀져 있다. 한 단계가 무시된다면 다른 과정들은 혼란스러워질 것이다. 마찬가지로 한 단계가 충분히 적용되면 다른 단계들은 보완이 될 것이다. 하지만 한 과정에서 단지 몇 단계보다는 더 많은 단계들이 필요하다.

우리의 교회들은 하나님을 향한 열정과 하나님의 이름을 모든 사람, 모든 곳에 전하고자 하는 뜨거운 열망을 가져야 한다.

6. 결론

초교파적인 여러 신학 교육의 지도자들의 세미나에서 어느 지도자는 신학교의 난립과 낮은 교육 수준, 신학교의 교육 이념의 불확실성, 교수의 자질과 커리큘럼의 문제, 재정문제 교회와 협력 문제 등이 현 한국 신학 교육의 문제라고 제기하였다. 이러한 문제점에 대한 처방으로는 신학대학교 커리큘럼에서 성경공부 지도, 변증학, 선교학, 전도 훈련, 최신 경제, 사회, 인문, 자연과학 및 법률 상식, 북한 연구, 통일 문제 및 북한 복음화 방안 연구, 외국어, 강도 높은 도덕 훈련 및 수도자적 영성 훈련을 강조하였다. 이러한 문제 제기와 처방은 국내 사역을 위한 목회 지도자 개발을 중심으로 연구되어진 것들이라고 본다.

한국 신학 교육을 초교파적으로 협의하는 이러한 시도를 고무적으로 보면서 이같은 교육의 문제의 문제 제기와 방안이 선교 교육에 이르기까지 확대되어 보다 전문적인 면에서 선교 교육 방안이 나와야 하리라고 생각한다. 이러한 면에서 상기한 여러 조화되지 못하고 미숙한 선교 교육 방법에서 벗어나기 위하여 몇 가지 제안을 하고자 한다.

첫째, 교육의 내용과 그 방법론을 선교지의 필요와 그 문화에 따라 실시해야 할 것이다. 따라서 선교사 교육을 실시하는 자들은 가능한 타 문화 경험을 가진 자들로 구성되어야 한다. 따라서 선교사 후보생을 위해 강사진이 다국화되어야 할 것이다. 더 나아가 다국화되더라도 서구 중심의 혹은 선교사 파송국 중심으로 된 다국화라기보다는 피선교국의 지도자들도 자신을 표현할 수 있는 다국화된 교육팀들이 필요하다고 본다.

둘째, 각 교단 중심의 선교 교육을 실시하는 협소한 자세를 버리고 각 교단 선교지도자들과 교육자들의 협력 방안이 모색되어야 할 것이다. 여러 교단이 경험과 인적 자원을 서로 나누며 협력할 수 있는 보다 큰 방(pool)이 필요하다. 이러한 협력은 보다 실질적이고 보다 장기적인 차원에서 이뤄져야 하며, 정책 수립자와 직무를 할 수 있는 두 차원에서 협력의 장이 이루어져야 된다고 본다. 이런 의미에 있어 한국 세계선교협의회와 같은 단체의 태동은 고무적이다. 이러한 모임이 더 나아가 실질적인 일을 수행할 수 있는 초교파적인 교육기관, 정보 센터 등을 이룩해야 된다고 본다.

셋째, 신학교에서의 선교 교육과 일반 선교단체 혹은 기관에서 실시하는 선교 교육이 서로 특이성을 살리면서도 조화와 균형을 이루며 실시되어야 할 것이다. 신학교 교육에서의 선교사 훈련과정과 선교단체에서의 선교 교육의 실시가 중복되거나 아전인수(我田引水)격인 협소한 의미의 선교 교육만을 실시하는 경우를 보게 되는데, 이러한 면을 선교 교육자와 선교 일선에서 일하는 지도자들이 서로 모여 조정하는 일이 필요하리라고 본다. 선교 부흥회도 필요하지만 선교 목회가 더 중요한 것이 아닌가?

넷째, 현지 선교를 통한 선교훈련을 강조하되 그 과정을 보다 체계화되고 전문화된 현지 선교 기관에 맡기자는 것이다. 이를테면 일본, 필리핀, 중국, 대만의 경우 60-70년대부터 쏟아지는 단기선교 사역자들의 삶과 사역을 볼 때, 그리고 필리핀 이외 지역 선교사들에게서도 선교지에 끼치는 폐단을 볼 때, 한국 사람들끼리 몰려다니는 관광객 같은 모습이 현지인들에게 선교라는 면역을 심어 주고 있다는 위험요소가 있다. 어느 곳에 가면 그곳의 지도자가 있기 마련이고 그곳에도 그들의 문화와 교회사와 사역의 미래를 기도의 제목으로 삼고 있는 이들이 있다. 우리는 그들의 통제를 원치 아니하고 단순히 우리식의 현장 교육을 통해서는 선교지 현장 교육을 통한 능률을 크게 기대할 수 없다.

선교 교육은 한 목적을 위하여 틀을 만드는 것이다. 한국 선교의 틀은 어떻게 만들어져야 할 것인가? 선교 단체별로 만들 것인가? 교단별로 만들 것인가? 개교회에 그저 맡겨 둘 것인가? 그것도 아니라면 서구 선교인들로부터 수입된 틀에만 의존해야 할 것인가? 이제는 한국 교회가 선교의 분명한 목적을 놓고 단체와 기관과 교파와 국가 문화의 특수성을 서로 인정하며 이 방향

틀을 함께 세워 나가야 하지 않을까? 서로 가진 은사를 내 것이라 여기지 아니하는 자세로 서로 나누는 그러한 협력이 한국 교회의 선교 교육을 성숙하게 할 것이다.

제7장

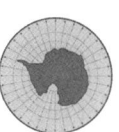

선교 교육의 신학적 기초

선교는 하나님 사역의 근본이며 예수 그리스도의 지상명령의 핵심 사역이다(마 28:18-20). 장사지낸 지 사흘 만에 부활하신 예수께서는 그의 제자들에게 강력하게 선교를 명령하셨다. 즉 "너희가 성령을 받으면 예루살렘과 온 유대와 사마리아와 땅 끝까지 이르러 내 증인이 되리라"(행 1:8). 이것은 선교 명령이다. 이 명령은 예수 그리스도를 따르는 모든 그리스도인들과 교회에 주어졌다. 예수께서는 오늘도 생명을 살리는 복음을 전파하도록 하기 위하여 이 땅에 당신의 교회를 세우시고 계속하여 부흥하게 하시고 성장하여 존재토록 역사하고 계신다.

그러므로 그리스도의 존귀한 백성들은 그 은혜의 풍성하심을 따라 얻은 구원의 감격으로 아직 예수 그리스도의 은혜의 복음을 알지 못하는 이 세상의 모든 죽어가는 자들에게 복음을 전하도록 부름을 받았다는 사실을 기억하고 순종해야 한다. 그러기에 우리가 성경을 읽어 보면 구원받은 하나님의 백성들은 누구든지 땅 끝까지 가서 모든 족속에게 복음을 증거하는 것이 그들의 본질적인 사명임을 알게 되며, 이 사명을 잘 감당하기 위하여 교회는 지속적으로 준비하며 훈련해야 한다는 사실을 알게 된다.

뿐만 아니라 이 사명은 선교단체들과도 연대해야 할 것이다. 세계적으로 저명한 선교단체들의 최근 보고서들을 보면 그들은 해외선교에 있어서 교육의 기회를 제공하는 것이 선교의 성공 여부를 좌우하는 중요한 요소로 자리 잡는다고 했다. 이를테면 지난 70여 년 동안 600여 개 이상의 언어로 성경번역 사역을 꾸준히 수행해 온 '위클리프성경번역선교회'는 한 보고서(2007년 7월)에서 선교사들의 자녀들을 가르칠 자질을 갖춘 교사들이 부족해 해외 선교를 나서려는 선교사들을 힘들게 하고 있다고 주장했다.

이 보고에서 위클리프성경번역선교회 브루스 스미스(Bruce Smith) 회장은 많은 성경번역 사역자들이 해외에서 자신의 자녀들에게 좋은 교육을 제공할 수 있는 국제 학교에 의존하고 있다고 밝히고 이러한 학교에서 교사들의 부족하게 되면 선교사들이 사역 현장으로 나가는 데 걸림돌이 되며 이는 나아가서 성경번역 사역에 지장을 초래할 수 있다고 우려를 나타냈다. 이 단체의 경우 필리핀의 마닐라, 파푸아뉴기니의 우카룸파의 학교에서는 교사들의 부족으로 일부 학급이 취소될 위기에 처해 있다고 한다. 게다가 아프리카의 카메룬과 필리핀에서는 학교 건축이 진행 중이어서 교사 부족이 계속될 경우 학생들이 졸업에 필요한 요건을 충족시키는 데 어려움을 겪게 될 것이라고 한다.

이 단체의 학생 모집 부서에 따르면 해외 선교사 자녀들을 위한 학교에서 당장 필요한 교사 수는 250명이 넘는다고 밝히고 필요한 교사직에 지원할 가능성이 있는 7,600여 명의 잠재적 지원자들에게 공고를 내 75명의 교사들로부터 지원 의사를 확인했다고 한다.

교육의 기회 제공이 선교에 중요한 역할을 하고 있다고 강조하는 또 다른 선교단체로 닫힌 지역에 대한 신중한 사역으로 세계에서 가장 오래된 역사를 가지고 있는 오픈도어선교회는 이라크에 교육 센터를 개원하는 것이 어떻게 현지에 있는 젊은이들을 주님께 인도할 수 있는 기회가 되는지에 대해 보고하면서, 이라크에 있는 두 곳의 오픈도어 센터는 컴퓨터 및 음악, 영어 교육 등 교육 과정을 통해 교육의 기회를 제공하고 있다고 밝혔다.

이 센터들은 이라크 현지에서 공개적으로 교회 사역이 불가능한 관계로 문화 센터의 형태를 취하고 있지만 성경을 포함한 문학을 이라크 젊은이들에게 가르치고 있으며 인터넷 카페도 갖추고 있다고 한다. 오픈도어선교회의 미국 회장인 칼 모엘러(Dr. Carl Moeller)는 이러한 사역이 매우 위험한 사역임

제7장 선교 교육의 신학적 기초   169

에도 불구하고 현지에서 사역을 해야 하는 이유에 대해 이라크 내에 남아서 고통받고 있는 그리스도인들을 지원하고 강화시키기 위한 것이라고 했다.

또한 오픈도어의 이 문화 센터는 그리스도인의 문화적인 화제들을 다루는 회의나 세미나 같은 기독교 문화 활동을 체계화하는 역할을 한다. 가령 이라크 내에 주류 종교와의 대화나 종교들에 대한 이해와 같이 인기 있는 이슈들에 대해 목회자들의 강의가 이어진다고 한다. 그 밖에 활동에는 가령 예수 영화의 상영과 같은 활동이 포함된다.

약 130여 년의 선교 역사를 가진 개신교회가 그 동안 엄청난 해외 선교를 한 것은 사실이지만 그럼에도 불구하고 좀 더 체계적인 선교를 위한 효과적인 교육이 부족했음을 지적하지 않을 수가 없다. 그러므로 선교 교육은 모든 신자와 모든 교회로부터 비롯되어야 할 것이다.[1]

1. 하나님과 선교 교육

선교는 성부 하나님으로부터 비롯된다. 하나님은 성경 전반에 걸쳐 하나님 자신께서 선교적인 하나님이신 것을 계시하고 계시다. 하나님께서는 모든 죄인들을 향하여 "내게로 오라"고 부르시는 분이시며, 하나님께로 나온 자들에게는 다시금 "가라"고 명령하시는 하나님이시다.[2] 선교는 은혜와 긍휼에 풍성하신 하나님께서 이처럼 세상을 사랑하셔서 하나님께로부터 잃어버려진 자들을 구원하시려고 급기야는 독생자를 보내 주신 하나님 아버지께 그 신학적 기초를 두고 있다.

먼저 선교 교육자로서의 하나님은 구약성경에서 찾아볼 수 있다. 이스라엘 백성들과 언약을 맺으신 하나님께서(창 12, 15장; 출 19장-24장) 하나님 자신의 계획과 목적을 훼방하는 모든 이방 세력들을 심판하시는 하나님이시다. 나아가 하나님께서는 그의 택하신 이스라엘 백성들로 하여금 그들을 택하신 거룩

---

1) 이명희, "선교 교육의 신학적 기초,"「복음과 실천」, 15, 162-163.
2) 이재완, 「선교와 교육」 (아세아연합신학대학교 강의안, 2007), 5.

한 목적인 선교적 사명을 성취하도록 그들을 훈련하시는 하나님이시다. 그러므로 이스라엘 백성들은 존재 그 자체로서 이미 선교적 역할을 감당했을 뿐만 아니라 직접 선교적 사명을 감당하도록 하나님께서 그들을 격려하셨다.[3]

이스라엘의 하나님은 언약의 하나님이시다. 하나님께서는 이스라엘 백성들과 언약을 맺으심으로써 그들을 선교사로 교육을 시키셨다. 이를테면 노아, 아브라함, 모세, 요나 등 하나님께서 부르시고 사용하신 그들에게 끊임없이 구원과 사명에 관한 언약을 맺으셨다. 하나님과 이스라엘 백성들과의 언약은 일방적 언약이요, 유언적 언약으로서 하나님께 무조건 순종해야만 하는 언약이었다.

하나님은 징계를 통하여 이스라엘 백성들을 선교사로 교육과 훈련을 시키셨다. 그들이 하나님의 말씀에 불순종하거나 선교적 사명을 망각할 때마다 징계를 통해 그들의 선교적 사명을 일깨우셨다. 이를테면 요나에게 내리신 징계는 그 상징적 의미가 분명하다. 이스라엘 민족의 편협된 국수주의를 깨뜨리시는 하나님의 선교적 의도가 분명한 사건이었다.

성부 하나님은 선교의 주관자로서 본질적으로 선교적 존재이시며 그 선교적인 거룩하신 뜻을 이루시고자 구약의 '제사장'으로 불리는 이스라엘 백성들을 부르셨으며, 나아가 그들을 선교적인 사명을 감당하는 백성들로 만드시기 위하여 교육과 훈련을 하신 선교 교육자 하나님이시다. 그러므로 교회의 선교 교육에 대한 관심과 실천은 성부 하나님의 뜻을 이루는 거룩하고 존귀한 일이다.[4]

2. 예수님과 선교 교육

예수께서 공생애를 시작하실 때 첫 메시지를 우리는 기억하고 있다. "회개하라, 천국이 가까웠느니라"(마 4:19). 이 말씀은 예수께서 오신 목적을 가장

---

3) 요한네스 베르쿠일, 『선교의 성서적 기초』, 김명혁 역 (서울: 성광문화사, 1983), 176-178.
4) 요한네스 베르쿠일, 『선교의 성서적 기초』, 166-175.

극명하게 드러내 주시는 말씀이다.

요한복음 13:13에 의하면 예수님의 오신 목적을 "내가 온 것은 양으로 생명을 얻게 하려는 것이라", 그리고 마가복음 10:45에 의하면 "인자가 온 것은 섬김을 받으려 함이 아니라 도리어 섬기려 하고 자기 목숨을 많은 사람의 대속물로 주려 함이니라", 누가복음 19:10에서는 "인자의 온 것은 잃어버린 자를 찾아 구원하려 함이니라"고 말씀하셨다. 그리고 지상의 사역을 마치고 승천하실 때가 가까워 올 때 말씀하시기를 "아버지께서 내게 하라고 주신 일을 내가 이루어 아버지를 이 세상에서 영화롭게 하였느니라"(요 17:4)고 하셨다. 그리고는 "다 이루었다"(요 19:30)고 선포하셨다.

예수께서 자신의 공생애를 통하여 성취하신 일들은 무엇이었는가? 그것은 모든 죄인을 위한 천국 복음의 전파와 나아가 구속을 위한 거룩한 사역이었다. 복음 전파 사역은 친히 회당에서 그리고 주어진 모든 장소를 교실 삼아 하나님 나라의 귀중한 복음을 가르치시고 전파하셨으며, 나아가 열두 제자들을 부르시고 훈련해서 그들에게 이 위대한 사명을 수행하도록 위탁하시면서, "그러므로 너희는 모든 족속으로 제자를 삼아 아버지와 아들과 성령의 이름으로 세례를 주고 내가 네게 분부한 모든 것을 가르쳐 지키게 하라 볼지어다 내가 세상 끝날까지 너희와 함께 있으리라"(마 28:19-20)고 하셨다. 그리고 예수님은 제자들에게 "아버지께서 나를 보내신 것 같이 나도 너희를 세상에 보내노라"(요 20:21)고 말씀하셨다. 우리는 여기서 예수님은 친히 선교사이셨으며 나아가 선교 교육자이셨음을 알 수 있다. 그리고는 급기야 모든 인류의 죄를 짊어지시고 십자가에 달려 죽으심으로 죄의 문제를 해결하시고 사흘 만에 부활하심으로써 의를 완성하시므로 구속 사업을 완전하게 성취하신 것이다.

이와 같은 예수님의 선교 교육 방법은 오늘날 현대 교회가 추구해야 할 선교 교육의 모델이 된다. 예수께서는 소수의 일꾼들을 집중적으로 교육하시고 훈련하셨다. 그리고 훈련된 그들에게 기꺼이 당신의 사역을 위탁하셨다. 이에 관하여 오스왈드 스미스(Oswald J. Smith)는 다음과 같은 말을 하였다.

예수님께서 지상 사역을 마치시고 승천하셨을 때 천사 가브리엘을 만나 말씀하셨다. "나는 하나님께서 나에게 명하신 것을 완수했노라." 그때 가브리엘이 다시 물었다. "예수님께서 지상에서 시작하신 사역이 계속되도록 하기 위하여 어떤 계획을 가지고 계십니까?" 그러자 그때 예수님께서 대답하셨다. "소수의 제자들을 남겨 두었다. 그러므로 그들이 나의 사역을 계속하게 될 것이다."[5]

예수님께서 행하신 선교 교육은 친히 모범을 보여주신 것이 그 특징이다. 친히 "행하시며 가르치시는"(행 1:1; 히 1:1-3) 분이셨다. 유대인들뿐만 아니라 모든 이방인들을 사랑하시는 하나님의 뜻을 실천하심으로 우리들에게 나타내셨다. 민족의 벽과 나아가 종교적인 벽, 사회적인 벽, 인종적인 벽, 남녀노소, 빈부 계층의 모든 벽을 부수시고 모든 이들에게 천국의 복음을 전파하셨고 하나님의 사랑을 증거하셨다. 그리고 선교를 위하여 훈련된 열두 제자를 파송하셨고, 나아가 70인 전도팀(눅 10장)을 파송하셨다. 이 사역은 현대 교회의 선교를 위한 준비와 교육에 중요한 교훈을 제공해 주고 있는 것이다.

예수께서는 공생애의 마지막 사역으로서 제자들에게 선교적 사명을 부여하시고 그들을 힘 있게 파송하셨다. 예수님의 선교 교육은 파송하시고 위임하심으로써 완성되었다. 제자들은 예수님에게 부름 받아 선교적 사명을 잘 감당하였듯이 오늘의 교회도 신실한 주의 제자들을 불러 그들에게 지속적인 선교 교육을 통하여 예수 그리스도의 복음이 온 세상에 전파되도록 해야 할 것이다.

3. 성령과 선교 교육

기독교 선교는 인간의 일이 아니라 처음부터 끝까지 성령의 지도와 역사하심으로서만 이루어지는 하나님의 사역이다. 마태복음에서 명령하신 선교

---

5) Oswald J. Smith, 『선교사가 되려면』, 김동완 역 (서울: 생명의말씀사, 1983), 46.

명령인 "모든 족속으로 제자들을 삼으라"로 하신 말씀은 사실 인간으로서는 행하기 불가능한 것이었다. 그러나 불가능한 여러 가지 상황 속에서도 땅 끝까지 이르러 증인이 될 수 있었던 이유는 성령의 능력을 받았기 때문이었다. 그러므로 성령께서는 선교 사역의 촉진자이시다. 성령의 역사하심 없이는 선교 사역을 할 수가 없다. 그래서 사도행전 1:8에서는 성령의 임재와 임하시는 능력만이 복음의 증인이 되는, 즉 선교적 삶의 절대적인 조건이 됨을 교훈하고 있기 때문이다. 성령 하나님께서는 본질적으로 증거의 영이시다.

지상에 존재하는 모든 교회와 그리스도인들이 하나님의 위대한 선교를 위하여 행하는 모든 일들은 성령님의 역사하심에 의해서만 가능한 것이다. 오직 성령께서만 죄인들을 살리는 영적인 생명을 불어넣어 주실 수 있으며, 또한 증인들로 하여금 복음을 증거하도록 역사하신다. 가장 탁월한 선교 사역을 감당했던 사도 바울 역시 그의 선교 사역을 되게 하신 분은 성령님이시며, 성령님께 민감했던 바울은 그의 모든 전도여행은 날마다 성령의 인도하심을 따라 순종한 결과라고 밖에 볼 수 없다.[6]

하나님의 선교를 감당하려는 모든 사역자들은 성령의 은사를 받아야만 한다. 성령의 은사는 교회를 통하여 이루시고자 하시는 뜻을 성취하게 하시는 성령의 능력이다. 그러므로 성령께서는 모든 그리스도인들에게 능력과 하늘의 지혜, 특히 선교 사역을 위하여 필요한 모든 은사를 부어 주시는 것이다. 성령께서는 앞에서(사 45:2), 뒤에서(사 58:8), 안에서(요 14:17), 함께(마 28:20) 하시면서 모든 선교 사역자들과 선교사들을 도우시며 힘을 주신다. 뿐만 아니라 성령께서는 보혜사이시다(요 14:16). 위로자이시다. 치료자이시다. 선생이시다(요 16:8-9). 돕는 자이시다. 선교를 위한 모든 필요를 채워 주시는 분이시다. 교회로 하여금 가장 효과적으로 선교하고 선교 교육을 하도록 오늘도 도와주시고 인도해 주시는 분이시다.[7]

---

6) J. Herbert Kane, 『기독교 선교 이해』, 신서균 역 (서울: CLC, 1997), 204.
7) 이명희, "선교 교육의 신학적 기초", 174-176.

4. 바울과 선교 교육

1) 바울 당시의 세계

바울이 살고 있던 당시의 지중해 연변의 상황은 번영과 평화가 특징이다. 그러나 그것은 어디까지나 피상적인 것에 불과하며 그 평온한 표피를 버리고 그 내면을 분석해 볼 때 거기에는 인간을 인간 이하로 만드는 요소가 암처럼 만연하고 있었다.

그 원인은 사회 계층 간의 불균형이다. 로마의 시민권을 가진 상층은 갑자기 축적되는 막대한 부를 어찌할 줄 몰라 그냥 사치한 생활을 하였다. 그러나 그 사치가 그들에게 만족을 주진 못했다. 이에 반해 소시민들은 나날이 죽지 못해서 사는 앞날에 아무런 소망도 가질 수 없는 무리였고 강자들의 기분에 따라 그 운명이 좌우되었다. 마지막으로 노예층이다. 당시 로마에게 정복당한 자들은 일단 다 종이 되었다. 그렇기에 로마 제국에 사는 주민의 1/3이 종이었다.

이런 계급 사회의 도덕은 타락할 대로 타락했다. 그중에서도 문란하고 전도된 생활, 가정 파괴 현상들은 후세에 두고두고 회자될 정도였다. 또한 상류층, 부유한 사회에는 갖가지 종교와 미신이 홍행하기 마련이다. 특히 신흥 신비종교들이 도처에 홍왕했다. 당시 로마 제국과 같이 여러 문화와 전통이 혼합되어있는 사회에는 이것이 더 많을 수밖에 없었다. 소시민층은 여러 가지 우상숭배에 열중했다. 이와 같은 내적인 공허와 암흑과 혼란의 세계에 바울은 그리스도의 복음을 들고 뛰어들었다.

2) 그 시대에 대한 바울의 견해

바울은 경건한 유대교였으며 당시 헬라 문명이 고도로 발달된 소아시아의 다소주민이었고, 로마의 시민권을 가진 부유한 가정 출신이었다. 바울은 많은 우상과 그릇된 종교를 따라 유리방황하는 시민들에게 대한 안타까운 생각과 저들의 부도덕한 생활에 대한 안타까움이 있었다. 우상숭배와 육신의 정욕에 도취해 있는 암흑과 혼란의 사회는 망해 버릴 수밖에 없으며 이와 같은 세상에서 구원을 받는 길이란 거룩한 여호와 하나님께 돌아오는 길밖에 없다고 보았다. 또한 그는 이것이 여간 힘든 일이 아니라는 것도 알았다.

3) 그리스도로부터 새로 깨달은 진리

이렇게 고민하던 사울은 부활하신 그리스도를 만나서 새 진리를 깨달았다. 그것은 사람은 율법을 다 지킴으로 구원을 얻는 것이 아니라 그리스도의 복음으로 이룩된다는 것이었다. 율법을 지킴으로서 이룩하려던 생의 아름다운 성품과 행위가 복음을 믿음으로 그리스도를 받아들임으로써 이룩된다는 것이다. 이렇게 깨달은 바울은 여기에서 그의 숙원이 풀릴 수 있음을 봤다. 이방인들도 그리스도를 통해서 쉽게 하나님께 돌아올 수 있게 됐기 때문이다. 누구나 그리스도를 통해 주어진 복음을 믿기만 하면 하나님과 화해하게 되고 동시에 모든 백성과도 하나가 되어 새 백성으로 자라게 될 것이기 때문이다. 이렇게 생각한 바울은 이방에 사는 이들에게 복음을 들고 나가지 않을 수가 없었다. 지중해 연변에 있는 이들을 우매한 상태에서 해방시켜서 다시 아름답게 살게 하려 한 것이다.

4) 바울의 선교와 교육

바울의 선교와 교육의 목적은 어떻게든지 한 사람이라도 더 그리스도의 복음을 믿고 저들이 그들을 얽매고 있는 여러 가지 죄의 사슬에서 해방되어 우주적인 화해를 누리는 자유하는 축복된 '아들'들이 되게 하느냐 하는 것이었다. 이것을 위한 첫째 방법은 복음의 선포이다. 바울은 지중해 연변에 있는 모든 사람들이 생의 정황에 그리스도의 복음이야말로 생명의 길임을 확신했다. 둘째 방법은 깨우치는 일이며, 셋째로 이와 같은 설득에 있어서 복음의 능력을 이론으로 말할 뿐 아니라 그 능력의 실례를 들어 설명하기를 잊지 않았다. 넷째로 이렇게 해서 얻는 믿음의 무리들을 한 공동체로 묶었다. 늘 같이 모여서 성경을 상고하고 하나님께 예배드리고 서로를 사랑으로 섬기면서 새로운 하나님의 백성으로 성장하라는 것이다. 다섯째로 그는 이렇게 형성시킨 교회를 이따금씩 다시 심방하여 그들의 신앙생활은 깨우치기도 하고 시정하기도 하고 격려하기도 했다. 그의 편지를 통한 심방과 가르침은 효과적인 방법이었다.[8]

5) 평가

바울은 그의 목회와 교육의 도구로 편지를 썼다. 땅 끝까지 이르러 복음을 전하는 것을 사명으로 한 그가 목회와 교육의 방편으로 편지를 쓴 것은 가장 적절했으며 후대 교회에도 큰 공헌을 했다. 하지만 그의 한계점은 다음과 같다.

그것은 그의 세계를 판독하는 눈에서 시작된다. 그는 당시 세계의 문제를 그 주인들의 우상숭배나 음란과 혼란상에서 봤다. 그러나 그 배후에 도사리고 있는 로마 제국의 제도적인 악을 악이라고 보지 못했다. 바울이 이렇게 로마의 권력을 존경하면서 소시민의 안타까움이나 종들의 서러움을 이해하지 못한 것은 그가 로마 시민권을 가진 상층 사회 출신이었기 때문이라고 볼 수밖에 없다. 또한 그는 이 세상을 근본적으로 악한, 지나가는, 곧 망할 것이라고 봤다. 그래서 이에 대해서는 관심을 가지려고도 하지 않았다.

여기에서 우리는 이방을 망해야 할 악한 것으로 보고 구원이라는 유대교 울타리에 들어와야 가능하다는 유대교의 생리가 여전히 바울에게 남아 있는 것을 본다. 세상의 악을 향해 도전하는 강한 모습은 없다. 세상에 나가면 감염될 테니 될 수 있는 대로 교인끼리 모여서 서로 위하고 아끼면서 서로에게 덕을 세우는 일을 하라는 것이다.

세상의 구원을 위해서 세상에 나가서 세상을 배우면서 그것에 정의와 생명력을 불어넣어 주는 일을 위한 교육이 아니다. 이상의 한계점은 예수님의 선교

---

8) 이재완, "바울 상황화 선교에 관한 연구,"「월간 PREACHING」(서울: 프리칭 아카데미, 2008), 30-35.

와 교육의 자세와는 크게 대조가 된다. 예수님의 교육은 길들이는 교육이 아니었다. 그의 교육의 장은 세상이었다. 병실이요, 시장이요, 어촌이요, 길거리였다. 세상을 하나님의 뜻이 지배하는 곳으로 만들려는 교육이었기 때문이다.

우리는 바울의 공헌을 약화해서는 안 된다. 율법으로가 아니라 믿음으로, 은총으로, 그리스도와의 연합으로 구원을 얻는다는 진리를 명확히 해준 것, 그리고 이것을 실제 이방 세계에 전해서 그리스도의 복음이 전 세계에 전파되게 한 것은 실로 감사하지 않을 수 없는 일이다. 오늘날 전 세계의 눌린 자들이 각성하게 되면서 그리스도의 복음을 그들의 입장에서 재이해하려 할 때 바울의 한계성은 더욱 명확해진다. 앞으로의 선교와 교육의 이해에 있어서 이 한계점을 간과해서는 안 될 것이다.

교육이란 한 사회를 유지하거나 개혁을 위해 교육자가 피교육자에게 변화를 주기 위한 일련의 체계화된 상태 변화 과정의 행위이다. 선교를 위한 교육도 피선교국의 사회를 유지하거나 변화를 위하여 선교사 자신이 먼저 피교육자가 되어 교육을 통한 어떠한 방향들을 설정하고 그 틀을 가지고 가르치는 일에 참여하는 것이라고 생각한다. 여기서는 일반적으로 선교에 따르는 교육에 있어서 이러한 방향들로써의 교육을 잘못 인식하거나 미처 관심의 대상이 되지 못한 문제점들을 소개하여 함께 토의를 하고자 한다.

일반적으로 선교 교육을 바라보는 시각인 두 극단이 선교 교육을 잘못된 길로 인도하고 있다고 생각한다. 많은 사람들이 선교는 문화권이 다른 곳에서의 사역이기 때문에 국내(파송국)에서 받는 교육은 큰 의미가 없다고 생각하고 있다. 이러한 극단성은 선교는 하나님이 하는 것이지 인간의 어떠한 것을 통해서 하는 것이 아니라는 신앙의 맹신적인 헌신의 자세에서 오기도 하고, 다른 한편으로는 국내에서 배운 것은 선교지에서 새롭게 배워야 한다는 국내 교육의 무용론에서 오는 발상의 결과라고도 생각된다. 또한 선교라는 말과 타 문화권이라는 생각이 서로 연결되어 타 문화라는 사실에 너무 집착하거나 타 문화권 상황을 너무 과대평가함으로 말미암아 빚어지는 부작용이라 아니할 수 없다.

하나님은 역사의 주체이시다. 따라서 선교는 하나님의 세계 경영의 관점에서 이해해야 한다. 한편 하나님의 세계 경영의 단위(unit)는 언어문화 종족(ethnic group)이다. 성경은 지구촌 복음화의 접근 단위가 개인 혹은 국가가 아니라 종족임을 분명히 하고 있다. 모든 종족에 복음이 증거될 때 주님은 재림하실 것이다. 즉 하나님의 역사는 종말론적 구속사라고 할 수 있다. 하나님께서는 교회를 통해서 역사를 이루어 가신다. 하나님의 세계 경영의 주역은 교회 공동체, 즉 하나님의 사람들인 것이다. 이런 이유로 주님은 제자들에게 세계 선교를 명령하셨다.

그리고 오순절에 성령으로 임하시어 모든 민족의 방언으로 복음을 증거하심으로 신약 시대, 즉 새로운 시대를 시작하셨다. 유대 민족주의 전통에 얽매여 있던 제자들에게 오순절은 충격이었다. 오순절은 모든 민족을 향한 성령님의 절규인 것이다. 오순절에 임하신 성령은 분명히 '선교의 영'이셨다. 오직 선교의 영, 즉 성령이 임하시면 권능을 받고 땅 끝까지 이르러 증인이 되는 것이다. 모든 민족에게 복음이 증거될 때 역사는 완성되며 주님은 재림하실 것이다(창12:1-3; 마 24:14; 28:19; 눅 24:47; 행 1:8; 2:8-11 등). 그래서 교회의 선교는 교회가 없는 미전도 종족 전방 개척 지역으로 집중되어야 하는 것이다.

하나님은 교회를 통해서 역사하신다. 따라서 교회는 민족과 열방의 소망이다. 하나님께서는 교회에게 권세를 주셨다. "내가 이 반석 위에 내 교회를 세우리니 음부의 권세가 이기지 못하리라"(마 16:18)고 말씀하셨다. 세상을 이기고 민족과 열방을 살리는 권세를 교회에게 주신 것이다. 따라서 학교, 복지 시설, 구호 사업, NGO 프로젝트, 교회당 건립 등을 다양한 사역의 도구로 사용할 수 있으나 목표는 전도와 제자양육, 즉 교회 개척에 집중되어야 한다.

"하늘과 땅의 모든 권세를 내게 주셨으니 그러므로 너희는 가서 모든 족속으로 제자를 삼아 아버지와 아들과 성령의 이름으로 세례를 주고 내가 분부한 모든 것을 가르쳐 지키게 하라"(마 28:18-20)고 하신 주님의 말씀은 선교, 즉 타 문화권 교회 개척이 무엇인가를 분명히 규정하고 있다.

제8장

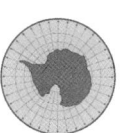

모든 교회를 위한 선교 교육[1]

1. 교회는 세계 선교의 중심

하나님의 계획에 따라 개교회는 세상에 있는 모든 사람들에게 복음을 전하기 위한 전략 중심지가 된다. 또한 하나님은 각각의 교회로부터 그분의 추수지에 일꾼들을 보낼 계획을 가지고 계신다(헨리 블랙가비).

2. 선교부(북미)의 선교 비전

미국 내 2억 2천만 명의 잃어버린 영혼들에게 현재의 선교사 숫자로 그들에게 다가가기 위해서는 선교사 혼자서 44,000명을 감당해야 한다. 그러나 만약 우리가 우리의 지역교회 성도들을 동원한다면 한 사람이 20명을 접촉할 수 있다. 5,000명의 전문인력만으로는 이 일을 해 낼 수 없다. 우리는 선교 교육을 통해서 평신도들이 이 일에 참여하도록 우리의 노력을 배가해야 한다. 이 일이 성공한다면 미국과 캐나다에 41,000개의 선교전략 센터가 세워지게 되고, 1,100만 명 이상의 선교사들이 존재하게 될 것이다.

---

[1] 팀 시너(Team Seanor, 남침례회 북미선교부 선교 교육팀 책임자)

3. 선교 교육의 목적

세계 선교의 전략센터가 되어서 추수할 일꾼을 부르고 세우는 일을 해야 한다. 그리스도인 개개인이 어떻게 하나님의 선교에 개인적으로 '참여'할 수 있는지를 알도록 인도한다.

4. 선교 교육의 새로운 정의

선교 교육은 선교 교육 조직이나 자료, 전략과 선교 교육을 위한 행사들을 활용함으로써 그리스도인들과 교회들이 선교에 임할 수 있도록 변화시키는 영적 변화라고 정의할 수 있다. 그리하여 지상명령에 참여하도록 개개인을 각성시키고 그리스도인들과 교회들이 선교로 하나님의 일에 적극적으로 동참하도록 도우며 세계 선교의 이유에 대한 열렬한 주창자가 되도록 성장케 한다.

5. 중대한 변화

선교(missions) 교육에서 's'자를 제거함으로써 우리는 선교 사역으로 하나님과 연합하는 영적인 과정에 주의를 집중한다. 우리는 선교 기술에 기초한 원리를 가르치고 선교 현지에서 이를 개인적으로 적용하도록 격려한다. 선교적 정신을 가진 그리스도인들은 그리스도를 위하여 미국과 세계로 뻗어갈 지역교회에 의해 개발된 거대한 평신도 선교 전력의 일부가 되는 것이다.

6. 선교 교육의 방법

① 교회는 성경적인 선교 목적을 개발해야 한다.

② 교회는 사도행전 1:8에 의해 실천적이고 균형 잡힌 선교 계획을 세워야 한다.
③ 개인적인 선교 전략, 협력 계획들은 선교 계획을 지원하는 틀을 세우게 된다.
④ 다각적인 교회 행사는 선교에 대한 인식과 헌신을 위한 기회가 된다.
⑤ 조직은 선교 헌신에 대한 책임을 가르치고 능력 있는 평신도 선교사들을 훈련시킨다.

7. 선교사들은 무엇을 하는가

효과적인 선교 정신을 지닌 그리스도인이 되기 위해서 우리는 최근에 해외와 북아메리카에서 사역해 온 성공적인 선교사들로부터 배울 수 있다. 선교사들은 선교에 관한 최고의 선생이고 대변자이다.

8. 선교 교육 기술들

- 선교에 대해 알기
- 기도
- 한 그룹에 관심 갖기
- 타문화 체험 훈련
- 관계성 개발
- 전략들
- 전략적인 협력 사역 개발
- 섬김의 훈련
- 계획의 실행
- 메시지 전달

- 새 신자 훈련
- 다른 그리스도인과의 나눔

9. 선교 교육을 받은 그리스도인은 효과적인 개인 선교 현장이다

선교 교육은 참여자들에게 9개의 선교 영역이나 잃어버린 사람들이 있는 현장에서 적용할 선교 기술을 제공한다. 선교지는 대상자 그룹(people group)과 교회 선교 협력자들에 따라서 나누어진다. 처음 다섯 개의 선교 영역은 선교를 마음에 품은 사람이라면 쉽게 접근할 수 있는 영역이다. 이 영역에서의 선교는 교회와 함께 협력할 수 있으며 직접적으로 교회의 건강과 활동에 영향을 미친다.

1) 교회의 선교 현장

네 영역은 사도행전 1:8의 모델을 따른다. 지방회는 '예루살렘'이 된다. 지역 선교는 '유대'이고 국가는 '사마리아'가 되고 해외 선교는 '땅 끝'이 되는 것이다. 이러한 지역의 선교는 다른 교회들과 총회와 선교부들이 지역교회를 통해 함께 동역해야 하는 것이다.

2) 개인적인 선교 현장

나의 인생 및 나의 가족, 교회, 직장, 이웃들이다. 더 나아가 나의 지방회, 지역, 국가, 세계이다.

10. 모든 교회를 위한 선교 교육

지역교회 선교 교육은 다음의 3가지에 중점을 두어야 한다.
- 정기 선교 교육 기회와 행사들
- 조직화된 선교 교육 소그룹들
- 모든 그룹들 속에서 선교 정신을 가진 개인으로 발전하도록 격려하는 프로그램들

11. 주된 선교 교육 기회와 행사들

선교 교육에 중점을 둔다는 것은 전체 교회의 상황에서 선교 지향적 원리를 적용하는 것이다. 그것은 교회가 사도행전 1:8의 선교 계획에 대한 능동적인 책임을 이행하도록 하는 것이다. 그것은 교회 선교팀을 통해서 지원할 수 있다.

- 예배의 기회
- 교회 차원의 공부
- 회의
- 선교 박람회
- 선교 계획

12. 조직화된 선교 교육 소그룹들

① 모임이 목적이다. 시간을 즐겁게 보내는 능력만큼 모임이 재미있다.
② 교회 시간 안배가 가장 중요하다. 시간 활용을 못하면 목적을 상실하게 된다.

③ 시작이나 끝이 없다. 프로그램의 목적은 정보를 제공하는 것이며 끝내야 할 과제는 없다.
④ 사역자들이 이 시간에 대해 강조해야 한다. 사역자들이 이 시간에 참여토록 독려하는 것이 가장 중요한 목적이다. 지도자가 필요하다. 사역자들은 효과적으로 활동할 수 있는 능력을 갖춰야 한다.
⑤ 포괄적인 교과 과정 요구된다. 시간 안배에 맞는 '전천후'(one size fits all) 교과 과정이 필요하다.
⑥ 우리의 목적은 교회 내의 기존 조직들을 목적 지향의 소그룹으로 바꾸어 구성원들이 선교에 참여하도록 하는 데 있다.
⑦ 선교 교육조직은 개개인들이 '선교 정신을 지닌' 그리스도인이 되는 영적 과정에 참여하기로 헌신한 사람들의 공동체에 기초한 교회에서 이루어진다.
⑧ 그것은 목적 지향적이다.
⑨ 그것은 '선교 지향적'인 목적 진술과 단련되고 책임 있는 지도력 구조로 정의되는 회원자격을 포함한다. 지도자들은 회원들이 영적으로 변화하도록 돕는다.
⑩ 그것은 발전적으로 적합한 교육 과정과 지도(mentoring), 계획/평가, 책임성과 의사소통의 네트워크가 필요하다. 헌신과 책임은 성공의 열쇠이다. 특정 성(性)을 구분해 책임지는 것이 가장 영향력이 크다.
⑪ 선교 교육 조직을 지원할 수 있는 도구들은 '선교 지향적'인 전략과 자료들, 정규적인 모임들, 행사들, 계획들, 선교단체 정하기(brand dentification)와 동기 부여적인 체계 등이다.

13. 선교 지향적인 개발 계획

선교 교육 전략은 잃어버린 영혼을 위한 9개 선교 영역 중에 하나로 나아가는 것과 선교 방법을 가르쳐 참여를 유도하며, 선교 지향적 삶을 살게 하는 교회에 기초 계획이다. 선교 지향적인 전략은 특별한 기간 동안 선교 전략 지역의 잃어버린 영혼들에게 다가가는 데 필요한 그리스도를 향한 개인적인 헌신, 자각, 이해와 책임 있는 수행을 포함한다. 선교 지향적인 전략은 자원과 지도자/멘토, 평가와 조언이 필요하다. 선교 교육 전략을 지원하기 위해서는 계획, 자원과 훈련이 필요하다. 모든 조직들은 선교 지향적인 전략을 사용할 수 있다.

- 교회학교 · 성가대 · 제직회 · 남전도회 · 여전도회
- 청소년부 · 어린이부

14. 선교 행사 기획부

교회가 세계 선교의 전략적 센터가 되도록 하는 것과 회중에 정기적인 선교 교육을 하도록 돕는다.

① 선교사들이 선교에 대해 독려할 수 있도록 하고, 필요한 도움을 요청한다.
② 선교 기념행사를 주관한다.
③ 폭넓은 선교 교육 자료를 교회에 제공한다.
④ 여러 방법으로 교회가 선교에 우선순위를 갖도록 내면화시킨다.
⑤ 개인과 교회가 교회 갱신을 통하여 선교 지향적이 되도록 일깨운다.

15. 선교 교육 조직부

개개인이 책임 있는 선교 지향적 그리스도인으로 헌신하고 효과적인 사역을 하는 데 필요한 기술을 습득하도록 돕는다.

① 어린이, 젊은이와 성인들이 선교지향적인 전략을 접하도록 개발한다.
② 어린이, 젊은이와 성인들을 위해서 선교 교육조직을 강화하고 영향을 미친다.
③ 교회가 유능한 평신도 선교사들을 훈련시킬 수 있도록 선교 교육 자료들을 제공한다

교회사를 보면 교회는 '기관화'와 '운동' 사이에서 창조적 긴장 관계 속에서 발전해 왔다. 기관화가 진전되면 교회는 죽어 갔으나 중심에서 새로운 운동을 통해 교회는 새롭게 태어났고 새로운 부흥을 경험하게 되었다. 역사적으로 허다한 교회가 교회의 시스템화 및 구조적 모순의 한계에 직면해 왔으며 많은 교회들이 그것을 극복하지 못하고 '교회의 문명화'를 통해 서서히 죽어갔다. 그러나 과감한 패러다임의 전환을 통해 시대의 벽과 한계를 극복하고 교회의 부흥을 주도하며 하나님의 역사를 이룬 경우도 적지 않았다. 대개 교회의 개혁은 '운동'(movement)을 통해 일어났으며 그 운동은 성경의 가르침에 충실하며 복음의 능력을 철저히 신뢰했던 '새로운 세대'에 의해 주도되어 왔다. 교회와 선교 단체는 시스템화 및 조직화에 치중하다가 생명력과 공동체의 역동성을 상실하고 화석화되어 죽어갔던 것이다.

이와 같은 '교회의 기관화'의 단적인 증거는 복음의 능력에 대한 불신풍조의 만연과 순교적 신앙에 대한 회의로 나타난다. 복음의 능력보다는 다른 사회학적 도구나 방법에 의존하면서 순교를 극히 예외적으로 취급하고 매우 광신적인 것으로 인식하는 풍조가 만연하게 된다. 지금 한국 선교사가 거의 2만 여 명에 달하지만 선교지에서 순교자가 많지 않다는 점은 바로 이러한 면을 단적으로 나타내 준다. 물론 하나님의 보호하심이다. 그러나 대부분의 선교 정책과 전략이 어떻게 하면 고난 받지 않고 순교하지 않을까에 초점이 맞추어져 있다면 그것은 결코 정상적인 선교가 될 수 없을 것이다. 십자가 없는 지혜는 세상에 속한 것이다. 역사적으로 이러한 교회의 기관화 및 화석화에 저항하여 일어나는 '새로운 운동'은 정치사회적 및 종교적 탄압과 핍박에도 불구하고 마침내 세계 교회를 살리고 세계 선교의 역동성과 운동성의 불씨로

작용해 왔다는 사실을 기억해야 할 것이다.

  120여 년 전 복음을 받은 한국 교회는 지금 내부적으로 정착화된 교회에서 나타나는 전형적인 구조적 모순에 직면하여 그 역동성을 상실하고 한계 상황에 도달해 있다. 이로 인한 여러 문제는 국내 사역 현장뿐만 아니라 한국 선교사들의 해외 선교 현장에도 여실히 반영되어 나타나고 있다. 물론 서구 선교사들에 비해 한국 선교사들의 장점은 아직도 많다. 그러나 복음에는 보수적이나 사역 방법에는 개방적이어야 한다는 교훈을 망각한 것처럼 보인다.

  지금 한국 교회의 해외 선교는 점차 그 운동성과 역동성을 서서히 상실해 가고 있다. 그러나 '백 투 예루살렘'(Back to Jerusalem)의 비전을 가지고 일어나는 중국 교회의 세계 선교 운동에 적잖은 기대를 모은다. 한국 교회는 서구 교회의 교회 전통과 지적(신학적 및 선교학적) 식민지 상황에서 자유롭지 못하지만 중국 교회는 전혀 새로운 콘텐츠(contents), 구조 및 역동성을 가지고 있다. 분명한 것은 이러한 방향으로 선교 정책과 사역 기조가 전환되어야 한다. 방법론에 있어서 소모적인 논쟁을 그치고 서로의 다양성을 인정하며 이러한 새로운 구조와 운동성을 가지고 선교 현장에서 교회 개척이 활발하게 이루어져야 할 것이다.

The Church and Mission Education

제3부

선교 교육의 영역

제9장 선교 교육과 기독교 세계관

제10장 선교 교육과 목회 리더십

제11장 선교 교육과 재정 관리

제12장 선교 교육과 전문인 선교

제13장 선교 교육과 자비량 선교

The Church and Mission Education

제9장

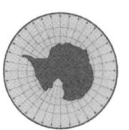

선교 교육과 기독교 세계관

1. 서 론

하나님께서 세상을 생각하시고 창조하셨듯이 하나님의 본질의 연장인 인간도 생각하고 행동한다. 그런데 인간의 사고활동은 언제나 무엇인가 존재한다는 가정하에 이루어진 세계관에 근거하지 않고는 행해질 수 없다. 세계관이란 그가 사람이라면 반드시 갖고 있다. 그러면 도대체 우리의 존재 그 자체를 뒷받침하고 있는 세계관이란 과연 무엇인가? 제임스 사이어(James W. Sire)[1]는 "세계관이란 우리 세계(세상)의 기본적인 구성에 대해 우리가(의식, 무의식적) 견지하는 바 일련의 전제들(가정들)"이며,[2] 또한 세계관이란 다음의 질문에 대한 근본적 해답을 포함하고 있다고 설명한다. 즉 ① 참된 최고의 실재(reality)는 무엇인가, ② 인간은 무엇인가, ③ 인간의 사후에는 어떠한 일이 일

---

1) James W. Sire, 『기독교적 세계관과 현대사상』, 김헌수 역 (서울: IVP, 1985). 제임스 사이어(James W. Sire)는 콜롬비아의 미주리대학에서 영문학 박사학위를 취득 후 미국 전역을 다니며 캠퍼스에서 세계관, 변증에 관한 강의를 하고 있다. 그의 저서는 아직도 반지성주의가 강하게 지배하고 있는 한국 교회의 지성에 대해 바른 생각을 심어 준다. 나아가 그리스도인이 대학 시절에 기독교적으로 사고하는 법을 익힐 수 있는 구체적인 지침도 알려 준다. 사이어는 미국 IVP의 편집 자문을 맡고 있고 변증에 관한 강의를 하고 있다. 저서로는 『지성의 제자도』, 『삐뚤어진 성경 해석』 등이 있다.
2) James W. Sire, 『기독교적 세계관과 현대 사상』, 18.

어나는가, ④ 도덕의 기초는 무엇인가, ⑤ 인간 역사의 의미는 무엇인가 등이 그것이다.[3] 기독교 세계관이란 이와 같은 질문들에 대하여 하나님의 말씀의 원리에 입각해서 이 세상과 인생과 문화 전체를 인식하고, 그에 따라 삶의 자세를 확립하는 기독교적 안목이다.

2. 세계관이란 무엇인가

1) 세계관과 문화

세계관은 사고의 체계가 아니라 인식의 틀이며 사물을 인지하는 방식이다. 일본의 생활방식과 캐나다의 생활방식의 대조는 서로 다른 세계관의 증거가 되는데 일본의 세계관은 단체, 조상, 태양신, 불교, 신도, 유교 신앙에 그 뿌리를 두고 있는 반면 캐나다의 세계관은 개인, 자율성, 기독교와 인본주의의 신앙의 혼합 속에 그 뿌리를 두고 있다. 그러나 어떤 사회에서도 그 주류를 벗어난 소수의 세계관들과 성격을 달리하는 공동체들이 있기 마련이다. 만약 지배적인 세계관들이 없다면 필연적으로 문화의 붕괴가 초래되지만 한 세계관이 다른 세계관들보다는 지배적일 때에는 소수의 세계관들을 어떤 식으로든 처리하는 것이 중요하다. 두 세계관이 한 사회에서 병존할 수 있는지는 시간의 흐름이 알려줄 것이다.

린우드 바니(G. Linwood Barney)의 '문화와 초문화'[4]에 나온 문화의 단층을 도표로 그린 것을 헤셀그레이브(David J. Hesselgrave)[5]가 수정하였다.

---

3) James W. Sire, 『기독교적 세계관과 현대 사상』, 20-21.
4) G. Linwood Barney, unpublished manuscript, n.d. 2. The original version of this manuscript was a chapter by the same title in The Gospel and Frontier Peoples, ed, R. Pierce beaver (Pasadena : William Carey, 1973), 48-55. ("문화와 초문화: 개척 선교사들을 위한 내용"). David J. Hesselgrave, 105. 재인용.
5) David K. Naugle, Worldview: The History of a Concept (Grand Rapids/Cambridge: Eerdmans, 2002), 5.

도표 5 문화의 단층

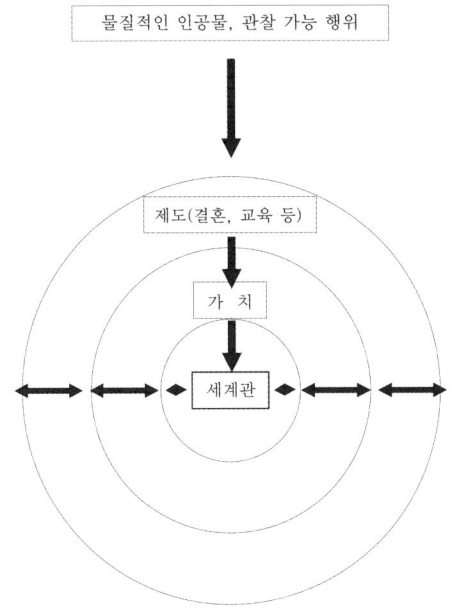

도표 5처럼 한 문화권의 초심자들이 생각하는 것과는 달리 행위에 대한 문화적 규칙들을 이해했다고 해서 문화를 다 이해한 것이 아니다. 행위는 가치(value)의 영향을 받는다. 문화의 표층부인 행위보다 좀 더 깊은 곳에 가치가 있다. 이 가치는 대개 신념(belief)과 연관된 것이다. 이 사실은 사람들이 아는 대로 행동하지는 않아도 가치관대로 행동하며 믿는 대로 행동한다는 것을 확인해 준다. 지식과 행위가 분리될 수는 있어도 행위와 가치 혹은 믿음은 분리되지 않는다는 것이다. 지식은 올바른 데도 불구하고 행위가 잘못될 수는 있지만 믿음과 가치가 성경적인데 비성경적인 행위가 나올 수는 없다. 우리는 한 사람의 지식만으로 그 사람의 신앙을 알 수 없으며 행위로 나타나는 믿음이라야 참된 신앙으로 결론지을 수 있다(약 2:14-26).

문화란 곧 세계관의 표출이며 실현이라고 할 수 있다. 어느 민족에게 복음을 효과적으로 전하기 위해서는 그 민족의 문화와 그 문화가 정초하고 있는 세계관을 이해하는 것이 필요하다. 선교사들이 선교지의 언어를 배우는 것도 결국은 그 나라의 문화를 이해하기 위한 것이며, 넓게는 세계관을 이해하는 과정의 일부라고 할 수 있다. 한 민족의 세계관이란 곧 그 민족의 문화의 근거요 뼈대라 할 수 있다. 다른 사람의 세계관과 문화를 이해하는 것은 곧 그 사람을 이해한다는 말이기도 한다. 문화가 다른 사람들이 만나서 함께 일할 때는 얼마나 많은 오해가 생기는지 모른다. 한국의 인맥 문화, 구전 문화 속에서 자란 사람이 서구인들의 계약 문화, 기록 문화 속에서 일을 하려면 적응하기 어려울 때가 많다. 그래서 서로 다른 문화들 사이에서 간문화적 사역을 한다는 것은 어려운 것이다. 마음을 넓게 하여 상대방의 세계관과 문화를 존중하고 이해하려는 처절한 노력이 있을 때 비로소 간문화적 사역은 성공할 수 있다.

2) 세계관 분석

세계관은 삶에 대한 시각만이 아니라 삶을 위한 시각도 된다. 하나의 세계관은 그 세계관을 가진 사람이 세상에서 지향해 나아갈 세계의 모델을 제공한다. 문화와 언어들은 세계관을 반영하지만 그와 동시에 세계관에 의해 형성된다. 이러한 순환을 결정하는 최초의 인자는 신앙의 결단이다. 신앙이란 '나는 누구인가?', '나는 어디에 있는가?', '무엇이 잘못되어 있는가?', '그 치료책은 무엇인가?'라는 물음에 대한 대답이다. 그렇다면 세계관을 판단하는 근거는 무엇인가? 일차적인 판단 기준은 현실성으로 피조 세계를 열어 주는 것이어야 하며, 둘째 내적인 통일성을 가져야 하며, 또한 세계관 자체의 유한성과 한계성을 인식하는 개방성이 있어야 한다. 세계관을 판단하는 궁극적인 기준은 성경이다.

그러나 기독교적 사역에 있어서는 서로 다른 세계관과 문화를 이해하려고 노력하는 데 분명한 한계가 있다. 그것은 세계관적, 문화적 요소를 지나치게 강조하여 복음의 핵심이 흐려지는 데까지 양보하면 안 된다는 것이다. 엄연히 복음 속에는 인간의 구원에 관한 매우 분명한 메시지와 어떻게 살라는 구체적인 명령이 있다. 복음 속에는 타락한 인간의 세계관, 문화와는 도무지 양립할 수 없는 부분, 즉 죄악된 행동이나 관습이 세계관이나 문화의 차이란 말로 변호되는 경우도 있다. 어떤 사람들은 악한 행동을 하면서 그것을 문화요 생활양식이라 한다.

잘못된 문화는 존중되어서는 안 되며 정죄되어야 한다. 출애굽한 이스라엘 백성들이 가나안에 들어갈 때 하나님은 음란과 우상숭배하는 가나안 원주민들의 문화를 존중하라고 가르치지 않았다. 죄악된 문화는 미화되거나 존중되어서는 안되며 정죄되고 배격되어야 한다. 관리와 다스림의 대상으로 지음 받은 피조물들을 하나님처럼 섬기는 우상숭배는 결코 세계관이나 문화가 달라서 그렇다고 인정해서는 안되며 타락한 문화로 정죄되고 폐기처분해야 한다. 이를테면 하나님의 형상대로 지음 받은 인간이 동물로의 환생을 믿는 힌두교도들의 신앙은 잘못된 신관, 인간관에서 나온 것이다.

3. 기독교 세계관의 탄생

기독교 세계관(Christian Worldview)이란 용어를 처음으로 사용한 사람은 스코틀랜드 신학자이며 교육자인 제임스 오르(James Orr, 1844-1913)이다.[6] 그 후 이 용어로 새로운 신학운동을 일구어 낸 사람은 네덜란드의 르네상스적 인물인 아브라함 카이퍼(Abraham Kuyper, 1837-1920; 목사, 신학자, 신문 편집인, 교회 개혁가, 대학 설립자, 수상)이다. 이렇듯 기독교 세계관 이론은 유럽의 개혁교회(reformed church) 전통에서 형성되었는데, 신학을 일종의 '세계관적 철학'으로 이해하는 사고방식은 이미 개혁신학의 창시자인 칼빈(John Calvin, 1509-1564)에게 엿보인다. 칼빈은 '기독교 세계관'이란 말은 쓰지 않았지만 1560년

---

[6] 데이비드 헤셀그레이브(David J. Hesselgrave)는 특히 『선교 커뮤니케이션론』이란 명저를 통하여 문화의 장벽을 넘어 복음을 전달하고자 하는 선교사의 선교 사역에 있어서 가장 큰 문제인 타 문화권 커뮤니케이션의 문제를 선교학과 커뮤니케이션을 결합시켜 다루고 있다. 헤셀그레이브 박사의 해박한 지식과 오랜 선교사 생활 경험과 선교학 교수로서의 해박한 지식이 농축된 이 저서는 전 세계에서 사역하고 있는 개신교 선교사들, 선교신학자들, 선교전략가들이 찬사를 아끼지 않는 역작이다.

『기독교 강요』(Institutes of the Christian Religion) 불어판 서문에서 "비록 성경은 아무것도 더할 나위 없이 완벽한 교리를 포함하고 있지만, 아직 성경을 이해하는 데 충분한 경험이 없는 사람을 안내하고 방향을 제시할 이유가 있다. 그래서 하나님의 말씀이 가르치는 내용 전부를 평범한 사람들이 발견하도록 안내하고 돕는 일은 성경 자체를 통해서 보다 기독교 철학(Christian philosophy)에 포함된 중요한 문제들을 다룸으로써 잘 이루어질 수 있다"[7]고 했다.

칼빈이 말한 대로 '기독교 철학'이 모든 성도들에게 성경의 가르침 전체를 체계적으로 설명하는 활동이라면 칼빈의 신학적 후계자 오르나 카이퍼가 사용하기 시작한 '기독교 세계관'도 그와 비슷한 동기에서 탄생했다. 제임스 오르는 19세기 후반에 빠른 속도로 진행되던 유럽의 세속화에 대항하여 기독교 신앙을 방어하려고 노력했던 신학자이다. 그는 칼빈주의 전통에 서 있는 장로교 신앙을 변호하기 위해 독일 철학에서 사용되던 '세계관'(Weltanschauung)이란 개념을 사용하기 시작한다. 그의 이론은 마침내 1893년 『성육신에 중심을 둔 기독교 신관과 기독교 세계관』(The Christian View of God and the World as Centering in the Incarnation)이란 대작으로 완성된다. 오르는 그 당시 독일 철학과 신학에서 흔히 사용되던 '세계관'의 개념을 받아들여 "어떤 특정한 철학이나 신학의 관점으로부터 세상의 사물 전체를 통틀어 파악하려는 가장 넓은 관점을 가진 정신적 태도"[8]라고 정의한다.

오르(James Orr)의 목적은 이러한 세계관의 개념을 사용해서 기독교 신앙을 설명하는 데 있었다. 그 결과 기독교 세계관은 기독교가 단지 종교의 영역에만 국한되지 않고 실재하는 모든 사실과 연결되어 있음을 새로운 방식으로 일관되게 보여줄 수 있는 새로운 기독교 변증의 수단이 되었다.

카이퍼의 관심은 성경을 통해 계시된 하나님의 주권(sovereignty)을 정치, 경제, 사회, 문화, 사상, 생활 등 세상의 모든 영역에서 인정하고 드러내려는 데 있었다. 1897년 그가 편집장으로 있던 「데어 슈탄다트」(Der Standard) 신

---

7) John Calvin, *Institutes of the Christian Religion*, (ed.) J. T. McNeil, *Library of Christian Classics*, vol. 20 (Philadelphia: Westminster, 1960), 6.

8) James Orr, *The Christian View of God and the World as Centering in the Incarnation* (Edinburgh: Andrew Eliot, 1893), 3; Naugle, *Worldview*, 7. 재인용.

문 25주년 기념식에서 자신의 신앙을 표현하기를, "한 가지 열망이 나의 삶을 지배해 왔다. 하나의 고상한 동기가 나의 마음과 영혼에 흔적을 남겼다. 바로 그것은 온 세상이 반대하더라도 하나님의 거룩하신 명령이 가정과 학교와 국가에서 모든 사람의 선을 위해 다시 확고하게 수행되어야 한다는 열망이다. 즉 국가가 하나님께 다시 경의를 표시할 때까지 성경과 창조 세계가 증거하는 주님의 명령을 국가의 정신 안에 새겨 넣는 열망이다."[9]

따라서 카이퍼에게 기독교 세계관이란 근본적으로 하나님에 대한 순종이냐, 아니면 불순종이냐의 태도, 즉 "하나님을 경배하게 만들고 만물에 대한 하나님의 뜻에 대한 순종을 일으키는 광범위한 시각"[10]에서 출발한다. 카이퍼도 이미 독일 철학에서 사용되는 세계관의 개념을 알고 있었지만 오르의 책을 통해 기독교 세계관에 대한 자신의 기본관점을 체계화했다. 카이퍼가 자신의 기독교 세계관 이론을 비로소 명확하게 제시한 계기는 프린스턴신학교에서 강연한 1898년의 '스톤 강좌'(Stone Lecture)였다. 오르와 같이 카이퍼에게 기독교 세계관은 근대의 세속주의(modernism)의 세계관과 대립하면서 하나님의 주권을 일관되게 삶의 모든 영역에서 제시하는 이론 체계이자 실천의 체계이다. 그래서 그는 기독교 세계관을 '삶의 체계'(Life-system) 또는 기독교적인 '삶과 세계에 대한 조망'(a life and world-view)이라고 부른다. 카이퍼는 이 기독교 세계관을 통해 이성과 학문의 이름으로 하나님의 주권을 거부하는 근대적 세속주의에 대해 그와 동일한 일관성과 체계성을 가지고 대응하려 한 것이다.

다음은 카이퍼의 절박한 호소이다.

> 모든 식물이 하나의 뿌리를 가진 것이 참인 것처럼 삶의 모든 현상 아래 하나의 원리가 있는 것이 참이다. 각각의 원리들은 서로 연결되어 있고 가장 근본적인 원리에 공통의 뿌리를 내리고 있다. 이 근본 원리로부터 우리의 삶과 세계에 대한 조망을 주는 주도적인 이념과 개념들의 전체가 논리적이고 체계적으로

---

9) Abraham Kuyper, *Lectures on Calvinism* (Grabd Rapids: Eerdmans, 1994), iii.
10) James Orr, *The Christian View of God and the World as Centering in the Incarnation* (Edinburgh: Andrew Eliot, 1893), 3; Naugle, *Worldview*, 17. 재인용.

발전된다. 그러한 자신의 원리와 일관되고 멋진 구조에 확고한 근거를 둔 세계관과 인생관을 가지고 근대의 세속주의는 기독교를 공격한다. 이러한 생사의 위기 속에서 그리스도인은 동일한 분명함과 논리적 일관성을 가진 자신의 원리에 확고하게 서 있는 자신의 삶과 세계에 대한 조망을 근대주의에 대립시킴으로써만 그의 거룩한 신앙을 성공적으로 방어할 수 있다.[11]

4. 기독교 세계관의 역사적 배경

1) 교회사와 기독교적 세계관

기독교적 세계관이라는 말은 19세기에 널리 회자된 것이기에 그 이전의 시대를 기독교적 세계관과 관련하여 논의하는 것이 다소 무리가 있을 수 있다. 그러나 조심스럽기는 하지만 "세계관 운동"을 교회사의 흐름 속에서 찾아보는 일은 가능할 것이다. 특히 기독교적 세계관의 주요 개념, 즉 통일성 - 마음의 방향, 종교성을 중심으로 파악 - 과 다양성 - 우상은 피조물을 신격화한 것(롬 1:18-25)으로서 하나님께서 각 영역에 부여하신 의미와 규범을 왜곡하는 반규범적이다 - 을 중심으로, 그리고 몇몇 큰 봉우리를 중심으로 논의할 수 있다.

(1) 어거스틴
초대교회의 대표적 교부(敎父) 어거스틴(St. Augustine, 354-430)은, 영혼은 선하고 육신은 악하다고 주장하는 플라톤(Platon)의 이원론적 주장을 비판하여 성령을 좇아 사는 것은 영적이고 자기의 욕심대로 행하는 것이 육적인 것이라 주장했다. 한 걸음 더 나아가 그는 하나님 나라(civitas Dei)와 세상 나라(civitas terrena)가 영역적으로 구분되는 것이 아니라 하나님을 사랑하느냐(amor Dei), 자기를 사랑하느냐(amor sui)에 의해, 즉 사랑의 대상에 의해 결정

---

11) Abraham Kuyper, *Lectures on Calvinism*, 189-90.

된다는 영적 대립(spiritual antithesis)을 주장했다. 이처럼 그는 이원론(dualism)이 아닌 이중성(duality)의 개념으로 하나님 나라와 세상 나라를 구분했다. 두 가지 종류의 사랑을 우상 개념과 연결시키는 어거스틴은 또한 종교를 문화 형성의 결정적인 요소로 간주하면서 기존의 이교 문화와 그 사상들 - 플라톤주의, 영지주의, 마니교, 에피쿠로스 철학, 스토아 철학 등 - 을 비판했다.

(2) 칼 빈

존 칼빈은 세계관이란 용어를 사용한 19세기의 네덜란드 개혁주의자들의 사상적 원천이다. 칼빈은 『기독교 강요』에서 '신지식'(神知識)에 관하여 말한 바 있다. 신을 제1원리로 파악했던 중세 신학에서는 신에 대한 명상과 사색의 측면이 강했지만(*theologia speculativa*) 칼빈에게 있어서의 하나님은 피조계와는 전혀 유사성이 없는, 따라서 피조물로서는 그분께 경배와 순종과 신뢰를 드려야만 했던 분이다(*theologia pietatis*). 하나님을 아는 지식(the knowledge of God)은 하나님의 본질(essence)에 대한 사색이 아니라 그가 만드신 모든 피조물 중에서 하나님이 "모든 선의 기원과 원천이 됨을 인정 혹은 경험하는 것", 즉 'acknowledge of God' -into(ac, ad) the knowledge of God- 이었다. 칼빈은 하나님을 아는 지식은 우리에게 경배와 경외감을 가르쳐 주는 것이야 한다고 했는데, 이로써 삶의 모든 영역이 직접 하나님의 절대주권 아래 놓이게 되었고, 이제 하나님이 복의 근원임을 인정하고 그분의 뜻에 순종하는 삶이 모든 삶의 영역으로 확장되었다. 칼빈의 이러한 사상은 정치적으로는 대의 민주주의와 저항권 사상으로 발전했고, 경제적으로는 상업을 영적 은사의 교류로서 파악하고 정당한 이자를 여러 단서를 붙여 인정함으로써 분업과 상업의 발달을 가져 왔다.

하나님의 절대 주권과 피조계의 타락이라는 가르침에 의해 정태적 사회관이 붕괴하자 직업관에 있어서도 큰 변화가 일어났다. 직업의 선택과 변경이 이전에 비해 훨씬 더 자유로워졌다. 또한 다양한 직업들이 - 비록 어떤 것이 더 중요할 수는 있으나 - 동등하다는 교훈이 수용되었다. 칼빈은 하나님께 대한 경건을 종교적인 삶에 국한시키지 않았고 '*Coram Deo*'(하나님 面前에서)라는 표어대로 모든 삶을 하나님의 면전에서 영위하면서 경건을 삶의 전체에 적용시켰고 그러는 과정에서 정치 사상, 경제 사상, 사회 사상 등을 발전시켰다.

(3) 프린스터러

귀족 출신 흐룬 반 프린스터러(G. Prinsterer, 1801-1876)는 부인과 당시 궁정목사와 교회사가였던 도비뉴(Metle d'Aubignè, 1794-1872)의 도움으로 그리스도인이 되었다. 흐룬은 프랑스 혁명의 근본정신을 해부한 『불신앙과 혁명』(*Unbelief and Revolution*)이란 역사책을 썼다. 이 책에서 그는 혁명의 원인이 제3계급의 대표 수의 변화 등과 같은 피상적인 차원에 있는 것이 아니라 궁극의 참조점이 기독교의 계시에서부터 이성(理性, reason)으로 옮긴 데에 있다고 역설한다. 즉 하나님의 주권을 거부하고 인간 이성의 완전성을 주장한 계몽주의 시대 사람들은 현실의 악은 사람의 마음 때문이 아니라 사회제도 때문이고, 따라서 그 사회제도를 바꾸어 새로운 국가를 건설하면 인간성이 완전히 실현되는 사회가 도래할 것이라고 주장했다는 것이다. 프랑스 혁명을 종교적으로 해석한 흐룬은 이렇게 말한다. "인간성의 신격화가 민주주의의 영적 절정이다. 인간성의 신격화는 프랑스 혁명의 숨결 그 자체이다. 인간성 숭배라는 한 종교가 성립한 것이다."

하나님을 버리고 이성을 참조점으로 삼은 것, 즉 우상을 섬긴 것이 그 시대의 근본적인 문제임을 주장한 흐룬은 프랑스 혁명 이전 상태로의 복귀를 주장하는 것을 반동혁명(counter-revolution)으로 규정하고 프랑스 혁명의 인본주의적 정신은 철저히 반대하되 프랑스 혁명의 긍정적인 것은 수용하는 반혁명(anti-revolution) 노선을 취하면서 기독교적 정신에 입각한 개혁운동에 힘을 기울였다. 한편 의원으로서 주요한 정치적 문제를 기독교적 관점에서 처리하려고 노력한 그의 활동은 반혁명 운동(Anti-Revolutionary Movement)으로 이어진다.

(4) 카이퍼

아브라함 카이퍼는 목사의 아들로 태어나 라이덴대학에서 문학과 신학을 공부하고 목사가 되어 1863년 결혼 후 베이스드(Beesed)교회에서 목회를 하였다. 원래 자유주의 신학을 공부했으나 교인이었던 발투스(P. Baltus) 부인의 영향으로 자유주의 신학에 회의를 느끼고 칼빈주의 신앙으로 회귀했다. 그 후 자유주의 신학으로 네덜란드 교회를 보호한 신학자로, 또한 당시의 인본주의적 학문이 국립대학을 통해 널리 퍼지는 것을 보고 정부로부터 자유로운(free), 그러면서도 신본주의적 학문을 전개할 자유대학(Free Univ.)을 설립하고 교육자로 활동했다. 그는 산업혁명이 유럽을 가진 자와 가지지 못한 자로 나누어 사회적 긴장을 심각하게 야기시킴을 감지하면서 정치활동이나 언론 활동을 통하여 기독교적 사회운동을 일으키려고 노력을 했다. 프린스터러의 후계자로 지명된 그는 반(反)혁명운동을 반혁명당(Anti-Revolutionary Party)으로 조직하면서 의원 활동과 수상(1901-5)으로, 또한 일간지「데어 슈탄다트」와 주간지「헤라우트」(Heraut, the Herald)를 창간하여 약 50여 년간 편집장으로 일을 했는데, 이 외에도 223권을 저술하는 등 다양한 활동으로 "열 개의 머리와 백 개의 손을 가진 인물"이라는 평을 얻기도 했다.

 그는『삶의 체계로서의 기독교』에서 '하나님(神)에 대한 이해'에 따라 '인간에 대한 이해'와 '자연에 대한 이해'가 어떻게 달라지는지를 자연종교, 회교, 로마 가톨릭, 개신교 별로 나누어 고찰하고 있다. 신관을 인간관과 사회관의 핵심으로 파악한 그의 입장은 '영역 주권'에서 보다 구체적으로 나타난다. 그 이전에 알투시우스(J. Althusius, 1557-1638) 등에 의해 상당히 이론화되었지만 카이퍼는 하나님의 주권을 우주적인 의미에서 파악함으로써 그 이론을 더욱 발전시켰다. 즉 피조계의 모든 영역이 창조주의 법칙과 질서에 종속되어 있으므로 모든 영역에서 그리스도는 피조계의 머리요 왕으로서 통치하시며, 하나님의 말씀은 그 모든 영역에서 계시의 빛을 발한다는 것이다. 가정, 국가, 교회 등 각각의 영역에 대한 하나님의 주재권을 인정하는 것은 중세의 계서적(階序的) 잔존물을 철저히 타파하는 것이었다.

 영역주권에 대한 그의 주장은 문화에 대한 적극적인 견해와 긴밀히 연결된다. 그는 일반은총을 죄의 억제와 일반 문화의 창달이라는 두 측면으로 나누어 파악하였다. 동시에 현실적 안목이 있었던 그는 문화가 하나님께 대한 신앙을 잘못 인도할 가능성에 대해서도 깊이 느끼고 있었다. '하나님께 더 가까이'(Nearer to God)를 모토로 삼고 있었던 그는 문화에 대해서도 종교성을 중심으로 파악하였다. 즉 이 세상은 '중생하여 이 세상을 비정상적인 것으로 보는 자'와 '중생하지 않아서 이 세상이 정상적인 상태에 있다고 주장하는 자'와의 대립이 근본적인 대립이고, 이 대립이 생활의 모든 면에 나타나고 있다고 주장하였다. 예컨대 학문의 영역에서도 '신앙과 학문'이 대립하는 것이 아니라 '하나님을 인정하는 학문 체계'와 '인정하지 않는 학문 체계'로 나뉠 뿐이라고 주장하였다. 비록 논리의 형식 등은 신자와 불신자에게 공통적인 '중립적' 수단이지만 불신자에게서는 그것이 하나님을 거스리는 도구로 사용된다는 것이다. 헤르만 바빙크(H. Bavinck)는 자유대학에서 카이퍼의 학문적 동역자로 사역하였다.

(5) 도예베르트

헤르만 도예베르트(Herman Dooyeweerd, 1894-1977)는 카이퍼에게 깊이 영향을 받고 있던 부모 밑에서 태어났고 카이퍼가 세운 자유대학 법학부에서 '네덜란드 헌법에서의 내각'이라는 제목으로 박사학위를 취득했다(1917). 졸업 후 그는 세무서, 지방자치정부, 시의원 등의 일을 하다가 1922년 반혁명당이 설립한 카이퍼 연구소(Kuyper Institute)에서 그 연구소의 월간지「반혁명의 정치학」의 편집장을 맡았다. 1926년 그는 자유대학 법학부의 교수로 자리를 옮겨 볼렌호펜(D. Vollenhoven) 등과 함께 기독교 철학의 정립에 일생을 바쳤다.

그는 종교적 뿌리의 발견을 그의 철학의 출발점으로 삼았고, 칸트(I. Kant) 등 기존 철학의 종교성을 밝혀냈다(통일성). 그리고 종교성을 밝혀내는 그의 노력은 우주를 종교적 뿌리와 관련하여 이해하는 것으로 연결되었다(다양성). 피조계에 심겨진 법칙을 발견하려고 한 그의 이러한 노력은 15가지 양상이론과 연결된다. 어떤 피조물에게서든지 우리는 수적인 양상에서부터 신앙적 양상에 이르기까지의 15가지 양상을 발견할 수 있는데, 각 양상은 상호 환치될 수 없는 의미의 핵을 지니고 있다. 그러나 하나의 양상이 다른 양상을 무시할 때에 주의(-ism)가 발생하게 된다고 그는 주장한다. 헤르만 도예베르트는 15가지 양상 안에서 기술 활동을 포함한 인간의 모든 활동이 일어난다고 보았다. 그가 말하는 15가지 양상들은 다음과 같다.

① 산술적 양상: 개별적으로 분리된 양 또는 실체와 관련된 측면.
② 공간적 양상: 끊임없는 확장과 관련된 측면.
③ 운동적 양상: 운동과 관련된 측면.
④ 물리적 양상: 에너지 보존이나 변환과 관련된 측면.
⑤ 생물적 양상: 생명체의 생명에 관련된 측면.
⑥ 감각적 양상: 느낌에 관련된 측면.
⑦ 논리적 양상: 구분을 행하는 것에 관련된 측면.
⑧ 역사적 양상 : 인간 문화 형성과 발전에 관련된 측면.
⑨ 언어적 양상: 의미를 전달하는 상징어의 개발과 사용에 관련된 측면.
⑩ 사회적 양상: 인간 상호 작용에 관련된 측면.
⑪ 경제적 양상: 경제 자원 관리에 관련된 측면.
⑫ 심미적 양상: 조화와 미의 개발 및 이용에 관련된 측면.
⑬ 사법적 양상: 무엇이 정당한 실체인가의 평가에 관련된 측면.
⑭ 도덕적 양상: 사랑과 사랑의 요구에 관련된 측면.
⑮ 신념적 양상: 성실, 신뢰, 믿음 등에 관련된 측면. 신앙과 종교는 여기에 속한다.

도예베르트는 볼렌호펜과 함께 칼빈주의 철학회(Assn. for Calvinistic Philosophy)를 설립했고, 「개혁주의 철학」(*Philosophia Reformata*)을 발간하여 암스테르담 학파라는 명칭을 얻게 되었다. 이처럼 그는 '학문의 내적 개혁'(inner reformation of science)을 추구했다. 이후 기어츠시마(G. Geertsema, B. Walsh, 『그리스도인의 비전』), 칼스빅(L. Kalsbeek, 『기독교인의 세계관』), 밥 하우츠바르트(B. Goudzwaard, 『현대 우상 이데올로기』, 『자본주의와 진보사상』), 마샬(P. Mashall, 『기독교 세계관과 정치』) 등의 학자들이 그의 학문적 이상을 실현하기 위해 노력하고 있다. 그 외에도 반틸(H. Van Til, 『칼빈주의 문화관』)과 라브리 모임(L'Abri Fellowship)의 설립자인 프랜시스 쉐퍼(F. Schaeffer, 『이성에서의 도피』) 등이 있다.

2) 기독교 세계관 운동의 특성

1980년대 중반 기독교 학문연구회와 기독교대학 설립동역회를 중심으로 기독교 세계관 운동은 파라 처치(Para-Church, 선교회)로서 한국 교회에 적극적으로 도입됨으로써 이 운동이 탈교회적이 아니라 교회 중심적인 운동으로 정착하게 되었다.

이 기독교 세계관 운동의 특성을 보면 다음과 같다. 첫째, 교회와 성도들의 깊은 신앙적 성찰에서 나온 자생적인 운동이다. 둘째, 젊은 학자들과 학생들에 의해 일어난, 평신도 지성인들에 의한 탈권위적, 탈정치적, 탈교단적인 운동이다. 셋째, 신앙과 윤리의 보수성을 가진다. 넷째, 성경적이고 영적인 운동이다. 다섯째, 대학생층을 중심한 성경공부 운동이다. 여섯째, 주도층은 주로 보수층 출신이지만 문화의 변혁이나 사회에 대한 개혁적 전망을 가지고 있다.

기독교 세계관 운동은 창조의 회복의 관점을 제시해 주었다. 창조의 회복은 지상에 존재하는 만유의 목적과 생명의 의미에 대한 재발견을 요청하므로 교회 사역에서 신앙적 삶에 대한 바른 양육이 필요함을 일깨워 주었다. 한국 교회는 교회 중심의 삶을 강조했기에 성도들은 신앙생활을 교회 중심적인 삶의 한 영역으로 이해하게 되었다. 세계관이란 사람의 저변에 놓여 있는 삶과 세상, 자신과 하나님에 대한 기본적이고 근원적인 태도를 가리키며 성경적 신앙을 그 기초로 한다. 그리고 이 운동은 한국 교회에 문화 변혁의 사명을 일깨워 주었다. 성도들의 삶의 현장에 대한 신앙적 이해와 접근을 강조함으로써 공동체적으로 문화 변혁의 삶을 추구할 것을 도전했다. 또한 그리스도인 한 사람 한 사람이 거듭난 자로서 인생관과 가치관에 철저한 변화를 받고 삶의 스타일을 바꿀 것을 요구하였다. 그러나 성도들은 열심히 기도하고 예배드리고 성경을 읽지만 가치관이나 인생관에서 신앙인으로서의 변화된 모습을 보이지 않았다.

그리스도인들은 세인들과 다른 성경적이고 신앙적인 삶의 스타일이 필요하다. 비록 살아가는 겉모습은 그다지 차이가 나지 않을지라도 그 삶의 중심과 방향, 가치관은 현격히 다른 것이다. 기독교 세계관은 세상을 성경적으로 바라보고 복음적 신앙 안에서 현실의 삶을 이해하며 모든 영역에서 그리스도를 주라 고백하며 살 것을 촉구한다. 나아가 그러한 관점을 가지고 역동적인 삶을 살 것을 요구한다.

5. 성경적 세계관의 내용

오르와 카이퍼 이후 기독교 세계관은 성경의 가르침을 일관되게 설명하고 그 가르침을 삶의 모든 영역에 적용하는 데 강조를 두어 왔다. 오르나 카이퍼 모두 하나님에 대한 우리의 신앙이 '영혼의 구원'과 '내세에 대한 희망'(개인적 종말론)에만 제한되는 것이 아니라 하나님이 창조하셨으나 타락한 이 세상과 전 우주의 변혁(일반적 종말론)에 관한 신앙이라는 점을 강조했다. 오르와 카이퍼의 후계자들, 도예베르트, 고든 클락(G. Clark), 칼 헨리(Carl Henry), 쉐퍼와 캐나다와 미국에서 기독교 세계관 입문서를 쓴 월쉬(B. Walsh)와 미들톤(J. R. Middleton), 월터스(A. Wolters), 아더 홈즈(A. Holmes), 제임스 사이어(J. Sire), 폴 마샬 등은 모두 하나님의 역사의 기본 틀인 창조(creation), 타락(fall), 구속(redemption)의 원리를 전제로 삼는다. 이로써 예수 그리스도를 믿음으로 얻는 구원의 의미는 개인의 구원에서 끝나지 않고 세상 역사 속에서 이루어져가는 '하나님 나라'의 성취에까지 확장된다.[12]

기독교 세계관은 하나님의 선한 창조의 위대성과 타락에도 불구하고 여전히 남아 있는 창조의 은총(일반은총)에서 출발하여 인간과 우주의 타락과 죄의 결과를 철저하게 인정하면서 예수님을 통한 구원과 성화, 종말의 완성을

---

12) 이재완, 「선교와 문화」 (아세아연합신학대학교 강의안, 2007), 97.

내다보는 거시적인 신학이며 전통적인 조직신학의 틀(신론, 기독론, 인간론, 구원론, 교회론, 종말론 등)을 벗어나 모든 그리스도인이 이해할 수 있는 언어로 성경의 기본 관점을 구체적인 사회적 경험에 적용하는 이론이다. 즉 유럽의 개혁주의, 영미의 청교도주의에서 나타난 것처럼 회심과 경건신앙을 현실생활의 모든 영역에 적용하려는 개혁주의적 '생활영성'(폴 스티븐스) 운동과 사회참여(니콜라스 월터스토프, 밥 하우츠바르트)라 할 수 있으나 근본적으로 성경에 기초하는 이론이고 성경에 충실한 신학적 해석을 존중한다. 성경적 세계관은 세 가지 차원으로 이루어져 있다.[13]

1) 창조

성경적 세계관은 창조(creation)와 더불어 시작하기 때문에 창조가 비록 성경의 중심이 되는 메시지는 아니지만 그 기초가 된다.[14] 창조를 묘사하기 위해 성경이 사용하는 두 가지 본보기는 말씀에 의한 창조와 지혜에 의한 창조이다. 전 우주는 그 존재를 여호와께 의존하고 있으며 또한 여호와는 그의 피조물에게 찬송과 경배를 받으신다. 그렇다면 나는 어디에 있는가? 성경은 인간을 다른 피조물과는 다른 하나님의 형상으로 창조되었다고 증언하며 하나님의 형상은 땅을 다스림과 종교적인 선택이라는 개념과 연결되어 있다. 최초의 인간의 이중적인 사명은 피조된 환경을 개발하고 보존하라는 것이다. 피조된 환경은 인간 사회의 모든 영역을 망라하는 것이기 때문에 땅을 정복하라는 명령은 문화적인 명령이다. 그러나 우리의 문화 형성은 이기적인 방식이 아니라 피조 세계에 대한 참된 돌봄과 더불어 이루어져야 한다. 기독교 세계관이 근거하고 있는 성경 말씀을 보면 창세기 1:1, 26-27, 시편 8:4-6; 19:1; 24:1 등이 그것이다.[15]

---

13) Paul. G. Hiebert, *Anthropological Reflections on Missiological Issues*, 189-201.
14) 최정만, 「월드 뷰와 문화 이론」 (서울: 이레서원, 2006), 25.
15) 이재완, 「선교와 인류학」 (아세아연합신학대학교 강의안, 2009), 133

2) 타락

기독교 세계관은 무엇이 잘못되었는가에 대해 인간의 불순종이라는 견지에서 대답한다. 하나님의 형상이란 말은 땅을 다스림과 함께 종교적 선택, 즉 우상숭배라는 말을 염두에 두고 있다. 인간은 본질적으로 종교적인 피조물이므로 신을 섬겨야 한다. 우상숭배란 우리가 하나님을 섬기는 것 대신으로 하는 어떤 일이다. 우상숭배가 악한 이유는 하나님을 가시적으로 만들기 때문이 아니라 거짓된 경배와 거짓된 형상을 꾸미는 것을 수반하는 잘못된 방식으로 그 역할을 하기 때문이다. 우상숭배는 하나님뿐만 아니라 우리의 위치까지도 찬탈하는 것이다. 그러므로 인간은 두 가지 언약의 길 중에서 하나를 선택해야 하고 그 결과는 명백하다. 이러한 선택은 우리의 문화 활동 전 영역에 주님께 봉사하고 그 왕권을 인정하도록 부름을 받았기 때문에 거기에는 성과 속의 구분이 있을 수 없다. 사단의 파괴 왕국은 하나님의 질서에 대립해서 움직이며 인간을 언약에의 불순종으로 이끌고 나아간다. 인간의 타락(depravity)은 전 피조 세계를 저주 아래로 떨어뜨리고 말았다. 따라서 구속만이 해방을 보장해 줄 것이다. 근거 성경은 창세기 3:7; 4:8, 로마서 3:10-11; 8:22 등이다.[16]

3) 구속

무엇이 필요한가 성경은 사탄의 왕국이 파멸될 것을 약속하셨지만 타락 즉시 예수님을 보내지 않으시고 메시야가 오실 수 있도록 세상을 준비하셨다. 창조와 마찬가지로 구속(redemption)도 본질적으로 언약적이므로 구속사의 절정에서 우리는 예수께서 개진하시고 자신의 피로 인치신 새 언약을 대면하게 된다. 그러나 새 언약이라는 말 대신에 하나님 나라라는 말이 더 많이 사용되고 있다. 누가는 예수님의 사역을 메시야에 대한 예언의 성취로 그리고 있는데, 그 성취의 성격은 하나님의 날의 소식이 말로 선포되는 것과 물

---

16) 이재완, 「선교와 인류학」 (아세아연합신학대학교 강의안, 2009), 133

리적 표출이라는 이중적인 것이다. 이것을 하나님 나라라고 불러야 되는 이유는 타락한 피조 세계 속으로 예수께서 언약적인 순종을 회복하려고 오셨기 때문이다. 언약적인 순종이란 사죄뿐만 아니라 인간 삶의 전체적인 회복(하나님의 구속적 통치의 시작)을 포함하는 것으로 이러한 사역을 수행하면서 좋은 소식(하나님의 구속적 통치의 시작)을 실증하셨다.

이러한 사실이 나오는 성경들의 주제는 두 가지인데 그것은 모든 것이 구속되어 있고, 구원을 무엇인가를 다시 하는 것으로 본다는 것이다. 이 일에 있어서 예수께서 맡으신 사명은 사탄을 이기고 결박하는 것이고 자신의 죽음과 부활의 승리를 통해서 하나님의 종들을 순종하도록 회복시키기 시작하신 것이다. 그분의 초림은 하나님 나라의 출범을 표시하는 것이고 그분의 재림은 그 나라의 절정을 알리는 것이다. 그리스도께서 그의 모든 지상 생애 동안 하나님을 완전히 드러냈듯이 우리도 바로 여기에서 그리스도의 생명과 임재를 가시적으로 드러내야 하는데, 이것은 하나님의 형상의 회복이고 그리스도 안에서 우리의 성숙이라는 현재적 실현(성화)이다. 우리가 하나님의 형상을 반영한다는 것은 우리의 삶의 양식 전체가 변화됨을 의미하는데 미래의 상속과 영광의 인치심, 즉 보존으로 주신 성령에 의해 이것을 미리 맛본다. 형상이라는 말이 문화적인 통치를 표시한다는 것과 그리스도인들은 화목의 역군으로서 형상을 드러낼 사명을 가지고 있는데 이 사명은 하나님의 형상을 드러내는 공동체적 사명이다. 구속이란 우리의 삶의 흐름의 방향을 하나님의 뜻에 대한 우리의 순종으로 회복시키는 재창조이다. 또한 우리는 문화적인 현상들을 이해하고 그리스도의 주권 아래에 그것을 복속시키려고 노력해야 한다. 근거 성경은 마태복음 5:45, 로마서 1:20(하나님의 일반은총); 8:21, 골로새서 1:20, 요한계시록 21: 1; 21:24-26 등이다.[17]

---

17) 이재완, 「선교와 인류학」 (아세아연합신학대학교 강의안, 2009), 134

6. 기독교 세계관의 특징

기독교 세계관의 특징은 신앙생활에서 신비체험이나 은사체험 그리고 죽음 후에 영혼이 하늘나라에 가는 개인적 종말론보다는 현실의 사회생활 속에서 신앙의 표현과 실천 그리고 역사의 마지막에 올 예수님의 재림과 동시에 '새 하늘과 새 땅'의 도래를 지향하는 일반적 종말론에 집중한다. 그래서 인간의 자연적 욕구, 감성, 이성을 하나님의 창조의 선물로 보되, 그것들을 인간의 타락과 하나님의 구속 섭리의 관점에서 비판적으로 평가한다. 모든 사회 활동과 직업 활동이 하나님의 평가의 대상이 된다.[18]

한국 사회에서 '교수나 변호사가 되는 일'이 '생선 장수나 자동차 수리공이 되는 일'보다 훨씬 더 가치 있게 평가되지만 기독교 세계관에서는 그렇지 않다. 요즘의 신세대들은 '결혼해서 아이를 낳고 기르는 일'이 합리적이거나 필수적이라고 반드시 생각하지 않지만, 기독교 세계관에서는 결혼과 가정이 창조질서 보전의 중요한 사명이다. 성욕(sexual desire)도 근본적으로 창조의 선물로 인정되지만 어떻게 사용되느냐에 따라 선으로도, 악으로도 평가된다. 일류대학에 입학해서 대기업에 입사하는 것이 성공과 행복의 지름길이란 생각을 바꿔야 한다. 사람들이 인정해 주는 서울대학이나 하버드대학이 성공의 최고 기준이 아니라, 하나님께서 주신 능력과 위치를 통해 하나님과 이웃을 위해 어떤 삶을 살고 어떤 열매를 맺느냐가 기독교적 성공의 기준이다. 그러나 하나님의 은사가 열매로 나타나기까지 노력을 포기해서는 안 된다. 기독교 세계관은 일방적인 능력주의나 숙명주의를 반대한다.[19]

기독교 세계관은 자연적 욕구나 감정이나 이성을 전적으로 부정하지 않으면서 왜곡된 사회적 기준과는 달리 하나님의 기준으로 재평가한다. 이런 판단을 일관되게 실천하는 일은 동양의 전근대적 전통주의와 서양의 근대적 합리주의, 최근에는 포스트모더니즘까지 불안정하게 결합된 우리 사회와 문화 상황에서 매우 어렵다. 그러나 '기독교 세계관' 연구와 실천은 이 땅

---

18) 이재완, 「선교와 문화」, 97.
19) 이재완, 「선교와 문화」, 97.

의 성도들이 하나님께 영광을 돌리고 하나님 나라에 동참하기 위한 적극적인 길이다.[20]

7. 기독교 세계관의 방향

1) 기독교 세계관의 발전

(1) 기독교 세계관의 철저화

가장 시급한 문제는 역시 기독교 세계관이 아주 철저하게 모든 면에서 일관성 있게 나타나는 것이다. 이것은 무엇보다 외적인 철저화(radicalization)를 의미할 수 있다. 기독교 세계관에 철저하지 않은 모습이 여러 가지 문제를 일으킨다. 그러므로 기독교 세계관이 여러 면에서 철저하게 제시되는 일이 중요하다. 지금까지 기독교 세계관이 여러 모양과 여러 형태로 제시되어 오기는 했지만 가장 성경적이며 가장 일관성 있는 세계관(radical Christian worldview)으로 제시되는 일이 필요하다. 성경적이지 않은 세계관은 기독교 세계관이 아니다. 성경의 가르침이 기준이요, 하나님 나라를 드러내는 것이 그 방향이다. 그러므로 그 기준과 방향에 따라서 성경에 철저한 세계관과 일관성 있는 세계관을 제시하는 일을 위해 함께 노력해야 한다.

지금까지 기독교 세계관 운동에 대해 던져진 질문의 대부분은 기독교 세계관을 철저히 내면화된 사람이 적다는 데 있다. 그리스도인들이 철저하게 모든 영역에서 주께 순종하는 의식을 가지고 있지 않은데 어떻게 기독교 세계관 운동이 성공하겠는가? 진리를 생명같이 여기지 않는데 무슨 기독교 세계관이 있을 것인가? 사랑하는 마음을 끝까지 가지지 않는데 어떻게 기독교 세계관적 실천이 나타나겠는가? 그러므로 세계관 운동은 기독교 세계관을 철저히 내면화할 때 성공할 수 있기에 개인의 성화와 맥을 같이 한다. 그리스도인들의 성화(sanctification)의 수준만큼 한국 사회에서의 기독교 세계관 운

---

20) 이재완,「선교와 문화」, 97.

동이 성장하는 것이다.

(2) 신국적, 교회적 토대 강화

기독교 세계관의 요구는 기독교 세계관의 하나님 나라적 토대와 신국적 성격이 보다 분명해져야 한다. 성경에 충실하면 할수록, 일관성을 유지하면 할수록 기독교 세계관은 가장 신국적인 세계관으로 드러나게 된다.

그리고 기독교 세계관의 교회적 토대를 보다 분명히 해야 한다. 하나님 나라를 이 세상에서 가장 강력한 형태로 드러내는 기관이 바로 교회이다. 따라서 교회야말로 기독교 세계관에 가장 충실해야 한다. 오늘날 한국 사회 속에서 교회가 신국적 성격을 잘 드러내지 않아서 사회의 비판을 받는 일이 많은 것은 기독교와 기독교 세계관의 큰 위기이다. 그러므로 먼저 우리가 속해 있는 교회를 성경적인 교회답게 만드는 일이 필요하다. 교회 밖에서 교회를 돕는 기관들(기독교 윤리 실천운동, 교회 개혁 연대, 여러 선교 기관 등)은 그런 관점을 분명히 하면서 교회와 함께 하나님 나라를 섬기도록 해야 한다.

2) 기독교 세계관의 실천

(1) 기독교 학문적 활동

먼저 그리스도인들이 기독교 세계관에 철저한 기독교 학문적 활동을 하는 일을 강조하지 않을 수 없다. 신학은 모두 기독교 학문일 것이라는 일반인들의 생각에 반하여 성경과 기독교적 세계관에 충실한 신학적 사유와 활동이 있을 수 있고, 성경의 가르침으로부터 멀어져 간다고 판단되는 신학적 사유와 활동이 있을 수 있다. 그런 것들을 비교하면서 우리는 어떤 것이 과연 기독교적 신학이냐 할 때 그 기준을 제시한다면 ① 학문을 하는 동기와 목적이 하나님의 영광을 위한 것일 때, ② 내용이 성경의 가르침에 충실한 것일 때, ③ 내용 제시에 내적인 모순(비일관성)이 없을 때 그런 신학을 기독교적 신학이라 할 수 있다. ①은 동기와 목적의 문제이고, ②는 내용의 문제이며, ③은 논리성과 형식의 문제이다.

이 원칙을 학문에 적용하면 기독교 학문의 성격을 보다 쉽게 일반화할 수 있다. "그 학문을 하는 동기와 목적이 과연 하나님의 영광을 위한 것인가?"가 첫 번째 질문이다. 둘째는 그 학문의 내용과 전제와 방법론이 일차적으로는 성경의 가르침을 잘 반영하며, 성경의 가르침과 대립하는 것은 없는가, 성경적 관점에서 해석된 이 세상의 실재(일반 계시)를 잘 반영하고 있는가를 묻는 것이다. 적어도 그 전제와 방법론, 그리고 내용이 성경의 분명한 가르침과 대립하는 학문적 작업은 기독교 학문적이라 할 수는 없기 때문이다. 이를테면 막스주의적 전제를 지닌 학문적 활동, 유물 변증법적 사유의 학문적 내용, 프로이드적 인간 이해에 기초한 심리학이나 상담학 그리고, 인간 중심적인 학문 등은 기독교적 학문이라 할 수는 없다. ③에 대해서는 그 적용 기준이 다른 방식의 학문에 대해 적용하는 것과 어느 정도는 일치하는 것이라 할 수 있다. 어떤 이가 자신이 전제한 바와는 다른 사유를 진행시킬 때 학문적 일관성이 없다고 하고, 그것이 지나칠 때는 비학문적인 것이라 판단한다. 기독교 학문에서도 마찬가지이다.

내적 일관성을 유지하는가라는 질문을 할 수 있다. 그리고 여기서 말하는 내적 일관성의 요구는 학문적 활동에 일반적으로 요구되는 모든 점을 다 포함한다. 이를테면 어떤 주장을 할 때 충분한 증거를 가지고 말하는가? 자연과학이나 응용과학의 경우에는 충분히 실험적 검증을 거쳐서 주장하는 것인가? 이런 기준을 가지고 있으면 과연 기독교 경제학과 같은 것이 가능한가 하는 질문에 대해서도 어느 정도 답할 수 있다. 그 학문을 하는 기본적 동기와 방향이 과연 하나님께 영광을 돌리려고 하는가 하는 동기적 수준에서 상당히 많은 학문 활동은 비기독교적인 것이 된다. 기독교 학문으로 제시된 것이 내적 일관성을 지니지 못하고 있다면 그것도 기독교적 학문은 아니기 때문이다. 그러므로 상당히 많은 우리의 학문적 노력은 기독교 학문이 되어 가는 과정에 있다고 할 수도 있다. 그러나 문제는 그런 동기를 가진 경제학이나 정치학의 전제나 방법이 명확히 비성경적인 것이라면 그것도 비기독교적인 것으로 판단될 수밖에 없다.

그러므로 여러 이론들에 대한 비판적 성찰로서의 기독교 학문적 활동은 가능하고 비교적 쉽게 진행시킬 수 있을 것이다. 어려운 부분은 철저히 기독교적 관점에 근거한 대안을 제시하고 방법론을 말하고 하는 보다 적극적인 부분이다. 이것이 어려운 이유는 이런 영역이 어떤 전제를 가지고 학문을 하든지 가장 어렵기 때문이며 이런 일의 시도에 대해 기존 학계의 강한 반발이 있기 쉽기 때문이다. 그러나 다른 전제와 방법을 지닌 이들도 부단히 노력해서 이런 시도를 하는 것을 보면서 기독교인들도 나름으로 이런 노력을 하여야 할 필요가 있다. 카이퍼가 잘 지적한 것과 같이 이 세상에는 늘 두 종류의 학문이 있고, 그 둘 사이에는 반립이 있을 수밖에 없기 때문이다.

자연 과학이나 공학에 대해서도 같은 기준을 적용하며 말할 수 있을 것이다. 그 학문적 작업을 하는 기본 동기와 목적이 과연 하나님의 영광을 위한 것인가? 그리고 그 학문적 논의와 주장에 내적 일관성이 있는가를 물음으로써 일단 기독교적 공학과 기독교적 자연과학이 있을 수 있는 가능성을 말할 수 있다. 내용에 있어서는 기존의 이론들이 명백히 성경의 가르침이나 성경의 관점에서 제대로 해석된 실재에 부합하지 않는 측면들을 잘 드러내는 작업을 하는 것은 기독교적 공학, 기독교 자연과학을 하는 것이라 할 수 있다.

(2) 기독교적 활동: 기독교 기업 활동, 경제 활동

어떤 그리스도인인 기업가가 있을 때 그는 좋은 그리스도인이고 성공적으로 기업을 운영한다고 해도 그가 그 일에 대해서 기독교적 관점이 작용하지 않는다면 그는 기독교 세계관에 충실한 것이 아니다. 기독교적 관점에서 기업을 한다고 하는 것은 그가 열심히 기도하면서 기업을 운영하고 사업체 내에서 예배하는 일을 주도하거나 허용하는 것이나 주일이면 반드시 쉰다는 것으로나 수익금의 일정 금액을 선교 사업을 위해 내어놓는다고 해서 되는 것이 아니다. 오히려 그가 기업을 운영하는 태도, 자세, 방향과 철학 그리고 그 구체적인 운영 방법이 기독교적 원리와 기독교 세계관에 일치해야 하는 것이다.

예를 들면 그가 기업을 운영하는 궁극적 목적이 실질적으로 하나님께 영광을 돌리는 데 있어야 한다. 그리고 자신의 기업이 섬기는 고객들과 함께 일하는 직원들과 그 가족들을 진정으로 섬기는 데 있어야 한다. 그것을 위해 좋은 제품을 만들어 내려고 하며, 그 제품을 가장 효과적으로 홍보하고 보급하고 직원들 간에 가장 정상적인 인간관계로 이루어지도록 운영해야 한다. 이런 방식으로 기독교 기업으로서의 내외적 이미지가 분명하도록 해야 한다. 고객들에게 유익을 주면서 수익을 창출하여 고객과 직원들과 이 사회와 피조계를 위하는 모습을 잘 드러내어야 한다. 항상 기독교 세계관에 근거한 기업 활동을 해야 할 것이다.

이와 마찬가지로 그런 기업체에 고용된 그리스도인들 역시 직장 생활을 하는 동기가 기독교 세계관과 일치해야 한다. 그 판단의 우선순위가 이 일을 통해 하나님을 섬기며, 가족을 부양하며, 이웃을 섬기며, 자아를 실현시키며, 피조계를 잘 섬기면서, 여유 등을 얻을 수 있는가 하는 것이 되어야 하고 그 일의 동기나 목적도 하나님과 이웃을 잘 섬기면서 사명을 잘 감당하는 것이어야 한다. 또한 같은 일을 하는 여러 사람들도 그렇게 서로 섬기기 위해 일하는 것이 되어야 된다. 홈즈는 "노동은 다른 사람들을 섬기며 삶의 질을 풍요한 것으로 하며, 건설적인 사회관계를 개발하고, 하나님을 섬기는 일에서 창의적으로 활동할 수 있는 기회를 제공한다"고 했다.

우리의 소비 생활에서도 기독교 세계관이 나타나야 한다. 기본적으로 검소하고 소박하게 사는 일과 절약이 미덕으로 강조되어 왔다. 이것에 대해 일부 기독교인인 경제학자들은 이것이 항상 무시간적으로 진리일 수만은 없음을 강조했다. 그러나 소비 사회인 현대 사회에서는 소비와 구제를 연관시키는 방향으로 나아가면 산업 발전을 위한 적당한 소비와 검소한 삶과 구제의 실천을 함께 도모할 수 있다. 암묵리에 우리 자신을 위한 소비, 자신의 유익을 위한 소비는 결국 우리의 이기심을 더 증폭시키는 결과를 내고 말 것이기 때문이다. 이런 소비 사회 속에서는 그리스도인이 앞장서서 구제를 위한 소비를 주도해 가야 한다. 부의 재분배와 사랑과 구제를 실천할 수 있는 건전한 인격의 형성이 있어야 하는 것이다.

(3) 기독교적 정치 참여

현대 사회는 정치적인 것이 매우 중요한 요인으로 작용하여 '모든 것이 정치적이다'는 말이 일반화된 시대이므로 우리는 정치적인 것을 의식하면서 떠오른 정치 문제에 대해서 기독교적 관점에서 참여해야 한다. 오늘날 한국 기독교계에서 가장 기독교적인 활동, 즉 기독교 세계관적 참여가 이루어지지 않는 영역이 바로 정치 영역이다. 식민 통치와 독재 통치 아래서 의식적 무의식적으로 그렇게 의식화되고 비정치화되어진 결과로 정치에 무관심한 그리스도인이 많고, 혹시 관심을 가지고 참여한다고 해도 우리 사회 속에서 그리스도인이 아닌 이들이 가지고 있는 정치 문화적 양상을 그대로 나타내 보이는 이들이 많이 있다.

두 가지 예를 보면 첫째, 우리 정치 문화의 문제점인 지방색 문제가 한국 그리스도인의 정치의식과 활동에도 그대로 나타난다는 것이다. 둘째, 미국과의 관계성에 대해서 국민들이 세대 간의 갈등으로 보이는 것을 그리스도인들도 상당히 유사하게 드러낸다는 것이다. 3.1절 때 대조적인 기독교 집회들의 모습에서도 그런 것이 나타났고, 미국의 대 이라크 전쟁에 대한 우리 국민의 의식에서도 그런 서로 대립되는 양상이 심지어 기독교인들에게서도 그대로 나타났다. 물론 이는 어떤 사안에 대해서 그리스도인들 사이에 서로 다른 의견이 일체 나타나서는 안 된다는 말이 아니다. 우리는 늘 불완전하므로 그리스도인들끼리도 기독교 세계관에 근거한 서로 다른 의견을 제시할 수 있고 흥미로운 토론이 있을 수 있다. 그것이 과연 기독교적인 관점에 따른 판단을 한 것인가 하는 문제를 드러내는 것이다. 그러므로 우리는 정치적 영역에 대한 기독교적 관점에서의 참여를 강조하지 않을 수 없다. 모든 것을 기독교 세계관에 따라 판단하는 일이 정치 영역에서 이루어지지 않는 한 기독교 세계관 실천은 요원할 수밖에 없다.

이와 함께 공적인 문제에 대해서 직접 정치적인 것을 통하지 않은 일반 시민운동에 대해 그리스도인들은 기독교적 관점에서 열심히 참여하며 활동해야 한다. 환경 문제나 인권 문제 등에 대해서는 비기독교인과 연합하여 상대적으로 옳은 것을 주장하거나 독특한 기독교적 시민운동도 필요하다. 단지 그 동기와 방법이 가장 선하며 그러면서도 효과적인 방법을 찾아 그런 방식으로 해야 할 것이다. 우리의 실천을 바라보는 비그리스도인들이 우리의 기독교적 세계관의 일부를 볼 수 있도록 하는 활동이 나타나야 한다. 문제는 이런 단체나 활동이 기독교적 관점을 일관성 있게 드러내는가 하는 것이다.

(4) 기독교 학교 운동과 교육 운동

모든 일이 성공하려면 다음 세대에 철저한 기독교 세계관에 근거하여 활동하는 이들을 기독교적으로 교육하는 운동이 필요하다. 교육 문제 전반에 대해서 진정으로 기독교적인 관점에서 접근하며 그 문제를 해결하려고 하는 일이 있어야 한다. 이를테면, 기독교 학교를 세우는 운동, 기독교 대안교육 기관을 세우는 일, 진정한 기독교 대학을 세우는 일들에 대해서도 관심을 가져야 한다. 기독교 학교는 기독교 세계관에 근거한 학문 공동체이기에 이는 우리의 기독교 세계관 실천의 한 방도가 될 수 있다.

그러나 우리 사회 속에서는 우리의 모든 노력이 다 기독교 학교에 경주되어서는 안 되고 일반 학교와 그 제도 속에 들어가서 그것을 기독교적 관점에서 변화시켜 가는 노력에도 상당한 신경을 써야 한다. 어쩌면 그것도 효과적인 방안이 될 수 있기 때문이다. 그러므로 어떤 방도를 취하든지 진정한 기독교 교사와 교수를 키우는 일에 우리의 우선적인 노력이 필요하다. 이를 위해 기독교학 대학원(Gruduate School of Christian Studies)이나 기독교 교육대학원 등의 설립도 고려해 볼만하다.

8. 다원주의 세계 속에서의 세계관

우리는 다원주의 사회에 살고 있다. 다양한 문화와 종교 그리고 다양한 삶의 양식이 공존한다는 의미에서도 다원적이지만 이런 다원성이 사람들에 의해 인정되고 받아들여진다는 점에서 다원주의적이다. 오늘날 다원주의가 세속 사회에 잘 들어맞는 행위의 유형으로 이해된다는 것은 오늘 우리가 살아가고 있는 사회가 공식적으로 인정하는 믿음의 유형이나 행위의 유형이 없다는 것을 의미할 뿐 아니라 동시에 거부되고 있다는 것을 의미한다.

한국이 다원주의 사회라는 것은 아무도 부인할 수 없다. 단일 민족 국가임에도 불구하고 여러 면에서 다른 배경을 가진 사람들이 함께 더불어 살고 있다. 그러나 다원주의를 말할 때 문화적 다원주의와 종교적 다원주의를 구분할 필요가 있다. 물론 문화와 종교는 서로 깊이 관련이 있다. 종교란 어떤 관점에서 보면 문화의 한 측면이기도 하다. 그러나 이것이 종교의 모든 면은 아니다. 종교는 기독교에서 분명히 볼 수 있듯이 다문화적일 수도 있다. 그리고 다른 종교들을 가진 사람들이 많은 부분에서 공통된 문화를 공유할 수도 있다.

문화적 다원주의란 한 사회 안에 여러 다양한 문화들과 생활방식들을 환영하고 이런 것이 인간의 삶을 풍요하게 해 준다고 믿는 태도이다. 그러나 한 가지 단서를 달 경우에만 그렇다. 문화가 도덕적으로 중립적일 수는 없다는 것이다. 문화에는 좋은 요소도 있고 나쁜 요소도 있다.

한편 종교적 다원주의는 종교들이 평화적으로 공존하는 것만을 의미하는 차원을 넘어서서 종교적으로 자기 종교만을 절대화하는 것이 아니라 모든 종교는 구원과 신을 보장한다는 종교의 가치중립을 주장하는 종교신학이라 할 수 있다.[21] 우리는 지금 문화적인 면에서뿐만 아니라 종교적인 면에서 다원주의가 지배하는 사회에서 살고 있다. 한국 사회는 이미 고대부터 그러했다. 이런 사회 속에서 예수 그리스도의 복음으로 거듭난 우리들은 어떻게 살아야 하는가? 결국 세계관 학습은 우리 존재의 본질과 깊은 연관을 가질 수밖에 없다. 바로 '지금 여기'에 살고 있는 '나는 누구인가?'라는 본질적인 고민으로부터 진지하게 시작되어야 한다. 그리고 최종적으로 삶의 개선을 목표로 삼아야 한다. 세계관 학습은 '머리'를 포함한 전인(全人)의 변화가 목표이다.

세계관 학습은 확실히 삶의 변화에 목표를 두고 있다. 우리가 '나는 믿는다'고 말할 때 그것은 단지 내적인 감정이나 경험만을 표현하는 것은 아니다. 그것은 우리가 진리라고 믿고, 그러므로 다른 사람들에도 진리라는 것을 긍정하는 것이다.

---

21) 전호진,『종교 다원주의와 타 종교 선교 전략』(서울: 개혁주의신행협회, 1994), 46.

1) 그리스도인답게 생각하기

그리스도인답게 생각한다는 것은 그리스도인답게 사는 것의 출발이자 전부이다. 이스라엘 백성의 출애굽을 소재로 제작 개봉되었던 애니메이션 영화 '이집트 왕자'에 삽입되었던 '이드로의 노래'를 통해 이 점을 확인할 수 있다. 모세의 장인 이드로는 용기와 희망을 잃고 그저 주어지는 삶을 맥없이 살아가는 모세를 향해 "하나님의 눈으로 세상을 보면 세상이 다르게 보인다"는 내용의 노래를 들려준다. 우리는 모세의 일생이 어떠했는지 잘 알고 있다. 그리스도인답게 생각한다는 것은 그리스도인답게 사는 것의 출발이자 전부이다.

그리스도인이 된다는 것은, 즉 거듭난다는 것은 '새로운 출생'을 의미한다. 예수님 당시 유대 사회의 최고위층이었던 니고데모와 예수님과의 대화를 보면 그가 사람다운 사람이 되는데 '거듭남' 외에 다른 길이 없음을 알 수 있다. 예수님을 만나기 이전에 그가 소유하고 있던 것들도 나름의 가치를 지닌 것들이었지만 그를 거듭나게 하는 데는 도움이 되지 못했다.

세계관을 포함해 진정한 변화는 거듭남으로만 가능하다. 태아가 출생을 통해 이전과는 완전히 다른 존재가 되듯 거듭난다는 것은 우리의 변화의 전부를 의미한다. 사람이 출생을 통해 기본적인 호흡법을 비롯한 자연의 법칙 아래로 들어가듯이 거듭난다는 것은 모든 것이 그리스도의 지배 아래로 들어가는 것이다. 그리스도를 인생의 주인으로 모시는 것이다.

주님이시고 하나님의 아들이신 예수님께서 '스스로 종'의 모습을 보이셨다. 스스로 종이 되신 이후에는 오로지 하늘에 계신 아버지의 나라와 의가 그의 인생의 목표와 내용이 되었다. 그리스도를 통해 거듭난 우리도 마찬가지이다. 거듭난 사람, 즉 그리스도인에게 있어서 하나님 나라와 의는 인생의 목표이자 전부이다. 거듭난 사람은 거듭난 생각, 거듭난 행동을 한다.

신약성경은 반복해서 사도들이 전하는 말과 세상 지혜 사이에는 근본적으로 모순이 있음을 확인시켜 준다. 이런 모순의 현실이 놀랄 만큼 최고조에 달하는 장면이 요한복음에 진술되어 있는 예수님과 당시 당국자들 사이의 논쟁들이다. 그러나 마가에 따르면 그것은 예수님이 사역을 시작하시며 하신 말씀 가운데 이미 내포되어 있다. 최초의 부르심은 회개하고 돌이키고 철저하게 새로운 '사고방식'으로 그 동안 걷던 길과는 정반대의 길을 가라는 것이었다. 이런 것은 새로운 실재, 즉 바로 지금 여기에 하나님의 통치가 임재하는 것을 인식하기 위한 전제 조건이었다.

마태복음의 경우에는 산상설교를 통해 '천국 백성의 길'과 '세상의 길'의 근본적 차이를 확연히 드러냈다. 그런데 천국 백성의 삶을 주제로 한 산상설교의 첫 부분인 팔복에서 예수님은 인간의 '마음'을 다루신다. 천국 백성은 어떤 존재인지, 삶은 어떠해야 하는지에 대한 말씀을 '마음'에 대한 가르침으로 시작하신다. 천국 백성은 천국 백성다운 마음을 소유해야 한다. 마음은 놀라울 정도의 능력을 가지고 있다. 심지어 천국 백성이 될 수 있느냐 없느냐도 마음에서 결정한다. 그러나 그렇게 큰 능력을 발휘하는 엄청난 실재인 마음은 볼 수도, 느낄 수도, 무게를 측정할 수도 없다. '사이키'(*psyche*)는 마음이란 헬라어이다. 그리고 심리학(Psychology)은 마음을 연구하는 과학의 영역이다. 그런데 마음에 관한 한 만족시킬 만한 합의된 정의가 없다. 그렇다고 마음의 존재를 부인할 수 없다.

성경에 의하면 마음은 그리스도를 닮거나 악할 수 있다. 마음은 만들어지고 조작될 수도 있다. 뿐만 아니라 마음은 아인슈타인에게 천재성을 주고, 베토벤에게는 창의성을, 히틀러에게는 야만적인 잔인성을 주기도 한다. 마음은 우리 각 사람의 삶의 방식과 또 생각하는 방법에 영향을 끼친다. 마음은 타인이나 우리 자신에 의해 조절될 수 있으며 왜곡된 생각에 의해 뒤틀릴 수도 있다. 그리고 하나님의 손에 의해 지배될 수도 있다는 분명한 증거가 있다. '마음'이란 단어는 다양한 의미로 사용된다. 그런데 대부분의 경우 마음은 인간의 생각, 앎, 감정을 언급할 때 사용된다. '마음'은 사고, 학습, 문제 해결, 의지, 인식, 집중, 기억, 주의, 사상과 감정의 경험 등을 포함한 우리의 정신 활동의 총체를 의미한다. '전기'나 '중력'처럼 마음을 눈으로 볼 수 없고, 이해할 수 있는 사람도 거의 없다. 그러나 우리는 마음이 무엇인지 알고 또 마음을 사용한다.

원래 성경 기록 언어인 히브리어나 헬라어에서 '마음'에 해당하는 단어는 영어 '마음'(mind)과는 동일하지 않다. 킹제임스 성경의 경우 여섯 개의 다른 히브리어 단어가 '마음'(mind)으로 번역되었으며, 때로 히브리어 단어들이 '혼'(soul), '마음'(heart), '태도'(attitude)로 번역되기도 한다. 이것은 '마음'(mind)이 성경에 사용될 때 많은 다른 의미를 내포한다는 것을 보여준다. 때때로 그것은 '결심'에 대해 언급한다(느 4:6). 구약성경에서는 '기억'을 의미하기도 한다(사 46:8, 9; 애 3:21-23). 신약성경에는 '감정적인 안정성'에 관계된 예들이 나온다. 마가복음 5:15과 누가복음 8:35에 의하면 예수께서 귀신들린 사람을 고치셨을 때 사람들은 그가 "정신이 온전하여지자" 놀라고 두려워했다. 다른 곳에서는 '생각', '지적인 기민함', '헌신' 등에 사용된다.

또한 성경의 기자들은 마음을 묘사하기 위해 형용사를 사용한다. 예를 들면 악한 마음, 어두워진 마음, 부패한 마음, 사악한 마음, 강퍅한 마음, 의심하는 마음, 육체의 마음 등이다. 때로 형용사들이 더욱 적극적인 의미로 사용되기도 한다. 자원하는 마음, 낮은 마음, 겸손한 마음, 온전한 마음, 순결한 마음, 새로워진 마음 등이다. 또 성경은 마음의 발전을 위한 교훈을 제시한다. 이사야는 만약 우리가 하나님을 의지하고 마음으로 하나님을 생각하면 '온전한 평강'을 경험하게 될 것이라 한다. 다른 여러 곳에서는 '한 마음'으로 연합해 함께 일할 수 있다면 우리 각자에게 유익이 될 것이라 언급했다.

이상에서 보듯이 성경 속에 나타나는 마음의 개념은 행동에 가깝다. 예를 들면 근심스러운 마음은 근심스러운 행동을 낳고, 어리석은 마음은 어리석은 일을 생산하고, 죄를 품은 마음은 하나님과 적대되는 일을 하게 한다. 부패한 마음을 가진 자는 다툼을 좋아한다. 우리는 근심하지 않도록 마음을 결정할 수 있다. 마음은 조절될 수 있고 행동을 위해 준비될 수 있다. 마음은 행동을 지배하며 인격을 형성한다. 지혜자는 우리의 사고가 행위에 영향을 미치며, 우리의 사람됨을 결정한다고 했다(잠 23:7). 이처럼 마음이 생각하는 방식이 우리가 어떻게 살아가며, 세상을 바라보고, 자신을 바라보는가 그리고 어떻게 타인과 관계를 맺는가를 결정한다. 그리고 마음으로 하나님과의 관계를 결정한다.

그렇다면 세계관과 마음은 어떤 관련이 있는가? 세계관이란 "사물에 대한 근본적 신념의 포괄적인 틀"이라 정의할 수 있다. 이처럼 세계관이란 근본적인 신념(basic belief)의 문제이다. 즉 종교적 성격을 지니고 있다. 이런 본질적 성격 때문에 세계관은 우리의 삶을 인도하는 기능을 지닌다. 비록 자신의 세계관에 일관되게 살지 못하는 경우가 발생할 수도 있지만 그것은 풍랑을 만난 배가 잠시 항로를 이탈하는 것처럼 지극히 일시적인 현상일 뿐 우리의 삶은 세계관을 통해 결정된다. 마음의 기능과 거의 동일하다. '세계관'과 '마음'을 동의어로 사용한다 해서 크게 문제가 되지는 않을 것이다. 하지만 우리의 학습이 학습답게 진행되기 위해선 둘 사이에 존재하는 분명한 차이점을 무시해선 안 된다. '세계관'은 그 성격상 외부로 드러나 있기에 하나의 체계로 객관화시킬 수 있지만 '마음'은 개인 속에 내면화된 것이어서 다른 방식의 접근이 필요하다.

이제 필연적으로 제기되는 문제, 즉 세계관이 이처럼 우리의 생활과 밀접한 관계를 맺고 있다면 기독교적 세계관을 어떻게 형성할 수 있을까 하는 문제이다. 이 문제를 해결할 수 있는 확실한 출발점을 가지고 있다. 그것은 성경의 가르침이 종교적 영역에만 국한되지 않고 우리 삶의 전반을 다루고 있다는 것이다. 아브라함 카이퍼의 말처럼 기독교를 하나의 종교로서만 이해할 것이 아니라 삶의 체계(life-system, Weltanschauung)로서 즉 세계관으로서 이해해야 한다.

그런데 이렇게 세계관의 정의 및 성격을 살펴보는 것만으로 세계관이 형성되는 것은 아니다. 성경적 세계관은 성경에서 이끌어내야 한다는 바른 결론에 도달했다고 해서 완전한 세계관을 소유했다고 할 수도 없다. 우리는 세계관의 정의와 성격을 살펴보았을 뿐 세계관을 하나의 '문화'로써 구체화시키지는 않았다. 또한 하나님의 계시 그 자체는 완전하지만 그 누구도 자신이 깨닫는 정도를 완전하다고 할 수 없다. 때문에 우리가 현재 소유하고 있는 성경적 세계관은 잠정적이다. 주께서 주시는 은혜를 따라 더욱 성숙시켜 나가야 한다.

자전거를 처음 배울 때 균형을 잡으려면 이렇게 저렇게 하면 된다는 식의 말을 듣는다. 하지만 여전히 넘어지고 만다. 그러다 어느 순간 어떻게 하는지를 알게 된다. 그런 후에는 자연스레 균형 잡는 법을 터득하게 된다. 그것이 이제 내면화되어서 더 이상 그런 생각에 주의하지 않고 단지 어디로 가는지에 대해서만 생각하면 된다. 하지만 아직 배우는 단계에서 계속 넘어지는 동안에는 넘어지지 않고 두 발 달린 자전거를 타는 것이 가능하다는 믿음을 가지고 그것을 받아들여야만 한다. 자전거를 타는 지식이 우리 속에 내면화되어서 우리의 지식의 일부가 되기까지 우리는 자전거를 타는 전통에 자신을 내맡겨야 한다. 이와 같은 원리는 물론 세계관 학습에도 이 원리는 적용된다.

우리는 만나는 사건이나 사람을 하나의 관점에서 해석하고 평가하는 데 익숙하다. 쉽게 판단하고 평가하고 행동하는 데 잘 훈련되어 있다. 무엇에 대해 누군가 탁월한 해석을 내리고 나면 우리는 재고의 여지없이 그의 의견을 맹목적으로 따르는 버릇을 소유하고 있다. 정신없이 바쁘게 돌아가는 세상살이에 적응하다보니 어쩔 도리 없이 길들여진 습관일 것이다. TV나 신문을 통해 전해지는 소식이나 기사들은 거의 의심 없이 받아들여진다. 그런 것들을 의심하고 질문을 갖는 사람들이 오히려 이상하게 여겨진다. 이미 우리에게는 너무도 익숙한 안경이 쓰여져 있다.

우리는 단어, 언어, 관념, 즉 우리가 사용하는 동안 무비판적으로 의존해야만 하는 도구들을 가지고 있다. 그리고 이것들 외에도 수학의 방대한 언어와 사전, 지도, 컴퓨터 같은 도구들 그리고 우리가 이해하고 전달하기를 원하는 의미들에 시선을 집중시키는 동안 은연중에 의존하는 도구들을 가지고 있다. 그리고 이 모든 도구들은 우리가 대개 문화라고 부르는 좀 더 광범위한 실재의 일부이다. 여기서 문화란 함께 사용하는 언어와 공통의 이야기를 통해 가능해지는 모든 형태의 사회생활 속에서 구체적으로 표현되는 것들을 이해하고 배열하는 전체적인 양식이다.

이런 것들의 대부분은 출생 후 몇 년 동안 말하고 읽고 사람들과 공통된 이야기를 나누면서 배우거나 흡수한다고 말할 수 있을 것이다. 보통은 그것을 그저 당연하게 여긴다.

우리는 삶의 터전으로 삼고 있는 이 사회를 지배하는 세속화된 안경들(기준, 가치 체계 등)이 만들어내는 결과물들에 대해 객관적인 평가를 할 수 있어야 한다. 그런데 이런 안경들은 너무도 익숙하기에 '안경'이라는 느낌조차 없다. 안경의 렌즈는 우리 눈의 렌즈가 수행하는 것과 똑같은 기능을 수행하고 있다. 그런 의미에서 그것들은 우리의 일부이고, 그것 안에 머물고 있다. 우리는 전혀 다른 역사에 의해 형성된 전적으로 다른 문화와 언어를 접할 때에야 비로소 되돌아서서 우리가 항상 당연한 것으로 여겼던 것이 사물들을 바라보는 한 가지 방법에 불과했음을 알게 된다.

우리가 어떻게 살아야 하는지를 결정짓는 것은 우리의 세계관이다. 자신이 주인이라고 생각하는 이들은 모든 다른 이들을 정복하고 예속시키려고 든다. 또한 자신을 이 세계의 중심으로 보는 이들은 자신을 기준으로 해 다른 문화권들을 평가하게 된다. 이와는 반대로 자신을 정복된 희생자로 보는 이들은 주도적으로 어떤 일을 추진하지 못하는 무기력한 정신 상태에 빠지거나 다른 모든 사람들이 자기에게 어떤 도덕적 의무를 지니고 있다고 생각한다. 한 마디로 말해서 우리가 세계를 어떻게 바라보는가 하는 것이 우리가 어떻게 행동하는가를 결정한다는 것이다.

이 원리는 우리가 예수님의 제자로서 삶을 살아가는 데에도 적용된다. 우리의 종교적 삶이 세상 속의 삶과 통합되지 못해 우리의 믿음이 개인화될 경우, 우리는 믿음을 통해 개인적인 위안은 얻지만 예수께서 가르치신 대로 이 세상에서 '빛과 소금'의 역할은 감당할 수가 없다. 반면에 자신을 이 세상에 소망과 변화를 가져다주는 예수님의 심부름꾼으로 본다면, 바로 거기에서 이웃과 사회에 대한 봉사와 정의 구현, 세계 선교와 전도 활동의 중요성을 발견하게 될 것이다. 우리가 좁은 세계관을 택하는 이유는 시야가 좁아질수록 책임감을 적게 느끼고 도전을 적게 받는다는 것을 의미하기 때문이다. 좁고 비성경적인 세계관은 우리의 상투적인 고정관념을 지속시키고, 하나님을 자신의 목적을 위해 이용하며 이 세상의 많은 것으로부터 우리를 분리시킨다. 좁고 이기적인 세계관이 이 세상의 현실을 외면하는 데에 이르게 한다.

우리는 과연 어떤 선택을 할 것인가? 좁은 세계관에서 오는 안도감에만 집착할 것인가, 그렇지 않으면 성경의 가르침을 심각하게 받아들여 좀 더 진취적으로 살아갈 것인가? 이러한 선택이 우리 자신들이 어떤 기독교인으로 변화될 것인지를 좌우한다. 이것은 긍정적인 변화를 위해 힘쓰는 진취적인 기독교인이 되느냐, 아니면 하나님께서 변화시키라는 부르심에 응답하지 못하고 이 세계로부터 도망가는 기독교인이 되느냐의 갈림길이기도 하다. 지금 우리는 쓰고 있던 익숙한 안경을 벗고 새로운 안경을 쓰고 세계를 바라보라는 주문을 받고 있다. 하나님께서는 당신의 나라와 의를 위해 부름 받은 우리를 향해 '하나님의 눈으로 세상을 바라볼 것'을 명령하고 계신다. 그리스도의 마음을 품고 살아갈 것을 명령하고 계신다.

2) 기독 학생의 윤리

해마다 모든 학교에서 시험을 친다. 꽃 피고 새가 우는 따스한 봄날에 시험에 쫓겨 허구한 날 책상머리에 앉아 있어야 하는 학생들에게 확실히 잔인한 시간들이다. 그러나 시험이 항상 잔인하고, 선생이 학생들의 학력을 평가하고 그간 배웠던 것을 정리하는 기능만 있는 것이 아니다. 시험에는 위협의 요소가 있는 것이 사실이지만 시험이야말로 삶의 긴장과 이완을 만들어줌으로써 생동감 있는 삶을 만들어 주는 학창 시절의 중심이다.

그래서 많은 사람들에게 시험은 학창시절의 소중한 추억의 중심에 있다. 특히 기독 학생들에게 있어서 시험은 위의 요소들 외에도 더 중요한 기능이 있다. 시험은 자신이 자신의 전공분야에서 선한 청지기로서 잘 충성하고 있는지를 확인하는 기회이다. 자신에게 주어진 시간과 건강과 재능에 대하여 착하고 충성된 종이라는 칭찬을 들을 만큼 성실하고 지혜롭게 살았는가를 점검하는 기회가 된다. 그러면 어떻게 하는 것이 선한 청지기로서 하나님의 영광을 위하여 주께 하듯 시험을 치르는 것일까?

(1) 정직한 시험

모든 시험이나 과제물은 정직함이 가장 필요한 경우이다. 진정한 정직함은 사람이 옆에서 감시하지 않더라도 하나님이 낱낱이 보고 계시다는 '코람데오'의 의식으로부터 나온다. 시편 기자는 정직하게 행하는 자에게 대하여 여러 가지 축복을 말하고 있다. "여호와 하나님은 해요 방패시라 … 정직히 행하는 자에게 좋은 것을 아끼지 아니하실 것임이니이다"(시 84:11).

정직한 자에게 하나님이 좋은 것을 주시겠다는 약속을 믿고 컨닝으로 A학점 맞기보다 정직하게 C를 맞겠다고 결심하는 것은 그 자체가 축복이다.

(2) 성실한 시험 준비

성실과 의지는 지능보다 더 후천적이며 노력과 인내가 필요한 덕목이다. 자기의 노력으로 얻지 않은 것들은 자랑거리가 아니다. 성경의 비유에 나오는 바와 같이 다섯 달란트 받은 사람이 두 달란트 받은 사람에게 달란트 많이 받았다고 자랑할 수 없듯이 IQ가 좋다는 것은 선천적인 것으로서 자랑거리가 아니다. 받은 달란트에 얼마나 충성했느냐가 중요한 것처럼 자기의 IQ와 건강, 시간 등의 재능에 얼마나 충성했느냐가 중요하다. 아무리 기도해도 하나님께서 들어주지 않는 기도가 몇 가지 있는데 그중의 하나가 바로 공부하지 않고 좋은 성적 얻게 해 달라는 기도이다. 성경은 곳곳에서 하나님께서 성실한 자를 도우신다고 말한다. "울며 씨를 뿌리러 나가는 자는 정녕 기쁨으로 그 단을 가지고 돌아오리라"(시 126:6). "여호와를 경외하며 그 도에 행하는 자마다 복이 있도다. 네가 네 손이 수고한대로 먹을 것이라. 네가 복되고 형통하리로다"(시 128:1-2).

공부를 함에 있어서도 성적이 좋고 나쁜 것보다 최선을 다했느냐가 더 귀하고 중요하다. 그러나 최선을 다하는 것은 자기와의 싸움이다. 최선을 다했음에도 불구하고 성적이 좋지 않거나 불합격했다면 그것은 하나님의 뜻으로 받아들여야 한다.

(3) 하나님의 은혜

아무리 정직하게 열심히 시험을 준비하더라도 하나님의 은혜가 없으면 안 된다. "여호와께서 집을 세우지 아니하시면 세우는 자의 수고가 헛되며 …"(시 127:1, 2). "내가 산을 향하여 눈을 들리라 나의 도움이 어디서 올꼬 나의 도움이 천지를 지으신 여호와에게서로다"(시 121:1).

성실히 자기의 행해야 할 바를 다하면서 하나님의 은혜를 구해야 한다. 성실히 행하는 것조차 하나님의 은혜라 할 수 있다. 자신이 열심히 노력해서 좋은 성적을 얻었다 해도 하나님께 감사해야 한다. 하나님이 열심히 할 수 있는 마음과 건강을 주셨기 때문이다.

(4) 순 종

기독 학생들에게 있어서 공부하는 것이 하나님을 섬기는 행위이고 시험치는 것이 예배의 한 부분이라고 해도 역시 시간을 구별하여 예배를 드리고 말씀을 묵상하며 기도하는 것이 필요하다. 이처럼 구별된 경건의 행위들은 우리 삶의 나머지 부분들도 하나님께 드려져 있음을 나타낸다. 지금은 공부하느라 시간이 없기에 출세하면 예수를 믿겠다고 하는 사람들이 종종 있다. 그런 사람들은 예수 믿는 것을 서클에 가입하는 정도로 오해하는 사람들이다. 현재 하나님께 순종하지 않는 사람이 출세한 후 하나님을 섬긴다는 것은 있을 수 없다. 순종은 자기를 채찍질하는 오랜 경건의 훈련을 통해 인격이 변화될 때 가능해진다. 가진 것이 많으면 많을수록, 높은 자리에 올라가면 갈수록, 배운 것이 많아질수록 순종하는 것이 더욱 더 어려워지는데 공부할 때 순종의 연습을 하지 않은 사람이 어떻게 출세한 후에 순종할 것인가?

성경은 순종의 중요성에 대해 강조한다. 사무엘은 사울에게 "순종이 제사보다 낫고 듣는 것이 수양의 기름보다 나으니"(삼상 15:22)라고 책망했다. 관원들로부터 예수님을 증거하지 말라는 요구를 받고 "베드로와 사도들이 대답하여 가로되 사람보다 하나님을 순종하는 것이 마땅하니라"(행 5:29)고 했다. 다니엘의 세 친구들은 느부갓네살 왕이 세운 금 신상에게 절하라는 명령을 받았을 때 불 속에서 타서 죽을지라도(단 3:18) 금 신상에게 절하지 않겠다는 확고한 순종의 자세를 가졌다. 다니엘의 세 친구들과 같이 우리는 "A 학점을 맞게 아니하실지라도" 하나님께 순종하겠다는 결연한 모습이 필요하다. 이것이 충성된 청지기의 자세이다. 학생들의 공부하는 방법은 불신 학생들의 방법과 비슷할지 모르나 그 목적이나 공부 자체에 부여하는 의미는 전혀 다르다. 공부하는 것이 육신의 소욕을 이루기 위해서가 아니라 하나님 나라를 위해서라면 기독 학생이 공부를 열심히 하는 것은 주의 일이라 할 수 있다. 골로새서 3:23의 권면은 이러한 맥락에서 이해되어야 한다. "무슨 일을 하든지 마음을 다하여 주께 하듯 하고 사람에게 하듯 하지 말라."

9. 기독교적 세계관을 견지해야 하는 이유

냉랭한 지식만의 기독교를 원하지 않는다. 그 반대로 우리의 깊은 문제 - 우리들을 오류로 이끄는 몇 가지를 살펴봄으로써 기독교적 세계관의 필요성을 살펴본다.

1) 그리스도의 주 되심 인정

일반적으로 우리는 그리스도를 우리의 주님으로 인정하는 데 있어서 개인의 시간 및 재물 사용, 앞길의 계획을 의뢰하는 것 등에만 국한시켜 왔다. 그러나 예수 그리스도의 주(主) 되심은 교회, 사회 심지어 우주 전체에 있어서도 마찬가지임은 성경에서 명백하다(마 28:18; 요 1:3; 행 2:36; 골 1:20). 한편으로 우리가 "예수님은 나의 주인이십니다"라고 고백하는 것은 한국과 같은 비기독교적인 문화 사회 속에서 어떤 의미를 지니는가, 어떻게 하면 그리스도인다운 행동과 생활양식을 개발하여 좀 더 완벽히 융화된 그리스도인이 될 수 있을까 하는 의문들에 대한 답으로써 기독교 세계관은 반드시 필요하다.

2) 이원론적 행습의 탈피

우리 자신을 포함한 피조 세계를 관찰, 인식함에 있어서 일관성 있는 사고의 틀의 부재 혹은 거부로 말미암아 사고가 이분되거나 그릇된(지나친 혹은 소홀한) 강조를 하거나 하여 하나님의 뜻을 저버리게 되는 분열 증세를 나타나게 되는데 이것을 '이원론'(二元論)이라 한다. 이러한 이원론은 우리의 신앙과 생활에 심각한 분리를 야기시켜 신앙과 생활 모두에 해를 끼치게 되는데, 이제 우리 주변에서 그 구체적인 원인들을 살펴보자.

첫째, 동양 종교(특히 불교)의 탈세속적 자세 및 유교의 형식주의와 민간 토속신앙의 귀신, 요행, 맹목적 열심 등에 의해 우리의 종교심은 깊은 영향을 받아 왔고 결과적으로 신앙과 초자연적인 것과의 결부로 인하여 신앙과 생활의 분리가 야기되었다.

둘째, 한국 교회의 짧은 역사에 비해 숱한 고난의 경험으로 말미암아 교회의 현재적 책임보다는 미래의 천국의 모습에 편중되는 모습을 낳았다.

셋째, 실생활에서 그리스도인으로서의 가치관과 사고방식을 펼쳐나가기가 어려우므로 이 가운데 상존하는 긴장을 회피하기 위하여 이원론적 경향이 스며들었다. 이것은 전임 사역자보다도 실생활의 많은 부분을 직장에서 보내야 하는 일반 신도들 사이에 명백히 드러난다.

이러한 긴장을 해소하는 대표적 패턴에는 그리스도인의 가치관을 포기하고 명목상의 그리스도인이 되는 타협형, 갈등을 견디기 힘들어 이런 생활에서 도피하는 분리형, 그리고 이중적인 가치관, 이중적인 행동을 하는 이원론형이 있다. 특히 이원론형은 자기의 이중적인 면 때문에 갈등도 문제의식도 느끼지 못하는 모습이 되고 만다. 마지막으로, 교회의 몰인식과 이원론을 지양하는 이런 방향에의 교육이 부재한 데 기인한다. 기성교회의 다분히 공리적인 목회방침이나 복음주의 선교 단체들이 일반 전공과목에 대한 올바른 안목과 인간 및 사회에 대한 올바른 이해를 제공하지 않는 것들을 그 원인으로 볼 수 있다.

3) 풍성한 삶의 회복

그리스도인은 너나 할 것 없이 모두 다 풍성한 삶(요 10:10)으로 부르심을 받았다. 흔히들 이 풍성한 삶을 '영적 생명', '중생', '새로운 피조물' 등의 개념으로 혹은 현재적 축복(건강 회복, 사업의 발전 등)으로 설명하기도 한다. 그러나 그리스도인이 누리는 풍성한 삶이란 훨씬 넓은 창조의 전 영역과 창조의 본질적 성격, 인간에게 부여된 창조적 잠재력(성, 예술, 학문, 사회) 등을 그 내용으로 한다. 그러나 기독교적 안목이 없을 때 그리스도인들은 좁고 왜곡된 생각 속에서 자위하는 생활을 하게 된다.

10. 기독교 유신론 - 기독교 세계관

17세기 말까지 서양의 세계관을 지배해 왔고, 그 뒤에 발전된 여러 세계관의 기본이 되는 기독교 유신론(唯神論)은 그 세계관의 기본 명제가 하나님의 본질에 근거한 것이다. 이러한 하나님의 본질에 근거한 명제들을 숙고함으로써 앞서 제시된 필요성에 어떤 해답을 줄 수 있는가를 알아본다.

첫째, "하나님은 무한하고 (삼위의) 인격이시며 초월하시고 내재하시며 주권자이시며 선하시다"라는 명제에서 하나님의 존재의 본질 - 자존(自存) - 과 그의 속성의 정수인 선을 알 수 있다. '하나님은 스스로 있는 자'(출 3:14)라는 것으로부터 우리는 다른 모든 실재의 근원이 되시는 하나님이 최고의 실재라는 사실을 알 수 있다. 하나님의 선은 거룩과 사랑이라는 두 가지 방법으로 표현되고, 여기에서 우리는 의의 절대적 표준(하나님의 속성에서 발견되는, 요일 1:5)과 그래도 인간에게는 소망이 있다는 사실(하나님은 사랑이시므로, 요일 4:16)을 알 수 있다.

둘째, "윤리는 초월적이고 그것은 선(거룩한 사랑)으로서의 하나님의 속성에 근거하고 있다"의 가르침을 통해서 윤리는 하나님과 관련된 것이며 도덕의 기준은 사람이 아니라 바로 하나님께서 그 표준이 되심을 알 수 있다.

셋째, "하나님은 무에서 천지를 창조하셨으며 개방 체계(open system) 속에서 인과율의 일치체(uniformity)로 운행하도록 하셨다." 이 명제에서 하나님은 어떠한 '선재하는 물질'이 없는 상태 - 시간, 공간 물질까지도 - 에서 우주를 창조하셨고, 이 우주는 질서가 있으며, 또한 하나님과 사람의 재조정에 의하여 변경이 가능하도록 되어 있다는 것을 알 수 있다. 따라서 인간은 자신의 행동이 미래의 우주에 어떠한 변화를 가져올지 숙고하는 책임 있는 자세가 필요하다.

넷째, "인간은 하나님의 형상으로 창조되었으므로 인격, 자기 초월성, 지성, 도덕성, 사회성, 창조성 등을 지닌다." 사람은 하나님의 형상으로(창 1:26, 27) 지음을 받았다. 따라서 사람은 하나님의 인격의 속성을 갖고 있으며 참다운 창조를 할 수도 있다. 하나님의 인간 창조라는 명제와 더불어 다음의 명제, "인간은 선하게 창조되었다. 그러나 타락으로 인해 하나님의 형상은 비록 회복될 수 없을 정도로 완전한 파괴는 아니지만 훼손되었다. 한편 하나님은 그리스도를 통해 인간을 구속하시고 선을 회복시키셨다. 물론 인간은 이 구속의 사실을 접하고도 그 구속을 거부하는 길을 택할 수도 있다"에서 우리에게 향하신 하나님의 깊은 사랑을 느낄 수 있다.

인간의 역사는 '창조-타락-구속-영화'의 네 단어로 요약할 수 있다. 다른 모든 피조물과 같이 인간도 선하게 창조되었지만 매일의 생활에서 그 성품을 드러내는 것에서 벗어난 존재이다. 그러나 그리스도의 구속 사업에 참여함으로써 이제 원래의 창조된 의도대로 되는 영화의 과정에 서는 것이다. 그러므로 천국은 현실과 동떨어진 것이 아니라 구속받은 그 순간부터 개인의 삶은 천국으로의 연속 시간상에 있다. 그러므로 자연스럽게 다음의 명제 "역사는 직선적인 것이며 인간에 대한 하나님의 계획을 섭취시켜가는 의미 있는 사건들의 연속이다"라는 것에 접근한다. 비록 인간의 행위가 혼란하게 보일지라도 분명한 시작과 끝이 있으며 그것은 창조-타락-구속-영화의 길을 가는 것이다.

여섯째, "인간의 죽음은 하나님 및 그의 백성과 함께 누리는 생명의 문이든지 인간의 갈망을 궁극적으로 채워 주실 유일하신 분과 영원히 갈라서는 문이든지 둘 중 하나이다"에서 영화된 존재로 변화된 자들의 교제가 이뤄지는 천국과 영원히 분리된 지옥이 있음을 분명히 지적한다.

끝으로, "하나님께서는 사람과 교통하고 있다"는 명제에서 우리는 설레는 마음으로 하나님을 바라본다. 그의 교통하심은 '계시'라고 표현되는 자연을 통한 일반계시와 초자연적인 방법을 통한 특별계시로 이루어진다. 특별계시의 정점은 바로 예수 그리스도이셨다. 따라서 사람들은 누구든지 예수 그리스도를 통하여 하나님과 교통할 수 있다.

11. 결 론

　기독교 세계관이란 "기독교적 관점에서 이 세상 전체를 바라보고 그에 근거하여 살아나가는 일"이다. 그리스도인은 성경적 방식으로 기독교적 관점에서 이 세상 전체를 바라보고 그런 관점이 삶 속에서 더 철저하고 폭 넓게 나타나야만 한다. 그것이 창조의 하나님을 창조주로 인정하는 것이다. 하나님께서는 인간과 온 세상을 선하고 아름답고 고귀하게 지으셨기 때문이다. 그것이 인간의 죄악과 타락을 성경적으로 온전히 이해하는 것이다. 타락과 죄는 피조 세계의 모든 것을 오염과 부패로 물들게 하고 있다. 이런 의미에서 인류와 온 세상이 다 죄의 부패와 오염 아래 있으며, 따라서 하나님의 진노 아래 있다. 그러므로 인간들이 그 스스로의 능력으로 이 세상을 바르게 이해하며 고쳐 보려고 하는 것은 부분적으로는 옳을 수 있으나 그 전체적으로는 옳지 않다. 여기서 우리가 구속의 하나님을 바르게 인정하며 예수 그리스도를 우리의 유일한 구원자로 받아들이는지의 문제가 나타난다. 인간과 온 세상의 타락상이 이러하기에 영원하신 하나님께서 친히 인성(human nature)을 당신의 아들에게로 취하셔서 죄에 대한 형벌을 받으심으로 대리 속죄(vicarious atonement)를 이루시고, 그 대속하신 인간들을 회복시키셔서 하나님이 선하다고 보시는 일에 힘쓰는 친 백성이 되게 하신다. 하나님 나라 백성은 이 땅에서 모든 것을 하나님 나라의 관점에서 바라보며 하나님 나라 백성다운 실천을 한다. 그리스도인은 학문이나 기업을 하든지, 기업의 일원이나 시민 사회의 일원으로 있든지, 정치 문제나 경제 문제나 문화적 활동에서 모든 일들을 하나님 나라의 관점에서 수행해야 한다. 여기에 기독교 세계관적 실천이 있다. 이제 세계관적 관점에서 힘써야 할 몇 가지 문제를 나누고자 한다.

① 철저하게 성경적이고 하나님 나라적인 의식이 되어야 한다. 그런 의식을 가진 이는 세상을 하나님 나라의 관점에서보며 진정 하나님의 사랑을 전달하려고 애쓴다.
② 그리스도인은 하나님 나라의 공동체로서 교회를 세우는 일에 최선

을 다해야 한다.

③ 하나님 나라의 개인과 공동체(교회)는 이 세상에서 하나님의 통치하심을 그들의 삶과 존재와 활동으로 드러내어야만 한다.

④ 하나님 나라 복음을 전하여 이 세상 사람들이 하나님 나라와 교회의 일원이 되게 하며, 그렇게 교회 공동체 안에 들어온 이들의 관점이 기독교적 관점이 되도록 해야 한다.

⑤ 그렇게 기독교화된 이들이 하는 모든 일들이 하나님의 통치하심, 즉 성령님의 인도하심을 받는 실재를 드러내어야 한다.

⑥ 하나님 나라 의식에 근거한 문화적 활동을 드러내도록 해야 한다.

선교는 세계관을 바꾸는 작업이요 나아가 문화를 바꾸는 작업이다. 선교를 이렇게 정의하게 되면 선교 사역 속에는 매주 드리는 주일 예배를 위시하여 축호 전도나 노방 전도, 성경공부나 부흥회가 포함되는 것은 물론, 나아가 창조론이나 세계관 연구도 포함된다. 다양한 선교 전략을 통해 추구되는 바는 피선교지 사람들로 하여금 성경적 세계관을 갖게 하고, 나아가 성경적 문화로 바꾸는 것이다. 성경적 세계관과 문화로의 변혁이야말로 신성한 선교라고 할 수 있다. 결론적으로 창조주이시자 지지자이시며 예수 그리스도를 통해 구속자요 친구가 되신 우주의 주님이신 하나님은 바로 사람과 교통하신다는 놀라운 사실을 들고 싶다. 이러한 기독교 세계관을 바탕으로 할 때 우리는 진정한 사랑과 순종과 찬양을 하나님께 드릴 수 있게 된다.

제10장

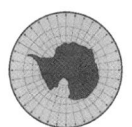

선교 교육과 목회 리더십

    선교란 예수 그리스도를 따르지 아니하는 사람들에게 전도하기 위하여 복음을 들고 문화의 경계를 넘는 것이며, 또한 사람들을 권면하여 예수님을 주님과 구주로 영접하게 하여 교회의 구성원이 되게 한 후 성령께서 인도하시는 대로 전도와 사회정의를 위한 일을 하게 하며 하나님의 뜻이 하늘에서 이룬 것 같이 이 땅에서도 이루어지게 하는 것이다.[1]

    선교는 본질적으로 하나님의 사역이지만 사람을 수단으로 한다. 그런데 선교의 수단을 교회에 귀착시키지 않고 선교회나 특정인들이 해야 한다는 '교회 내의 교회'(ecclesiolae in ecclesia) 사상은 일찍이 독일 경건주의자들에게서 시작되었다. 경건주의는 당시 기성교회의 영적 무기력에 실망하고 소그룹 운동의 전도로 중생한 자들만을 교회에 가입시키고, 또 교회의 소그룹만이 선교를 하도록 하였다. 독일 개신교회의 선교의 부재를 비판하고 해외 선교를 역설한 17세기 독일 루터파 목사 웰츠(Justian von Weltz)는 선교를 위하여 선교회의 필요성을 제안하였다. 웰츠 목사는 이 선교회는 모금자(promoters), 관리자(observatores), 선교사(missionaries)로 구성되어야 한다고 하였다.[2]

---

1) Arthur F. Glasser and Donald A. McGavran, *Contemporary Theology of Mission* (Grand Rapids: Baker Books House, 1983), 26.
2) Gustav Warnack, *Outline of a History of Protestant Missions* (New York: Revell, 1906), 35. 전호진, 95. 재인용.

이처럼 선교사(Missionary), 선교단체(Mission Society) 그리고 모교회(Mother Church)이 세 가지는 선교의 필수적인 구성요소이다. 이 구성요소들 중 어느 하나라도 결점이 생길 때 선교는 그 목적을 성취하기가 어려울 것이다. 그중에서도 모교회(지역교회)를 선교의 모판이라고 한다. 그렇게 부르는 이유가 무엇인가? 초대교회는 교회가 선교를 했고, 교회가 선교사를 배출했다(수리아 안디옥 교회). 교회야말로 세계를 품은 그리스도인을 양육할 수 있으며, 이미 나간 선교사의 사역을 위해서 기도와 물질로 지원할 수 있는 힘 있는 공동체이다. 따라서 지역교회(모교회)를 시무하는 담임 목사야말로 세계 선교의 기초를 놓는 자요, 유지하는 자라고 볼 수 있으므로 담임 목사의 선교 비전이 중요하다고 본다.

교회 존재 목적이 선교로 보는 비전을 가진 교회는 선교의 큰 뜻을 이룰 것이고, 선교를 교회의 여러 사역 중의 하나로 보는 목회자는 그만큼 선교를 약하게 할 것이다. 우리는 사도행전 1:8에서 선교의 네 구역을 발견하게 된다. "예루살렘과 온 유대와 사마리아와 땅 끝"이다. 거기에 '과 … 와'의 뜻을 분명히 해야 한다. 'kai … kai'는 동시적 명령이다. 예루살렘을 복음화하고 난 후 유대, 사마리아, 땅 끝의 순서가 아니라는 점이다.

복음을 받은 성도는 예루살렘 내의 지역과 아울러 세계 끝까지 복음을 동시에 전해야 한다는 것이다. 그렇다면 지역교회도 선교적 목회로 그 방향을 바꾸어 주님의 선교 명령을 실천해야 할 것이다. 더구나 한국 목회자의 경우 세계 선교의 주역이 한국에 주어졌다는 경향을 감사하면서 선교를 위한 대전환을 해야 될 때라고 확신한다.

1. 파트너십 (Partnership)

우리는 지금 개인주의와 물질주의가 급속히 팽창하고 있는 세대를 살고 있다. 각자가 서로를 인격적인 관계로 보지 않고 나의 유익과 채움의 필요로 보고 있는, 그래서 더 이상 가까워지기에는 많은 한계를 느끼게 되는 세대를 살고 있다. 사무엘상 17-20장의 장면은 다윗과 사울의 전쟁의 서막에 해당된다. 성경은 이 장면에서 요나단의 심오하고 아름다운 사랑 이야기를 담고 있다. 요나단이 다윗을 사랑하기를 자기 생명을 사랑함과 같다고 여러 번 기록했다. 어려운 시대일수록 그리스도인들의 깊은 사랑 이야기가 많이 필요할 것이다. 사랑은 많은 사람들의 영혼을 위로하고 격려하고 새 힘과 새 생명을 준다.

사랑은 우리의 마음이나 머릿속에서 맴도는 이론이나 사상이 아니다. 사랑은 고린도전서 13장에서 가르치는 바와 같이 겉모양으로 행하여지는 행위도 아니다. 그리스도의 사랑과 은혜가 우리 속에 가득 차 올라 주체할 수 없게 될 때 자연스럽게 흘러나오는 것이다. 갈라디아서에서처럼 나는 이미 죽었고, 내 안에 사시는 그리스도의 사랑이 내 삶에서 흘러나오는 것을 사랑이라 말할 수 있다(갈 2:20). 사랑은 그리스도께서 하늘 보좌를 버리고 이 땅에 오셔서 죄인들을 섬기신 일을 본받는 것이 아니겠는가? 빌립보서에 기록된 것 같이 남을 나보다 낫게 여기고 남의 일을 돌아보는 것이 사랑일 것이다(빌 2:1-10).

1) 파트너십이 절실한 시대

'엉클 캠'이라는 책을 보면 이 책의 주인공은 우리 근대 선교의 제3세대에서 가장 중요한 인물 중의 한 사람인 캐머룬 타운젠트이다. 그의 삶도 귀하지만 그의 모든 사람을 섬겨야 한다는 사상은 너무도 우리에게 절실한 요청이다. 위클리프성경번역회(WBT)의 신조 중 하나인 모든 사람을 섬긴다는 조항은 이 분의 사상이기도 했다. 그는 선교지 칵치켈 종족이나 선교 동역자뿐 아니라 교단과 종파가 다른 사람들까지도 겸손히 섬겼다. 주님도 제자나 따르던 사람들만을 사랑하셨던 것이 아니라 원수 되었던 죄인들을 사랑하고 섬기고 자기 생명을 주시기까지 하셨다. 빌립보서에서 바울은 이것을 하나님께 복종하신 것이라고 말씀하신다. 섬김은 우리의 덕목이 아니라 우리가 복종해야 할 하나님의 명령이고 사명이다.

아이러니하게도 섬김의 표상인 선교 현장에서 선교사들은 이 섬김의 문제에서 너무 많은 한계를 고백한다. 심지어는 현지인들이나 현지 문화가 선교사들을 괴롭히는 것이 아니라 선교사들이 선교사를 가장 괴롭게 한다는 말이 있을 정도로 선교 현장에는 일과 투쟁은 있으되 사랑과 섬김이 말라 있다는 고백들을 들을 수 있다. 서로를 섬기고 서로의 은사를 조화시키고 연합해야 하는 선교 현장에서 간간히 들려오는 소식들은 마음을 아프게 한다.

요즘 선교의 미완성 영역은 대부분 창의적 접근을 해야만 하는 무슬림과 공산권과 완악한 미전도 종족들이다. 이 지역에서의 효과적인 선교전략은 전문인 선교와 팀 선교이다. 전문인 선교와 팀 선교는 불가분의 관계를 가지고 있으며, 팀 선교에서의 가장 중요한 것은 서로를 인정하고 세워 주고 섬기는 파트너십이다. 파트너십이 절실히 필요한 시대이다.

2) 파트너십의 본질

누군가가 무엇을 얻으면 그만큼 우리의 몫이 적어진다고 생각한다. 그래서 사돈이 논을 사면 축하를 해 주어야 함에도 불구하고 배가 아프다. 특히 이런 말은 농경문화를 지배하고 있는 심리적인 현상이다.『원칙 중심의 리더십』[3]이라는 책에서 스티븐 코비는 이러한 심리를 부족의 심리라고 말했다. 선교 현장에서도 밥그릇 싸움이 일어나는 것은 이 부족의 심리적인 현상이다. 돈과 권세와 명예는 우리가 버려야 할 것이지 섬겨야 할 것은 아니다. 그러나 특히 이 영역 안에 부족의 심리가 적극적으로 개입해서 거룩한 말씀의 선포 현장에서 갈등이 일어난다. 이 땅에서는 제한된 땅을 나누어 갖게 되지만 하나님은 광대하시고 능력이 무한하시다. 하나님 창고는 마르지 않는 샘물 같다. 아무리 나눠 주어도 부족하지 않다. 늘 우리가 필요할 때 우리에게 주실 수 있는 충분하고 풍성한 준비가 되어 있다. 우리가 이 땅에 소망을 두고 있을 때에는 늘 부족할 것을 염려하지만, 이 모든 것을 우리 하나님께서

---

[3] 스티븐 코비, 『원칙 중심의 리더십』(*Principle centered leadership*), 김경섭 역 (서울: 김영사, 2001).

주신다는 믿음이 있으면 우리의 마음은 풍요로워진다. 이 풍요로운 마음은 욕심과 갈등을 없애 준다. 진정한 섬김과 사랑은 이 마음에서 나온다. 이 풍요로운 마음에서 서로를 인정하고 서로에게 격려가 되고 힘이 되는, 그래서 신뢰할 수 있는 관계가 될 때 파트너십이 바로 발휘될 수 있다. 이 풍요로운 마음은 저절로 생기는 것이 아니라 자신의 욕심을 버리는 작업이 필요하다. 하나님을 향해 무릎을 꿇고 구하는 태도의 변화가 있어야 한다. 그래서 이 풍요로운 마음을 주는 믿음에 대하여 교회는 교육하고 훈련해야 그들이 자라서 선교사가 되어도 부족의 심리에 빠지지 않을 것이다.

3) 구성원의 태도

팀 안에서 갈등이 일어날 때면 팀의 조직과 구조가 잘못되어 일어나는 것인 양 새로운 시스템을 생각하게 된다. 규약을 만들고 강제하는 조치를 취하여 갈등이 일어나지 않도록 장치를 하려고 한다. 그러나 분쟁과 문제는 시스템의 문제가 아니라 구성원들의 사고의 틀과 심리적인 상태와 태도의 문제이다. 아무리 좋은 규약과 시스템이 있더라도 구성원들의 태도에 문제가 있으면 규약은 별 의미가 없다. 더구나 강제하여 겨우 갈등이 표면화되는 것을 막는 것으로는 팀에 생명력이 있을 수가 없다. 항상 부정적인 방법으로는 문제의 해결이 되지 않는다. 먼저는 서로를 이해할 수 있는 환경이 필요하다. 이 환경은 시스템으로 해결되는 것이 아니라 구성원들의 노력과 협동으로 이루어져야 한다. 서로를 표현하고 수용하는 나눔을 자연스럽고 따뜻하게 할 수 있는 환경이 필요하다. 늘 긍정적인 대화로 문제를 해결하려는 태도도 좋은 환경을 만들게 한다. 또한 경청하는 태도가 있어야 한다. 경청하는 것은 말하는 사람의 마음을 있는 그대로 인정하며 수용하는 태도를 포함한다.

멀리 있는 선교지의 문화는 넘어서면서 정작 가까이에 있는 동역자의 문화는 무시하고 대수롭지 않게 지나치려고 하면 문제가 생긴다. 내 중심적인 태도는 버리고 동역자의 마음을 헤아릴 줄 아는 태도가 필요하다. 선교지에서는 서로가 서로에게 멘토링을 해야 하며 팀 안에서 희생과 섬김이 이루어지는 삶을 살아야 복음도 힘을 얻게 된다. 선교는 단순히 "주님께서 우리를 위해 십자가를 지셨다"라는 사실을 지식적으로 전달하는 것이 아니다. 선교사들의 삶이 그리스도의 죽으심을 본받아서 나를 버리고 남을 섬기는 삶이 전달되어야 하는 것이다. 이 섬김을 통해 하나님의 사랑이 전파되고 하나님의 구원이 선포되는 것이다.

4) 하나 됨

파트너십을 단순히 사랑과 섬김으로 이야기했지만 실제로 파트너십은 여러 영역에서 요청된다. 우주의 교회들이 하나 됨을 이루려면 파트너십은 필수적인 것이 아니겠는가? 선교는 개교회가 하기에는 너무나 큰 하나님의 사역이다. 하나님은 혼자 개인이 혹은 한 교회가 하는 것보다는 교회들이 하나 되어 연합하는 것을 원하신다. 앞으로 여러 면에서 서로 협력해야 할 관계들과 그리고 그들 사이의 파트너십에 대하여 다루어 보자. 특히 하나님의 지상명령이요, 우리의 최대의 과업인 선교와 선교 현장 사역에 대하여 협력과 하나 됨에 대한 생각들을 나눌 필요가 있다. 교회와 선교사에 대한 이야기, 교회와 선교 단체와의 이야기, 교회와 교회에 대한 이야기, 전문인 선교에 대한 이야기, 선교 현장의 사역자들의 동역에 관한 이야기들 등이다. 하나 됨을 위하여 더 많은 것들을 나누고 서로를 섬겨야 한다. 나 자신을 위해서가 아니라 내 중심적인 사고에서 벗어나 서로의 은사를 수용하고 존중함으로 팀과 공동체를 세우고 복음이 힘을 얻어가고 하나님 나라가 흥왕하게 되기를 기도하면서 나아가자. 하나님께서는 그분의 일을 위하여 우리를 부르시고 세우시고 그 필요들을 공급하신다. 이야기를 나누다가 하나님의 필요가 보이면 겸손하게 반응하는 우리가 되기를 원한다.

2. 파트너십의 진정

어느 교단의 선교부는 "이제 몽골과 필리핀은 선교지가 아니다"라고 말하면서 이 지역에서 사역하고 있는 선교사들을 다시 불러들여서 재배치하겠다고 나섰다. 또 어떤 교회는 파송 선교사의 의견도 물어보지 않은 채 그 선교사를 이란으로 보내겠다고 파송 예배에서 선언했다. 또 어떤 선교사는 성경 번역 선교사로의 부르심을 확인하고 선교사로 허입되었으나 교회는 선교사의 비전과는 다르게 브라질로 갈 것을 종용했다. 또 어떤 선교사는 선교지를 방문한 파송교회의 장로님으로부터 새벽기도회 문제로 심한 질책을 받고 후원이 중단되는 아픔을 겪어야 했다. 또 많은 교회들은 선교지를 먼저 결정해 놓고 파송 선교사를 모집하고 있다. 우리는 이러한 상황들이 어떠한 문제점들을 갖고 있는가와 이러한 사례들을 통해 생각해 봐야 할 것들은 무엇인지를 살펴보고 우리 교회 공동체의 선교 정책 내지는 선교 교육에 대해 고민해 봐야 할 것이다. 먼저 교회와 선교사의 관계에서 살펴볼 것들이 있다.

3. 교회와 선교사

1) 교회의 선교 비전

교회는 성도들의 삶과 비전을 통하여 하나님의 마음을 보아야 한다. 교회는 성도들을 양육하고 그 성도들을 통하여 또 다른 성도들이 주님 앞으로 나아오는 것을 기대한다. 이러한 재생산적인 선교 활동을 통하여 성도가 성도를 낳고, 교회가 교회를 낳고 복음을 받은 민족을 통하여 또 다른 민족이 복음을 받게 된다. 이러한 역사를 통해서 온 세계 모든 민족에게 복음이 전파되게 하려는 것이 하나님의 마음일 것이다. 창세기 1장에서 하나님께서 사람을 창조하시고 주신 축복은 우리를 향한 하나님의 기대들을 보여주는 것이다. 하나님께서는 아담을 통해서 수많은 인류를 보고 계셨다. 창세기 12장에서도 하나님께서는 아브라함을 통해 열방과 모든 족속 모든 민족들을 보고 계셨다. 우리는 우리를 통해 열방을 보고 계시는 하나님의 기대하심을 잊지 말아야 한다. 그러므로 교회는 열방을 향해 쏟으시고 계시는 하나님의 열정과 기대를 위해 성도들을 양육하여 각자가 가라고 하시는 하나님의 부르심을 듣게 하고 그 부르심에 정직하게 반응하게 해야 한다. 그래서 선교사의 파송은 지교회에서 양육된 사람 곧 그 공동체 안에서 하나님의 가라고 하신 부르심을 입은 자들을 공동체가 세우고 함께 그 사명을 확인하고 보낸다. 공동체가 그 사명을 확인함을 통해 부르심을 입은 것이 나가는 한 사람만을 부르신 것이 아니라 공동체의 구성원들 한 사람 한 사람에게 이 보냄에 대한 각각의 사명들이 있음을 스스로 확인한다. 파송 선교사는 그 교회에서 양육되어진 공동체의 구성원이고 파송된 후에도 여전히 그 공동체와 삶을 나누어야 할 성도이다.

그러므로 교회는 선교적(전도적)으로 변화되어야 한다. 선교는 최초의 원인이다. 성경, 신학, 교회, 심지어 그리스도인조차도 선교사가 없다면 이 땅에 존재할 수가 없었다. 그러므로 선교가 빠진 신학은 성경적인 신학이라 할 수 없고 선교를 하지 않는 교회는 참된 교회라고 할 수 없다. 또 선교를 하지 않는 그리스도인은 참된 제자라고 할 수 없다. 선교는 경제적으로 여유 있는 그리스도인이나 특별히 기름 부음 받은 성도만이 하는 부수적인 일이 아니다. 선교는 그리스도 안에 있는 우리의 존재 이유이자 목적이다.[4]

2) 교회의 선교 사명

교회공동체의 선교적인 사명은 성도들이 개인적인 부르심을 통해 받는다. 선교사로의 부르심은 하나님께서 개인을 불러서 가라고 명령하신다. 교회공동체는 그 구성원의 개인적인 부르심을 공동체의 부르심으로 인정하는 것이다. 마치 우리가 손가락을 다쳤는데 온몸이 아픈 것과 같이 손가락이 안고 있는 당면한 문제를 온몸이 함께 지는 것과 같다. 선교사의 사역과 삶은 교회

---

4) 페트릭 존스톤, 『교회는 당신의 생각보다 큽니다』, 39.

제10장 선교 교육과 목회 리더십   241

공동체의 사역이고 삶이 되어야 한다. 출애굽하는 이스라엘 백성들의 커다란 과오는 모세를 부르시고 그를 통해 역사하시는 하나님의 사명을 함께 지지 않는 것이었다. 안디옥 교회공동체에서는 바울과 바나바를 하나님께서 부르시고 그들을 보내어 선교하게 하셨다. 하나님께서는 안디옥 교회공동체에게 사명을 주시는 것이 아니라 바울과 바나바를 먼저 부르시고 사명을 주신다. 그리고 안디옥 교회공동체는 그들의 비전과 사역을 그대로 교회공동체의 사명으로 인정하고 동역하셨다. 선교가 아니더라도 교회는 그 구성원들의 은사와 각자에게 주신 사명들에 의해 교회의 공동체적인 사명이 특징지어지는 것이다.

　선교는 교회의 생명력이다. 선교를 잃어버린 교회, 구령의 열정을 잃어버린 교회는 죽은 교회이다. 선교의 본질인 예수 그리스도의 복음을 잃어버리고 자유주의 신학에 잠식된 서구 교회는 선교를 대화, 관용, 사회 정치적 이슈로 이해했기 때문에 복음의 야성과 생명력을 상실했다. 교회는 선교적이야 한다.

　선교적이라는 의미는 무엇인가? 우리는 교회의 5대 기능에 대해 자주 듣는다. 예배, 선교(전도 포함), 교육, 친교, 봉사가 그것이다. 교회는 선교적이어야 하기 때문에 나머지 네 가지 부분을 축소시키고 선교적 요소를 강화 확대시킬 것인가? 만약 그것을 행동화한다면 이는 도표 6에서 도표 7로의 변화를 의미할 것이며, 상대적으로 다른 본질적 요소의 약화를 의미한다.

도표 6　　　　　　　도표 7　　　　　　　도표 8

　보다 바람직한 변화는 바로 도표 6에서 도표 8로의 변화이다. 모든 본질적 요소 가운데 선교적 본질이 배어 있도록 해야 한다. 우리는 우리의 삶을 나누는 친교 가운데 개인적으로 누구에게 복음을 전하기 위해 기도하고 있는지와 선교사의 삶을 나눌 수 있다. 우리가 세상과 교회를 섬기는 것은 무조건적인 하나님의 사랑의 표현이지만, 또한 이를 통한 복음의 확산을 추구해야 한다. 가르쳐 지키게 하는 사역의 본질적 목적은 모든 민족을 제자 삼는 것, 곧 선교이다. 그러므로 교회의 모든 교육 가운데 선교적 요소가 살아 있어야 한다. 우리가 하나님의 얼굴을 구하며 주님을 예배할 때 우리는 세상을 향한 아버지의 마음을 알게 될 것이다. 아버지의 마음, 잃어버린 영혼을 향한 사랑이 예배자의 가슴에 부어지는 사건이 일어난다. 모든 요소 가운데 선교가 살아 있도록 해야 한다.

3) 교회의 선교 교육

선교는 하나님 아버지의 마음에 대하여 정직하게 반응하는 것이다. 교회는 이러한 하나님 아버지의 마음에 대하여 마음과 뜻과 힘을 다하여 순종해야 한다. 그러므로 교회는 선교 사명에 전략적이고 적극적인 대응을 해야 한다. 교회가 성도들을 교육하여 선교 일꾼이 되게 하는 것이야 말로 이러한 교회의 선교 사명의 전략적인 움직임의 기초가 된다. 일꾼을 키우지 않거나 잘못 키우면 선교 전략에 큰 오류를 낳게 될 것이며, 결국 교회의 기본적인 사명에 오점을 남기게 될 것이다. 교회는 모든 성도들이 선교적인 삶을 살도록 교육해야 한다. 개인마다 각자의 은사와 스타일에 차이가 있듯이 교회마다 은사와 특색이 있다. 이 은사와 특색의 차이는 독특한 커뮤니케이션 채널을 형성하게 된다. 선교 교육을 통해 이런 특색 있는 커뮤니케이션이 하나로 묶어지게 할 수 있다. 이것은 팀 선교에 있어서는 가장 중요한 열쇠가 될 것임에 틀림이 없다. 또 선교 교육을 통해 선교적 섬김의 연습을 하게 될 것이다. 선교 교육을 통해 문화적 적응력이 길러지고 선교 현장에 순수한 복음의 상황화를 기대할 수 있다. 선교사의 기본적인 교육은 지역교회에서 이뤄져야 한다. 그리스도인으로서의 기본적인 훈련이 되지 않은 사람이 갑자기 선교지에 나간다면 선교 현장에서 좋은 열매를 기대할 수 없다. 선교사는 지역교회에서 길러져야 한다.

4) 파송 선교사

교회가 선교적인 사명을 다하며 선교 교육이 잘 되면 반드시 하나님께로부터 '가라'고 명령을 받은 사람들이 드러나게 될 것이다. 그때 교회는 그를 하나님께서 보내시는 곳으로 가게 해야 한다. 파송 선교사를 세울 때에 고려해야 할 몇 가지 원칙이 있다.

첫째, 파송 선교사는 교회에서 배출되는 선교 일꾼들 중에서 세워져야 한다. 파송 선교사가 가서 사역하는 선교 현장은 우리 교회가 함께 일해야 할 우리의 일터이다. 우리의 일터에 우리가 가는 것이 진정한 동역을 할 수 있는 가장 효과적인 선택일 것이다.

둘째, 다양한 사역의 선교사를 파송해야 한다. 우리는 이제껏 선교사는 신학 교육을 받은 목사가 되는 것으로 인식되어 왔다. 선교는 신학의 전달이 아니고 그리스도인으로서의 삶을 통해 그 땅에 하나님께서 임재하시도록 하는 것이다. 물론 목사 선교사도 가야 하고 평신도들도 선교사로 가야 한다. 이 시대는 전문인 선교사 시대이다. 지구촌에 남아 있는 선교적인 과업들은 대체로 창의적 접근 지역에 집중되어 있다. 평신도 전문인 선교사들이 들어가지 않으면 선교하기 아주 어려운 지역들이다. 우리 민족이 창의적 접근 지역이었고 그래서 우리나라에 들어왔던 선교사들의 대부분은 의사를 중심으로 한 전문인 선교사들이었다.

셋째, 훈련된 선교사를 보내야 한다. 먼저는 교회 안의 훈련된 사람들 중에서 후보가 세워져야 하고, 세워진 선교사 후보자들은 전문 선교훈련단체와 전문 파송단체의 훈련을 받게 해야 한다. 훈련을 받으면서 사명을 점검하고 사역의 방향과 사역지에 대한 하나님의 부르심을 확인하며 공동체와의 효과적인 동역을 위해서 긴밀한 관계에 대한 훈련을 해야 하고 현장에서의 효율적인 사역을 위해 선교 현장의 파트너십에 대한 훈련도 필요할 것이다.

넷째, 그리스도인으로서의 기본적인 삶이 확실하게 훈련된 선교사를 보내야 한다. 한국에서의 영적인 삶이 잘못된 사람은 선교 현장에서 생존할 수 없다. 선교 현장은 치열한 영적 전쟁이 있는 곳이기 때문이다. 그곳에서 개인의 신앙생활을 도와줄 사람은 아무도 없다. 홀로 서야 하며 열방의 본이 되는 삶을 요구받는 부담감이 있는 곳이기도 하다. 기본적인 삶이 잘되어 있지 않은 선교사들은 대부분 팀 사역에서도 문제를 일으키곤 한다.

다섯째, 교회의 선교 전략과 조화를 이루어야 한다. 현대 선교는 대단히 전략화되어 있으며 교회마다 은사와 특색과 역량의 차이가 있다. 그러므로 가장 효율적인 선교를 위해 교회마다 선교 정책과 선교 전략을 수립해야 하고, 이러한 정책과 전략들은 선교적 마인드와 함께 훈련되어져야 한다. 파송 선교사는 교회의 선교 정책 내지는 선교 전략과 조화를 이룰 수 있는 사람으로 세워야 한다. 선교의 가장 어려운 과제는 역시 파트너십이다.

여섯째, 파송 선교사의 선교비에 대한 대비가 되어야 한다. 선교 현장에서 발생하는 하나님의 필요들은 선교사가 공급하는 것이 아니라 파송교회가 공급해야 한다. 따라서 교회공동체는 합리적이고 효과적인 재정 원칙을 갖고 있어야 한다. 파송 선교사의 선교비는 선교사의 생활비만이 아니라 사역 전체에 대한 재정적인 필요 전부를 고려하여 공급하는 선교 재정도 교회 예산과 개인적인 선교 후원금 그리고 기타 동역 교회들의 협력으로 나누어서 생각해야 한다.

일곱째, 파송 선교사는 교회공동체에서 일정한 역할을 할 수 있어야 한다. 적어도 선교 교육과 선교 동원에 중요한 역할을 할 수 있으리라 생각된다. 상호 공동의 관심사와 공동의 과제들에 대하여 함께 그 짐을 나누어지는 것이 공동체이다. 관심과 사역이 교회에서 선교 현장으로만 일방적으로 흘러서는 늘 부족함을 느낄 수밖에 없을 것이다.

4. 파트너십의 원리

1) 파트너십은 왜 필요한가

사도 바울은 어떤 적대적인 사람들이 분리해서 경쟁적으로 복음을 전파했을 때 불쾌해 하거나 실망하지 않았다. 그리스도가 전파되기만 하면 바울은 항상 기뻐했기 때문이었다. 그럼에도 불구하고 바울은 교회들이 연합하고 협력하라고 계속해서 권면했다. 그렇게 함으로 그들이 하나님께 영광을 돌리게 되고 또한 전도가 온전해지고 신뢰를 받게 되기 때문이었다. 우리가 연합과 동역을 개발하여야 하는 근본적이고 궁극적인 이유는 하나님을 영화롭게 하고 복음 전파를 온전하게 하기 위함이다.

물론 교회들이 경쟁적인 때에도 잘할 수 있다. 그래서 어떤 역사가는 분리적 경쟁이 교회성장을 위한 원인들 중의 하나가 된다고 분석하며 그것을 정당화하고 긍정적으로 보기도 했다. 분리적인 경쟁에도 불구하고 하나님께서 은혜로우시므로 교회성장을 주실 수는 있으나 그런 경우 기독교의 교회와 복음이 사회로부터 불신을 당할 수 있다. 이와 같은 불신의 문제들을 극복하기 위해서 선교에 있어서 파트너십은 반드시 실천되어야 한다.

선교는 결코 쉬운 일이 아니다. 선교를 혼자서 수행하는 것은 거의 불가능하다. 사도 바울도 자기 혼자서는 선교를 하지 못했을 것이다. 그는 거의 항상 동역자들과 동행했고 그들의 도움을 받았다. 그는 계속적으로 지교회와 관계를 유지했고 지교회의 지원을 받았다. 군인 한 사람이 적군들을 대항해서 싸울 수는 없다. 그는 지원을 받아야만 한다.

기독교 선교라는 영적 전투에서도 마찬가지이다. 파트너십은 효과적이고 승리적인 선교를 위해서는 절대적이다. 상당수의 한국 선교사들이 선교에 있어서 실망과 실패를 경험했는데 그 주요 이유는 그들이 협력과 동역을 이루지 못했기 때문이었다. 사역의 중복과 자원의 낭비로 인한 혼란과 갈등은 파트너십의 결여를 초래하곤 한다. 그와 같은 중복과 낭비의 문제들을 극복하기 위해서 파트너십이 실천되어야만 한다.

2) 파트너십은 무엇인가

(1) 교회와 선교단체 간의 파트너십

첫째, 지교회 안에 조화로운 파트너십이 이루어져야 한다. 두 명의 선교사를 파송하기 전부터 안디옥 교회 안에서 조화로운 파트너십이 이미 이루어졌다. 안디옥 교회에서 여러 종류의 지도자들이 기도하는 일과 선교사를 선출하고 파송하는 일에 있어서 협력하여 참여했다. 선교사들을 선출하고 파송하는 첫 단계에 있어서 안디옥 교회 신자들과 두 선교사들은 교제와 동역의 좋은 본을 보였다. 선교는 하나님과 선교사와 교회 간의 삼위일체적 동역이라고 하겠다. 그와 같은 근본적 파트너십이 기도로 충만한 개교회의 공동체적 생활 안에 수립되어야 할 것이다.

둘째, 선교사나 지교회는 선교를 바로 하기 위해서 교단의 선교부나 선교단체와 파트너십을 수립해야 할 것이다. 교단이나 선교단체는 선교 정보를 제공하고 선교 세미나를 개최하여 선교 후보자들을 모집하여 선출하고 후보자들을 훈련하고 선교사들을 파송하는 책임을 져야 한다. 그리고 지교회들은 기도와 재정적 지원을 제공하는 책임을 져야 할 것이다.

셋째, 교단은 그들의 선교사들을 선교단체들을 통해서 파송할 경우 선교단체들과 파트너십을 수립해야 한다. 그들은 선교사의 선발, 훈련, 배치의 문제와 아울러 선교사의 법적, 재정적 문제와 안식년 및 은퇴의 문제들에 관해 구체적인 협약을 맺어야 한다. 오늘날 두 종류의 잘못이 범해지고 있다고 하겠다. 첫째는 교단이 선교를 독자적이고 권위주의적으로 수행하는 것이고, 둘째는 OMF나 위클리프(Wycliffe)와 같은 전통적 서양 선교단체들이 선교사와 재정은 아시아 교회들로부터 받으면서도 선교 정책 결정의 책임은 자기들의 잘 짜여진 조직에서 가지고 있는 것이다. 물론 효과적인 선교를 위해서 서양 주도의 관계가 정당화될 수는 있다. 그러나 만약 아시아 교회들과 서양에 근거를 둔 선교단체들 간의 동등한 파트너십의 새로운 관계가 시도되지 않는다면 아시아 교회들은 계속해서 경험이 없고 조직이 잘못되고 그리고 미숙한 상태에서 선교를 하게 될 것이다.

랄프 윈터(Ralph D. Winter)는 모든 인간 사회 가운데 존재하는 하나님의 두 가지 '구속적인 구조'가 역사를 통하여 나타났다고 말한다.[5] 첫째는 오늘날의

---

5) Ralph D. Winter, 『교회의 이중 구조』, 백인숙 역 (서울: IVP, 2001), 14. 랄프 윈터는 지역교회와 선교단체, 두 가지 축을 이야기하면서 전자를 모달리티(Modality), 그리고 후자를 소달리티(Sodality)로 불렀다. 간단히 말해서, 모달리티란 그 구조 안에 성(性)이나 나이의

기독교 교회 안의 지역교회이고, 둘째는 선교단체라는 것이다. 전자는, 바울이 아시아에 있는 모든 회당으로 가서 전도 여행을 한 후 새로운 회당 형태의 신앙공동체를 세웠다. 이 첫 번째 구조는 종종 신약교회라고 불린다. 이 구조의 특징은 남녀노소를 다 포함하며 유대인과 헬라인까지 포함한 공동체였다. 후자는 신약성경 상황에서 상당히 다른 구조로 나타났는데, 안디옥 교회에서 파송된 바울은 일단 안디옥을 떠나자, 그는 자신의 방식대로 행동했던 것 같으며 그가 형성한 작은 팀은 필요한 상황에서는 경제적으로 자급자족하였다. 바울의 선교단은 첫 번째 구조의 구성원을 넘어서 제2의 결단을 통해서 관계를 맺게 된 것으로서 헌신되고 경험 있는 사역자들로 조직된 이후의 모든 선교적 노력의 원형으로 볼 수 있다.[6]

또한 더 나아가 로마 문화 속에서의 기독교 구조는 지역교회 - 모달리티 - 로서 이것은 이전의 회당의 기본적인 구성요소를 그대로 유지한 채 기독교 교구 교회로 발전하였고,[7] 선교단체 - 소달리티 - 는 다양한 초기 형태의 수도원 전통을 발전되었다. 새롭고 널리 확산된 이 구조는 의심할 바 없이 바울이 참여했던 선교단과는 전혀 관계가 없었다. 정말로 그것의 기원은 다른 어떤 것보다 실제적으로 로마의 군사 구조에서 더 많이 따 온 것이었다. 이 구조는 명목상의 그리스도인들로 하여금 제2차적인 선택 - 부가적인 특정 헌신 - 을 하도록 하는 군대에서 빌려온 하나의 훈련된 구조였다. 이러한 수도원은 개신교도들에게 문화적인 충격을 주었다. 우리는 종종 수도사들이 '세상을 피해 달아났다'는 말을 듣는다. 그러나 '수도사들이 세상을 피해 달아났

구별이 없는 공동체인 반면, 소달리티는 그 구조 안에 모달리티 구성원을 넘어서는 제2의 결단을 한 성인(成人)들이 소속되는 공동체이며, 나이나 성별이나 결혼 상태에 따라 제한을 받는다. 이 용어들을 이렇게 사용할 때 교파나 지역교회 회중은 모달리티이며, 반면에 선교단체나 지역 남성클럽은 소달리티이다.

6) Ralph D. Winter, 『교회의 이중 구조』, 3. 랄프 윈터는 "① 우리는 오늘날의 기독교 교회 안에서 지역교회와 선교단체로 대표되는 두 가지 구조들을 모두 정당하고 필요한 것으로 받아들여야 한다. ② 비서구 교회들은 자신들의 선교적 책임을 감당하기 위해서 선교단체들을 설립하고 활용해야 한다"고 주장했다.

7) Michael Griffiths, 『기억 상실증에 걸린 교회』, 권영석 역 (서울: IVP, 1992), 113-116. 마이클 그리피스는 어떤 '그룹'이 하나의 '지역교회'가 되기 위해 마땅히 있어야 할 표지로 10가지를 제시하고 있다. ① 지리적 위치, ② 조직, ③ 권위, ④ 징계, ⑤ 세례식, ⑥ 성찬식, ⑦ 가르침, ⑧ 성령의 은사, ⑨ 가정, ⑩ 교인 자격의 보편성 등을 언급하였다.

다'고 하는 정형화된 편견이 산산이 깨어져 버렸는데, 그것은 아일랜드계 유랑민(peregrini)들의 엄청난 기록에 의해 더욱 극적이고 결정적으로 깨져 버렸다. 그들은 켈트족 수도사들로서 앵글로 색슨족을 회심시키기 위해 어거스틴 선교단이 한 것보다 더 많은 일을 했으며, 서부 유럽과 심지어는 중부 유럽의 복음화를 위하여 다른 어떤 세력보다 많은 공헌을 하였다.

기독교 구속사의 구조는 4세기에 이르러서는 주교 관구 구조와 수도원 구조, 두 구조였는데 둘 다 기독교의 전래와 확장에 중요했다. 그것들은 초기 기독교 회당과 선교단의 경우와 마찬가지로 각자 그 당시의 문화적인 상황에서 빌려 온 모형들이다.

중세는 서로마 제국이 멸망할 때 시작되었다고 말할 수 있다. 어느 정도는 로마 시민 정부의 형태를 따르고 있던 주교 관구식 모형도 그와 동시에 무너지는 추세였다. 그러나 수도원(또는 소달리티) 모형은 훨씬 더 오래 지속되는 것으로 판명되었고, 그 결과로 중세 초기에 더 커다란 중요성을 얻게 되었다. 모달리티(주교 관구의 기독교)의 생존은 이 중세 초기의 침입자들이 일반적으로 다른 기독교 신조를 가진 부류, 즉 아리안족이었다는 사실 때문에 해결되었다. 결과적으로 많은 곳에서 '아리안' 교회와 '가톨릭' 교회가 주요 거리 모퉁이에서 서로 마주하고 있었다. 마치 오늘날 감리교회와 장로교회가 같은 지역에서 서로 마주보며 있는 것처럼 말이다.

우리가 여기서 주목해야 할 것은 단순히 중세 시대 초기에 수도원이라고 불리는 특별 단체 또는 그와 동등된 존재가 교구의 조직된 체계보다도 기독교 운동의 영속성에 훨씬 더 중요하다는 것을 지적하는 것이다. 우리는 이 교구 교회를 언급할 때 종종 마치 교회를 구성하는 다른 구조가 전혀 없는 것처럼 말하고 있기 때문이다.[8]

대략 천 년이라는 오랜 기간에 모달리티를 설립하고 재건하는 것은 주로 소달리티의 몫이었다. 말하자면 수도원은 주교 관구측의 기독교 운동으로 흘러 들어가는 새로운 에너지와 생동감의 근원지와 진정한 초점이었다는 것이다. 우리는 중대한 클루니(Cluny)개혁(910년) 즉 프랑스에서 창설된 클루니

---

8) 칼 수소 프랑크, 『기독교 수도원의 역사』, 최형걸 역 (서울: 은성, 1997), 145.

제10장 선교 교육과 목회 리더십   249

수도원의 개혁 운동과 시토 수도회와 탁발 수도회와 예수회를 생각한다. 이 모두가 엄격히 말해서 소달리티이지만 기독교 본체, 즉 주교 관구 조직망의 건설과 재건을 위하여 큰 공헌을 한 소달리티들이다. 개신교도들은 종종 이 소달리티를 '참된' 기독교 운동과 동일시한다.

많은 점에서 이들 두 가지 구조 사이, 예를 들어 주교와 대수도원장 사이, 주교 관구와 수도원, 모달리티와 소달리티 사이에는 경쟁 관계가 있었다. 그러나 중세 시대의 가장 위대한 업적은 섬세하게 이루어진 궁극적인 종합이다. 로마 교회가 이룩한 모달리티와 소달리티 사이의 조화는 어쩌면 이 시기의 세계 기독교 운동의 가장 의미심장한 특징일 것이며, 오늘날까지도 로마의 가장 위대한 조직적인 장점이 되고 있다.

그러나 모달리티나 소달리티 중의 어느 한 조직체가 천 년 동안의 중세 시대 내내 지속적으로 생동감과 활력소를 획득하였다는 사실을 주장하려는 것이 아님을 주지하여야 한다. 소달리티는 여러 지도자에 의해 계속적으로 재창조되면서 교황 제도에까지 영향을 준 거의 언제나 영감과 쇄신의 주동인이요 근원이었고, 때때로 주교관구 구조의 기독교를 지켜 준 개혁 운동을 일으켰음이 명백하다. 이러한 가장 뚜렷한 예는 힐데브란트(그레고리 7세)가 교황의 자리에 즉위한 사건이다. 그는 수도원의 이상과 헌신과 절제를 바로 바티칸 자체로 이끌어 들였다.

수도원 전통의 사제들이 수도회파 사제들(regular priests)로 불리는 반면에, 주교 관구나 교구의 사제들은 교구 사제들(secular priests)로 불리는 것이 타당하게 보인다. 전자의 그룹이 자발적으로 규칙에 매인 사람들인 반면, 후자의 그룹은 규칙에 의해 속하게 된 제2의 결단을 한 공동체보다는 무언가 좀 못한, 또는 그 바깥에 있는 ('잘려 나간') 다른 사람들인 것이다.

11세기에 수도회와 교회 개혁 사이의 관계는 - 소달리티와 모달리티의 관계 - 수도사들이 수도원의 바깥에도 강력한 영향을 미쳤다는 것을 증거해 주고 있으며, 또한 수도사적 삶이 일반 민중 계층에도 폭넓게 강한 흡인력을 갖고 있었다는 것을 알려 주고 있다. 수도원에서의 삶을 참된 그리스도인의 삶으로 여긴 것이나 여러 종류가 있었지만 수도사 공동체를 통해서 복음적 삶(vita evangelica)과 사도적 삶(vita apostolica)이 요구하는 배타적 삶을 살 수 있다는 생각은 기독교인들이 세상에서 살면서도 수도사적 삶의 행태를 따르도록 했다.

개신교 운동은 어떠한 종류의 소달리티 구조도 없이 행하려는 시도로 시작이 되었다. 마틴 루터는 자신이 소속된 수도회 속에서 발견한 생동감과 당시의 명목뿐인 교구 생활 사이의 분명한 이분화에 만족하지 못했다. 이러한 균열에 만족하지 못한 나머지 그는 그가 믿음을 발견했던 소달리티를 버렸고, 교회 생활의 일반적인 수준에서 전반적인 각성 운동을 일으키기 위하여 당시의 정치적인 힘을 이용하였다. 처음에 그는 로마의 독특한 주교 관구의 구조 없이 시도해 보려고 하였다. 그러나 결국 루터교 운동은 어느 정도 로마 교회의 주교 관구 전통을 다시 적용시킨 루터교 교구 구조를 만들어 냈다. 비교적인 의미에서 볼 때 루터교 운동은 로마 교회의 전통에서 아주 뚜렷했던 가톨릭의 수도회와 같은 소달리티를 다시 적용시킨 것은 아니었다.

랄프 윈터(Ralph D. Winter)는 이러한 생략이 종교개혁의 가장 큰 실수이며 그 결과로서 생겨난 개신교 전통의 가장 큰 약점을 나타내는 것이라고 평가한다. 소위 경건주의 운동이 아니었더라면 개신교도들은 자신의 전통 안에 전혀 조직적인 개혁의 구조를 갖추지 못하였을 것이다. 경건주의 전통은 등장할 때마다 아주 분명하게 소달리티였다.[9]

웨슬리(John Wesley)의 초기 사역에는 소달리티가 모달리티를 보양(保養)하는 현상이 뚜렷하게 나타났고 그는 어떤 식으로든 교구 교회를 버리는 것을 절대적으로 금지했다. 그러나 재세례파의 새 공동체들과 마찬가지로 경건주의 운동은 결국 생물학적인 성장의 수준으로 떨어지고 말았다. 즉 회중 생활의 일반적인 모습으로 되돌아가고 만 것이다. 이 운동은 소달리티 수준에서 모달리티 수준으로 되돌아갔으며, 대부분의 경우에는 선교의 구조로나 하나의 각성 세력으로나 비효과적인 것이 되어 버리고 말았다.

가장 흥미를 끄는 것은 개신교도들이 소달리티의 능력을 발굴해 내는 데 실패함으로써 윌리엄 캐리(William Carey)가 '이방인의 회심을 위한 수단을 사용할 것'을 제의할 때까지 거의 200년 동안이나 선교를 위한 아무런 장치도

---

9) Ralph D. Winter, 『교회의 이중 구조』, 21.

갖지 못하였다는 사실이다.[10] 그의 핵심 단어인 수단(means)이란 특별히 소달리티 즉 선교에 대한 뜨거운 열정을 지닌 사람들로 조직된 비제도화 교회 형태의 조직체의 필요를 지칭한다. 그 결과로 생겨난 침례교 선교회(Baptist Missionary Society)는 개신교 전통에서 가장 의미 깊은 조직적인 발전 중의 하나이다. 그 후 수년 동안에 비슷한 경향으로 많은 선교회들이 결성되었음을 발견하게 된다.

그리하여 19세기는 개신교도들이 활발하게 선교에 참여한 첫 세기이다. 또한 19세기는 가톨릭의 선교 노력에서는 가장 쇠퇴한 세기이기도 하다. 놀랍게도 이 한 세기 동안에 개신교도들은 서구의 전례 없는 세계 확장에 힘입어 180여 년 간에 걸친 초기 선교에 맞먹는 결과를 이루어 냈다. 조직체적인 것을 놓고 말하면 개신교 운동이 생동적으로 만든 수단은 소달리티의 구조적인 발전이었다. 그것은 개신교에 잠재되어 있던 생동적인 '자원정신'(voluntarism)의 수확이었으며, 이를 통하여 본국과 해외에서 온갖 종류의 새로운 선교회들이 생겨나게 되었다. 그리고 이러한 선교회들이 현대의 선교단체의 명맥을 이어 왔다.

(2) 서양 선교단체와의 파트너십

여기서 서양에 근거를 둔 선교단체들 간의 동등한 파트너십의 관계를 다음과 같이 제안하고 싶다. 첫째, 쌍방은 선교 후보자들을 받아들이는 첫 단계에서 함께 협의한다. 아시아에 있는 몇몇 서양에 근거를 둔 선교단체들은 이 문제를 아시아의 교회들과 협의하지 않는다. 둘째, 아시아의 교회들은 선교사들에 대한 법적 책임을 지고 여권과 비자 신청과 같은 일을 한다. 셋째, 아시아의 교회들은 선교사들에 대한 재정적 책임을 지며 선교비를 모금하고 관할하며 송금한다. 몇몇 서양에 근거를 둔 선교단체들은 재정 관리를 자기들이 맡아 한다. 넷째, 선교지 선정이나 새로운 사역 프로그램 등 중요한 정책 결정은 쌍방이 협의하거나 최소한 보고되어야 한다. 다섯째, 현지 사역의 내용과 방법은 선교단체의 현지 위원회의 손에 위임될 수 있다. 그들이 현지 선

---

10) 전호진, 『선교학』, 96.

교사역에 있어서 더 많은 경험을 가지고 있기 때문이다. 여섯째, 아시아 교회들은 안식년 기간이나 은퇴 후 경험이 있는 선교 지도자들을 초청하여 교단 또는 선교 협의회의 선교사 훈련 프로그램을 지도하게 함으로 선교의 동역을 실천한다. 일곱째, 쌍방은 선교 현지의 문제들을 함께 협의하고 그 해결을 함께 시도한다. 여기서 한국 교회와 서양 선교단체와의 파트너십의 시도의 한 예로서 한국동반자선교협의회(이 협의회는 최근 새로 조직된 한국세계선교협의회와 병합할 예정)와 WEC International이 맺은 협약을 소개한다.

SIM의 이안 헤이(Ian Hay) 목사는 '파트너십 선교 협의회'[11]에 제출한 논문에서 다음과 같이 말했다.

"세계 복음화에 있어서 지도자라는 명성을 오랫동안 유지해 온 서양교회들이 이제는 하나님께서 그의 목적을 수행하시기 위해 그가 원하시는 사람들을 사용하신다는 사실을 분명히 파악해야 한다. 그러나 하나님께서 지금 비서구적 선교사들을 일으키신다고 해서 우리 서양 선교사들이 필요 없다고 결론을 지어선 안 된다. 우리 주님께서는 복음을 모든 족속에게 전할 때 그의 몸의 모

---

11) '세계복음화를 위한 파트너십 협의회'는 더 효과적인 세계 복음화를 위한 심각성을 인식하며 하나님의 인도하심과 성결과 연합의 필요성을 고백하며 1991년 5월 9일부터 11일까지 휘튼대학 빌리그래함센터에서 개최되었다. ① 우리로 하여금 복음을 땅 끝까지 전할 수 있는 많은 새로운 전략적인 기회들을 제공해 주는 오늘의 급격히 변동하는 세계 안에서 그리스도의 대위임령에 대한 우리의 지속적인 순종을 확인한다. ② 예수 그리스도의 몸인 교회의 모든 부분들이 서로 의존하며 모든 파트너십이 호혜적 특성을 지님을 확인한다. ③ 선교의 동역으로 말미암아 우리가 그리스도 안에서 하나 됨을 나타내는 것을 확인한다. ④ 세계 선교의 동역을 위하여 우리는 성경적 원리와 방식에 따라 살고자 하는 소원이 있음을 확인한다. ⑤ 복음의 효과적인 전파를 위해 하나님께서 특별히 축복하신 많은 형태의 파트너십을 유지하고 적용함으로 첫째, 선교지에서 사역의 연합이 이루어지며 둘째, 모든 대륙에 있는 교회들의 연합이 촉진되고 셋째, 서양의 단체들과 제3세계 선교단체들 간의 연합이 이루어짐을 확인한다. ⑥ 파트너십에 대한 그 동안의 무관심을 버려야 하고 파트너십이 사치가 아니라 절대 불가피함을 확인한다. ⑦ 우리 주님이 하나 되기 위해 기도하신 모범을 따라 우리도 하나 되기 위해 계속 열심히 기도할 것을 확인한다. ⑧ 모든 성공적인 파트너십의 기초가 되는 상호 신뢰가 성령의 사역으로 초래됨을 확인한다. ⑨ 효과적인 파트너십에 필요한 것은 인내와 끈기임을 확인한다. ⑩ 파트너십에 있어서 표면적이거나 내재적인 모든 형태의 주도권 행사를 배격하여야 함을 확인한다. 그리고 세계 복음화를 위해 새로운 파트너십을 개발하고 발전시킬 것을 다짐한다. 그래서 복음을 듣지 못한 사람들이 복음을 듣게 하며, 그들 가운데 선교적 교회를 설립해야 하고, 모든 교회들과 단체들과 운동들과 기관들과 조직들이 대위임령의 성취를 위해 더 효과적으로 동원되게 하여야 한다.

든 부분들을 사용하시기를 원하신다. 목적 성취를 위한 방법의 하나는 우리 서양 선교사들이 새로 일어나는 선교사들로 하여금 그들의 역할을 완수하도록 돕는 것이다. 오래된 선교단체들은 새로 일어나는 선교단체들의 토착성이나 효율성을 손상시키지 않으면서 돕는 방법을 강구해야만 한다."

(3) 선교 협의회를 통한 파트너십

국내 교회들은 국내 선교단체들 및 국제 선교단체들과 더불어 실제로 연합된 파트너십 선교 협의회를 형성하고 발전시켜야 한다. 현재 몇몇 아시아 교회 안에 있는 선교 협의회들은 단지 교제를 위한 협의회로서의 기능을 수행할 뿐이다. 선교 세미나를 주선하거나 약간의 문서들을 출판하고 있을 뿐이다. 선교의 전략이나 정책수립은 아직 함께 협의되지 않고 있다. 실제로 기능을 수행하는 파트너십 선교 협의회들이 아시아 각 나라 안에 설립되고 발전되어야 한다.

(4) 현지에서의 파트너십

선교사들은 현지 교회들이나 현지 선교단체들과의 동역 관계를 수립하고 유지해야만 한다. 선교사들의 본질적인 과업은 예수 그리스도의 복음을 전파하고 현지 안에 토착교회들을 설립하는 것이다. 선교사들은 자신의 교파 교회를 세우면 안 된다. 그리고 현지의 토착교회나 교단의 설립을 강화해야 한다. 그렇기 때문에 선교사들은 토착교회들이나 선교단체들을 돕는 동격의 관계를 수립해야 한다. 선교사들은 현지 교회와 협의하지 않고 새로운 선교 프로젝트나 사역을 시작하면 반드시 부작용이 올 수 있다.

현지에 있는 선교사들은 현지에서 파트너십 선교 협의회를 설립하고 발전시킬 수도 있다. 현지에 있는 선교 협의회는 선교사 개인들과 현지의 선교지부들로 구성할 수 있는데, 그 협의회는 교제의 기회들만 제공할 뿐 아니라 현지의 문제들과 필요들이 협의되고 선교의 전략들이 수립되는 실제적인 협의의 장이 되어야 한다. 서양 선교단체들은 이와 같은 현지 선교 협의회들이 수립되고 강화되도록 격려하고 지원할 수 있을 것이다. 또한 현지 선교협의회는 선교사 자녀들을 교육하는 장소와 제도를 제공하는 데까지 발전할 수도 있을 것이다.

(5) 현지 선교사들 간의 파트너십

현지의 선교사들은 자신들을 격려하고 교육시키기 위해 매 수년마다 정기적으로 선교사 자신들이 모이는 선교 대회를 마련할 수 있을 것이다. 세계 전역의 현지에 있는 한국 선교사들은 매 3, 4년마다 다른 장소에서 선교 대회를 개최하곤 하는데 1991년 7월에는 싱가포르에서 개최했다. 그리고 2007년도에는 프랑스 파리와 영국의 런던 그리고 이탈리아 밀라노에서 'PCKWM 세계선교전략회의'[12]를 개최하였고, '선교의 교두보 디아스포라 한인 교회'라는 제목으로 이극범 선교사가 발제를 하였고[13] '중남미 선교의 현장 상황과 이해'라는 발제를 강성일 선교사(브라질)가 하였으며[14] '선교사회 네트워크 방향'[15]이란 주제의 발제를 허석구 선교사가 하는 등 18명의 선교사가 발제를 담당하였으며, 이 전략 회의에 23명의 선교사가 참석하였다.

(6) 아시아 교회들과 선교단체들 간의 파트너십

지금은 아시아 교회들과 아시아 선교단체들이 선교의 독립과 책임에 대한 도전을 감당하기 이해 협력과 파트너십을 수립하고 발전시켜야 할 때이다. 아시아 선교단체(Asian Mission Association)는 이 같은 시도를 하는 데 있어서 개척자적 역할을 했지만 아시아에 있는 선교의 저력들을 조정하는 데 성공하지는 못했다. 1990년의 AMC는 그와 같은 방향으로 하나의 큰 걸음을 내딛었다고 하겠다. EFA의 선교위원회는 선교의 파트너십이 격려되고 실천될 수 있는 하나의 장이나 통로로서의 기능을 수행해야 할 것이다.

---

12) PCKWM 세계선교전략회의, 대한예수교장로회(통합) 세계선교사회, 2007. 5.4-14. PCKWM은 Presbyterian Church Korean World Missionary의 약자이다.
13) 이극범, "선교의 교두보 디아스포라 한인 교회" (PCKWM 세계선교전략회의, 2007), 9-11.
14) 강성일, "중남미 선교의 현장 상황과 이해" (PCKWM 세계선교전략회의, 2007), 25-28.
15) 허석구, "선교 사회 선교 네트워크 방향" (PCKWM 세계선교전략회의, 2007), 34-34.

(7) 파트너십 - 교회와 선교단체

어느 선교사님은 국제적으로 상당히 신뢰성이 있는 선교 단체에 선교사로 허입되고 파송되어 뉴질랜드로 가서 현장에 들어가기 위한 훈련을 받고 있었다. 그런데 어느 날 파송교회로부터 귀국을 종용 받았다. 이유는 교단 선교훈련을 받아야 한다는 것이었다. 그 선교사는 어쩔 수 없이 귀국해야 했고 교단 선교부의 훈련을 받게 되었다. 그런데 문제는 교단 선교부가 선교지의 변경을 요구하고 추천하는 선교지에서는 교단 단독으로 팀 선교를 해야겠다는 것이다. 그래서 소속된 선교단체에서 나올 수밖에 없었다.

최근 한국의 교단들이 해외 선교부를 강화하고 선교 영역에서의 세력화를 본격화하고 있다. 이는 교단이 선교에 대한 관심을 많이 갖게 되었다는 좋은 현상일 수 있으나, 현실과 미래는 결코 좋은 현상만은 아닌 것 같다. 교단 선교부의 이러한 발전에도 불구하고 선교 현장에서 들려오는 소리들은 교단이 갖고 있는 한계성 때문에 선교 현장에 대한 지원과 관리의 부실이 심각하다. 교단은 교회의 연합체로서 그 자체가 교회이다. 지역교회나 교단은 기본적으로 양육과 교제 중심적인 모달리티[16]적인 성격을 띠고 있다. 그래서 극히 전문적이고 전략적이고 조직적인 사역을 필요로 하는 선교 현장의 치열한 전투적 상황들을 이끌어 가기에는 효과적이지 못하다. 선교 현장에는 과업중심적인 다시 말해서 소달리티적인 성격을 띠고 있는 선교 단체가 반드시 필요하다. 그리고 현실적으로도 교단 선교부는 항상 정치적인 격변의 중심에서 벗어날 수 없는 태생적인 한계를 갖고 있다. 교단은 정규적이고 종합적인 양육 중심의 교회의 연합체이며 그 자체가 교회이다. 교단 선교부와 선교단체는 구분되어야 한다. 좀 더 전문화되고 과업 중심적인 단체, 그리고 은사 중심으로 모이는 전략적인 단체들을 하나님께서 사용하시도록 돕는 것이 오히려 교회의 선교적 역량을 극대화하는 것이 될 것이다.

소달리티와 모달리티(지역 교회와 선교 단체)에 있어서 조직적인 교회, 즉 모달리티 구조는 중요하고도 절대적으로 필수적인 구조이다.

물론, 지역 교회에서 바라볼 때 선교단체에 대한 시각이 그리 긍정적이지

---

16) Ralph D. Winter, 『교회의 이중 구조』, 백인숙 역 (서울: IVP, 2001), 14.

만은 않은 것이 사실이다. 이를테면 ① 획일적인 교육으로 융통성이 결여된 교만한 사람으로 길러질 수 있다. ② 예배 의식에서 경건성이 결여될 수 있다. ③ 반교회적 성향의 조장이나 교역자를 매도할 수 있다. ④ 성령의 역사를 인위적인 방법으로 일으키려는 시도가 있을 수 있다. ⑤ 교회가 되려는 잘 못이 있다. ⑥ 성경공부에서 교리적인 부분들이 약할 수 있다. ⑦ 교회 생활에 대한 가르침이 없다는 것을 들 수 있다. 이러한 부정적인 생각이 완전히 배제할 순 없지만 선교단체, 소달리티의 영향력은 무시할 수 없다.[17]

그렇다면 소달리티는 모달리티에게 어떤 필요를 채워 주는가?

첫째, 교회 개척과 성장의 역할이다. 둘째, 교회 갱신의 역할이다. 셋째, 선교적 역할이다. 끝으로 캠퍼스 사역과 관련된 특수 사역이다. 물론 이러한 역할들을 감당하는 것은 소달리티만의 특권이지만 그 특권은 교회와의 긴밀한 관계 속에서 나타나야 함을 알 수 있다.[18]

하워드 스나이더(Howard A. Snyder)에 의해 '교회'(Church)와 '선교단체'(Parachurch)라는 용어가 도입되어 사용되었다. 'para'라는 전치사는 영어에 들어와 쓰이고 있는 헬라어로서 많은 복합어를 구성한다(with, together, before, near, beside). 이 단어가 명사 앞에 붙으면 그 명사에 보조적으로 부가되어 상태 혹은 기능을 나타내게 되거나 그 본질을 함의하게 된다. 헬라어에서 '… 곁에'(beside)라는 기본적인 뜻을 가진 단어 '파라'는 첫째 '어느 한편으로부터(이차적인 지위로의) 이동', 둘째 '어느 한편 곁으로(즉 동등한 위치로의)', 셋째 '어느 위치의 고수(존속)'라는 말뜻을 갖는다. 그러므로 '파라'가 '교회'와 접속되어 쓰이면 다음과 같이 언어학적으로 제한적 해석을 갖는다.[19] 다음은 교회와 선

---

17) 김영철, "교회에서 바라보는 선교단체,"「목회와 신학」, 1990년 6월 호, 66-71.
18) 소달리티(선교단체)의 간사들이나 지도자들이 신학을 하지 않은 상태에서 열정적으로 사역에 발을 들여놓지만 사역이 장기화될수록 '신학적인 빈곤에 의해 한계의 벽'에 부딪히는 경우가 허다하다. 그래서 많은 경우 소달리티 지도자들은 신학을 공부하는 기회를 가지곤 한다. 이런 신학적인 갈구를 교회가 채워 주는 것이라 해도 과언은 아닐 것이다. 물론 신학교가 그 교육의 기능을 담당하지만 엄밀히 말하자면, 신학 교육 자체도 지역교회를 위해 존재하는 것이다. 선교단체뿐만 아니라 신학교도 교회에 종속되어선 안 되겠지만 종속적이어야 할 것이다.
19) Gerhard kittle, George Friedrich, (ed.), *Theological Dictionary of the New Testament V*, Trans. Geoffrey, W. Bromiley (Michigan: Grand Rapids, 1973), 73.

교단체에 관한 비교표이다.

도표 9 교회와 선교단체 비교표[20]

	교 회		선교단체
1	하나님이 창조	1	인간이 창조
2	영적 사건	2	사회적 사건
3	모든 문화에 타당성	3	문화적 제한
4	성경적으로 이해하고 평가	4	사회적으로 이해하고 평가
5	타당성은 성경으로 결정	5	타당성은 선교적 기능으로 결정
6	전도와 화해를 위한 하나님의 대리자	6	전도와 봉사를 위한 인간의 대리자
7	본질적	7	부차적
8	영구적	8	임시적
9	계시에 의하여 형성	9	인간 전통에 의하여 형성
10	하나님의 영광이 목적	10	교회 봉사가 목적

첫째, 지위 면에서 선교단체는 교회에 종속적이다(교회에 대한 존중심). 둘째, 존재 면에서 선교단체는 교회와 동등하다(교회의 옆에, 교회와 더불어). 셋째, 기능면에서 선교단체는 교회의 귀감이 된다. 넷째로, 선교단체는 성취 면에서 하나님의 경륜가운데서 교회와 함께 어떤 역할을 한다. 이와 같이 소달리티 즉 선교단체는 교회의 선교를 가속화하고 섬김의 효율성을 재고하기 위해 존재하여야 함을 알 수 있다. 또한 소달리티는 교회가 잠잘 때마다 교회를 잠에서 깨어나게 해주는 도전적인 역할을 한 존재였다고 주장했다.[21]

모달리티를 위한 소달리티에 대해 언급해 보면 지역교회와 선교단체, 모달리티와 소달리티의 관계는 '모달리티를 위한 소달리티'(Sodality For Modality)라고 규정지을 수 있을 것이다. 하지만 결코 모탈리티만이 독불장군일 수 없는 이유는 교회사 속에 구속의 구조에는 소달리티와 공존(共存)해 왔다는 사실 때문이다. 이 두 구조는 상호 협력적이고 상호 보충적이며 상호 견

---

20) Howard Snyder, *The Problem of Wine Skins* (Downes Grove: Intervarsity Press, 1975), 162.
21) 배창훈, 『개혁교회론에서 바라본 학생선교단체 비판』 (고려신학대학원, 1997).

제적일 때 선교는 확장될 것이다.

a. 교회와 선교단체의 역할

교회는 선교 자원의 근원이다. 양육 중심적인 교회는 선교 인력을 키워내고 선교 현장의 필요들을 공급할 수 있는 자원의 산실이고 보고이다. 여러 교회가 키워낸 인력들은 다시 그 은사와 전문성을 중심으로 과업중심적인 선교단체를 만들고 이 선교단체들이 선교 현장을 효과적으로 돕게 되는 것이다. 따라서 선교사를 파송하고 선교 현장에서 사역하는 것은 교회이며 선교단체는 그들을 전문성을 갖고 방향을 제시하고 위험을 대비하며 효과적인 지원체제를 통해 현장의 필요들이 공급되도록 돕는다.

정리하면 교회가 연합하여 선교단체를 만들고 키워야 하며 긴밀한 관계를 갖고 지원하고 교회와 선교단체 서로가 의존적이고 보완적이어야 한다. 선교단체가 교회를 떠날 수 없으며 교회는 선교단체를 통하여 선교적 사명을 효과적으로 수행할 수 있다.[22] 선교단체가 부실하거나 약화되면 한국 교회의 선교적 사명이 축소될 수도 있다.

b. 선교단체의 종류

교회가 세워주고 지원하고 협력해야 할 선교단체를 몇 가지로 분류하면 다음과 같다.

파송 선교단체: 파송 선교단체에서는 선교사를 선발하고 선교 현장에 들어가기 위한 훈련을 하고 현장에 들어가도록 행정적인 절차를 도와주며 선교 현장의 사역을 지원하고 선교 현장과 교회들의 관계를 도와주며 중보기도와 재정 후원자들을 관리해 준다. 파송 선교단체들은 단체의 은사와 전략에 따라 몇 가지로 구분되는데, 교회 개척을 중점적으로 하는 단체가 있으며 전문인들을 중심으로 사역하는 단체, 성경 번역과 같이 특수한 사역을 하는 단체, 구제나 지역사회 개발을 중점적으로 사역하는 단체, 특정한 지역을 중점적으

---

22) George W. Peters, *A Biblical Theology of Missions* (Chicago: Moody Press, 1972), 228-229.

로 사역하는 단체 등 다양한 선교단체들이 있다.

선교 훈련단체: 선교사가 선교 현장을 들어가 잘 적응하고 정착하도록 훈련하는 전문 훈련기관들이 있다. 종합적인 선교사의 정신과 영적인 전쟁에 대한 대비와 삶의 생각들과 습관들에 대한 훈련을 하는 단체, 전문인 선교사로서의 준비를 돕는 단체, 언어를 훈련하는 단체 등 전문성을 훈련하는 단체들이 있다. 선교는 환상이 아닌 현실이며 실제적인 사역이다. 선교 현장에 도착하는 순간부터 일어나는 모든 상황들은 치열한 선교 사역이다. 선교사들이 얼마나 준비되었는가는 얼마 가지 않아서 드러나게 된다. 잘 훈련되어 있는 선교사가 보다 효과적이고 능력 있는 사역을 하게 될 것이다. 교회는 이러한 선교 훈련기관들이 구체적이고 실제적인 유용한 훈련을 할 수 있도록 세워주고 지원해야 한다.

선교 연구단체: 한국 선교계에 가장 후진성을 보이는 분야를 말한다면 그것은 선교연구 분야이다. 선교적인 리서치(research)를 통해 정보들이 수집되고, 이 자료들이 분석되고 연구되어 있어야 선교 전략을 세울 수 있고 선교사가 그만큼 현장에 신속하고 정확하게 적응할 수 있다. 전략이 없는 선교는 늘 시행착오를 겪으면서 선교사들에게 좌절과 심리적 고통을 주고 실제적인 자원의 낭비도 클 수 있다. 선교 연구에 종사하는 인력들이 교회를 통해 배출되고 지원되어 선교 연구가 풍성하게 이루어져야 그때부터 한국 교회의 선교적인 사역은 궤도에 오르게 되는 것이다.

선교 지원단체: 선교는 종합적인 사역이다. 선교 현장에서 조달되지 않는 많은 필요들이 있으며 이 필요들은 선교 지원단체들을 통해 공급되어야 할 영역들이다. 선교사 자녀(MK) 문제를 연구하고 네트워킹하여 2세대 선교사로 키우는 사역을 하는 단체, 선교지를 순회하면서 선교사들의 메마른 영혼을 부흥시키고 상담과 돌봄(care)을 통해 정서적인 어려움을 도와주는 단체, 단기 전문 인력이나 물자를 지원하는 단체, 항공운송이나 무선통신이나 미디어 사역을 하는 단체, 의료나 지역사회 개발 프로젝트를 통하여 지원하는 단체 등의 지원 단체들이 있다. 이들 또한 교회가 배출하고 지원해야 할 선교단체이다.

3) 선교단체들의 상황

어느 선교사는 탁월한 선교 동원가이다. 그는 선교 사역을 10년 동안 하고서 소속 선교단체 본부 사역의 시급성 때문에 본부 대표가 되어 귀국하게 되었다. 그리고 참으로 많은 일들을 감당했고 많은 열매들을 맺었으나 그는 곧 재정적인 어려움에 봉착하게 되었다. 본부 사역을 위해 귀국하였는데도 많은 후원 교회들이 후원을 중단했다. 한국 교회의 선교적인 이해도가 이처럼 열악한 것은 선교 교육을 잘못한 탓도 있지만 교회들이 선교단체들에 대한 이해와 협력의 관계가 이루어지지 않고 있기 때문이다. 본부의 선교사들은 선교 현장의 사령탑 역할을 하고 보급기지 역할을 하는 선교에 있어서는 가장 중요한 곳인 데도 유능한 인적 자원들이 본부 사역을 기피하는 현상을 보이고 있는 것이 현실이다. 이는 교회의 책임이며 교회가 관심을 새롭게 해야 할 중요한 부분이다. 본부에서 일하는 사역자들이 열악해짐으로 인해 본부의 역량이 지속적인 발전을 하지 못하고 자료나 기술들이 축적되지 않아서 선교적인 많은 손실들을 초래하게 되며 이는 곧바로 선교 현장의 부실로 드러나게 된다.

본부 사역자들을 선교지에 나가 있는 선교사들과 동일한 동역자로 인식하고 후원하고 지원하는 정책들이 앞서가는 교회들로부터 세워져야 할 것이다. 선교단체에서 일하는 본부 선교사들도 어렵지만 간사들 또한 어렵다. 정체성의 갈등과 재정정인 어려움이 겹치는 상황들 때문에 오래 있어야 2년이고 대부분 불붙는 열정을 가지고 선교단체에 들어갔다가 실망과 재정의 어려움과 폭주하는 업무 때문에 소진되어 그만두게 된다. 이렇게 퇴직한 사역자들은 이미 다 타 버린 열정 때문에 다른 사역에서도 그 능력을 발휘하지 못하기 쉽다. 현재 대부분의 선교단체의 본부 사역자들은 50-100만원 정도의 사례금을 받으면서 생활하고 있다. 이는 대체적으로 선교사들의 후원금 중에서 5-10%를 행정비로 공제하여 그 재정으로 본부 사역자들의 사례금을 충당하기 때문에 개선의 전망이 전혀 없다. 해외 사역 선교사들에게 들어오는 후원금은 전액 그들의 사역을 위해서 사용되어야 할 것이다. 그렇게 하려면 본부 사역자들의 재정은 교회들이 담당하지 않으면 안 된다. 본부 선교사나 간사들을 해외 사역 선교사들과 동일하게 교회가 후원하지 않으면 한국 교회의 선교 전체가 발전할 수 없고 선교 현장을 효과적으로 지원할 수 없을 것이기 때문이다. 오히려 대부분의 해외 선교 현장보다 본부 사역자들의 생활비가 5-10배 더 많이 필요한 것을 감안한다면 우리의 과제가 심각함을 알 수 있다. 선교단체는 교회가 관심을 가지고 가꾸어야 할 너무나 유용한 단체이다. 교회가 선교단체와 좋은 관계를 맺고 파트너십을 이루어가야 한다. 이것은 교회의 선교적 역량의 척도이다.

5. 파트너십의 본질

1) 평등

진정한 파트너십은 단지 주고받든지 또는 돕고 구하는 것으로 이루어지지는 않는다. 진정한 동반 사역은 양자가 서로를 받아들이며 하나의 공통적이고 높은 사역을 수행하기 위해 동등한 수중에 도달할 때에 이루어진다. 파트너십은 각자가 능력이나 소유에 있어서 동등하여야 한다는 것을 의미하지는 않는다. 그것은 각자가 차별될 수 없는 고유한 지위와 사명을 부여받았음을 인정하는 것이다. 한 달란트와 다섯 달란트는 인간적으로 간주될 수 있다. 그러므로 파트너십은 각자가 하나님 앞에 설 때만 이루어질 수 있다. 우리가 선교의 파트너십을 실천하기 참으로 원한다면 우리는 동등한 관계에 이르도록 노력해야만 한다. 그것은 시간이 걸리지만 우리는 노력해야 할 것이다.

2) 겸손

선교에 있어서 불일치와 부조화는 원리의 부족에서 일어나는 것은 아니다. 그것은 대개의 경우 인격의 부족에서 발생한다. 파트너십의 가장 중요한 요소는 겸손이다. 종으로서의 겸손은 선교사의 최고의 모델이신 예수 그리스도 자신이 겸손했고, 바울은 신자들의 연합을 권면하면서 항상 겸손을 강조했다. 교만함과 미워함은 파트너십을 파괴한다. 어떤 사람이 자기중심적 야심에 지배된다면 그는 다른 사람들과 파트너십을 결코 이루지 못한다. 현대 선교에 있어서 가장 필요한 것은 진정한 겸손을 소유한 '야심이 없는' 리더십이다. 그것은 하나님이 주신 선물이다. 그러므로 우리는 그것을 위해 기도해야만 한다. "나는 마음이 온유하고 겸손하니"라고 말씀하신 예수 그리스도의 마음을 주시옵소서.

6. 선교 준비가 완료된 한국 교회

선교사를 보낼 수 있는 여건을 가진 교회는 ① 영적 부흥이 전교회에 휩쓸고, ② 강력한 교회성장이 계속되며, ③ 선교사를 파송할 만한 교육 수준이 높고, ④ 선교사가 되려는 젊은 후보생이 많고, ⑤ 훈련을 시킬 수 있는 지도자들이 많고, ⑥ 경제적 성장이 있고 헌신적인 교회이다.

한국 교회는 위 상황에 부합하므로 선교하는 교회로서의 준비가 이미 완료되었다. 한국 교회를 부흥시킨 하나님의 섭리를 선교한국이 되기 위함이라 볼 수 있다. 70, 80년대의 교회성장은 경이적이었다. 60년대에 5%에 불과했던 기독교인이 40여 년 사이에 급성장을 보였다. 세계 최대의 교회, 최대의 운집, 계속적인 성장으로 교회는 대형화되고 있으며 그 재력도 막강하였다.

한국기독교협의회가 펴낸 1992년 「기독교 연감」[23]에 나타난 한국 교회

---

23) 기독교연감[基督敎年鑑, *The Yearbook of Christian Church*]: 기독교의 자료를 매년 또는 일정 기간마다 발행하는 책. 기독교의 현황과 성장을 연구하는 데 도움이 되는 책이다. 1년 또는 일정 기간 동안의 기독교 역사와 사건, 통계, 연표, 일지, 해설, 인명록, 주소록 등을 수록한다. 한국에서는 연감이라는 명칭 외에 요람(Handbook)이라는 명칭도 사용했다. 크게 각 교파별 연감과 일반 기독교 연감으로 나눌 수 있다. 한국의 교파별 연감은 감리회에서 1932년 「기독교조선감리회요람」을 1936년까지 격년으로 출간했다. 1960년에는 「기독교대한감리회요람」, 장로교에서는 1940년에 「예수교장로회연감」을 발행했다. 일반 기독교연감은 1928년 영문인 The Korea Missions Year Book이 출간되었다. 1957년에는 NCC가 편집한 대한기독교서회 발간의 「기독교연감」이

의 모습은 1990년 말 기독교인 수는 13,309,686명, 교역자(목사, 전도사) 수는 61,714명, 교회 수는 35,355개로 89년보다 1,800개 교회가 더 늘어난 숫자이다. 신학생 수의 증가, 교회 개척의 열풍으로 한국 교회는 계속 부흥 성장할 가능성을 보여주고 있다. 경제적인 측면에서도 미국이 선교 사역을 시작할 때 GNP가 1,000달러이었는데, 현재 한국은 10,000달러의 풍요로운 나라로 성장해 왔다.

피터 와그너(Petter Wagner)는 교회의 4단계를 말한다.

제1단계: 불신자에게 가서 교회를 세우고 교회를 조직하며 선교부가 관장한다.
제2단계: 교회도 예수의 명령하신 것을 지키도록 한다. 선교부의 통제를 줄인다.
제3단계: 선교회는 자문 역할을 하고 피선교지에 흡수된다.
제4단계: 교회가 선교를 시작한다.

바로 한국 교회는 제4단계의 교회이다. 선교 준비를 완료시킨 하나님은 이제 출발하라고 하신다. 주저하면 하나님의 진노가 임할 것이다. '복음을 전하지 않으면 화가 임한다'는 강박감을 가져야 한다.

7. 제 안

대부분 교회가 선교의 필요성을 인식하면서도 과감히 나서지 못하는 이유가 있다. 돈이 없다는 것이다. 그러나 돈은 선교의 중심이 아니다. '오직 성령이 임하시면' 성령으로 하라고 했다. 성령을 전적으로 의지할 때 돈은 필수적으로 따라오게 되어 있다. 갇혀 있는 돈들이 선교라는 통로를 통해 쏟아져 나

발행 되었다. 1986년에는 기독교문사에서 「기독교대연감」을, 1992년에는 한국기독교교회협의회에서 「기독교연감 1992」를 발행했다.

올 것이다. 선교의 통로를 열어 놓지 않으므로 교인들의 돈이 다른 곳으로 빠져 나간다.

① 젊은 사역자들의 선교사를 모집하라: 무슬림 선교사는 100만 명인 반면 개신교 선교사는 10만 명이다. 무슬림이 승승장구 성장하는 까닭이있다. 해외에 나가면 국내보다 할 일이 10배는 더 많을 것이다. 소명을 받거든 과감히 선교사로 나가도록 권유하라. 그리고 교회의 젊은이들에게 선교에 대한 비전을 가지게 하라.

② 적은 돈부터라도 도우라: 약한 교회는 그보다 더 작은 약한 교회를 위해 단돈 1만원이라도 도우라. 작은 일부터 시작할 때 큰 일도 이루어질 것이다.

③ 선교 회원을 모집하라: 해외선교, 농촌선교를 위해 선교 회원을 모집하라.

④ 각 기관으로 선교하도록 하라: 힘에 맞게 기관 중심으로 하는 선교는 한곳 이상하라.

⑤ 팀 선교를 하라: 한 선교사를 한 교회에서 맡는 형식보다 선교사를 여러 교회가 맡아서 지원하는 방법을 한국 교회가 많이 채택하고 있다. 작은 교회도 선교할 수 있다.

⑥ 선교하는 교회로 전환하라: 10-50%까지 선교하는 교회로 전환하라. 온 교회가 선교하는 교회가 되면 교회는 분명 강해진다. 선교하는 교회가 많아져야 한다. 시간이 급하다.

⑦ 교회 예산을 수정하라: 상품비, 선물비, 파티비, 다과비, 행사비(임직, 취임, 기념식 등), 실내 장식, 비품을 간소화하라. 성귀중품 없는 교회여야 한다. 초대교회처럼 하자. 선교보다 긴급하지 않은 사항은 과감히 뒤로 미뤄라. 먼저 생명 구원부터 해야 한다. 교회 버스도 꼭 필요한 운행용으로만 남기고 처분하라. 기도원, 공동 묘지, 수양관 건축 등의 경쟁을 버리자.

8. 결론

협력 없는 선교는 효과가 없고 심지어 불가능하기까지 하다. 선교에 있어 협력과 동반자적 관계는 올바르고 효과적인 선교를 위해 절대 필요하다. 예수님은 성화와 연합이 선교의 두 가지 선행 조건이라고 가르치셨다. 예수님은 하나님 아버지께 그의 제자들을 거룩하게 해 주시고 하나가 되게 하사 세상으로 자기를 알고 믿도록 해 달라고 기도하셨다(요 17장). 연합과 협력에 대한 또 하나의 중요한 성경의 가르침은 그것이 단순히 인간적인 선이나 노력으로 얻어질 수 있는 것이 아니라 기도로 얻어지는 것, 즉 인간과 본성과 상반되는 것이지만 하나님께서 축복으로 주시는 것이라는 것이다. 동반자적인 관계를 수립해야 한다. 교회와 선교단체는 협력관계이다. 동서양도 동반자적인 관계를 수립해야 한다. 선교국과 피선교지는 협력해야 한다. 개개인들도 본국에서나 선교 현지에서 협력해야 한다.

협력의 근본적 방해물인 경쟁적 개인주의, 야심적 영웅주의, 대교회주의, 영미 및 서방 제국주의, 배타적 2/3 세계 국가주의들은 오직 주님의 대위임령을 순종하기 위해서 어떤 대가를 치르고서라도 극복해야 한다. 하나님께 붙잡힌 사람 그러한 사람만이 성령의 변화시키는 능력으로 선교의 협력과 동반자적인 정신을 창출해 낼 수 있다.

The Church and Mission Education

제11장

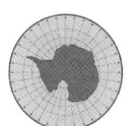

선교 교육과 재정 관리

1. 선교의 세 기둥

　'선교'라면 먼 오지의 부족민들 가운데서 고생하며 사역하는 선교사의 모습이 가장 먼저 떠오르게 되고, 동시에 그 선교사를 파송하고 기도와 재정으로 지원해 주는 후원 교회들이 자연스럽게 연상된다. 사실 선교란 선교사 자신과 그를 파송하고 지원하는 교회의 공동 사역으로 이루어지기 때문에 이들이 바로 선교의 주역이라 할 수 있다. 그러나 모든 중요한 과업에서 주역과 함께 조역의 역할도 무시할 수 없다. 선교 행정과 지원 사역을 맡은 전문 선교기관의 기능과 역할이 바로 그러한 예이다. 타 문화권 선교에 대한 소명과 열정이 구체적인 열매를 맺기까지는 상당히 복합적이고 전문적인 기능을 담당하는 선교 행정의 도움과 역할이 요구된다.

　선교는 그리스도의 몸인 교회가 담당해야 할 대 사명이기 때문에 그 실행도 에베소서 4:16의 지체 사역의 원리에 따라 넓은 의미의 교회에 속한 각 지체들이 각자의 역할과 은사대로 일을 분담하면서 협력하는 것이 성경적인 방법일 것이다. 여기에서 선교사, 교회, 선교기관의 상호관계를 생각하게 되는데 이 삼자는 '선교'라는 건물을 떠받치고 있는 세 개의 기둥이다. 어떤 사람은 이것을 '거룩한 삼각관계'라고 부른다. 재정 문제에 있어서 위에 든 삼자의 상관관계를 쉽게 설명한다면 선교비를 주는 입장은 교회이고 받아서 쓰는 입장은 선교사이며 그것을 관리하고 정리를 하는 것은 선교회(본부)이다. 선교비를 주는 쪽이나 받아서 쓰는 쪽 그리고 그 사이에 조정하고 관리하는 기관 모두가 선교 재정을 올바로 운용하고 선하게 관리할 책임을 지는 것이다.

2. 교회의 선교 재정 관리

1) 선교 재정의 확보

교회마다 예산과 재정의 운용이 다르겠지만 선교 예산을 확보하는 방법은 다음과 같은 세 가지 형태로 분류될 수 있다.

첫째, 통합예산 제도이다. 연간 전체 경상비에서 일정 금액을 선교비 명목으로 책정하고 지출하는 것으로 그 동안 흔히 사용해 오던 전통적인 방법이다. 선교에 대한 인식과 관심도에 따라 그 편차가 교회마다 매우 큰데 간혹 재정의 50-60%를 선교비로 책정하는 파격적인 교회가 있기도 하지만 5-10% 이하의 명목적인 할당에 그치는 경우가 더 많다.

둘째, 독립 예산 제도이다. 경상비를 위한 헌금 외에 선교 사역을 위해 따로 헌금을 작정하는 것으로 대개 연초에 월정으로 하며 교회 선교위원회에서 헌금을 독자적으로 관리하는 경우가 많다. 이 경우에 성도들이 선교를 위해 직접 참여한다는 기쁨을 가질 수 있고 선교위원회의 활동에 따라서는 이것을 더욱 활성화할 수 있는 장점이 있다.

셋째, 절충 예산 제도이다. 선교 사역을 위한 헌금을 작정하고 동시에 교회 경상비에서 일정 금액을 선교를 위해 지원하는 체제이다. 약정 헌금은 선교사 후원금으로 교회 지원은 특별 사역비나 긴급 지원금 등으로 활용할 수도 있다. 이를 통해 기금의 일시적인 부족 현상을 타개할 수 있고 성도들과 아울러 교회 전체가 제도적으로 선교에 보다 깊은 관심을 기울일 수 있을 것이다.

2) 선교 재정의 지원

파송교회가 선교사의 모든 비용을 다 부담하는 것이 한국 교회의 전통이다. 그러나 선교비의 부담이 늘어나고 선교사의 수가 증가하면서 한 교회가 선교비 전체를 담당하는 것이 어렵게 되었고 이로 인한 갈등이 많아지면서 점차 새로운 지원 형태가 개발되었다. 흔히 '협력 선교'라고 불리는 것으로 한 교회에서 일정한 선교비를 여러 선교사에게 지원하는 방법이다. 필자가 소속한 교단에서는 후원 액수에 따라 차등을 두어 1후원, 2후원, 3후원 제도를 택하고 있다.

따라서 보완과 절충이 이루어진 지원 방식이 바람직한데 한 가지 예로 다음과 같은 원칙을 정할 수 있다. 본 교회가 파송교회 혹은 모교회가 될 때는 기준 선교비의 적어도 50% 이상을 지원하되 70% 이상을 넘지 않도록 하는 것이 좋다. 협력 체제로 선교사를 지원할 때는 기본적으로 300달러(10-15%) 내외를 기준으로 하여 지원하는 것이 관리와 관계의 양면에서 효율적이다. 그러나 재정이 약한 교회들의 형편도 수용해야 한다. 파송교회를 중심으로 하여 몇 개의 협력 교회들이 공동후원회(컨소시움 형태)를 구성하여 지원하는 방법도 행해지고 있다.

3) 선교 재정의 관리

개교회가 지원하는 선교사의 수가 많아지게 되면 선교비의 액수도 많아지게 되므로 선교 재정의 관리와 정책 수립 등을 위해서는 교회 선교위원회의 구성이 필요하다. 선교위원들은 국내외의 선교 현황에 대한 기본 지식과 객관적 안목을 가진 사람들로 구성하는 것이 좋으며 지속성과 안정성을 유지하도록 일정한 임기를 부여할 필요가 있다.

3. 선교사의 재정 관리

선교지를 향해 떠나기 전에 선교사는 그의 생활비가 어디서 오는가를 알아야 한다. 바울은 어디서 그의 후원금이 오는지 알지 못하고 나갔지만 그의 생활을 유지하기 위해서 장막을 어떻게 짓는가는 알았다. 신약 시대 최초의 선교사 후원은 예수님께로부터 시작되었다. 선교사가 자기에게 필요한 선교비를 모금하는 것은 기본으로 성경적인 원리에서 나온 것이다. 그러나 기억해야 할 것은 선교비를 모금하고 사용하는 오늘의 선교사들은 바울처럼 "그리스도의 복음에 아무 장애가 없도록"(고전 9:2)하기 위해 당연한 사도의 권리도 포기할 만큼 성숙하고 희생적인 믿음과 마음가짐을 가져야 한다.

4. 선교회의 재정 관리

1) 모금 정책

역사적으로 보면 선교 초기의 시대 상황이나 선교 지도자의 개인적인 체험과 믿음에 따라 선교단체 간에 매우 다른 모금 정책을 채택하는 경우가 있다. 가장 두드러진 예로는 믿음선교회(Faith Mission)의 창시자인 허드슨 테일러(Hudson Taylor)는 "잘못된 동기로 드리거나 성별되게 드리지 않은 헌금을 아무렇게나 받는 것은 하나님의 사업에 심각한 장애가 될 수도 있다. 비록 적더라도 하나님께서 주시기에 적합한 것만 받아야 한다"라고 말했다. 그래서 그가 창설한 CIM-OMF는 회원 선교사가 공개적으로 그의 선교비를 요청하거나 모금하는 것을 선교회의 정책으로 금하고 있다. "오직 기도함으로 하나님을 통해 사람을 움직이라"는 것이 모금의 원칙이며 따라서 재정을 미리 확보해서 들어온 만큼 쓰기 때문에 선교사에게 고정된 선교비를 약속하지 않으며 결코 빚을 지지 않는다. 이러한 재정 원칙은 선교사가 후원금의 약속에 얽매이지 않고 믿음으로 나아가게 하는 큰 이점이 있지만 재정에 대한 선교사나 교회의 책임 의식이 약화될 때 무사안일에 빠지게 되어 재정적인 궁핍에 처할 위험을 안고 있다.

또 다른 극단적인 경우로 "나는 모든 종류의 돈을 받겠다. 심지어 사탄의 돈일지라도 받아서 그것을 예수 그리스도의 피로 씻어서 하나님의 영광을 위해 사용하겠다."라고 말한 윌리엄 부스(William Booth)가 있다. 그의 주장은 어떤 방법으로든 모금을 해서 그것을 선하게 사용하자는 것이다. 이것이 더 현실적인 방법인지 대부분의 선교사들은 선교사가 출발하기 전에 일정액의 모금 목표를 설정한다. 선교단체에 따라서는 목표액을 채운 후에야 선교지로 나갈 자격을 주기도 한다. 이렇게 해 안정된 선교 사역을 할 수 있는 기반을 마련한다. 이 경우엔 선교비 확보 여부가 선교사 파송의 요건이 되기에 이로 인해 여러 가지 부작용이 생겨나기도 한다.

잘 정비된 교단 선교부의 경우는 선교사가 모금할 필요 없이 지교회들의 분담금을 통해 선교비 전액을 지원해 주기도 한다. 이 경우에도 장기적으로 선교 의욕의 저하 등 문제점이 나타나게 된다. 최근에는 교단 선교부가 선교사와 후원교회를 연결시켜 주는 역할을 하기도 한 다. 종합해 보면 기본적으로 모금의 목표를 설정해서 기도하고 각 선교 본부의 재정 정책을 따르되 후에 언급할 '선한 청지기'의 자세를 따라 부끄러움이 없이 행해야 할 것이다. "할 수 있는 대로 돈을 모으라. 최대한으로 저축하라. 할 수 있는 대로 모두 주라."[1]

2) 재정의 관리 방법

선교비의 종류는 사용 목적이나 그 성격에 따라 선교사 후원금(missionary fund), 사역 헌금(work/project fund), 일반 헌금(general gift), 지정 헌금(designated gift), 개인 헌금(personal gift), 현지 헌금(local gift) 등으로 나눌 수 있다. 그러나 일반적으로 교회에서 선교헌금이라고 하면 선교사를 지원하는 헌금을 의미한다. 선교회의 역사와 성격에 따라 재정 정책과 관리 방법에 차이가 있지만

---

1) John Wesley, *Works*, VI, 126-130.

다음과 같이 몇 가지로 분류할 수 있다.

- 선교사 개인 계정 제도
- 공동 기금 제도
- 통합 관리 제도
- 행정 비용의 분담

3) 감사 제도

선교 재정의 관리의 객관적이고 공신력 있는 감사 제도는 매우 중요하다. 선교 재정의 집행자가 누구에게 재정 상황을 보고하고 누가 최종적인 책임을 지게 되는가? 정확한 재정 관리를 위해서는 먼저 합리적이고도 체계적인 보고 및 감사 제도가 있어야 한다. 외국의 경우 선교단체협의회의 공인회계 감사 제도를 활용하는 선교단체들이 많다. 조직면에 있어서는 선교단체의 재정 정책을 다루고 대외적으로 공신력에 대해 책임지는 이 사회가 재정 운영의 방향을 점검하고 조정해야 한다. 회계 장부가 잘 맞는다고 재정 관리를 잘 하는 것은 아니다. 특별히 후원교회와 교단의 위임을 받은 선교사를 관리하고 뒷받침하는 선교회의 입장에서 후원자와 선교사 모두에게 정직하고 공정한 재정 관리자라는 신뢰감을 주는 것은 선교단체의 존립에 관계된 중요한 문제이다.

4) 재정 정책의 중요성

- 재정 정책의 성격
- 선교비의 기준과 용도
- 현지의 재정 사용 문제

선교사 자신을 위한 선교비 지출 외에 현지인과 현지 교회, 그리고 현지 사업을 위하여 재정을 어떻게 사용하는가 하는 문제는 역사적으로 논란이 되어온 심각한 주제이다. 오늘날도 선교지의 수많은 필요들에 대해서 어떤 사역 전략과 재정 정책을 가지고 대처할 것인가를 장기적인 안목에서 바라보지 않으면 시행착오의 악순환에 빠지기 쉽다. 이를테면 현지인에 대한 원조와 구호 문제, 우리가 해 주기를 원하는 것과 그들에게 참으로 필요한 것에 대한 문제(예, 교회당 건축), 새로운 일을 시작하기 위한 사전 평가 지침(D. Lane), 현지인의 고용 문제 등이다.

5. 청지기의 직분

이제 선교의 세 기둥인 각 주체들은 무엇보다 먼저 하나님께서 몸 된 교회에 복음 전도의 대사명을 위임하면서 이를 위한 현실적인 실행 수단으로 물질도 함께 위탁했다는 사실을 깊이 인식해야만 한다. 그러기 위해선 실제적으로 다음과 같은 세 가지의 정신을 각 기관이 선교비의 모금과 사용의 원리로 삼는 것이 옳다. 선교 주체의 셋 중에 어느 한 쪽에라도 문제가 생긴다면 그것은 하나님의 선교 전체에 막대한 손해를 끼치는 피해를 입히게 될 것이다. 선교의 집은 세 기둥이 각각 굳건히 그의 책임과 신실함을 다 할 때만 든든히 계속 지어져 갈 수 있기 때문이다.

- 신뢰성
- 책임성
- 분별력

역사적으로 서로 다른 전통에 따라 직접적인 호소를 통해 모금을 하든지 아니면 사람에게 알리지 않고 기도를 통해서만 필요를 공급받든지 선교사는 하나님께 온전한 신뢰를 가지고 선교지로 출발해야만 한다. 믿음 선교의 주창자라고도 할 수 있는 허드슨 테일러(Hudson Taylor)의 시대인 19세기 말이나 21세기 초인 현재나 사람의 약속은 때때로 변하기 쉽고 선교지에서는 예기치 못한 어려운 들이 발생할 수 있기 때문이다.

> 나의 하나님이 그리스도 예수 안에서 영광 가운데 그 풍성한 대로 너희 모든 쓸 것을 채우시리라 (빌 4:19).

제12장

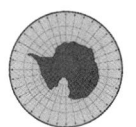

선교 교육과 전문인 선교

　100여 년 전부터 개신교 선교사를 받아들인 한국 교회는 이제 복음의 빛을 타 민족에게 갚아야 한다. 한국 교회는 선교에 대한 관심이 매우 높다. 이에 대해 한국 교회는 교회의 98% 이상을 차지하는 평신도들이 어떻게 선교에 실제적으로 참여할 수 있는가에 깊은 관심을 갖고 선교 전략을 세워야 한다. 물론 평신도는 기도와 물질로 선교에 참여할 수 있으나 더 나아가서 현대 선교에 있어서 평신도 선교사들의 역할이 매우 중요하고 다양하게 요구되고 있으므로 이에 대하여 교회의 올바른 인식이 필요하다. 아직도 한국 교회 내에서는 전문인 선교사에 대해서는 부정적인 반응을 보이거나 무관심한 상황이다. 이에 대해 전문인 선교의 필요성과 그 전략에 대해서 알아보고자 한다.

　한편 전문인 선교와 더불어서 현대 선교에 있어서 중요한 영역을 차지하는 선교 전략이 전문인 선교이다. 최근 한국 교회에는 전문인 선교가 활발하게 일어나고 있고 여러 가지 문제점에도 불구하고 신선한 충격을 주고 있으며 많은 평신도들이 선교에 대해 도전을 받고 있다. 초기에는 교회가 이러한 운동을 부정적인 시각으로 보아 왔지만 계속해서 선교 단체들이 전문인 선교 활동을 하게 되고 현대에 있어서는 특히 전통적인 선교사가 갈 수 없는 창의적 접근 지역에서의 선교를 위해서 자비량 선교와 더불어 매우 중요한 선교의 개념으로 발전되었다. 특별히 전문인 선교는 선교사가 자신의 직업, 즉 전문성을 가지고 직접 선교를 하면서 참여하는 장점을 지니고 있으므로 이에 대해 그 방법론과 실제적인 제안을 다루고자 한다.

1. 평신도 전문인 선교의 필요성

1) 성경적 근거

예수 그리스도께서 복음을 증거하실 때 제자들과 같이 생활하시며 그중 12 제자에게 특히 관심을 가지시고 그들에게 세계 선교의 명령을 하신 것을 볼 수 있다. 마태복음 28:16-20에서 열한 제자에게 선교의 명령을 하셨고 사도행전 1:8에서는 사도들에게 땅 끝까지 이르러 내 증인이 되리라고 하셨다. 그러나 그 후 마가의 다락방에서 성령이 임하실 때 그곳에 있던 120여 명이 성령의 충만함을 받고(행 2:4) 담대하게 복음을 전하게 된 것도 볼 수 있다(행 4:31).

물론 사도행전 전체에 걸쳐서 주로 사도들이 복음을 전하는 내용이 나오지만 때때로 우리는 사도가 아닌 사람들에 대한 기사를 접할 수 있다. 스데반이 그 대표적인 예로서 그는 은혜와 권능이 충만해(행 6:8) 회당에서 서기관들과 변론했으며 결국 초대교회의 최초의 순교자가 된다. 예루살렘에 큰 핍박이 났을 때 사도 외에 많은 믿는 이들이 유대와 사마리아 모든 땅으로 흩어졌다(행 8:1; 11:18-21). 또한 사도행전에는 사도들과 더불어 형제들(행 11:1), 제자들(행 11:16, 29)에 대해서 나오는데 내용상으로 이들은 사도들과 구별되는 평신도인 것을 알 수 있다. 마이클 그린은 초대교회의 평신도들에 대해서 이렇게 말한다. "그들은 여느 사도들 못지않은 전도자였다. 유대교와 연관이 없었던 헬라인들에게 (복음을) 전파한 것과 안디옥에서 이방 전도를 시작한 것 - 이 두 가지 획기적인 발걸음을 내디딘 것은 바로 그들이었다."[1]

---

1) Michael Green, *Evangelism in the Early Church*, 208.

2) 현대 선교의 현황

초대교회 이후 계속해서 수많은 평신도들이 선교사로서 혹은 전도자로서 혹은 그들의 직업을 가지고 세계 선교를 담당하였다. 현재 세계적인 초교파 선교 단체들은 이러한 전문인 선교사들을 주로 받고 있으며 이들은 선교의 일선에서 매우 중요한 역할을 담당하고 있다. 한편 시대적으로 대부분의 공산 국가나 회교 국가 등 선교사가 절실히 필요한 지역에서는 평신도로서 직업을 가지고 가는 것이 가장 바람직하고 또 그렇게 할 수밖에 없는 것이 현실이다. 이들은 정식 선교사로서가 아니고 다른 목적으로 그 지역에 체류하면서 간접적인 전도를 통해서 사역하게 된다. 더욱이 선교가 더욱 전문화되면서 각 분야에 전문가가 필요한 시대의 요구에 따라서 전문인 선교사가 앞으로 계속 늘어나는 추세에 있게 된다. 그러나 유감스럽게도 아직 한국 교회에서는 선교사 하면 목사 선교사를 생각하게 되고 교회에서는 전문인 선교사에 대해 대부분 정식 선교사가 아닌 격이 낮은 선교사로 보는 것이 사실이다. 이것은 한국 교회의 선교사가 초기에는 대부분 타 문화권에 있는 한인 교포 목회를 하기 위하여 파송된 선교사들로 주로 교단을 통해서 파송되어 사역하는 목사 선교사들이었으며 1986년 나일선 박사의 통계에 의하면 한국 선교사 511명 중에 259명(50.7%)이 교포 선교활동을 하고 있는 것을 통해서도 잘 알 수 있다.[2]

그래서 한국 교회에서는 선교사는 곧 목사라는 개념이 널리 심어져 왔다. 물론 선교사로서 갖추어야 할 조건인 신학과 성경에 대한 깊은 지식은 필수적이지만 현대 선교의 다양성에 비추어서 앞으로 한국 교회가 전문인 선교에 더욱 더 관심을 갖고 세계 선교의 전략을 재정립해야 한다고 본다.

2. 전문인 선교의 전략

현대는 계속 다원화되고 선교지의 입국이 제한되고 있다. 이에 따라서 우

---

[2] 2008년 전반기 통계에 의하면 한국 선교사는 18,000여 명으로 선교사들이 계속 늘어나는 추세이다.

리는 평신도 전문인 선교의 중요성을 다시 인식해야 하며 이에 대해 보다 장기적이고 체계적인 전략이 요청된다.

1) 전문인 선교에 대한 교육

먼저 선교의 전반적인 부분과 평신도 전문인 선교에 대해서 성경적으로 가르치며 실제적이고 구체적인 정보를 평신도들에게 보여주어야 한다. 왜 선교를 해야 하는지, 성경은 선교에 대해서 어떻게 말하는지 등에 대해서 알려 주고 성경적인 바른 선교관을 심어 주어야 하며 평신도에 대한 바른 이해가 교역자와 평신도 모두에게 필요하다고 본다. 옥한흠 목사는 평신도에 대해서 "평신도는 교회의 주체이다. 교역자와 평등하게 그리스도의 몸에 속한 지체들이다. 그들 모두가 머리되신 주님으로부터 소명을 받고 있다. 이 소명을 위해 성령은 각자에게 분수에 맞는 은사를 주어 몸의 지체로서 그 기능을 다하게 하신다"고 말한다.

둘째 평신도 전문인 선교사의 발굴이 필요한데 교회는 이들 평신도들의 선교에 대한 갈망을 지도해 주어야 한다. 선교에 대한 많은 정보와 선교 사역에 대한 이상적인 생각들로 인해서 평신도들이 자칫 자신의 소명을 확신하고 냉정하게 판단하는 데 소홀히 하여 너무 쉽게 선교에 대해 결정하고 무리하게 진행하려 하여 문제를 야기시키기도 한다. 그러므로 교회는 선교에 대해 관심을 가진 평신도들을 잘 지도하고 인도해 주어야 한다.

셋째 교회와 선교회의 협력을 통해서 전문인 평신도들이 선교에 적극적으로 참여하게 한다. 전문인 선교에 대한 바른 인식과 함께 선교 사역을 위해서 어떻게 후원하며 무엇을 기도할 것인가를 인식시켜 주며 선교지에서의 정보와 선교사 사역을 계속 소개하여 그리스도의 몸으로서 모두가 동참하게 한다.

2) 전문인 선교사 훈련

평신도 전문인 선교사 훈련에 있어서는 다음과 같은 세 가지 분야가 중요하다고 본다. 첫째, 영적, 신학적 훈련인데 무엇보다도 평신도는 신학을 체계적으로 공부하지 않았기 때문에 성경에 대해서, 기독교 신학에 대해서 정리된 지식이 필요하며 더 나아가 선교사로서의 영성 훈련이 되어야 한다. 또한 선교사로서의 인격 훈련도 매우 중요하다.

둘째, 전문인으로서 전도 사역에 임할 때 의료, 교육, 방송, 번역 등 어느 사역에 임하든지 그것에 대해서 전문적인 훈련이 되어야 한다. 현대에는 대부분의 선교지에서 선교사를 받을 때보다 수준 있는 기술을 요구하기 때문이다. 또한 언어 훈련은 필수적이다.

셋째, 타 문화에 대한 이해와 적응 훈련이 필요하다. 이에 대해서 선교와 문화, 인류학, 타 문화권 커뮤니케이션 등이 다루어져야 하는데 이것은 복음을 보다 효과적으로 타 문화권에 전달하기 위해서 특히 한국 선교사들에게 요구하는 훈련이다. 왜냐하면 한국인들은 단일 문화권에서 오랫동안 살아왔으므로 타 문화권 적응에 대해 더 어려움을 겪게 되기 때문이다. 이를 통해서 평신도가 선교에 대해서 구체적으로 배우고 자신의 소명과 자질, 자격 등을 확인한 후에 선교사로 나가기를 결정하도록 도움을 줄 수가 있다.

3) 전문인 선교 정책의 수립

첫째, 현재의 선교 상황과 선교 방향에 대해서 끊임없이 연구해야 한다. 특히 21세기에는 영혼 구원이 우선인가 아니면 사회 정의가 우선인가, 전도가 우선인가 아니면 구제와 봉사가 우선인가, 이러한 것들을 어떻게 포괄적으로 수용할 것인가, 타 종교와 기독교와의 관계는 어떠한가, 그들이 기독교를 보는 관점은 어떤가, 그들의 문화와 예식은 모두 사탄적인가 아니면 수용할 것이 있는가 등의 질문들은 선교지에서 선교사들이 겪는 갈등이다. 이에 대해 아무런 준비 없이 선교지에 나갈 때 어려움을 겪게 되는데, 더욱이 하나님 말씀에 바탕을 둔 선교신학에 없을 때 혼돈에 빠지거나 무조건 타인의 견해를 배척하는 오류도 범하게 된다. 그러므로 선교의 신학을 정립하고 그것에 준하는 일관된 정책이 필요하다.

둘째, 각 선교지에 대한 연구가 필요하다. 그곳의 정치, 경제, 사회, 문화, 역사, 종교 등에 대해서 연구하고 복음에 대한 반응이 어떤가, 왜 그런가, 어떤 종류의 선교사들이 그 지역에 가장 바람직한가, 어떤 종류의 선교사를 그 지역에서 필요로 하는가, 과거의 선교 전략은 어떠했으며 그것이 성공했으면 어떤 이유이고 그것이 실패했으면 왜 그런가 등의 정보와 현황을 파악해야 한다. 또한 평신도가 직업을 가지고 사역할 수 있다면 어떠한 직종이 가능한가, 그것에 필요한 정부와 관계 기관과의 교류를 어떻게 진행할 것인가 등에 대해서도 알아보아야 한다.

셋째, 선교 방법의 연구이다. 현대는 급변하는 시대이다. 정도의 차이는 있지만 말레이시아의 정글도, 브라질의 정글도, 태국의 대학가도, 중국의 대학가도, 유럽의 젊은이들도 모두가 변화하고 있기 때문에 전문인 선교사들은 다음과 같이 사역에 임해야 할 것이다.

전도 사업: 가장 광범위하게 수용되는 선교의 형태로서 개인 전도를 통해서 일대일 양육도 하며 자연스럽게 생활 가운데 전도할 수 있다. 또한 전도 대회를 열어서 집중적으로 복음을 전할 수 있고 여러 지역을 팀으로 다니면서 노방 전도, 드라마, 스케치보드 등을 이용해서 기동성 있게 복음을 전파하기도 한다.

의료 사업: 오래전부터 전문인 선교사가 크게 공헌한 부분이며 아시아, 아프리카 남미에서 선교사가 세운 기독교 병원이 없는 나라가 거의 없다고 할 정도이다. 의사뿐 아니라 간호원, 수의사, 약사 등의 전문인 선교사들은 많은 선교지에서 요구되고 있다.

구호 사업: 낙후된 지역에 지역개발 구제, 사회개발 등을 담당하고 그들의 경제와 환경의 개선을 돕는 사역으로 농업, 공업 등의 기술자 선교사를 필요로 하고 있다. 또한 난민촌에서의 사역도 빼놓을 수 없는 중요한 사역이다.

교육 사역: 교육을 통한 선교로서 자연스럽게 복음을 소개할 수 있다. 특히 이 사역은 전인 교육을 통한 기독교의 참 모습을 보여주고 선교지의 무지와 문맹을 타파하는 데 지대한 공헌을 했다고 볼 수 있다.

미디어의 사용: 방송 사역 등을 통해 복음을 들고 직접 가기가 힘든 공산권이나 타 종교권에 효과적으로 사용되며 이외에도 잡지, TV, 영화, 슬라이드, 전도지 등을 사용해서 폭넓게 전도할 수 있다.

성경 번역 사업: 하나님의 말씀을 자신들의 언어로 가지지 못한 부족들에게 성경을 번역하며 그들에게 글을 가르쳐서 스스로 성경을 읽고 이해하게 하는 사역으로 하나님 말씀의 전파와 그 지역 문화에 크게 기여하고 있다.

이외에도 학생들을 중심으로 사역하는 성경공부 모임의 인도, 제자훈련을 통한 현지인 전도자 양성, 드라마, 가스펠송 등의 여러 가지 방법으로 그 지역과 상황에 맞게 사역할 수 있다.

3. 바울의 선교 여행에서 나타난 전문인 사역

1) 제1차 선교 여행

이때에 바울과 바나바는 비시디아 안디옥과 갈라디아 지역의 도시에서 전문인 사역을 했음을 볼 수 있는데(행 13:1-14), 바울 사도는 "어찌 나와 바나바만 일하지 아니할 권이 없겠느냐"(고전 9:6)고 말하였다.

2) 제2차 선교 여행

이 기간 동안에도(행 15:40-18:22) 바울은 노동했음을(행 18:3, 천막제조업, Tentmaking) 그가 보낸 서신을 통해서 알 수 있다. "형제들아 우리의 수고와 애쓴 것을 너희가 기억하리니 너희 아무에게도 누를 끼치지 아니하려고 밤과 낮으로 일하면서 너희에게 하나님의 복음을 전파하였노라. 우리가 너희 믿는 자들을 향하여 어떻게 거룩하고 옳고 흠 없이 행한 것에 대하여 너희가 증인이요 하나님도 그러하시도다"(살전 2:9-10). 그가 데살로니가 성도들에게 일깨우려 했던 것은 복음 전하는 바울 자신이 현지인들과 똑같이 오전부터 오후까지 노동하였다는 것이었다. 사도 바울은 수고하고 애씀으로써 성도들에게 재정적 부담을 주지 않았다. 그렇다면 도대체 언제 그는 복음을 전했단 말인가? 안식일에 그는 회당에서 가르쳤고 일하는 작업장에서는 정오의 긴 휴식 시간을 통해서 복음을 전한 것이다. 그는 일상생활을 통해서 본을 보임으로써 복음을 증거했다. "어떻게 우리를 본받아야 할 것을 너희가 스스로 아나니 우리가 너희 가운데서 규모 없이 행하지 아니하며 누구에게서든지 양식을 값없이 먹지 않고 오직 수고하고 애써 주야로 일함은 너희 아무에게도 누를 끼치지 아니하려 함이니"(살후 3:7-8). 그는 가르침의 진실성과 개종자들에게 상전에 대한 종의 태도의 모범을 보여주기 위해서 노동 현장에서 의도적으로 일하였다(엡 6:5-9; 골 3:22-23).[3]

3) 제3차 선교 여행

이 기간(행 18:23-21:14)에도 사도 바울은 일을 했다. 그가 3년 동안 에베소에 머물면서 날마다 쉬지 않고 성경을 강론하였다(행 20:31). 성도들 간에 논쟁이 일어나 어지러운 고린도 교회에 편지 한 내용에서 그가 에베소에서의 생활이 어떠했는지를 알 수 있다. 즉 "바로 이 시간까지 우리가 주리고 목마르며 헐벗고 매 맞으며 정처가 없고 또 수고하여 친히 손으로 일을 하며 후욕을 당한즉 축복하고 핍박을 당한즉 참고"(고전 4:11-12). 이 같은 어려움과 고난 중에도 친히 손으로 노동하며 생계를 유지했음을 볼 수 있다. 3차 선교 여행을 마무리 하면서 그는 밀레도 항구에서 에베소 장로들을 청하여 불러 모은 뒤 그들에게 전하는 마지막 인사의 간곡한 부탁의 말씀 속에서도 먼저 바른 신앙생활 가운데 자신의 노동으로 재정을 확보하여 어려운 이웃을 돌아보며 복음을 전하는 전문인의 선교적 삶을 강조하고 있다. "지금 내가 너희를 주와 및 그 은혜의 말씀께 부탁하노니 그 말씀이 너희를 능히 든든히 세우사

---

3) Ruth Simens, "타문화권 직업 선교에 대한 성경적 근거," 『직업 선교』, 데쓰나오 야마모리 편, 이득수 역 (한국기독교학생출판부, 1999), 31.

거룩케 하심을 입은 모든 자 가운데 기업이 있게 하시리라. 내가 아무의 은이나 금이나 의복을 탐하지 아니하였고 너희 아는 바에 이 손으로 나와 내 동행들의 쓰는 것을 당하여 범사에 너희에게 모본을 보였노니 곧 이 같이 수고하여 약한 사람들을 돕고 또 주 예수의 친히 말씀하신 바 주는 것이 받는 것보다 복이 있다 하심을 기억하여야 할지니라"(행 20:32-35). 바울의 3차에 걸친 선교 여행에서도 살펴보았듯이, 그는 노동 현장에서 일하면서 복음을 전하였고 필요한 재정을 확보하는 전문인 선교 사역의 본을 보였음을 알 수 있다.

The Church and Mission Education

제13장

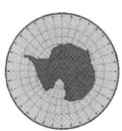

선교 교육과 자비량 선교

'자비량 사역자(선교사)'(Tentmaker)라는 말은 선교지에서 직업을 가지고 생활하면서 그리스도를 섬겨 선교 사역을 하는 그리스도인들을 가리키는 데 사용되어 왔다. 이 용어는 사도행전 18:3에서 장막 만드는 일을 하면서 선교 사역을 했던 사도 바울의 예에서 따온 것이다. 바울은 복음을 전하면서 어느 누구에게도 경제적 짐을 지우고 싶지 않았기 때문에 직접 일을 했다(고후 11:8-9; 살전 2:9). 그는 복음을 전하고서는 보수를 받지도 않았고, 복음 전파에 방해가 되는 것은 아무것도 두기를 원치 않았다(고전 9:12, 18). 바울은 또한 열심히 일하면서도 사역을 할 수 있다는 것을 본으로 보여준 사람이었다(살전 2:9-10). 그러나 그는 물질적 지원을 거절하지는 않았으며 그의 필요를 채워 준 사람들에게 감사하였다(빌 4:14-19). 바울은 일과 사역을 동시에 하는 본을 보여주었다. 자비량 선교사라는 말은 오늘 날 좀 더 넓은 의미로 사용되어 다른 문화나 다른 나라에 가서 직업을 가지고 있는 여러 형태의 평신도 그리스도인들을 가리키기도 한다.

그들은 그들의 직업 분야에서 전문가요 또한 그리스도의 훈련된 종이라는 의미에서 이중 직업을 가진 사람들이다. 그들은 단지 먹고 살기 위해서 일을 하는 것이 아니라 사역을 하기 위해서 일을 한다. 그들은 그들의 생활과 직업에서 모범을 보이면서 또한 선교를 할 기회를 찾는다. 사역을 하기 위해 일한다. 전통적인 선교 방법에 제재를 가하거나 문을 닫고 있는 나라들이 증가하고 있기 때문에 자비량 사역은 오늘날 더욱 중요한 것이 되고 있다. 자비량 사역자들은 이러한 나라들에서 직업을 갖는 것이 이 나라들의 발전에 기여할 뿐 아니라 자신의 직업을 통하여 그리스도를 섬길 기회를 갖게 된다는 것을 발견하게 된다. 또한 그들은 직업을 통하여 만나는 사람들에게 자연스럽게 복음을 전하기도 한다. 자비량 선교사의 네 가지 자격은 다음과 같다.

첫째, 선교와 직업 모두에 대한 확신이다. 직업으로 자신을 부르셨고 인도하셨다는 확신 그리고 자비량 선교 사역자가 되고자 하는 사람은 하나님께서 지상명령 성취를 위한 도구로서 특정한 직업으로 자신을 부르셨고 인도하셨다는 확신을 가지고 있어야 한다. 만약 결혼한 사람이라면 그의 아내도 동일한 확신을 가지고 있어야 한다. 아무리 선교사가 잘하려 해도 부인이 함께 확신을 갖지 못하면 처음부터 선교사를 그만두어야 한다. 자비량 사역자가 되는 것은 마음의 원함만 가지고는 안 된다. 정말 그가 타 문화권 사역자로 부르심을 받았다면 그는 그 문화로 부르신 주님의 인도하심을 증거로서 확증해야만 한다. 오늘날 대부분의 타 문화권 선교 사역은 직업을 갖고 사역을 하는 자비량 사역자들을 요구하고 있다.

둘째, 직업 능력이다. 자비량 선교사가 되려는 사람은 자기 계발을 부지런히 하여야 하며 어떤 직업적인 기술과 능력이 있어야 하는데, 특히 가고자 하는 나라에서 필요로 하는 것을 가지고 있어야 한다. 그는 앞으로 들어갈 그 직장에서 신임을 받을 수 있도록 자기 계발을 해야 한다. 아시아에서는 석사나 박사 학위를 가진 사람이면 전문직의 문호가 거의 열려 있다. 또한 영어 교사들도 필요하다.[1] 어떤 사람들은 엔지니어, 관리자, 학생으로 들어간다. 자비량 선교사로 가려는 사람은 그 나라에서 필요로 하는 직업의 종류들을 조사해야 할 것이다. 구체적 장소까지도 선교 연구소는 조사할 필요가 있다.

셋째, 일과 윤리에 대한 성경적 관점이다. 자비량 선교사가 되려는 사람은

---

1) 싱가포르의 BBC 혹은 기타 학원에서 비영어권 영어 교사 자격을 주는 공부가 8주간에 걸쳐서 있다. 이 자격자는 영어로 가르치는 학교에 재학 중인 자에게나 기타 자격자를 위하여 공부하게 하여 주는 자격증이다. 이 자격증은 러시아나 중국 등 영어를 배우려 하는 나라에는 비자 허락으로서는 가장 좋은 조건이 된다.

일, 직장에서의 인간관계, 부와 소유물 등과 관련된 중요한 문제들에 대하여 성경적인 관점을 가지고 있어야 할 것이다. 그는 일(직업)에 대하여 성경적인 확신을 가져야 한다. 기독교 선교에 민감한 지역에서는 복음을 전할 때 신중히 하는 것을 배워야 한다.

넷째, 건전한 자립정신과 상호 의존이다. 자비량 사역자들은 때로 회사로부터 외딴 지역에 가서 근무하라는 명령을 받기도 한다. 그곳에서 외로움을 경험할 것이다. 혼자서도 지내며 사역을 할 줄 알아야 한다. 동시에 그들은 다른 그리스도인들과의 교제를 힘써 찾아야 하며, 자신들의 후원 팀과도 정기적인 접촉을 해야 할 것이다.

다섯째, 선교사 후보자를 평가하는 법이다. 위의 모든 영역에서 높은 점수를 받기는 쉽지 않을 것이다. 다음 평가 절차는 싱가폴 네비게이토에서 전임 사역자와 자비량 사역자 모두를 평가하기 위하여 작성한 것이다. 선교사는 자기와 서로를 평가해 보라.

① 적어도 각 후보자(결혼한 사람이면 아내도 포함)에 대하여 세 측면에서 평가가 있어야 한다. 부부인 경우, 남편은 먼저 자신과 아내를 평가해 보아야 하며, 아내도 남편을 평가해 보아야 한다. 후보자의 영적 지도자들이 각각 평가한다. 같은 사역에 참여하고 있는 후보자를 잘 아는 성숙한 동역자나 친구가 후보자(아내 포함)를 평가한다.

② 평가자에게 주어지는 평가 양식표에는 앞에서 언급한 선교사로서의 자질과 자격들이 열거되어 있다. 각 항목별로 1-10점을 매기는데, 예를 들어 10점 최고 점수, 5점은 보통 점수, 1점은 최하 점수이다. 특별한 관찰 내용이 없다면 각 항목별로 따로 기록한다. 평가표에 따라 평가자는 각 항목에 대하여 주의 깊게 연구해야 하며, 각 자질의 중요성에 대하여 분별하고 기술할 수 있어야 한다.

③ 부부에 대한 평가는 개별적으로 행해져야 한다.

④ 선교기관이나 교회는 지도자들은 후보자들과 개인적으로 면담을 해야 한다.

⑤ 그런 다음 지도자들은 평가 결과를 후보자와 상의하고 기도 가운데 각 임무에 대한 결정을 내리게 된다.

위 작업은 가능한 한 주도면밀하게 후보자를 선발하고 배치하기 위한 과정으로 시도된 것이다. 평가 기준을 만들어 평가하는 목적은 타 문화권 선교사 후보자들이 자신의 임무를 주의 깊고 현실적으로 고려하도록 도와주는 데 있는 것이지 그들에게 실망을 주고 포기하도록 하려는 것이 아니다. 임무를 받고 파송될 사람은 타 문화권 사역자가 된다는 것이 무엇을 의미하며 무엇을 요구하는지를 잘 알고 있어야 할 것이다. 그들에게는 또한 자신의 임무 수행 준비를 위한 적절한 안내 및 지침이 필요하다. 자기를 알리도록 도와주려는 데 목적이 있다.

도표 10 타 문화권 사역자 선발을 위한 평가표

항 목	점수	특기사항
■ 영적 자질		
1. 하나님과 지속적이고 생명력 있는 교제		
2. 성경적이고 안정된 가족관계		
3. 겸손		
4. 사람들에 대한 사랑		
1) 새로운 문화의 사람들		
2) 신자들과 동역자들		
5. 인내		
6. 사역 기술의 숙달		
■ 자연적 자질		
1. 민감성		

2. 융통성		
3. 신체적, 감정적 용량		
4. 언어 능력		
■ 자비량 선교사의 자격		
1. 사역과 직업에 대한 확신		
2. 직업 능력		
3. 직업과 윤리에 대한 성경적 관점		
4. 건전한 자립정신과 상호 의존		

1. 자비량 선교의 종교적 제재의 경향

최근에 일부 나라에서는 종교적 제재를 풀고 있는 것처럼 보이기도 하지만, 연구에 의하면 세계의 비기독교인 중 86%가 공식적인 기독교 선교를 허락지 않는 나라에 살고 있을 것이라 한다. 따라서 전통적인 기독교 선교 프로그램과 방식들은 이러한 나라들에서는 실행할 수 없다. 몇 가지 핵심 요소들이 이러한 경향에 기여해 왔으며 그중에 종교적 근본주의, 민족주의, 독재주의 등이 선교의 방해자들이다.

1) 종교적 근본주의

종교적 근본주의의 발생은 국내의 불안정과 불화로 일어난다. 일부 다종교 국가에서는 국가의 안정을 유지하고 다양한 종교 집단들을 보호하는 방향으로 법을 집행해 왔다. 그런데 기독교 선교가 활발해지자 당국자들은 국민의 대다수가 기독교를 믿게 되면 정부에 대해서 비판적이 되고 폭력으로 정부에 대항할 수도 있는 부정적인 사태가 일어날 수도 있다고 믿고 기독교 선교를 달갑지 않게 생각하게 되었다. 강한 비기독교적 신념들이 아직도 국민들 사이에 퍼져 있다. 국교(공산주의와 같은 무신론도 포함하여)가 있는 나라들에서는 기독교는 하나님의 위협 세력으로 인식되고 있다. 이들은 적극적인 기독교 세력의 왕성을 반대하는 세력들이다.

2) 민족주의

민족주의적 운동들은 모든 외래 또는 타 문화의 영향에 대해 의심의 시선을 던져 왔다. 그들은 기독교 선교에 대해서 아직까지도 서구의 문화적 제국주의와 연관하여 인식하고 있다. 점점 더 제제를 가하며 동일 언어 기독 출판물이 들어오지 못하게 한다. 안에서는 출판물 검열로 허락을 안 한다. 말레시아, 중국, 중동 지역의 다수 국가들의 경우들이 그러하다. 또한 특히 영적이고 복음적인 기독교 교육에 점점 제재를 가하고 있다. 출판물에 대한 검열도 외래의 영향을 막으려는 노력의 일환이다. 선교사 비자를 내주는 것을 중단하는 나라들이 매년 조금씩 늘고 있다.

3) 독재주의

독재 체제는 그들의 권력 유지에 위협이 될지도 모르는 모든 잠재적인 정치 세력들에 대해 엄격한 통제를 하며 또 강화해 왔다. 여기에는 종교적 운동들에 대한 통제도 포함된다. 이런 나라들 중 일부는 헌법에 종교의 자유가 없기도 하다. 위협의 세력으로 받아들임으로 종교적 선전은 정부에 대한 위협으로 받아들여지고 제재를 받고 있다. 집회의 자유도 빼앗겼다. 출판과 대중매체도 정부의 통제를 받는다. 우편물은 검열을 받고 전화도 도청되고 있다. 그리스도인들에 대한 투옥과 박해가 실행된다. 이러한 경향에 대응하여 타 문화권 선교를 위한 새롭고 창의적이고 민감한 접근 방법들이 필요하게 되었다. 오늘날 많은 어려운 지역들에 자비량 사역자들의 역할은 아주 중요하고 의미 있는 것이 되었다.

2. 자비량 선교사의 성경적 기초

21세기를 향하여 나아가면서 훈련받은 평신도 일꾼들이 증가함에 따라 자비량 선교는 점점 전통적인 선교 운동보다 훨씬 더 중요한 의의를 지닌 선교 운동이 되고 있다. 자비량 사역의 개념은 새로운 것도, 바울에게서 기원하는 것도 아니다. 구약성경에는 여러 다른 문화적 상황 속에서 하나님의 부르심을 받아 하나님께 쓰임 받았던 평신도들의 이야기가 많이 있다.

1) 구약성경의 사례

아브라함과 이삭과 야곱은 반유목 생활을 하는 목자들이었다. 그들은 엘 샤다이, 곧 전능하신 하나님이 유일하고 참되신 살아 계신 하나님이라는 것을 가나안 사람들에게 증거하였다. 요셉은 처음에는 노예로서, 그 다음에는 바로의 다음 가는 총리로서 애굽 사람들에게 하나님을 증거하였다. 모세는 이스라엘 백성이 아닌 십보라와 결혼했고, 40년간 장인의 양떼를 치면서 장인에게 여호와를 섬기도록 영향을 미쳤을 것이다. 나오미는 모압 여인 룻의 시어머니로 그리스도의 계보를 잇게 되었다. 다니엘은 친구들과 함께 하나님을 증거하게 했다.

2) 신약성경의 사례

예루살렘 박해로 흩어진 평신도들은 멀리 구브로와 안디옥까지 가서 그리스도를 전하였다(행 8:1, 4; 11:19-26). 안디옥 교회는 서로 다른 문화적 배경을 가진 지도자들을 둔 선교하는 교회가 되었다. 안디옥 교회는 바나바와 바울을 선교사로 파송했다. 자주 장사 루디아는 바울의 설교를 듣고 자기 집을 개방하였다(행 16:14, 15, 40).

3) 자비량 선교사 바울

사도 바울의 생애와 그의 서신들을 공부하면 그는 상당히 융통성 있는 삶을 살았다는 것을 알 수 있다. 그는 선교사로 가르치고 전파하는 사역에 자신을 드렸다. 그러나 때로 바울은 장막을 만드는 일을 해서 생활비를 벌기도 했다. 그는 "일군이 그 삯을 받는 것이 마땅하다"(참조, 눅 10:7; 딤전 5:18)는 예수님의 가르침을 인용하여 사역자가 경제적 지원을 받는 것의 합법성을 옹호하였지만(참조, 고전 9장) 그는 생활비를 벌기 위해 직접 일을 하는 것을 원칙으로 삼았다. 바울이 장막을 치면서 사역을 한 이유는 첫째, 복음을 위함이었다. 대가를 받지 않고 복음을 전함으로써 복음을 자유로이 전할 수 있었다(고전 9:18-23; 고후 11:7-8). 그에게는 복음을 전하는 것 자체가 보상이었다. 바울은 사사로운 또는 부정직한 이익을 구한다는 비난을 받지 않을 수 있었다.

둘째, 아무에게도 짐을 지우지 않기 위해서였다. 선교사는 현지에서 월급을 받지 말라. 받아도 그것은 극히 소량으로 그곳에서 저들을 위한 목회비나 혹은 교통비 정도로 숙소를 위한 적은 양의 것을 받아라. 바울이 직접 일을 해서 생활비를 번 또 다른 이유는 어떤 식으로든 고린도 교인들에게 짐을 지우고 싶지 않은 그의 마음 때문이었다(고후 11:9; 12:13-16). 그는 확신을 가지고 "내가 원하는 것은 여러분의 재물이 아니라 여러분이다"라고 말할 수 있었다. 데살로니가 교인들에게도 그는 복음을 전하는 동안 아무에게도 짐을 지우지 않기 위해 밤낮으로 일하였다고 말했다.

셋째, 본이 되기 위해서였다. 바울은 모본이 되기를 원했다. 일에 대한 분명한 윤리적 개념이 없는 이방인들 사이에서 일하면서 그는 열심히 일하라고 그들에게 가르치는 것만으로는 부족하다는 것을 알았다. 이는 선교사에게도 적용된다. 데살로니가후서에 "누구든지 일기 싫어하거든 먹지도 말게 하라"(살후 3:10)는 규칙을 주면서 열심히 일해서 스스로 생활비를 벌라고 강하게 권면한다.

넷째, 복음의 기동성(機動性)을 위해서였다. 바울은 복음 전파에 있어서 이른바 평신도의 역할의 중요성을 알았다. 복음의 기동성은 기쁜 소식을 전파할 평신도들에게 달려 있었다. 그들이 만일 이 과업을 위하여 타인의 경제적 지원에 의존한다면 복음은 방해를 받을 것이다. 한 곳에 매일 수 없기 때문에 자비량 선교사는 항상 새로운 개척지로 뚫고 들어갈 준비를 갖춘 상태에서 융통성이 있어야 한다.

4) 적용

바울의 본은 오늘날의 자비량 사역에 응용될 수 있는 원리들을 제공한다. 그중 몇 가지를 들면 다음과 같다. 첫째, 선교의 목표는 단지 국경선을 넘어 다른 나라로 가는 것이 아니라 사람들을 구원하고 영적으로 돕는 것이다. 둘째, 자비량 사역에는 특히 성육신과 진실성이라는 두 가지 운영 원리가 필요하다. 자비량 사역자는 사람들 사이에서 본이 되어야 하며, 자신의 삶과 일에서 흠 없고 진실된 태도를 본보여야 한다. 셋째, 자비량 사역자는 선교지에 대한 이해에서, 그리고 어떻게 선교지 사람들에게 복음을 전하며 그들에게 매력을 줄 수 있는지 아는 면에서 성장해야 한다. 다른 문화적 상황에 적응하는 것은 타 문화권 사역에서 동일시와 의사소통에 꼭 필요하다. 넷째, 개척지로 뚫고 들어가기 위해 수고할 일꾼들의 팀이 필요하다. 이들은 삶과 일에서 무장되고 성숙한 사람들이어야 한다. 다섯째, 오늘날의 선교지는 다양해서 접근 방식에서 융통성이 요구된다. 사역을 지망하는 사람들은 경직되어 있어서는 안 된다. 여섯째, 자비량 사역자는 또한 기회의 문이 열리면 언제든지 그들의 사역지를 떠나 다른 곳으로 갈 준비가 되어 있어야 한다. 일곱째, 선교는 오늘날 비슷한 목표를 가진 그룹 간의 동역자 관계를 요구한다. 왜냐하면 도전이 더 거세질수록 함께 일해야 할 필요는 더 커지기 때문이다.

5) 선교지로 감

자비량 사역자들은 목적이 있는 사람들이기에 보통 그들 자신의 이니셔티브를 통해 선교지로 나가게 된다. 이것을 위해 다음과 같은 것들을 준비해야 한다. 첫째, 대사관이나 영사관 또는 무역 대표부 등을 통해 일자리에 대한 정보를 얻으라. 그 나라의 주요 도시에서 발행하는 신문이나 잡지들의 광고를 읽으라. 둘째, 해외 취업을 알선하는 기관에 편지를 보내라. 셋째, 그곳 사람들을 알고 있는 친구들이나 다른 자비량 사역자들에게 물으라. 넷째, 기회를 찾기 위해 선교지를 방문해 보라. 때로 자비량 사역자는 그들의 자격이나 기술에 완전히 맞지는 않는 일자리를 얻기도 한다. 그들은 새로운 기술을 배워야 하는 도전을 받기도 한다. 성공적인 사역자는 적응력과 믿음, 비전과 용기를 가진 사람들이다. 추수는 이런 사람들에게는 항상 준비되어 있다.

자비량 사역자는 사역을 하려는 목적으로 새로운 문화나 나라에서 일자리를 얻은, 이른바 이중 직업을 가진 사역자들이다. 자비량 사역은 전통적인 선교 사역을 허락지 않는 나라들이 점점 증가함에 따라 중요한 것이 되었다. 바울의 본은 이에 적용할 수 있는 유용한 원리들을 제공한다. 오늘날 다양한 유형의 자비량 사역자들이 있다. 앞으로 10년 내에 기존 선교지의 80%가 복음주의 선교에 문을 닫거나 선교사 입국에 더욱 엄격한 제재를 가하게 되리라 추측하고 있다. 아시아에서 오늘날 선교사의 입국이 허용되고 있는 나라는 아시아 27개국 중 9개국, 따라서 새로운 선교 전략을 개발하고 시도하는 것이 시급한 실정이다.

3. 결론

'자비량 선교사'라는 말은 사도 바울이 장막을 만드는 일을 하면서 선교 사역을 한 것에서 유래한 것이다. 이들은 직업을 갖고 선교지에 들어가서 그 나라의 발전에 성실히 기여하면서, 동시에 근면하고 매력 있는 삶과 기회가 닿는 대로 조용히 증거하는 생활을 통하여 심령이 가난한 주위의 많은 사람들에게 복음을 전하고 있다. 자비량 선교는 평범한 감각과 기술 이상의 것이 요구된다.

자비량 선교는 후원 교회와의 관계가 원활해야 한다. 타 문화권 선교는 결국 오랜 시일 동안 그곳에서 함께 살며 희로애락을 맛보며 일어나는 일이다. 동시에 후원국과 후원 교회와의 관계를 소홀히 할 수 없는 일이다. 그러나 너무 후원회와 신경전을 갖는 일은 좋은 일이 못 된다.

	최근 들어 제3세계에서 파송한 선교사들이 급증하고 있다. 최근 통계에 의하면 '2/3 세계'에서 파송하는 타 문화권 선교사의 숫자가 급속히 증가하고 있음을 볼 수 있다. 이러한 현상은 실로 고무적인 사실이 아닐 수 없다. 하지만 그와 아울러 그에 대한 적절한 준비를 갖추는 일에 소홀히 해서는 안 될 것이다. 아시아, 아프리카 그리고 라틴 아메리카에서 하신 하나님의 역사를 통해 우리는 많은 교훈을 배울 수 있다.

	이와 더불어 한인 선교사는 근래에 이르러 급증하고 있다. 2007년 조사 결과 선교사는 17,000여 명(2007. 9 현재)[2]으로 본다. 2010년에는 2만여 명이 될 것으로 추정한다. 세계한인선교사회는 2050년까지 목표를 세우고, 10만여 명의 선교사들이 선교 현지에 상주하면서 선교에 임할 것을 목표로 하고 있다. 2050년은 인류가 100억이 되는 해이기도 하다. 세계 선교사들과 발맞추어 인류의 25%를 목표로 하고 세계 전도에 힘써야 할 것이다.

---

2) 한국해외선교회 선교 자료.

The Church and Mission Education

제4부

선교 교육 프로그램

제14장 선교 교육의 분류

제15장 선교 교육 프로그램(1) - 신학대학교

제16장 선교 교육 프로그램(2) - 선교단체

제17장 선교 교육 프로그램(3) - 교회

제18장 선교 교육 프로그램(4) - 단기선교

제19장 선교 교육 프로그램(5) - 요한 웨슬리

제20장 결론

The Church and Mission Education

제14장

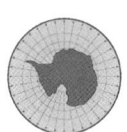

선교 교육의 분류

나일선 박사(Dr. Nelson)의 조사에 의하면 한국 교회가 부흥과 함께 막 선교를 시작했을 당시인 1979년에 선교사의 수는 93명이었는데, 한국선교연구원(KRIM)의 조사 통계에 의하면 1990년에 1,645명이었으며, 이 중 2/3 정도가 타 문화권 선교에 종사하고 있고 1/3이 외국에 있는 자민족 선교에 종사했으며, 더 나아가 2002년 말 10,422명, 2006년 말 16,616명, 그리고 2008년 가을을 기준으로 이미 선교사 18,000명이 넘는 시대가 도래했다. 이는 1990년을 기준으로 매년 1,000여 명의 선교사를 파송했다는 것을 의미한다.

전 세계 개신교 선교사의 수가 20만여 명, 순수 해외 거주 선교사가 10만여 명인 통계에 비추어 볼 때 전 세계 선교사의 10%를 육박하는 놀라운 통계이다. 따라서 선교의 확장과 함께 선교 교육은 선교 현장에서 매우 중요한 역할을 하게 될 것이다.

1. 선교 교육의 방향

한국 선교는 아직도 개척 단계에 있다고 볼 수 있다. 선교 개척 단계에서는 되도록 유능한 후보자를 발굴하여 가능한 최대한의 훈련을 하여 파송하는 것이 바람직하다. 그 이유는 선교지에 선교 행정 체제가 없는 경우가 많고 이런 경우 개척자적인 역할을 해야 하므로 많은 판단력을 행사하고 후배 선교사들을 위한 선교 매체를 갖추며 해당 정부의 허가를 받고 또 실제로 선교를 해야 한다는 부담이 있다. 이때 선교사가 유능할수록 보다 적은 과오를 범하게 된다. 선교훈련 자체가 유능한 선교사를 만든다고 보장할 수는 없겠으나 큰 도움이 되는 것은 사실이다.

이미 현지나 본국에 선교 행정이 존재하는 경우에도 유능한 선교사가 필요하다. 그러나 현지에서 1-2년 언어를 배우며 지도자들에게서 오리엔테이션과 훈련을 함께 받을 수 있음을 고려할 때 본국의 장기훈련을 어느 정도 단축할 수 있겠다. 대부분 서구 선교단체가 이 경우에 해당된다. GMF 등 선교단체에서는 그 역할에 따라서 조금씩 다르지만 기본적인 선교사 소명을 받았고 사역 경험이 어느 정도 있는 사람의 경우 교단마다 서로 차이는 있겠지만 대개 6개월- 1년 정도의 선교훈련을 거친 후 잘 구비된 현지 체제에 투입되어 선교하게 된다.

위의 경우 예외가 있다면 우리나라 선교사가 잘 조직된 국제 선교기관에 가는 경우이다. 비록 현지 체제가 존재한다고 해도 우리나라 선교사는 현지 문화와 언어뿐 아니라 선교기관의 문화와 공용어 및 선교 정책도 이해하고 적응해야 한다. 따라서 오리엔테이션 정도로는 부족하며 보다 구체적인 훈련이 필요하다.

결론적으로 거의 모두가 개척 선교가 아니면 기존 사역지나 국제 기관에 들어가서 사역해야 된다. 따라서 우리나라는 아직도 선교사가 현지에 도착하기 전에 구체적인 선교훈련이 필요하다. 그러나 점점 선교지의 선교 행정 체제가 온전하게 구비되고 있기 때문에 희망적이라 할 것이다. 그런 경우에는 선교훈련도 오리엔테이션 정도 및 단기 훈련 프로그램으로도 가능하지만 현재로서는 보다 구체적인 선교훈련이 필요하다.

2. 선교 교육에 영향을 끼치는 요소들

교육이나 훈련은 진공에서 이루어지지 않고 훈련생들이 처한 상황 속에서 이루어지게 마련이다. 그중에 가장 두드러지는 상황들만 선별적으로 알아보기로 하겠다.

1) 문화적인 상황

과거 반세기 동안 한국의 문화는 많은 변화를 겪어 왔다. 따라서 한국 문화를 유교적 문화 또는 단체 중심적(group-oriented) 문화 등 한 가지 모델로 규정짓기란 매우 힘들다. 헤셀그레이브(D. Hesselgrave)는 복합적 문화 속에서도 그 밑에 전통 문화가 건재하고 있는 것을 발견할 수 있다고 주장한 바[1] 있지만 한국의 경우 6.25 동란과 그 후의 산업화하는 과정에서 서구 문화의 혼합이 너무 강하게 이루어졌다. 따라서 그 후에 새로운 한국인이 생성되었으며 6.25 동란을 겪지 않은 세대는 전통 문화로부터 벗어난 상태에서 새로운 문화를 형성하고 있다. 교회도 새로운 문화 형성에 기여하지 않은 것은 아니다. 그러나 경건주의적 성격과 급진주의적인 색채의 양극단으로 나타난 한국 교회는 한국 문화 형성에 비교적 적은 영향을 끼쳤다. 심지어는 교회에 일생 동안 다니는 사람들까지도 한국 풍습 속에 깊이 젖어있기 때문에 성수주일, 십일조, 새벽기도 등을 열심히 추구하는 단순한 처방을 통해서는 기독교적인 문화관을 심어 주기에는 어려운 형편이다.

이런 경우 선교사 후보생들은 두 가지 양극단을 경계해야 한다. 첫째, 탈한국 문화 현상이다. 우리 문화를 버리고 무조건 선교지 문호와 서구 문화(선교사 및 선교기관의 문화)를 대신 받아들일 수 있다. 이와 같은 현상이 일어날 때 우리 문화를 잘 이해하지 못하고 있는 한국 선교사는 그 뿌리로 잃고 문화적인 고아가 될 가능성이 있다. 둘째, 세속적인 한국 문화를 그대로 가지고 그 위에 기독교의 옷을 입혀서 그것이 마치 한국 기독교 문화인 양 착각하고 현

---

[1] D. Hesselgrave, 『선교 커뮤니케이션』, 강승삼 역 (서울: 생명의말씀사, 1999), 28.

지에서 한국 문화를 심는 실수를 범할 수 있다. 우리는 자신의 문화를 깊이 이해하고 그것을 기독교 세계관에 따라 정립하여 우리의 현 위치를 파악할 때 타 문화권의 가치를 올바로 이해할 수 있다. 선교 교육은 타 문화에 대한 원리를 가르쳐 주는 것과 아울러 자문화의 가치도 가르쳐야 하며 성경적인 세계관을 갖게 하는 데도 기여하지 않으면 안 된다.

2) 교육적인 요소들

전통적으로 한국 교육은 유교적이며 권위주의적 선생 중심이었다. 산업화하는 과정과 최근 급진적인 학생 운동을 통하여 한국 교육을 많은 변화를 경험한 것도 사실이다. 그러나 상황적으로 아직도 '밀집 교실'식 초등학교와 '입시 위주'의 중·고등학교 교육으로 인하여 재래식 교육방법이 갖고 있던 문제를 그대로 안고 있다. 인식 과정을 한 예로 들면 재래식(유교식) 교육과정은 암기 중심이고 선생이 주는 지식을 시험 답안을 채우기 위해 무비판적으로 받아들이는 방법인데 이런 교육방법이 지식과 지식 사이의 올바른 관계를 설정하는 데는 부족할 수 있다.

반면 선교훈련을 위해서는 성경적 인식론이 필요하다. 토마스 그룹(Thomas Groome)은 성경적인 인식론을 평가와 실천 방법(Reflective Praxis Approach)이라 불렀다. 이 방법에 의하면 모든 진리는 평가와 실천을 전제로 받아들여야 하며 무조건적인 흡수는 용납되지 않는다. 그리고 비판적인 평가 과정이 사랑과 온유함을 상실하는 데까지 허용되어서는 안 된다. 따라서 한국 선교훈련은 다음과 같은 인식 방법의 변화를 동반하는 가운데 행해져야 된다. 이런 필요성은 과거 수년에 걸쳐서 훈련생들의 성격 구조 시험을 통해서도 암시되고 있다. 과거 수년 동안 훈련생들에 대한 TJT(Taylor Johnson Temperament Test) 시험 결과 'Dominant- Submissive Factor'에서 'Submissive' 쪽으로 치우친 학생 수가 더 많이 나왔다. 이들은 자칫 잘못하면 능동적으로 대처하기보다는 수동적인 사람들이 되기 쉬움을 말해 준다.

3) 신학 교육의 영향

간하배 박사는 1965년 3월 선교회보에 개제한 글에서 한국 신학 교육이 한국 상황에 보다 많은 배려를 하지 않으면 안 된다고 지적했다. 또 전호진 박사도 연계성 및 상황에 대한 고려가 부족함을 지적했다. 한국 신학 교육만이 아니라 세계 신학 교육도 다 이 점에 있어서는 현장과 학문과의 괴리가 많다. 선교훈련은 이와 같은 괴리를 이어 주는 역할을 해야 할 것이다. 선교학 그 자체가 모든 신학 교육에 영향을 주지 않으면 안 된다고 어느 학자는 주장한 바 있다. 이는 더 이상 신학 그 자체가 상황과 분리되어 존재할 수 없음을 의미한다.

신학은 상황 속에 어떻게 적용되는가를 표현할 수 있어야 하며, 이는 세계화(globalization)가 되어가는 현실 속에서 더욱 더 필요로 한다. 따라서 한국 선교훈련은 이미 배운 신학이 어떻게 선교 현장에서 적용될 수 있는가에 대한 모델을 제시해야 한다. 타 문화권 성경 해석학 및 설교학이나 타 문화권 제자훈련학 등은 이런 요구를 충족시켜 줄 수 있는 분야이다.

3. 선교 교육의 종류

1) 신학대학교의 선교 교육

신학교는 개교회에서 선교 교육을 책임질 주체인 말씀의 사역자를 길러내며 국내의 개척교회 혹은 특수 선교 현장뿐만 아니라 국외의 타 문화권으로 파송될 사역자들을 길러내는 교육기관이다. 그런 의미에서 카이저 박사(Walter Kaiser)는 "신학 교육에서 세계 선교라는 지표를 잃는다면 그 신학 교육은 성공할 수 없을 것이다"라고 했다. 이처럼 신학교는 본질적인 사명이 세계 선교를 포함하고 있기 때문에 신학 교육을 받지 않은 선교사는 바람직한 선교사가 될 수 없을 것이다. 그러므로 신학교의 커리큘럼은 다분히 선교 교육적이어야 할 것이다.

다행스럽게도 선교학(Missiology)을 전공할 수 있는 신학교들이 늘어나고 있고, 앞으로 신학교 별로 선교학 전공 내지는 부전공이 더욱 늘어날 것으로 전망된다. 선교학 문학석사 혹은 선교학 신학석사(M.A., Th. M. in Missiology) 학위를 주는 학교가 점점 늘어나고 있다. 이런 추세는 고무적이며 앞으로도 선교학을 전공한 더 많은 사람들이 선교지 사역과 선교 행정에 참여해야 될 것이다. 그러나 이런 선교학 전공자들이 선교지에서 제 구실을 하기 위해서는 보다 많은 보완을 해야 한다. 신학교 선교학 전공 커리큘럼은 대부분 서구(주로 미국)에서 가져온 것으로써 한국적인 상황과 필요를 충분히 고려하지 않은 것이다. 따라서 한국적 선교 교육 철학이 아니라 서구적 선교 교육 철학에 입각한 관점으로 선교를 분석한다.

서구적인 것은 주로 인지(cognitive) 중심으로 신학교 강의실에서 운영된다. 실제적인 것은 선교단체나 현지에서 단기 인턴십(internship)을 통해 이루어진다. 미국에서는 이런 제도로 어느 정도 효과를 보았다. 그 이유는 비공식적, 비형식적 교육 방식을 주로 채택한 인턴십 제도가 성공적이기 때문이다. 즉 학생들이 강의실에서 얻지 못하는 것을 책이나 단기선교 경험 아니면 잘 조직된 실습 현장을 통해서 얻는 비율이 우리보다는 많을 가능성이 있다.

반면에 우리의 경우는 공식적인 교육 방법인 강의실 경험이 차지하는 비중이 교육의 대부분이며 비공식적, 비형식적 교육에 아직 익숙해 있지 않다. 우리는 어린아이 때부터 교사 중심의 교육을 통해 공식적으로 배우는 것을 존중하며 학위와 시험을 중시하고 있다. 교육적으로 볼 때 이런 교육 방법은 태도 변화나 기술 습득을 하는 데는 불충분하고 지식 습득을 통해 그 지식을 실천하지 않으면 안 되는 경우가 많다. 따라서 신학 중심 선교 교육이 그 실효를 거두려면 한국적 선교 교육 철학을 재정립하여 인지 중심의 강의실 교육과 현장 중심의 비형식적, 비공식적 교육을 보다 효과적으로 혼용해야 할 것이다.

2) 계절별 선교 교육(모듈 중심)

일하면서 배운다는 점에 있어서는 하기, 동기 등으로 실시되는 계절별 선교훈련만큼 효과적인 것도 없다. 교회나 직장에서 일하면서 장시간 시간을 낼 수 없는 사람들에게 매우 효과적이다. 특히 전문인 선교사의 중요성에서 더욱 그렇다. 그리고 현재 신학교 교육이 급변하는 세상의 조류와의 괴리 현상이 있어 실제적인 적용에 어려움이 많고 앞으로 선교사 신분으로 선교지에 들어가는 것이 갈수록 어려워질 것을 고려할 때 자신의 직장을 유지하면서 선교훈련을 받을 수 있는 것은 큰 이점이다. 다만 이런 방법으로 훈련받은 사람은 주로 현존하는 한국 선교 현장이나 또는 전문적인 직종을 가지고 선교하는 데 적합하다는 것이다. 선교의 개척자나 현지 체제를 만들어 나갈 인재들을 교육하는 데는 미흡한 점이 있을 수 있다. 가장 큰 문제는 잘 조화된 커리큘럼을 이런 방법으로 운영하기에는 너무 긴 시간이 걸린다는 점이다. 긴 시간에 걸쳐서 산발적으로 과목을 이수하게 될 때 조직된 선교 교육을 이룩하기가 그만큼 어렵게 될 가능성이 있다. 따라서 실제적으로 조화된 선교훈련보다는 단편적인 선교에 대한 몇 과목을 이수하고 나갈 가능성이 크다. 이런 문제점을 고려하여서 보다 철저하게 프로그램을 운영하고 대상에 맞는 훈련방법을 적용해야 할 것이다. 가령 동시에 여러 과목을 제공하여 훈련생들이 자신이 갖추어야 할 분야를 다 갖출 때까지 과목을 선택하도록 하는 것이다. 더 나아가 1-2년을 한 훈련 기간으로 정하고 그 기간에 적절한 과목들을 배울 수 있는 기회를 제시하는 것도 좋겠다.

3) 선교 훈련기관 선교 교육

현재 복음주의협회(WEF) 선교위원회를 중심으로 선교 교육의 상황화 운동이 적극적으로 전개되고 있다. 이런 선교 교육 양식이 신학교에서의 선교 교육과 기복적인 차이가 있다면 다음과 같다. 신학교 교육이 강의실 중심적이라면 선교훈련기관에서는 강의실뿐 아니라 훈련생들의 전 생활권을 훈련의 현장으로 삼을 수 있다는 점이다. 물론 선교훈련기관도 순전히 강의실 중심의 교육을 하는 것으로 국한될 수도 있다. 이럴 경우 역시 선교에 대한 광범위한 교육은 될지 모르지만 훈련 효과는 잃게 될 것이고, 그 결과 훈련기관으로서의 가치를 잃게 될 것이다.

그러나 강의실에서 잘 조화된 선교 커리큘럼을 배우고, 교회와 세상에서 배운 것을 적용해 보고 공동생활 등을 통해 실천 내지는 토의 및 평가를 해 보게 할 수 있다면 훈련 효과는 전인적이 될 것이다. 이렇게 하기 위해서는 다음 몇 가지 조건이 이루어져야 한다.

첫째, 동질성의 훈련생들로 이뤄진 공동체 구성이다. 선교에 헌신된 자들이 함께 모여서 일정 기간 동안 살면서 선교에 대한 학습뿐만 아니라 삶의 모든 영역에서 단련(discipline)을 해 나가는 것이다.

둘째, 위협적이 아니고 종이나 코치와 같은 자세를 갖고 학문과 신앙에 있어서도 고도로 헌신된 훈련팀의 필요성이다. 물론 훈련생들 자신들끼리도 배울 수 있고 서로 다듬어 주는 역할을 할 수 있겠지만 좀 더 분명한 모델들이 필요하다. 강의실에서 강의만 하는 것이 아니라 실제로 선교사의 원리를 생활하는 교수진과 행정진과 자원봉사자들이 가장 중요한 요소가 될 수 있다. 교수진들은 훈련생들의 학업뿐 아니라 깊이 자리 잡고 있는 여러 가지 심리적인 문제들까지도 해결하는 데 도움을 줄 수 있어야 한다.

셋째, 타 문화권의 맛을 보여주는 것이다. 이는 타 문화인과 함께 거주하는 것과 현지 훈련을 통해 각 문화권을 계획적으로 경험하는 것 등으로 보충될 수 있다.

넷째, 이와 같은 공동체는 비록 선교훈련생의 공동체이나 지나치게 현세상과 고립되어 있지 않아야 된다. 도시화 현상이 갈수록 높아지는 이때에 적절한 도시 배경 속에 일반 생활 환경과 너무 분리되지 않은 상태를 이루는 것이 유리하다.

다섯째, 이런 공동체는 결국 교수와 훈련생의 비율이 크지 말아야 될 것이다. 1명 당 7-10명 이내를 이루는 것이 다른 기관(예, All Nations Christian College: 12명)의 경우로 보아 바람직하겠다.

4) 해외 연수 선교 교육

선교 경험을 가진 교수진, 잘 조화된 선교 커리큘럼의 일관성 있는 학습관리(Educational Guidance) 등의 부재가 한국 선교훈련 기관의 흠으로 드러나고 있다. 외국에서의 선교훈련을 선호하는 지도자들과 선교 후보생들이 더러 있다. 이들의 생각에는 해외에서 선교 교육을 받는 선교사들은 매우 큰 도움을 받으리라 여긴다. 이런 방법의 선교훈련을 통해 영어도 배우고 훈련도 받는다는 논리를 세우기도 한다. 그러나 언어를 배우면서 선교훈련을 모국어로 받고 언어를 따라 배운다든지, 아니면 언어를 먼저 배우고 해외에서 훈련을 받는 것이 보다 효과적일 것이다. 대개 해외 훈련은 그 나름대로 목적이 있으며, 선교기관에서 실시할 경우 그 기관에서 적응하는 것을 위해 고안된 것이다. 종종 선교지와 가까운 문화권에서 산 우리에게는 이들이 강조하고 있는 것 이외 또 다른 분야의 문제들이 있을 수 있다. 더구나 그런 것을 우리의 언어와 문화를 깊숙이 이해하지 못하는 교수진에게서 배울 때 어려움이 있다.

5) 타 문화 현장에서의 선교 교육(훈련)

타 문화권에 가서 직접 배우는 것인데 그런 곳에 경험과 훈련의 자질을 가진 교수들에게 배우는 것이 중요하겠다. 경험이 중요하기는 하나 어떤 경우는 기초적인 것만 배우고 국부적인 것으로 끝날 수 있다. 아마 현지에서 1-2년 언어를 배우는 중 충분히 그 문화를 배울 기회가 있을 것임을 생각할 때 무분별하게 해외 연수만 고집하는 것은 현명치 못하다. 오히려 통찰력 있는 국내 선교훈련팀에 의해 한국인이 갖는 문제를 분석하여 양쪽의 견해를 정확히 알고 한국적인 감정과 타 문화의 어려운 점을 배우고 한국인으로서 갖추어야 할 정당한 주체성을 갖도록 가르치는 것이 더 중요할 수 있다.

6) 선교사의 연장 교육

2008년 중반기 현재, 한국 선교사들이 170여 개국에 1만 8천여 명이 사역하고 있어 선교 사역장 교육 개발은 꼭 필요한 프로젝트이다.[2] 선교사는 세계를 품은 그리스도인이며 세계 복음화와 현지의 지도자를 육성하는 세계적인 지도자(Global Leaders)이다. 선교사의 지도력이 발전되는 만큼 선교 현지도 발전할 수 있기에 선교사의 훈련과 지도력 개발은 매우 중요하다. 한인 선교사들을 위한 훈련과 연장교육의 필요성이 1980년대부터 한인 선교사들에 의해서 적극적으로 논의되었다. 그 이후 선교 현장의 요청과 필요에 의해 한국에 여러 선교대학원이 설립되었다. 그러나 교육인적자원부의 교육정책이 세계화에 걸맞는 교육 개방정책을 펴지 못함으로 설립된 선교대학원에서는 현장 선교사들의 필요를 충족시키지 못하고 있다. 게다가 많은 선교 인력자원들의 연장교육이 서구 지향 일변도로 나가게 됨으로 한국 교회의 국제적 리더십의 위치의 뒤짐, 한국 교회 선교 정책과 전략 개발의 부조화, IMF 이후 선교사 연장교육을 위한 재정부족, 계속충전과 지도력 개발의 지연 현상 등 현장 선교사들은 많은 어려움을 겪었다. 게다가 안식년 선교사들의 안식관 문제와 자녀 교육 문제가 겹쳐서 상당한 난항을 경험했다. 선교 지도력 개발은 여러 가지 방법이 있겠으나 선교사 연장교육의 방법으로 접근해야 바람직할 것이다.

(1) 선교사 연장교육의 목적

선교사 연장교육의 목적은 주님의 지상명령(마 16:15; 28:18-20; 눅 24:44-49; 행 1:8)의 부르심에 순종하여 선교지 현장에 파송된 선교사들이 사역하는 가운데 계속적으로 교육하여 선교사의 자기계발은 물론 보다 효과적인 협력 사역을 할 수 있도록 돕는 것이다. 한인 선교사들은 세계 여러 나라 선교사들에 비해 사역에 열심히 있고 학력이 높은 편이다. 단일 문화권에 익숙한 한인 선교사들이 다양한 문화권과 시대의 변천과 더불어 밀려온 선교지의 상황들이

---

[2] 한국해외선교회(KRIM)의 발표에 의하면 2006년 말 현재 한인 선교사의 수는 16,616명이다.

창의력과 응용력의 개발을 필요로 한다. 그러므로 선교사들의 선교 지도력 개발을 돕기 위한 연장교육의 필요성이 높아진다.[3]

(2) 선교사 연장교육에 영향을 미치는 요소

여러 상황 속에서 사역하는 선교사들에게 적합한 교육이 되려면 이 교육에 영향을 미치는 요소들과 그 성격 고려해야만 한다.

첫째, 초교파적 성격의 복음주의에 입각한 교육이어야 한다. 둘째, 선교 현장에서 이루어지는 이론과 실제를 겸한 현장 교육(On the Job Education) 지향적이어야 한다. 이를 위해 공식, 비공식, 비형식 교육의 방법을 동원한다. 셋째, 선교사들의 영성, 지력, 현장성이 있는 사역, 기술 및 협력의 수준을 높이는 교육이어야 한다. 넷째, 교수진들은 선교 현장 경험과 학적 수준을 갖춘 국내외적으로 복음주의적이며 선교에 헌신된 학자들로 구성함을 원칙으로 한다. 다섯째, 한인 선교사들의 경제적 어려움을 감안하여 교회의 후원을 노력하고 등록한 선교사는 누구에게나 40~50% 이상의 장학금제도를 시행하여 선교사의 기본 생활비에서 충당할 수 있도록 노력한다. 여섯째, 선교 현장에서 교수 사역을 하는 선교사들 및 지도자 훈련 사역자들을 위하여 국내외의 복음주의 학교들과 학점 교류는 물론 선교 현지에서 필요로 하는 학적 자격을 갖출 수 있도록 국제적 신학 교육 연맹과 네트워크를 형성한다. 일곱째, 교육의 언어는 커뮤니케이션의 원활을 기하기 위하여 주로 한국어로 하되 필요에 따라 국제어를 사용하고 이때는 통역이 따르도록 한다. 논문은 한글(영어)이 허용되고 영어(한글) 요약을 첨부한다. 여덟째, 안식년 선교사들을 위해서는 한 곳에 유치하여 가족이 함께 거하며 한국식 자녀 교육을 보강하면서 자신들의 리더십능력을 개발할 수 있도록 한다. 아홉째, 현지 지도자 육성을 위하여 추천된 현지 지도자를 함께 참여할 수 있도록 길을 열어 놓는다.

---

[3] www.acts.ac.kr ACTS 선교사 연장교육 안내(ATA).

(3) 선교사 연장교육의 목표

가장 중요한 목표는 현장 선교사들이 연장교육을 통해서 영성은 물론 리더십 개발과 현장의 사역 상황에 맞는 가장 효율적인 선교 사역을 할 수 있도록 돕고, 선교 현장의 리더십 개발을 위한 가장 적합한 선교사가 되기 위하여서 구체적인 교육 목표를 세운다.

첫째, 선교사 연장교육을 통해서 선교 현장에서 선교사들의 영성의 수준을 드높여 건강한 선교사가 되도록 돕는다. 선교지에서 선교사들은 QT, 기도회, 금식기도, 성경다독 및 암송 등 여러 가지 방법으로 영성을 유지하고 있다. 선교사들의 영성 충만은 아무리 강조해도 지나치지 않다. 그러므로 지금까지 주로 혼자 혹은 가족이 모여 하던 것을 여러 배경에서 사역하던 선교사들이 함께 모여 경험을 나눔으로서 한층 높은 수준의 영성 계발 방법을 서로가 학습할 수 있다.

둘째, 성경적인 상황화 신학의 수준을 드높인다. 파송받기 전 훈련(Pre-Field Training) 프로그램에서 어느 정도 문화 적응 훈련과 성경적인 상황화 훈련의 기초를 학습하긴 했지만 선교 현장에서 부딪치는 여러 가지 상황들을 신학적으로 어떻게 정리할 것인지를 성경적 이론을 실제상황 속에서 여러 선교사들과 함께 학습하는 것은 큰 유익이 될 수 있다.

셋째, 실제적 사역 기술의 수준을 이론과 실제를 겸하여 더 높인다.

넷째, 연장교육을 통해서 선교사의 리더십 수준을 높인다. 선교사가 선교 현장의 상황 속에서 상당한 분야에 리더십을 발휘하여 왔다. 그러나 숲 속에 있을 때는 자신의 리더십의 방향과 수준을 잘 모를 때도 있지만 숲 밖에 나와서 선교사 연장교육이라는 공동체 속에서 리더십의 제 원리에 맞추어서 함께 토의함을 통해서 숲 전체를 볼 수 있게 된다. 그러면서 현재 자신의 선교 사역의 리더십 단계를 측정할 수 있게 되고 자신의 지도력도 상승한다.

다섯째, 현지 지도자들과 함께 연구하는 길을 열고 상호 협력하도록 한다.

여섯째, 다양한 교단과 선교단체 소속 선교사들이 함께 하는 공식적(formal), 비공식적(non-formal), 비형식적(informal) 교육 형태를 통해서 협력의 정신과 협력 사역의 태도를 드높인다. 일곱째, 안식년 선교사들의 경우 국내 센터에서 자녀들과 함께 안정된 쉼을 취하면서 연구는 물론 선교사 자녀 (MK) 교육을 한국적으로 할 수 있는 동시적인 효과를 기대한다.

(4) 선교사 연장교육의 방법론

선교 현지에서 효과적인 지도력과 신학교 교수 사역을 위해서 어느 때보다도 선교사의 연장교육은 필요하다. 이 프로그램은 세계 각국의 한인 선교사들이 관여하고 있는 현지 교단의 지도자들, 선교사들 그리고 국내외 신학교 교수들과 최고 지도자들에게 수준 높은 교과 과정을 개발하여 현장 교육을 실시한다. 또한 선교 사역자들의 재충전은 물론 국제 학생들과의 폭넓은 학적 고양을 위해 유수한 국내외 교육기관들과 연대를 가지며 아시아신학연맹(ATA), ATS, ICHE, TRACK과 같은 국제학력인준기관들의 인준을 받은 학교들과도 제휴하여 국제적인 학점 교류의 길을 열어 연구자들에게 편의를 제공한다. 이 프로그램의 교육 과정은 다양하며 선교사 개인의 자격 혹은 기호에 따라 택할 수 있다.

① 선교 지도자 과정은 사모 혹은 전문인 선교사에게 적합한 과정이다.
② 국제 사역학 고급지도자 과정(M.A.)은 국내외 4년제 대학 졸업자로서 신학대학/원을 졸업하지 않은 많은 평신도 전문인 선교사들에게 적합한 과정이다.
③ 국제 사역학 최고 지도자 과정(D. Miss. 혹은 DGM)은 선교학이나 신학 석사 소지자로서 타문화 사역 경험 3-4년 이상인 자에게 해당되며 신학석사나 동등 자격을 소유한 자에게 적합하다.
④ 선교철학박사(Ph.D) 과정은 한국 내 각 대학원 시스템에 따르며 아시아신학연맹(ATA)이나 ICHE 등과 연계하여 이 과정을 이수 또는 학위를 취득할 수 있다. 이 프로그램의 교수진은 이의 교육 철학에 동의하는 국내외 저명한 학자들이나 선교사들로 한다.

(5) 선교사 연장교육의 운영
　① 선교사 연장교육을 효율적으로 운영하기 위해서 각 지역에 있는 신학대학교나 대학교 도서관을 활용할 수 있어야 한다. 선교 현지에서 과정 과제물이나 논문을 쓰려면 필요한 도서가 있어야 할 뿐 아니라 분원 운영의 국제적 기준이기 때문이다.
　② 국내외의 사이버 네트워크 교육 방식을 활성화하여 학점은행제(credits banking)의 공식 교육뿐 아니라 평생 교육제도 방안이 지속적으로 연구되어야 한다.
　③ 각 종교권역(불교권, 이슬람권, 구교권, 힌두권, 전통 종교권, 세속권)별 선교 전략이 교과 과정으로 계속 개발되어야 한다. 모든 교과목은 선교 현장과 학생 당사자의 상황에 적합한 과정을 개설하도록 한다.
　④ 선교사 연장교육을 통한 하나의 통합된 선교 교육이 필요하다. 하나의 통합된 선교 교육이란 모든 신학과정을 선교적인 관점에서 연구하여 선교로 재통합을 의미한다.
　⑤ 선교를 축으로 하나의 바퀴처럼 원활히 돌아가는 신학 교육의 통합적인 신학화 작업을 위한 패러다임 전환(paradigm shift)이 필요하다. 모든 신학 과목을 선교를 중심하시는 하나님의 관점으로 연구하고 가르치자는 것이다. 그럴 때 교회 부흥과 신학 교육의 개혁이 일어날 것이다.
　⑥ 각 교단과 선교단체는 선교사 연장교육 프로그램을 수용하여 선교 규정화하고 소속 선교사들에게 적극적으로 권장한다.
　⑦ 선교사 연장교육의 발전을 위해 교수진의 프로파일(profile)을 제안한다. 교수진은 영성, 지성, 경험, 성경적 상황화 신학의 능력을 갖춘 자이어야 한다. 선교 비전과 열정, 성경 말씀과 풍부한 신학적 지식, 사역경험과 기술, 협력 정신, 교회론, 순종의 삶, 성령의 9가지 열매, 기도 생활, 충실한 교회 생활, 근면한 청지기 직분 수행, 모범적인 가정 생활, 희생적이고 단순한 삶, 책임감, 권위존중, 항상 배우는 자세 등이다.

(6) 선교사 연장교육 모델(ATA)[4]

a. 수업 방법 및 장소
- ACTS 교수진과 국내외 선교학자들이 참여, 매학기 신학과 선교학 1과목씩 강의
- 여름 방학과 겨울 방학을 이용해 선교 현지에서 2과목(6학점)씩 개설
- 장소: 인도네시아 자카르타; 말레이시아 쿠알라룸푸르; 몽골 울란바토르; 카자흐스탄 알마티, 요르단 암만; 이집트 카이로; 아르헨티나 부에노스아이레스; 중국 청도, 한국 양평 캠퍼스 등.

b. 지원 자격
① 선교학 문학석사(M. A. in Missiology)
   - 학사학위 또는 동등학위 소지자(예정자)
   - 선교사 또는 선교단체 종사자
② 선교학 신학석사(Th. M. in Missiology)
   - 학사학위 및 목회학석사(M. Div.) 또는 동등학위 소지자(예정자)
   - 학사학위 소지자로서 목회학석사(M. Div.)가 없을 경우에는 본교 선교사연장교육 과정의 선교학 문학석사(M. A. in Missiology) 취득자. 단, 추가학점이 부여됨
   - 선교사 또는 선교단체 종사자
③ 선교학 박사(Doctor of Missiology)
   - 학사학위 및 목회학석사(M. Div.), 선교학신학석사(Th. M.) 소지자(예정자) 또는 동등 학위 소지자
   - 학사학위 및 목회학석사(M. Div.) 소지자(예정자)로서 선교사 또는 선교단체 종사자로서 5년 이상 종사한 자
④ Ph. D. in intercultural studies
   - 학사학위 및 목회학석사(M. Div), 신학석사(Th. M.)

---

4) http//:www.acts.ac.kr ACTS 선교사연장교육.

소지자(예정자)
· 선교사 또는 선교단체 종사자

c. 제출 서류
· 입학원서 및 이력서(소정양식, 사진 부착) 각 1부
· 대학 이상의 졸업증명서(국, 영문) 각 1부
· 대학 이상의 성적증명서(국문) 각 1부
· 추천서(선교파송 단체장 또는 현지 한인선교사협의회 회장 추천서) 1부
· 파송장 또는 재직증명서

d. 전형 방법 : 서류 전형

e. 특 전
① 장학금 지급: 재학중 등록금의 약 40%를 장학금으로 지급
② 상위학위 진학(추가학점 별도)
 · 선교사 연장교육 M. A.과정 이수 후 M. Div. 학위 소지 관계 없이 Th. M. 과정에 진학 가능
 · M. Div. 학위를 소지한 자로서 5년 이상 선교 경력(또는 선교단체 종사자)이 있는 자는 D. Miss. 과정에 진학할 수 있음

4. 결론

결론적으로 모든 한인 선교사는 자신의 능력 개발 및 선교지에서 적합한 사역을 하기 위하여 연장교육에 임할 필요가 있다. 한국에서는 현재 아세아연합신학대학교대학원, 장로회신학대학교대학원, 총신대학교선교대학원, 성결대학교대학원 등이 이를 감당하고 있다. 그러나 향후 한국 선교사의 다양한 필요를 채우고 현지에서의 적합한 교육을 위해서는 효율적 연대 프로그

램 개발도 필요하다. 한국에서는 최대한 기존의 대학원 교육과 연결시키되 선교 현지의 다양한 필요에 따라 연합 운영되는 공동 프로그램 또는 연대 프로그램이 필요하다. 이 연계 프로그램은 초교파, 초선교단체 성격의 복음주의적 기관이 될 필요가 있으며 한국세계선교협의회(KWMA)는 이 부분에서 엄정 중립을 견지하여 도울 수 있는 여지가 있을 것이다.

The Church and Mission Education

제15장

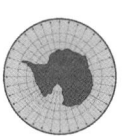

선교 교육 프로그램(1) - 신학대학교

1. 신학 교육의 문제점

신학 교육의 중요성은 아무리 강조해도 지나치지 않다. 왜냐하면 미래의 한국 교회의 사역과 선교는 오늘의 신학대학교가 어떤 교역자와 선교사를 배출하느냐에 달려 있기 때문이다. 그런 의미에서 오늘의 한국 신학 교육이 그 본래의 사명을 다하고 있는가를 선교 교육적인 관점에서 깊이 점검해 보고자 한다. 오늘의 신학 교육은 많은 문제와 어려움을 지니고 있음을 시인하지 않을 수 없다. 이를 몇 가지로 요약해 보면 다음과 같다. 첫째, 신학교가 난립하여 있으며 그 교육 수준이 낮다(교육의 수준 문제). 둘째, 신학교의 교육 이념이 불확실하다(신학 교육의 목적 문제). 셋째, 신학교가 오늘의 교회 목회에 적합한 사역자나 선교사를 배출하고 있지 못하다(교수의 자질과 커리큘럼의 문제). 넷째, 시설 및 학교 재정이 빈곤(재정 문제)하다. 다섯째, 교회와의 협력이 이루어지지 않고 있다(교회와의 협력 문제). 여섯째, 신학 교육이 선교 지향적이지 않다.

이런 문제점을 해결하기 위해서는 다음과 같은 일들이 이루어져야 한다.
첫째, 교역자 양성을 위한 교육의 수준이 높아져야 한다. 어떤 이들은 한국 신학 교육의 문제는 신학교와 신학교에서 배출되는 신학생(전도자)이 너무 많고, 이리하여 교회가 배출되는 신학생 모두를 수용하지 못하는 문제가 심각하다고 한다. 어느 대학의 발표에 따르면, 한국에는 교육부로부터 인가 받은 신학교가 50개요, 무인가 신학교가 300여 개가 된다. 해마다 신학교에서 배출되는 신학생의 수는 무려 6,700여 명이나 되며 그중 학력 인정교에서 배출되는 졸업생은 불과 1,500명 정도 된다는 것이다.

그러나 신학교나 신학생의 숫자가 많다는 그 자체가 문제는 아닐 것이다. 선교학적으로 생각할 때에 우리는 신학생 배출을 현재 교회의 수요 공급의 원칙에서 말할 수는 없다. 하나님의 교회는 일꾼이 나가 사역함으로 설립되고 확장되어 나가기 마련이다. 신학생의 증가는 교회의 성장을 가져왔다고 보는 것이 오히려 타당할 것이다. 더 나아가 넓은 의미에서의 신학 교육은 하나님의 백성 모두를 신학적으로 훈련시켜 그리스도의 증인되게 하여 모든 족속을 그리스도의 제자 삼는 데 있어야 하기 때문이다. 선교신학자 스나이더 (Howard Snyder)는 그가 최근에 쓴 글에서 지적하기를 앞으로는 교역자와 평신도가 더불어 지도층을 형성하고 함께 일하는 시대가 온다고 예견했다. 교회가 세계 선교라는 그 본연의 사명을 수행하기 위해선 평신도, 곧 하나님의 백성 모두를 훈련하고 동원하는 것이 절실히 요청된다. 그러므로 평신도 교육을 포함하는 신학 교육은 여전히 각 계층에 요망된다고 본다. 문제는 신학 교육은 모두 교역자(fulltime minister or pastor)만을 위한 것이라는 개념이 시정되어야 할 것이다. 이런 면에서 한국의 신학 교육을 수준 등 기타 모든 면에서 단일화하라는 소리도 무리라고 생각한다.

둘째, 목사나 선교사 양성을 위한 신학 교육은 대학원 수준이라야 한다.

신학 교육의 수준을 높이는 것은 아무리 강조해도 지나치지 않다. 특히 목사나 선교사(full time minister) 양성을 위한 신학 교육은 대학원 수준이어야 한다. 지금까지 대학 학부 수준에서 실시해 오던 교역자 양성 프로그램은 대학원 수준으로 옮겨져야 한다. 일반 사회의 교육 수준이 향상됨에 따라 이는 불가피하다. 현재 우리나라 대학생이 70여 만 명 정도이며 고등 교육을 받은 인구는 매년 20만 명 이상 누진적으로 증가하고 있다. 이런 추세로 나아가면 21세기에는 고등 학력 인구가 1,200만을 상회할 것으로 추산되며 이는 전 국민의 20%을 넘는 숫자로 도시 지역에는 적어도 60-70% 이상이 될 것이다.

이런 추세로 나가면 21세기에는 교회에서 일하는 평신도 임직원이 대부분이 대학 졸업자가 될 것이다. 이에 그들의 지도자가 될 목회자는 모름지기 그들의 수준 이상의 교육을 받아야 한다. 이런 상황은 타 문화권에서 사역할 선교사에게도 마찬가지이다. 타 문화권에 사역하는 선교사는 그 지역에서 지도적 위치에 있게 될 경우가 많을 것이기에 더욱 그럴 것이다.

신학의 학문적 성격상 신학 교육은 대학원 수준이어야 한다. 일찍이 미국에서 신학 교육의 기초를 대학 졸업 후 3년 과정의 신학석사(Master of Divinity) 과정에 두고 있으며, 유럽 여러 나라의 신학대학에서 학사 학위를 얻은 자 중에서 교역에 종사하고자 하는 자를 2년 정도의 특별 교육을 받은 후 교역에 임하게 하고 있다. 더욱이 우리나라에서도 신학대학원을 지원하는 대학 졸업자의 수가 많은 점을 감안할 때 교역자 양성의 중심을 대학원 수준으로 해야 한다. 이미 상당수의 교회(교단)가 목사 안수의 기초 교육을 신학대학원 졸업으로 하고 있는 것은 그 타당성을 뒷받침하고 있는 것이라 하겠다.

셋째, 선교 전략 과목 다양화로 전방위 선교 사역자 양성을 위한 신학교 선교 교육의 개편이 시급하다. 선교학은 선교사 지망생만을 위한 과목이 아니다. 선교학은 하나님의 공동체가 어떤 지역에 있든지 그 자리에서 선교적 사명을 어떻게 실천할 것인가를 총체적으로 가르치는 학문이다. 최근 들어 국내 신학교(신학대학)의 선교학 관련 커리큘럼에 대한 변화를 요청하는 목소리가 높아지고 있다. 그 동안 신학 교육에서 구색 맞추기에 불과했던 선교학 과목을 시대적 상황에 맞춰 다양한 과정으로 변환시켜 가르쳐야 한다는 지적이다. 한국세계선교협의회는 한국선교 'KMQ' 최신호 등을 통해 이에 대한 방안을 제시하기도 했다.

21세기 선교 대국화를 위해 신학교 교육 변화의 필연성: 선교 전문가들은 "한국 교회는 더 이상 선교학을 잃어버린 신학, 신학 없는 선교학을 가르쳐서는 안 된다"며 "신학 없는 선교는 단지 인류학 지역학 종교학으로 전락하면서 정체성을 잃어버린 선교를 시도하기 때문"이라고 지적한다.

강승삼 박사는 "예비 목회자들이 수많은 신학교에서 쏟아져 나오고 있지만 갈 곳을 찾지 못해 방황하는 경우가 적지 않다"면서 "이들을 국내외 선교지가 필요로 하는 내일의 목회자 선교사들로 양성하기 위해 보다 많은 선교 지향적인 학과 과정을 개설하는 것이 바람직하다"고 강조했다. 즉 선교 관련 과목을 1-3개 정도 이수하면 되는 목회학 석사 과정에 다양한 선교 전략 과목 개설 등을 통해 국내외 선교지에서 사역할 수 있는 '전방위적인 사역자'를 양성해야 한다는 것이다.

선교사 출신인 성남용 목사(삼광교회)가 현재 국내 주요 신학교들의 목회학 석사과정(M.Div) 교과 영역별 학점수를 조사하여 학생들이 이수해야 할 선교 과목을 백분율로 계산한 데 따르면 아세아연합신학대학교가 7%로 가장 높고, 총신대와 고신대 6%, 합동신학대학원대와 장신대 4%, 한국성서대, 서울신대, 침례신학대학교 3% 순이었다. 과목수로 1-3개에 불과하다.

고신대신학대학원이 선교 전공 목회학 석사 과정 학생들을 구별하여 뽑은 데 이어 합동신학대학원대가 이를 도입하여 선교 교육의 체계화를 시도하고 있다. 이에 따라 합동신학대학원대 목회학 석사 과정 선교 전공자의 경우 전체 이수과목 중 선교학 과목을 23% 정도 수강해야만 한다. 또 기존 신학대학원과 달리 아세아연합신학대, 총신대 등은 선교대학원을 개설하여 선교학 석사(M.A., Th. M)와 신학박사(Ph. D. in Missiology) 등을 배출하기도 한다. 선교단체로서는 유일하게 인터콥이 미션칼리지를 설립하여 새로운 선교전문대학원으로서의 역할을 수행할 태세를 갖추고 있다.

교수의 전문성 제고, 과목의 다양성 필요: 많은 선교사들은 선교학 과정 개편과 관련하여 선교학은 현장과 괴리되면 죽은 학문이 되기 쉽다며 현장 경험자 내지 선교지의 급변하는 상황을 전문적으로 모니터해 나갈 수 있는 전문가들이 선교학을 가르칠 수 있는 토대를 만들어야 한다고 제안했다. 향후 은퇴한 박사급 선교사들을 활용하여 타 문화권 선교론 등을 강의하도록 하면 선교지의 시행착오를 많이 줄일 수 있다는 지적이다. 이능성 SIM 선교사는 "실제적 이해 없이 학문으로 가르치는 경향이 있다"며 "통합적인 시각을 갖고 현장 경험이 출중한 박사급 선교사들을 학문 현장에서 받아들일 수 있는 탄

력성이 요구된다"고 말했다.

　사도 바울은 선교사이면서 신학자였으며 그러므로 신학교 교수들이 선교 현장을 자주 방문하고 끊임없이 현장을 통해 이론을 확인하고 새로운 선교 테마를 만들어나가는 것이 필요함은 아무리 강조해도 지나치지 않다. 그리고 선교 교과목 확장뿐 아니라 선교학 과목에 대한 변화가 필수적이다. 이를테면 선교학이라고 하면 보통 문화인류학을 떠올리는 경우가 많은데 이 때문에 상대적으로 선교 전략, 선교하는 교회와 선교사를 발굴하는 교회와의 관계, 교회와 사회와의 관계를 다루는 과목 등이 소홀히 취급되고 있는 것이 지금의 신학교의 실정들이라 할 수 있다.

　그러므로 선교 이론, 행정, 동원, 훈련, 전략 부분으로 세분화해 발전시켜 나가면 더욱 효과적이며, 특히 선교대학원은 평범한 선교 지식가 배출보다 전문적인 사역자들의 산실로서 역할을 설정하는 것이 요청된다고 할 수 있다. 뿐만 아니라 선교학 과목이 너무 선교적이라서 관심이 없는 사람들이 있는데 통합적인 과목 제시 방향으로 가는 것이 바람직하다. 특히 국내 목회자 그룹을 위한 '선교적 목회론', 일반적인 신학도를 위한 '21세기 정치·사회·교회 선교적 흐름과 목회 적용론', '교회와 사회' '선교신학의 새로운 패러다임 과제' 등의 과목을 개설할 필요가 있다. 6개월-1년간 단기선교 사역과 타문화권 선교단체에서 인턴십으로 사역하는 것을 학점과 연계하는 것도 좋은 방안일 것이다.

2. 신학 교육의 목적

1) 신학 교육에 있어서의 긴장

　오늘의 신학 교육에 있어 크게 거론되는 문제는 오늘의 신학교가 교회가 바라는 목회자나 선교사를 배출하지 못하고 있다는 것이다. 이 문제는 우선 신학 교육의 목표를 어디에 두고 신학 교육을 시행하고 있느냐 하는 것이다.

일반적으로 말해 신학교들 간에 상반되는 긴장이 있어 왔음을 안다. 루엘하웨는 다음과 같이 말했다.

"오늘에 있어서 신학교가 하나의 신학을 배우는 센터가 되어야 할 것인가, 그렇지 않으면 교역자를 훈련시키는 학교가 되어야 할 것인가의 논란이 극심해가고 있다. 이 문제에 대한 논란은 두 가지로 갈라지는 것 같다. 우리가 신학교를 학문을 배우는 전당(center)으로 생각하여 교회를 위한 사역자들을 훈련시키는 곳이라고 할 때, 그 신학교는 학문을 닦음으로 신앙을 지켜 나가게 해야 하는 책임이 약화된다는 것을 염려하게 된다. 그렇다고 신학교가 이 두 가지를 다 하고자 할 때에는 신학교의 책임이 너무 과중하다고 느끼게 된다. 이런 면에서 양면, 곧 교역자들을 훈련시키는 것과 배움의 전당으로 한다는 두 가지 주장을 상호 연결시킨다는 것은 어렵고도 괴로운 작업이다."

과거 오랫동안 신학교들이 이 문제 때문에 홍역을 겪어 왔다. 신학 교육에 있어서 이론적인 면만을 강조하는 사람들이 있었다. 그래서 신학 교육을 말하는 사람들의 관심은 늘 학적인 추구(academic pursuit)에 머무르곤 했다. 그리하여 신학 교육이 그 시대의 문제에 상관치 않고 문제들에게 완전히 고립된 교육을 해 오거나 그렇지 않으면 그 시대의 문제들을 미숙한 대로 다루어 버리면서 존속되어 왔다. 다시 말해서 신학에서는 오늘날 생활의 여러 가지 면들이 등한시되어 왔다.

어떤 때에는 학문적인 관심만 가졌기 때문에 그들은 교회에 대한 관심도 때로는 초월하고 따라서 교회와 신학자, 특히 교회 평신도와 신학자들 간의 대화에 있어서 깊은 간격을 조성했다. 더 나아가 신학을 공부하는 학생들이 신학적인 혼돈과 그리스도인의 경건을 상실함으로 인하여 당황하고 실패하는 경우를 종종 본다. 린젤(Lindsell) 박사는 다음과 같이 말한다.

신학에 있어서 가장 심각한 문제는 그들이 신학적인 방랑아가 되고 있다는 것이다. 애당초 시작할 때 다짐했던 그 교리적 입장에 충실히 머물러 있는 학교가 거의 없지 않은가? 대부분의 신학교들이 서로 부정하는 모순된 신학적 견해가 혼합된 추태를 보임으로 인해 학생들로 하여금 혼돈과 고민에 빠지게 하고 있다.

다른 한편, 어떤 신학교들은 실제적인 면을 지나치게 강조함으로써 또 하나의 과오를 범하고 있다. 그들의 관심과 생각은 오늘의 세상사에 있다. 즉 오늘의 세상이 돌아가는 것에 대해 지나치게 관여하고 또 관심을 갖고 있다. 예를 들어 오늘의 사회복지 문제, 정치적 개혁, 더 나아가서 사회혁명 등의 세계 문제에 대해 관심을 갖고 걱정하고 있다 이들은 종종 기독교를 '교회 없는 기독교'로 만드는 작업을 하고 있다. 한편 이에 대한 반발로서 어떤 사람들은 신학 교육이란 단지 어떤 교회에서나 한 교파에서의 사역을 준비시키는 것으로만 생각한다. 그래서 이들은 복음의 진리와 신학 교육을 제한하고 마침내 선교의 한계도 제약(restrict)한다. 이런 상황에서 복음주의적 입장에 서 있는 신학교들이 해야 할 역할은 무엇이겠는가?

2) 신학교의 사명과 역할

복음주의신학교(Confessional School of Theology)란 역사적 기독교 사상에 굳건히 서서 그것을 지키려는 학교로서 늘 그 영적인 유산을 이어가는 교육기관이다. 그렇기 때문에 복음주의 신학교는 그 영적인 유산을 오늘의 시대를 위하여 해석하려고 노력하며 세상과의 대화에서 이런 생생한 영적 요소들의 의의를 증거하려 노력하고 있다. 그러므로 복음주의신학교에서의 신학 교육은 학생들이나 교회가 신학적 오류에 빠져 신앙생활의 역동성을 상실하고 마침내는 신앙을 잃어버리는 결과를 초래하는 것을 용납할 수 없다. 복음주의신학교는 교회를 중요시한다. 왜냐하면 세상을 향하여 영원히 하나님의 말씀을 증거하며, 또 세상을 향한 하나님의 뜻을 간직하고 있다고 믿기 때문이다.

교회는 역사 속에서 하나님의 선교를 위한 유일한 도구(instrument)이다. 이렇게 볼 때 신학교란 교회의 일부이지 결코 신학교가 교회와 완전히 격리되어 있는 기관이라고 생각할 수 없다. 신학교는 하나님의 사람들을 그리스도의 진리와 그 믿음 안에서 훈련시키는 책임을 담당하는 기관이며 이러므로 교회를 통한 하나님의 선교에 이바지하게 된다. 신학 교육은 함께 공부하고 함께 예배드리는 하나님의 사람들이 모여 공동체 안에서 이루어져야 한다. 따라서 신학교는 교수나 학생이 다 항상 그리스도 안에서 보다 원숙하게 성장해 가는 장소가 되어야 할 것이다.

3) 복음주의 신학교에서의 도전과 반성

최근에 이르러 애초 복음주의 신학교로 출발한 학교들이 시대의 흐름에 따라 많은 도전에 직면하고 있다. 우리가 이해하기는 대부분의 복음주의 신학교는 교역자를 양성할 목적으로 설립했다. 그러므로 신학교를 시작할 때 나름대로의 신학적 정체성(theological identity)이 있었으나 근대에 와서 이런 신학교들은 자유주의에 의한 도전을 받아 적지 않은 신학교들이 자유주의 신학교로 변질되었다. 그리고 신학을 함에 있어서 개방적이라고 자처하며 마치 자기들이 발전한 것처럼 말한다. 이는 자유주의적 근본주의 사고(liberal oriented fundamentalistic mentality)라 할 것이다. 이들은 학문의 자유라는 명분을 내세워 지금까지의 전통적 교리를 재해석한다며 역사적 교리를 다른 것으로 대치시키거나 파괴하고 있다.

이를테면, 그들의 학문추구는 교회에 절충주의 또는 신학적 다원주의(theological pluralism)를 자랑스럽게 도입하고 있다. 그들은 이런 것이 이상적인 것이라고 할지는 몰라도 신학 교육으로서는 실패임이 틀림없다. 이렇게 교육을 받은 교역자가 목회에는 실패하고 있기 때문이다. 이 점에 있어 한국의 신학교의 경우도 예외는 아니라고 본다. 아니, 보수신학교라고 하는 곳에도 보이지 않게 이런 경향에서 피해를 당하고 있는지 모른다.

오덴(Thomas Oden)은 근래의 신학에서 비판적인 근대주의적 접근 방법이 어떻게 신앙의 손실을 가져오게 했으며 또 교회에 생산적인 결과보다는 좌절(frustration)을 가져오게 했는지를 잘 지적해 주고 있다. 왜냐하면 비판적인 접근이라는 것이 우선 전통적인 교회의 교리를 비판하고 부정하는 것으로 시작하여 하나님이 계시로 주신 교리와 전통을 현대인의 사고에 맞도록 재해석하기 때문이다. 이것이 모더니즘의 정신이기도 하다. 이런 과정에서 결국 신학은 모든 것을 잃어버리고 만다. 이것은 초대교회의 신학자들, 즉 변증가들(apologists)이 교회의 전통적인 가르침을 수호하고 교회에서 그 주어진 진리를 고수하려고 노력한 것과는 너무 대조적이다.

그러므로 오덴은 강조한다. "텍스트에 머물라. 텍스트에 귀를 기울이라 … 성경을 상고하라. 그리고 초대교회의 전통, 종교개혁자들의 텍스트 위에서 신학을 개진하라. 그리고 이 신학 텍스트들은 성경을 거룩한 경전으로 믿으며 전통을 존중히 여기며 하나님을 예배하는 공동체에서 읽도록 하여야 한다." 이런 권고는 오덴 자신이 오랫동안 불트만 학파, 심층심리학, 행동주의 등에 심취되어 학문하며 방황하다가 전통적인 신학으로 돌아오면서 한 말이다. 오덴 박사의 비판과 제언은 오늘의 신학교에서 깊이 새겨봐야 할 것이다.

오덴 박사는 이어 말한다. "신학은 새로워져야 한다. 그러나 이는 새로운 방법에 의해서가 아니라 오로지 옛 방법, 우리가 잘 아는 전통적인 방법으로 되어야 한다. 근대 비판적 신학 교육은 이미 시대적 폐물이 되었고 그들의 과격한 신학의 주장(약속)이 가져오는 것은 권태증과 근대주의의 온갖 아이디어의 반복에 불과한 것이다"라는 그의 말은 불쾌하게 생각할지 모르나 이것이 사실인 것 같다.

신학자들의 각성과 함께 신학하는 분위기(contexts)가 초대교회의 공동체처럼 진정으로 하나님의 말씀을 들으며 교회의 가르침을 존중하며 하나님을 예배하는 공동체로 바뀌져야 할 것이다. 이럴 때만이 복음주의 신학 교육이 교회에 도움을 주며 애초에 주어진 사명과 책임을 다하는 것이 될 것이다.

이런 신학 교육은 커리큘럼이나 학생회 훈련 모든 면에 반영되어야 할 것이다. 특히 세 가지 분야 곧 영적인 훈련, 학적인 훈련, 그리고 실천적인 훈련을 적절하게 시행하여 나가야 할 것이다.

3. 복음주의 신학교의 교육목표

1) 신학 교육에서의 통합적 훈련의 필요

하나의 효율적인 신학 교육은 학문적, 실천적인 그리고 영적인 교육에 철저를 기하는 것뿐 아니라 이 세 분야가 피차 건전한 조화를 잃지 않고 온전한 수준에 이르도록 이끌어야 한다. 그러면 이 조화 있는 성취를 어떻게 이룰 것인가? 이것이 오늘의 신학 교육에 있어서의 큰 문제로 대두된다. 왜냐하면 신학 훈련을 위한 신학교의 수학 기간이란 극히 제한되어 있고 요구는 너무나 크기 때문이다.

하나의 인위적인 비유를 든다면 과거에는 신학의 파이(pie)가 세 가지로, 즉 성경적인 연구(성경신학), 이론적인 연구(이론신학), 그리고 역사적인 연구(역사신학)로 구분되어 있었다. 이 세 가지가 신학교의 교과 과정을 구성하고 있었다. 그러나 오늘에 와서 보다 적응성을 갖기 위해 신학 교육이 그 외에 많은 분야의 프로그램들이 추가 되었다. 곧 인격을 성숙케 하기 위한 영성 훈련과 실제 교역에 능숙하게 하기 위한 실천적 훈련 등 더 많은 것들이 요구된다. 이렇게 된다면 과거 학문적인 추구에 집중되어 있던 수학 기간이 굉장히 줄어들 수밖에 없다. 이렇게 요구되는 그 많은 과목들을 어떻게 조화 있게 배정하고 제한된 기간에 적절하게 교육할 것인가? 여기에 우리는 하나의 큰 어려움을 안게 된다. 신학교가 실천적 훈련에 주력하면 결국은 성경신학, 이론신학 같은 학문적인 교육을 위한 시간이 적어지기 때문이다. 그러면 우리가 이 딜레마를 어떻게 극복할 것인가? (이 문제는 신학교의 학제, 곧 신학 교육의 수학연한 문제, 그리고 커리큘럼의 구성 문제와 직결된다.) 여기에서 신학 교육을 효율적으로 이끌기 위해서 말한 세 분야를 통합하여 교육할 필요를 주장하면서 다음의 몇 가지를 제의하고자 한다.

2) 하나님을 예배하는 공동체에서의 교육

신학 교육은 하나님을 예배하는 분위기와 공동체에서 이루어져야 한다. 신학 교육이란 전 인간(whole man)을 위한 교육이기에 생각이나 행위나 느낌에 있어서 늘 성령의 영감에 호응하는 사람이 되어서 성숙한 그리스도인으로서의 청지기가 되도록 훈련하는 데 있다. 일반 세상 교육에서도 사회공동체의 요구를 중요시하고 있듯이 신학 교육에 있어서도 영적인 훈련과 아울러 공동체를 위한 교육도 매우 중요하다고 느낀다. 어떤 신학 교육자는 말했다. "이 같은 영적인 사람을 형성하는 것에 있어서 중요한 역할을 하는 것은 하나의 공동체이다 … 곧 함께 살며 생활하며 먹으며 함께 기도하면서 신학생들이 하나님을 예배하는 자로서 선교의 열심과 형제우애를 가지고 어떻게 함께 생활할 수 있는가를 실제로 배워나가게 되는 것이다."

그러므로 신학교에서의 채플, 교직원 기도회 학생 수양회 같은 프로그램은 중요한 의의를 갖기에 신학교는 일주일에 2회 채플을 갖고 모든 학생이 의무적으로 교직원도 모두 참여케 하여야한다. 신학생에게는 한 학년, 적어도 한 학기만이라도 생활관에 입사하여 공동생활을 하면서 영성 훈련을 받아야 한다. 그곳에서 그들은 함께 먹고 자고 매일 새벽기도회를 하며 경건의 훈련을 받아야 한다. 또한 교목실을 설치하고 학생들의 그룹별 성경공부, 기도 모임 등을 통하여 제자화 운동을 전개하여 모든 학생을 제자화하는 작업과 함께 전도도 시행하여야 한다. 건축가가 집을 세워나가다가 기초가 허술한 것을 발견하면 그 기초 수리를 먼저하고 집을 세워나가야 하는 것 같이 신학생 가운데 아직도 신학을 공부할 기초가 이루어지지 않았다면 그 기초를 갖게 하는 것이 급선무가 아니겠는가? 여기에 신학교 교수는 실제로는 이중적 사명, 곧 전도자와 가르치는 자의 역할을 수행하여야 한다. 신학대학의 캠퍼스가 예배하는 공동체가 되기 위해서는 우선 모든 신학생이 거듭난 신자가 되어야 하지 않겠는가? 이런 견지에서 신학교는 1년에 춘추 2회에 걸쳐 신앙 수련회를 갖는 것이 좋다. 이는 모든 학생이 거듭나는 체험을 갖게 하며 아울러 성결한 생활로 나가도록 인도함에 큰 도움이 될 것이다.

그러나 영적인 공동체 교육이란 외형적인 방법이나 전통으로 이루어지는 것은 아니다. 이에 참여하는 교수들이 영적으로 성숙하게 학생들을 지도할 때만 이 일은 성공할 수 있다. 그러기에 교수들의 자질 문제가 아주 중요하다. 오늘날 대학의 교수라면 으레 박사라야 한다는 것이 전제되고 있는 실정이다. 그러나 학적인 성취가 늘 신앙적 성숙을 동반하지는 않는다. 여기에 심각한 문제가 있을 수 있음을 간과해서는 안 된다. 그러므로 교수와 직원들이 자기 자신의 신앙을 돌보고 1년에 두 차례 매 학기마다 교직원을 위한 퇴수회를 가지며 교직원의 친목 도모뿐 아니라 심령 부흥과 사명감을 새롭게 하는 데 힘써야 할 것이다.

3) 세계 선교를 지표로 하는 현장 사역에서의 교육

론데스(Lowndes)는 이 모든 것을 종합시키는 장으로서 현장 실습(field work)을 제안한다. 현장 실습은 그들이 신학 교육이라는 테두리 안에서 여러 가지로 배운 것을 한 번 종합하면서 봉사해야 하는 것이기에 이런 목적을 성취함에 있어서 아주 중요한 요소가 되고 있다. 교수와 목회자의 지도를 받으면서 학생들이 목회 실습 프로그램을 할 수 있다면 학생들은 교실에서 배운 내용이나 거기서 일어나는 문제들을 세상의 생활 속에 있는 문제들과 연결할 수 있을 것이다. 여기서 학생들은 강의실에서 배운 이론과 지식으로 현실과 부딪쳐 보는 경험을 하게 될 것이다. 그리고 그들이 다시 교실과 교수와 동료 학생들에게 돌아와서 문제를 제기하고 자신들의 승리와 실패를 나누게 된다면 이런 과정을 통해서 지적으로 추궁하던 모든 것을 이제는 땅을 딛고 함께 걸어가는 교육으로 향상시킬 수가 있을 것이다.

그러므로 신학교에서는 모든 학생들이 6-8학점의 목회 실습을 이수하도록 하여야 한다. 일주일에 한 번씩 그룹별로 학생들이 교수와 만나 사역 현장에서 경험한 것들을 함께 토의한다. 이런 목회 실습을 통하여 보다 종합된 신학 교육을 기대할 수 있다. 그러나 이 프로그램의 효과적인 운영을 위해서는 보다 적극적인 현지 목회자의 참여와 협력이 필요하다.

그러나 현장 사역이라는 것은 교회 목회와의 연관만이 아니다. 학생들이 생활하고 있는 캠퍼스가 바로 사역 현장이 되어야 한다. 다른 말로 표현하면 신학 교육은 사역(전도)하는 배경에서 이루어져야 한다. 이것이 예수님의 제자들에게 신학을 가르치실 때의 상황이요, 바울 사도가 신학을 개진할 때의 상황이 아니었던가? 여기에 신학교에서는 전도를 가르칠 뿐 아니라 캠퍼스에서 실제로 전도를 하는 일을 힘쓰게 하여야 한다. 모든 학생들에게 필수 과목으로 '전도의 이론과 실제'라는 과목을 이수케 하며, 실제로 학생들이 전도에 참여하는 것을 강조해야 한다. 이는 전도 폭발, 전도 요원 양성과 같은 프로그램을 변행함으로써 보충될 수 있을 것이다.

이런 실제 참여와 더불어 신학 교육의 교과 과정은 '세계 복음화'에 지표(lodestar)를 두고 편성되고 시행되어야 한다고 주장한다. 그리하여 신학교에서는 선교 과목이 필수과목으로 설정되어야 한다. 그리고 학생들의 해외 선교 여행 등 선교 활동을 권장할 필요가 있다. 교회를 위하여 신학 교육이 설립되었다면 교회의 본질적 사명 완수가 그 목표가 되어야 한다. 오늘의 교회는 '모든 족속을 그리스도의 제자 삼으라'는 주님의 대위임령을 받았기 때문이다.

지금까지 대부분의 신학 교육기관이 개교회의 개척과 그 교단의 교역자 양성에 그 목적을 두었다면 이를 성취하는 과정에서 세계 선교라는 맥락에서보다는 개교단 확장에 급급했던 것처럼 보인다. 그러나 오늘의 신학 교육은 교회가 세계 선교의 주요한 기관(agent)임을 인식하는 가운데 우선적 관심을 가지고 예수님의 세계 선교 대위임령이 신학 교육의 지표가 되도록 하여야 한다.

특히, 앞으로의 세계 선교가 한국 교회에 의해 주도적으로 이루어져야 할 것이라고 보기 때문이다. 그러므로 내일을 위한 신학 교육에서는 주님의 세계 선교의 대위임령이 신학 교육의 지표가 되어야 할 것이다. 개교회의 개척, 성장도 세계 선교의 맥락에서 이해되어야 할 것이다. 카이저(Kaiser)가 말했듯이 신학 교육에서 "세계 선교라는 지표를 잃는다면 그 신학 교육은 성공할 수 없을 것이다."

4) 신학 교육이 세계 선교를 그 지표로 세울 때의 과제

신학 교육 과정에 '선교학'에 관련된 과목이 중심이 되어야 할 것이다. 그러나 지금까지의 신학 교육에서는 교회 지도자를 양성한다는 순학문적 방법(academic approach)이 그 우위를 차지한 실정인 것 같다. 때문에 '세계 선교'에 대한 관심을 신학 교육의 중심으로 회복하기 위하여는 최소한도 선교학 과목이 필수과목으로 설정되어 선교의 본질, 역사, 사명 등을 가르쳐야 할 것이다(한국의 신학대학 가운데 선교학을 필수로 하는 학교는 한두 학교에 불과하다). 이 과목의 중요성을 강조하기 위하여 이 과목들은 중진 교수들에 의하여 강의되도록 하여야 할 것이다. '선교학부'를 독립시켜 선교에 대한 교육을 강화하거나 선교대학원(School of Mission)을 세우는 일도 권장할 만하다. 신학 교육은 교과 과정에 의한 교실에서의 강의로 충족되는 것은 아니다. 신학 교육은 교회와 신학 교육이라는 신앙공동체 안에서의 생활을 통하여 보완되어야 한다. 그러므로 위에서 언급한 것 외에 신학 교육을 학생들의 공동체의 생활과 과외 학생 활동으로써 선교운동에 접하고 참여하는 훈련을 따라야 할 것이다. 예를 들면 선교사들을 통한 선교 상황에서의 접촉, 세계 선교를 위한 기도회, 단기선교 활동 참여(국내외) 등이다.

5) 교회와 함께하는 신학 교육

신학 교육은 교회 목회자들과 협력하여 이행되어야 한다는 것이다. 여기에는 교회의 이해와 협력이 있어야 한다. 첫째로, 교회는 하나님 백성을 신학적으로 교육시키는 신학 교육 자체가 교회가 시행해야 할 과제인 것을 깨달아야 한다. 사실, 신학생 후보를 가르는 것은 개교회가 아닌가? 그런 신자가 신학교에 입학하여 공부하는 동안에도 그들을 개교회에 출석하여 신앙생활을 하며 양육을 계속 받고 있다는 사실을 잊어서는 안 된다. 교회가 신학생을 교육한다고 인식하고 지도하게 되면 오늘의 신학 교육은 많이 달라질 것이다. 또한 신학생이 학교를 졸업하고 목사안수를 받고 교단이 인정하는 교역자가 되기까지는 지방회 또는 노회에 소속되어 목사 후보생의 훈련을 받게 되어 있는데, 이 기간이 명실공히 교역자 양성 기간으로 연장, 활용되기를 희망한다. 동시에 신학교는 이런 것들을 활용하여 교회와 보다 밀접하게 신학생을 교육시켜야 한다. 이렇게 할 때에 신학 교육이 단순한 아카데미즘에 빠지지 않고 교역자를 교육시키는 과업을 효율적으로 이룰 수가 있을 것이다. 다른 한편, 교회의 신학 교육에 대한 인식이 이렇게 될 때에 교회는 신학 교육에 대한 재정 지원도 성의껏 하게 될 것이다. 이렇게 함으로 오늘의 신학교가 당면하고 있는 재정난도 해결될 수 있을 것으로 전망한다.

6) 국내 선교대학원, 선교 교육 시스템 개발 박차

국내 선교대학원이 선교사들의 연장교육 장소로 발돋움하고 있다. 아세아연합신대선교대학원, 총신대선교대학원, 서울신대선교대학원, 고신대선교대학원 등이 양질의 선교 교육 시스템을 구축하면서 선교사들의 국내 교육기관에 대한 관심이 증대되고 있다. 풀러선교대학원 등 미국의 대다수 신학교들이 한국 선교사들로 넘쳐나고 있다. 그러나 외국 학위에 너무 집착하지 말고 국내에 개설된 선교사 연장교육 프로그램에 적극 참여할 필요도 있을 것이다.

선교사 연장교육의 문을 최초로 연 아세아연합신학대학교 선교대학원은 여름·겨울 방학을 이용하여 석사과정(M.A, Th.M)은 선교 현지에서, 10과목과 박사과정(D.Miss, Ph.D)은 아세아연합신학대학교 캠퍼스에서 과정 중 1학기를 집중적으로 수강하도록 하는 선교사 중심의 독특한 방법으로 운영하고 있다. 특히 학위 과정별로 학점당 저렴한 학비로 선교사들에게 약 40%의 장학금 혜택을 주고 있다.

총신대 선교대학원은 예장합동교단 소속이지만 선교사들을 초교파적으로 받아들여 M.A, Th.M, Ph.D를 수여하고 있다. 연장교육을 받는 선교사는 교육비의 50%를 감면받는다. 서울신대 선교대학원은 새로운 과목 개발과 신진 교수진 확보에 심혈을 기울이고 있다. '미전도 종족 선교학'을 비롯하여

'벤처 선교' 등 신세대 신과목을 개설함으로 선교사들의 관심을 끌고 있다. 고신대의 경우 국내 최초로 목회학석사(M.Div) 과정에 선교학과를 따로 모집하여 선교학의 발전을 선도하고 있다. 그 밖에 감리교신학대, 목원대, 장로회신학대와 방배동 소재 총회신학대학원(예장정통)도 올바른 선교관을 가져야 한국 교회가 산다는 논리를 펴며 선교 업그레이드를 해 나가고 있다.

4. 결 론

신학 교육의 문제와 딜레마는 아직도 미해결인 채로 우리 앞에 남아 있다. 그러나 하나님께서는 우리 모두를 위하여 지금도 역사하고 계신다. 이것이 곧 신학 교육의 출발점인 것을 상기할 때 우리는 이 과업을 위하여 감히 용기를 낼 수 있는 것이다. 신학교의 졸업 때 쯤이면 우리가 종종 느끼게 되는 실망감에도 불구하고 이들 졸업생들이 2, 3년 후에는 개교회에서 목회를 잘하고 있음을 때때로 발견하고는 격려를 받게 된다. 우리의 가르친 바 교육이 완전히 성취되지 못했을 때에도 하나님께서는 여전히 그들, 하나님의 사람들 속에서 역사하고 계신다. 하나님께서는 우리를, 그리고 오늘의 신학 교육을 통하여서 하나님 자신이 역사하고 계신다. 이것이 곧 신학 교육에 있어서의 우리의 희망이다.

제16장

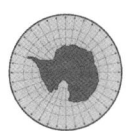

선교 교육 프로그램(2) - 선교단체

한국선교훈련원(GMTC), SIM, OMF, OM 등 국제선교단체를 비롯하여 한국전문인훈련원(GPI), 한국선교연구원, 중동선교회, 일본복음선교회, 중국복음선교회 등도 보다 효과적인 선교를 위한 교육과 훈련 프로그램을 진행하고 있다. 또한 중국어문선교회와 중국대학선교회는 공동으로 중국 선교훈련 및 단기선교 과정을 운영한다. 여기에 중앙아시아를 위한 실크로드훈련센터, 중동 북아프리카를 위한 애굽선교센터, 동남아 무슬림을 위한 빠울로스훈련학교 등도 활동 중이다.

1. 한국선교훈련원

1) 훈련 철학

선교적 안목과 전인적 성숙을 위해 한국선교훈련원(GMTC)은 이론과 실제의 균형을 추구한다. 한국선교훈련원에서는 훈련생들의 배움을 극대화하기 위해 다양한 교육 방식과 팀 사역의 모습을 공동체 속에서 실제로 보게 하고, 이 모든 커리큘럼을 통해 성령께서 각자에게 필요한 깨달음과 가치관을 포함한 삶의 변화를 일으켜 주시길 기대한다.

① 성경적인 세계관을 가지고 평생 동안 노력하는 사람을 양성한다.
② 비형식, 비공식, 공식 교육을 잘 배합한 훈련으로 변화를 받게 한다.
③ 전인 교육/훈련을 통하여 적합한 결정을 하도록 돕는다.
④ 선교사로서 평생 기여하도록 한다.
⑤ 삶과 사역의 균형을 이룬 사역자가 되도록 돕는다.

2) 훈련 목표

타 문화권 선교를 위해 준비하는 선교사 후보생 또는 선교지자들로 하여금 선교에 대한 학문적 이해를 도모하고 그리스도인 지도자와 선교 개척자로서의 인격과 실제적 사역 기술을 쌓는 것을 목표로 하며 공동생활을 통해 진행되는 훈련의 목표는 다음과 같다.

① 선교에 대한 전반적인 지식과 이해를 가진다.
② 전도, 제자훈련, 교회 개척 및 교회성장 등 사역 기술을 연마한다.
③ 타 문화권 적응을 위한 지식 습득 및 경건생활, 가정생활 등 자기관리를 위한 훈련을 강화한다.
④ 선교사 탈락의 제1원인이 되는 대인관계 문제에 대비하여 팀 사역에 필요한 지혜를 얻고 한국인의 특성과 정체감에 대한 이해를 증진한다.
⑤ 내적치유 및 전인적 성숙을 도모한다.
⑥ 자녀들의 타 문화 적응 훈련을 함께 도모해 간다.
⑦ 선교지 언어 습득을 향상하고 영어의 진보를 위해 노력한다.

3) 장기훈련 / 단기훈련

(1) 훈련기간
매년 1-6월, 매년 8월 말-12월 초

(2) 지원 자격
대졸 또는 그와 동등한 학력을 가지고 기본적 신앙
훈련을 받은 전임 사역자 또는 평신도 사역자로서 타 문화권
선교사로서의 부르심을 확신하고 선교지로 나가기 전
최종적으로 선교훈련을 받기 원하는 자.
 a. 안식년 선교사
 b. 선교 행정가
 c. 개교회 선교 담당 목사
 d. 장·단기선교 경험자로서 장기간 동안 사역할 분
 e. 구비 서류
  · 지원서 및 간증문
  · 부부일 경우: 남편과 아내 각각 서류 제출함 / 장기 훈련과 동일
  · 모집 인원: 35명 내외(기혼자의 경우 전 가족 참여, 자녀를 위한 어린이 학교 운영)
  · 훈련비용: 매년 조정(등록금 및 생활비는 매기마다 조정)
  · 등록금: 가정당 200만원, 독신 110만원
  · 생활비: 가정 38만 3천원 + 어린이 학교 비용, 독신 21만원
  ※ 등록금 및 생활비는 매기마다 조정될 수 있음
문의: 서울 양천구 목2동 231-188 한국선교훈련원(GMTC)
 E-mail: gmtcro@hanafos.com

4) 훈련 커리큘럼

(1) 선교학 기초 분야
  a. 선교 일반(Introduction to Mission)
  b. 세계 선교 역사
  c. 한국 선교 역사
  d. 선교신학
  e. 세계 종교
  f. 문화인류학
  g. 타 문화 의사전달

(2) 선교 전문 분야
  a. 2/3세계 선교
  b. 도시 선교
  c. 한국인의 의식구조
  d. 연구 방법
  e. 파트너십 개발

(3) 타 문화 사역 분야
  a. 타 문화 제자훈련 세미나(Cross-Cultural Disciple Making)
  b. 전도학-세계 종교와 연관한 전도연구, 전도실습
  c. 영적 전투
  d. 리더십
  e. 타 문화 교회 개척(Church Planting)
  f. 타 문화 교회 성장(Church Growth)
  g. 타 문화 석의세미나(C-C Exegesis)
  h. 사례 연구
  i. 사역철학

j. 이슬람
k. 언어 습득
l. 구약의 파노라마
m. 영어

(4) Life Formation
 a. LF-금요 강의
 b. 부부 세미나
 c. 독신 세미나
 d. Tutorial Time
 e. 자녀교육
 f. 문서 분석 및 이해와 리포트 작성법
 g. MK 돌봄
 h. 모니터/상담
 i. 교제
 j. Personality Inventory Instrument: TJTA, CCAI, Communication Style etc.
 k. 영적 훈련: 수요 예배, 수요 개인묵상, 기도의 날, 월요 경건의 시간, 심야기도회, 새벽 개인 경건의 시간, 세품 기도 시간
 l. 개인적인 기술: 자동차 수리, 헤어 기술, 의료 지식, 소아과, 열대 의학, 치과위생 등

(5) 공동체 훈련
 a. 하마/하바 제도
 b. Family Night
 c. 운동/레크리에이션
 d. 대청소
 e. 집 관리의 책임
 f. 스텝 및 훈련생 상호 방문

2. 합신세계선교회[1]

1) 비전

"모든 족속으로 제자를 삼으라"(마 28:19)는 예수 그리스도의 지상명령의 수행과 미전도 종족 가운데 하나님 나라가 확장되는 것을 믿음으로 소망한다.

하나님 나라 완성의 비전을 바라보며 모든 족속 가운데 천국 복음이 전파되는 데 총력을 기울인다(마 24:14).

2) 사역 방향

· 미전도 종족 지역 선교를 우선한다.
· 최선의 선교 전략을 동원한다.
· 교단 선교의 강점을 살린다.
· 타 문화권 교회 개척과 현지인 지도자 양성을 강화한다.
· 평신도 전문인 사역자와의 동역을 통한 총체적 선교를 추구한다.

3) 정책 방향

· 본부, 선교지, 선교사, 현지교회의 네트웍을 통한 연합 사역을 추구한다.
· 선교사 돌봄(Member Care) 시스템을 구축한다.
· 사역과 재정에서 투명성을 확보한다.
· 자립, 자전, 자치, 자신학(自信學)의 원칙을 추구한다.

4) 4대 사역

· 도시화 현상에 따른 관문 도시를 통한 미전도 종족 선교

---

[1] www. pms21. org.

- 난곳 방언과 토착 문화의 중요성, 공용어를 뛰어넘는 종족 언어를 통한 선교 추구
- 세계화에 따른 총체적인 선교
- 2대 배타적 복음 지역(이슬람교-힌두교)에 대한 도전

5) 사역 내용: SMART

- 파송(Sending): 전방개척 선교 / 비교우선지역 선교
- 동원(Mobilization): 합신 재학생을 향한 선교 동원 / 총회 산하교회의 선교 동원 활성화
- 복지(Advanced member care): 선교사 자녀 교육 / 총체적 복지를 위한 시스템 구축
- 연구(Research): 지역 및 종족의 정보 수집과 전략 개발 / 지역 교회를 위한 선교 컨설팅
- 훈련(Training): 합신의 선교훈련과 실제 / 연합 선교사 훈련원 (UMIT) / 평신도 선교사 훈련원(LMTC) / 안식년 선교사 연장 교육

6) 목적

- 예장총회세계선교회(PMS)의 정책을 중심으로 평신도 전문인 선교사를 훈련한다.
- 선교에 대한 체계적인 교육을 통해 지역교회 평신도 선교 지도자를 양성한다.
- 지역교회의 선교 참여로 선교 의식의 저변화를 도모한다.
- 선교에 대한 오리엔테이션을 통해 타 문화권 사역 훈련과 실제적인 팀 사역으로 훈련한다.

7) 훈련 철학

· 세계선교회의 정책 중심으로 훈련한다.
· 선교에 대한 이론과 사역 실제를 중심으로 훈련한다.
· 팀 선교와 미전도 종족 지역에 대한 전략 선교를 지향하여 훈련한다.
· 선교사의 영성과 삶을 중심적으로 훈련한다.
· 타 문화권 사역에 초점을 맞추고 훈련한다.

8) 훈련 목표

· 선교사로서 갖추어야 할 이론적, 실제적인 지식과 기능을 갖추게 한다.
· 평신도 전문인 선교사로 사역할 기본 안내를 받게 한다.
· 지역교회의 선교 지도자의 자격을 갖추도록 한다.

9) 훈련 프로그램

(1) 훈련 대상
  a. 선교사 후보생 중 평신도 장·단기선교 헌신자(청년, 대학생 포함)
  b. 지역교회 선교 담당자, 선교위원, 선교 관심자

(2) 훈련 과정
  a. 종 류
   · 정규 과정(Main Course): 국내 훈련 12주 - 매주 목요일(오후 7시-9시 50분) 혹은 토요일 / 봄 학기: 3월-5월, 가을 학기: 9-11월
   · 선교 정탐(Cross-Culture Course): 국외 훈련(7-10일간)
  b. 교과 과정
   선교의 성경적 기초, 선교사의 삶, 이슬람/민속신앙, 타 문화권 의사전달, 미전도 종족 선교, 선교 역사, 영적 전투, 전문인 사역과 실제, 중보기도, 언

어 습득 방법, 선교지 선택과 준비, 교단 선교의 이해 등이 개설된다.

3. YWAM의 또 다른 선교사 훈련학교, SAS

YWAM의 Field Ministry인 CAS(Centre for Asian Studies)에서 또 다른 선교사 훈련 학교, SAS를 연다. 선교사 훈련의 기회를 찾는 이들에게 필요한 학교이다.

1) SAS는 무엇인가?

SAS는 School of Asian Studies의 줄임말로 아시아 선교 학교라고도 불린다. 아시아의 미전도 종족을 조사 연구하고 선교 사역에 필요한 전도, 교회 개척, 지도자 훈련의 기회를 제공하고자 세워졌다. 아시아 복음화에 필요한 높은 수준의 실제적, 지적, 영적 능력을 구비한 아시아 전문가들을 배출하기 위한 학교이다.

2) SAS는 선교사 준비를 어떻게 도와주나?

다음과 같은 과정을 통해서 선교지의 필요를 조사하는 리서치 방법을 배울 수 있다. 리서치한 결과를 바탕으로 프로젝트를 개발하는 방법과 개발된 프로젝트로 새로운 사역을 개척하는 방법을 배운다. 이렇게 해서 일어나는 사역은 선교지의 필요에 꼭 맞는 맞춤형 사역이 된다. 자신의 재능과 관심 분야를 바탕으로 하기 때문에 자신에게 꼭 맞는 사역이 된다.

3) SAS 기간과 장소 및 학비(SAS 강의 기간)

자격은 DTS 수료한 분으로 아시아 선교에 관심 있는 자들로서(IDS 701/702 또는 703/704) SAS의 3개월 강의 기간이 끝난 후 갖는 1년간의 현장 실습 프로그램이다. 아시아의 미전도 종족, 도시, 나라들을 깊이 이해하고 효과적인 사역을 위한 현장 경험을 제공하게 된다. 이 프로그램을 통해 해당 지역의 언어와 문화 습득, 아시아의 복음화를 위한 조사 연구와 선교 계획을 세울 수 있다. 또 영어를 준비할 수 있는 기간도 된다.

- 1년 현장 실습: 아시아의 미전도 종족, 도시 혹은 나라를 개인이 선택한다.
- 자격: SAS 수료한 분(혹은 SOFM 수료자)으로서 아시아 선교에 관심이 있는 자.
- 비용: 장소에 따라 결정된다.

4) SAS 강의 내용과 강사

- 강의 내용: 아시아 연구, 아시아의 역사, 아시아의 종교, 아시아의 세계관, 리서치 방법론, 문화 인류학, 타 문화 커뮤니케이션, 선교의 성경적 기초, 사역 개발, 성경적 선교사의 삶, 영적 전쟁, 선교와 기술
- 강사: 이두훈(Jacob D. Lee) 선교사 - CAS 디렉터 / 톰 할라스(Tom Hallas) - YWAM 아시아 퍼시픽 지역 책임자 / 제프 로맥(Jeff Romack) - YWAM 서남 아시아 지역 책임자 / 최철만 선교사 - 현 인도 선교사/ 최경숙 선교사 - 현 방글라데시 선교사 / 한이슬 선교사 - 현 C국 선교사 / 황종철 선교사 - 현 캄보디아 선교사 / 이 외에 현지 경험이 풍부한 현장 선교사들이 있다.

5) SAS 만의 독특한 점은?

아시아 국가-중동 포함-에 초점을 맞춘 전문적인 선교 연구와 개인의 사역 영역에 따른 선교 준비를 돕고, 나아가 타 문화권 선교 사역 배경과 현장 경험이 풍부한 선교사들이 지도하며 동시에 지속적인 멘토링과 목회적 돌봄을 제공한다.

6) SAS를 섬기는 CAS 기관 소개

CAS(Centre for Asian Studies, 아시아선교센터)는 국제 YWAM의 Trans-Field Ministry이다. CAS의 사역은 하나님의 마음으로 아시아를 품고 섬겨 나갈 전문적인 선교사들을 양성하고 파송하는 일을 한다. CAS는 아시아 복음화에 그리스도인들이 효과적으로 참여하도록 아래와 같은 일을 한다. 첫째, 아시아에 대한 연구와 올바른 이해를 촉진하며, 둘째, 아시아 복음화에 도전하며, 셋째, 아시아 미전도 지역과 세계 교회를 잇는 교량적 역할을 감당한다.

구체적으로는 아시아의 민족, 도시, 지역 연구를 통해 세계 교회와 선교현장의 교량적인 역할을 감당할 뿐 아니라 아시아의 올바른 이해를 촉진하고 또한 아시아 복음화를 위한 일군을 동원하며 훈련하는 사역이다.

SAS 공식 홈페이지의 SAS 소개란은 http://ywamcas.org/sas/sas 2004m.htm이다.

4. 어린이 선교 교육- 어린이전도협회를 중심으로[2]

1) 서 론

(1) 선교 교육이란?

선교와 교육은 교회의 성장, 곧 하나님 나라를 확장시키기 위한 교회의 임무가 된다. 하나님은 그의 백성들을 양육하며, 다시 세상 가운데 말씀의 증거자로 내보내신다. 그러므로 선교와 교육은 세상 끝 날까지 하나님 나라를 준비하기 위한 역동적인 힘이다. 즉 예수님은 지상명령 가운데 선교와 교육을 동시에 부탁하셨고 제자들은 이 명령에 순종하여 초대교회 선교 초기부터 교육과 선교를 함께 실시하였다. 교회는 선교하는 것처럼 교육에도 주력해야

---

2) 대학에서 필자의 강의를 듣고 세미나 시 논문을 발표한 전도협회 간사인 엄미영 학생의 소논문을 본인의 동의하에 여기 싣는다.

한다. 그렇지 않으면 교회가 교회일 수 없다. 교회는 교회의 본질에 속하는 것이며 기능을 소홀히 하는 교회는 교회의 본질을 구성하는 데 피수 불가결한 요소를 상실한다. 복음이 전해지지 않은 교회나 올바르게 집행되지 않은 교회가 결함 있는 불완전한 교회일 수밖에 없는 것 같이 교육적 기능이 제대로 움직이지 않은 교회 또한 결함 있는 교회이다.[3] 그러므로 교회는 어른들뿐 아니라 어린이들에게도 선교 교육을 실시함으로 미래 선교사로 훈련하고 양육하는 것이 중요하다고 할 수 있다.

(2) 선교 교육의 필요성
· 교회가 교회적 사명을 다하기 위해서는 선교 교육이 필요하다.
· 올바른 동기로 선교하기 위해서는 선교 교육이 필요하다.
· 의미 있는 동역을 하기 위해서는 선교 교육이 필요하다.
· 훌륭한 인력을 양성하기 위해서는 선교 교육이 필요하다.
· 한국 선교의 장래를 위해 선교 교육이 필요하다.

(3) 한국 어린이전도협회
교회의 관심이 성인에게만 치중되었던 1920년경 주님께서 오버홀쳐(Overholtzer)의 눈을 열어 어린이들의 영적 기아 상태를 보게 하셨다. 그 후 10년 동안 어린이 전도와 지도자 양성에 힘쓰며 교계에 호소하게 되었다. 그 결과 1937년 미국 일리노이주에서 국제 어린이전도협회(CEF, Child Evangelism Fellowship Inc.)가 탄생하게 되었다. 지금은 세계 158개국에서 수천만의 어린이들이 복음을 듣고 예수님을 영접하게 되었다. 한국어린이전도협회는 1957년 런시포드 여사에 의해 소개되었고 1959년 구요한(John Cook) 목사 내외께서 어린이 선교 사역을 시작함으로 어린이 전도의 뿌리를 내려 1972년부터 본격적으로 활성화 되기 시작하였다. 한국에는 45개의 지회가 있고 현재 18개 국에 28가정, 48명의 선교사가 파송되어 세계 어린이 복음화를 위하여 사역하고 있다.

---

3) 이재완, 「선교와 선교 교육」(아세아연합신학대학교, 2008), 1, 3.

2) 본 론

(1) 어린이 선교 교육의 필요성과 중요성

어린이 선교 교육의 필요성과 중요성을 살펴보고자 한다. 본 대로, 들은 대로, 배운 대로 하는 시기가 바로 아동의 시기이다. 그러므로 이때 이들에게 세계적인 꿈을 주님을 향하여 키워 준다면 그들의 생애는 놀랍게 쓰임을 받을 것이다. OMF(CIM)의 창시자 허드슨 테일러는 5살 때에 "나는 어른이 되면 선교사가 되어 중국에 갈거야"라고 했는데, 그것이 오늘날 얼마나 위대한 기도였는지는 OMF를 보면 알 수 있을 것이다. 나무도 어릴수록 태양을 향하도록 바로 잡아 주기가 쉽듯, 바른 선교 교육만 시켜 준다면 아동의 시기에 주님의 꿈을 그들의 꿈으로 심어 주기는 어려운 일이 아닐 것이다.

내가 몇 년간 선교지에 있을 때에 섬기던 교회와 사역했던 지역에 있던 교회의 어린이들이 편지를 보내왔는데 어렸을 때 캠프를 통해서 선교사로 헌신했던 것을 기억하고 나라까지 정하여 기도하며 준비하고 있다고 말했다. 오히려 기도하고 있으니 힘을 내라는 격려의 편지를 보내 왔던 것이다. 얼마나 귀하고 감사한 일인가? 장성한 어른들에게 선교의 꿈을 주기가 얼마나 어려운가? 그리고 옛 사람의 성품에서 버려야 할 것이 얼마나 많은가? 이미 이들에게는 무엇인가로 가득 차 있다. 새로운 결심과 포기를 경험하지 않는 한 주님의 안목을 깨달을 수 없다. 그러나 인생의 바른 꿈을 위해 하나님께서 예비시켜 주신 어린이들에게는 여전히 누군가를 통해서 그들의 인생의 꿈을 완성시켜 나가야 한다는 사실이다. 누가 이들에게 시들어 버리지 않는 꿈을 소개해 줄 수 있을까? 해외 선교사의 85% 이상이 어린이 교회학교 출석 경험이 있는 것으로 보고된 바 있다. 한국 선교사의 파송 시 연령을 보면 서구 선교사에 비해 8-10년 정도 뒤처지는 것을 볼 수 있다. 준비할 수 있는 시간적 여유가 없을 때 더 많은 시행착오를 겪게 됨을 기억해야 한다. 어린시절부터 선교 교육을 통해서 꿈을 갖게 된다면 그들에게는 충분한 준비와 분석이 있을 수 있기에 자격 구비는 물론이고 더 바른 기관과 소명에 합당한 사역을 하게 될 것이다. 하나님의 사람으로 세계적으로 꿈을 소유했던 자들의 중생 시기를 보면 빌리 그래함은 5세, 딸은 4세, 진젠돌프 백작은 4세, 리차드 빅스터는 6세, 메튜 헨리는 9세, 요나단 에드워즈는 9세, 아직 왓츠는 9세, 폴리갑은 9세, 무디는 10세, 스펄전은 11세 등이다. 이들에게는 충분한 시간이 있었다.[4]

(2) 어린이 선교사가 할 수 있는 일

선교는 어른들만의 것이 아니다. 어린이들이 자라서 어른이 되면 선교해야 한다고 주님께서 말씀하시지도 않으셨다. 교회학교에 나올 수 있는 어린이라면 갈보리 언덕까지도 갈 수 있다는 말이 있듯이 이들에게 있어서 지금 얼마든지 선교사를 위해 기도할 수 있고, 쓰는 돈을 절약해서 성경을 사서 보낼 수 있고, 헌금을 드릴 수 있고, 편지를 보낼 수도 있다. 우리 딸들은 어렸을 때부터 복음을 전하는 자로 살겠노라고 헌신하였고 지금도 선교사를 위해 기도하며 선교 헌금을 모아 헌금하고 있다. 어떤 교회에서는 어린이들이 십일조를 모아서 태국의 선교사에게 보내기도 하고, 우리 교회에서도 달란트 시장에서 선교사들을 위한 선물을 준비하여 어린이들이 그 동안 모아 놓은 달란트로 선물을 직접 사서 선교사님께 보내 드린 일도 있었다. 교회학교 초청으로 선교에 대한 메시지를 전하러 간 적이 여러 번 있었는데 경기도 안산의 어느 교회에서는 그 교회학교 어린이들은 미리 작은 우유통으로 선교 헌금통을 만들어 선교사 초청 예배 때 헌금할 작정으로 몇 달을 모아 두었다가 그날 집회가 끝나고 통째로 다 주었던 적이 있었다. 그때 동전으로 가득 찬 무거운 가방을 들고 돌아와서 방바닥에 모두 쏟아 놓고 감사와 감격의 기도를 드리던 때가 생각난다.

(3) 어린이 선교 교육 계획

선교 주일을 매달 혹은 분기별로 정해서 선교사를 초청하기도 하고 또한 선교 기관의 사역자를 모시고 선교에 관한 특강을 듣는 일들은 어린이들에게 보내는 선교사의 중요성을 인식하게 해 주는 아주 좋은 일들이 될 것이다. 구원받은 이후 하나님의 백성으로서 살아가는 자들에게는 누구나 할 것 없이

---

4) 전영인, 「선교 교육 지침서」(서울: 한국어린이전도협회, 1995), 27.

제16장 선교 교육 프로그램(2) - 선교단체

선교적인 사명이 있는 것이다. 나가는 선교사로 준비하든지, 보내는 선교사로 그 역할을 감당하든지, 우리 그리스도인들은 모두 다 선교사들이다. 어린이들에게 이 중요성을 깨닫게 해 줄 때 이들이 장차 나가든지, 보내든지 하나님의 사람으로 충분히 선교적인 삶을 살아가게 될 것이다.

어린이 선교 교육을 할 때 선교 교육을 계획하는 것이 중요하다. 계획을 세우기 전에 먼저 교사의 태도와 준비가 중요하다. 교사의 태도에 있어서 선교란 나에게 무엇을 의미하고 있는가를 생각해 봐야 한다. 얼마나 내 인생을 걸기에 중요하다고 생각하는가? 결코 가르치기만 해야 할 것인가? 국내의 다른 지역만 생각해야 할 것인가? 세계 선교를 향한 주님이 원하시는 것은 무엇일까? 나는 과연 주님을 사랑한다고 하면서 선교에 대해 어떤 부담을 가지고 있는가를 생각하며 어린이를 대해야 한다. 준비에 있어서는 자녀를 양육하기 앞서 부모가 되어야 하는 것처럼 교사(지도자)가 먼저 선교의 사람이 되어야 한다. 그러기 위해서는 이제 관심을 가져야 하며, 그 관심을 표출하도록 해야 한다. 방법은 첫째, 선교기관과의 관계(기도회, 선교 세미나 참석 등) 선교사와의 관계(편지, 헌금 등) 등으로 나누며 선교 교육을 계획한다. 필자의 생각에는 헌금이 가장 빠른 접촉점이라고 생각한다. 헌금으로 동참하게 될 때 발행되는 회보 및 모임의 안내가 가장 정확하게 안내된다. 자료(회보, 소식지)를 보면서 선교 교육에 필요한 부분들을 발췌해서 자료로 만들어 적절하게 사용해도 좋다. 둘째, 선교회보를 계획한다. 기관 회보처럼 하는 것인데 주보의 한 면을 이용할 수도 있다. 내용은 선교 현장 소식, 선교사 편지, 기도 제목, 사진, 선교 교육을 통한 어린이들의 간증, 담당 교역자의 메시지, 선교사 이야기, 선교기관 소개, 이단 교육 등을 실어 줄 수 있다. 셋째, 선교반, 부서를 조직한다. 그들만 특별히 모아서(학년별, 부별, 기타) 특수 훈련으로 보내는 선교사로서 소명을 분명하게 인식시켜 주어 선교에 동참케 하는 것이 선교 교육의 목표이다.[5]

가르치는 자에게 분명한 목적이 있어야 하는데 어린이가 선교 정신을 개발할 수 있도록 선교에 관해서 가르쳐야 한다. 어린이에게 가르칠 수 있는 내

---

5) 「TCE 교사 대학 2단계」(서울: 한국어린이전도협회)

용은 첫째, 선교사란 어떤 사람인가? 선교사는 다른 사람들이 예수를 구주로 받아들이도록 돕기 위해 헌신된 사람이다. 둘째, 누가 선교사가 될 수 있는가? 셋째, 선교사는 어떤 일을 하는가? 넷째, 선교사는 어디서 일하는가? 다섯째, 선교사는 어떻게 사는가? 여섯째, 어린이가 후원할 수 있는 선교사는 누구인가? 그리고 어린이에게 바로 지금 선교에 참여할 수 있다는 것을 가르치라. 하나님께서 그것을 명령하셨다(마 28:19; 막 16:15). 지금 선교에 동참할 수 있는 것은 기도, 헌금, 가기이다. 어린이가 선교사역을 위해 자기의 생애를 주님께 드리도록 촉구하라.

(4) 선교 교육 프로그램

통상 수업 시간에 선교를 가르치는 데 10-12분 정도의 시간이 할당되어 있다. 가르치는 내용은 다음과 같다. 앎에 대한 부분으로 선교사란 어떤 사람인가? 선교사를 소개하고 간략한 정보를 주는 것이다. 구체적으로 기도 제목을 나누고 기도하는 것도 좋다. 선교 헌금을 하고 선교 찬송을 배운다. 또한 선교사들이 왜 필요한지에 대해서와 선교사가 어떤 사람인지 복습해도 좋다. 선교지의 종교와 그리스도인들이 믿는 것과 대조하라.

다음은 기도에 대하여 우리가 선교사님들을 위해 어떻게 기도할 수 있는가? 선교사와 선교지에 대해 복습한다. 모든 선교사들이 필요로 하는 기도 제목에 대해 토의한다. 선교사로부터 온 구체적인 소식을 나누고 기도한다. 기도에 대한 구체적인 응답도 나눈다.

다음은 헌금이다. 선교사들을 어떻게 후원할 수 있는가? 선교사와 선교지에 대해 복습하라. 후원을 설명하라. 어린이 수준에 맞는 선교사들이 필요로 하는 것을 토의하여 헌금 계획과 어린이가 어떻게 개인적으로 참여할 수 있는지 제시한다. 촉구물을 사용하여 헌금 목표를 세우고, 어린이들이 다음 주에 그들 자신의 헌금을 가져올 수 있도록 격려한다.

다음은 가기이다. 누가 선교사가 될 수 있는가? 어린이가 이번 주에 전도할 수 있는 방법을 나누어라. 선교사와 선교지에 대해 복습하라.

어린이 선교 교육에 있어서 중요한 것 중에 하나는 선교 프로그램을 증진시키는 방법이다. 첫째, 선교 시간을 어린이에게 중요한 시간이 되게 하라. 차분하면서도 관심을 끌 수 있는 분위기를 조성해야 한다. 둘째, 선교사들이 기도 제목을 가지고 어린이들이 구체적으로 기도할 수 있도록 도와주고, 셋째, 선교사들의 사진이 포함된 시각 자료들을 사용하여 어린이들이 기도 제목과 헌금 목적을 이해할 수 있도록 한다. 넷째, 어린이들과 기도 응답을 나눈다. 선교 헌금에 있어서는 어린이들에게 우리 모임에서 어느 정도의 헌금을 모아야 하는지 의견을 말할 수 있게 한 후 실제적이고 달성 가능한 헌금 목표를 정한다. 어린이가 자신의 돈을 헌금할 수 있도록 어린이들에게 선교에 필요한 돈을 벌 수 있는 방법을 나누게 한다. 예를 들면 자기방 청소, 설거지 돕기, 동생 돌보기, 심부름하기, 신문 배달, 매주 자기 용돈에서 헌금 드리기 등이다. 이것을 하기 위한 자극제를 사용하여 어린이들에게 헌금을 가져 오도록 동기를 부여한다. 그들은 구체적인 목표에 도달하려고 노력하는 데 참여하기를 좋아한다. 그들의 헌금을 위한 구체적인 계획을 제시하라. 어린이와 관련시킬 수 있는 것으로 해야 한다. 선교사가 차나 장비를 사는 것을 도울 수도 있고 선교사가 사역하고 있는 지역의 어린이들에게 성경을 보낼 수도 있으며 선교사들의 여행 경비나 생활비를 도울 수도 있다.

포스터를 통해 어린이의 흥미를 일깨우고 가르치라. 가르치려고 하는 나라의 포스터를 만들고 그 나라의 돈, 국기, 음식, 전통의상이나 다는 전통적인 것에 대한 기사나 사진을 구한다. 선교사에게 사진이나 엽서를 요청한다. 그리고 그 하나하나를 언제 사용할지 계획을 세워야 한다. 어린이들에게 선교를 강조하는 수업을 위해 자료들을 찾게 해도 좋다. 선교사 이야기를 통해서 할 수 있는데 가능하면 선교사들이 사역하고 있는 나라에 관한 이야기를 고르라. 어린이들이 그 나라의 어린이들과 선교사들을 위해 무엇인가를 할 수 있도록 촉구하라. 선교사나 다른 사람들이 직접 방문하는 것이나 선교사들에게 편지 쓰는 것도 있다. 각 어린이들은 선교사들에게 개인적으로 짧은 편지를 쓸 수 있다. 선교 찬송을 통해서 어린이의 개인 삶에 적용 시켜라. 가능하면 외국어로 어린이들에게 찬송을 가르치라. 선교사 게임을 하거나 주님을 섬기기 위해 주 예수 그리스도께 자신을 드리도록 어린이를 초청해야 한다. 성경 공과를 통해서 어린이를 격려할 수 있고 자기 생애를 주 예수님께 드려 현재뿐 아니라 미래에 선교사가 되도록 어린이를 격려한다. 선교사의 사역에 관한 카세트 테이프나 비디오 테이프 등을 사용할 수도 있다. 이런 다양한 방법들을 통하여 지금 세대의 어린이들을 선교 교육하여 다음 세대를 책임지게 할 수 있다고 생각한다. 그러므로 어린이들에게 선교 교육은 꼭 있어야 할 중요한 과제가 될 것이다.

아래 도표는 봄 학기 가을 학기 12주간씩 선교 교육을 계획하여 새 소식반에서 실시하고 있는 선교 교육 내용이다.

도표 11 선교 교육 내용

구 분	선교 찬송	선교 교육	선교사 이야기
제1주	저물어 어둠이 덮힐 때	선교란?	스와질랜드 남흥웅 선교사
제2주	반복	선교사란?	j국 류여호수아 선교사
제3주	어린이를 사랑하네	선교지에서 일어나는 일	j국 이갈렙 선교사
제4주	반복	작은 선교사	캄보디아 조이 선교사
제5주	많은 사람 못 들었네	기도하는 선교사	호주 시드니 이정환 선교사
제6주	반복	헌금하는 선교사	호주 멜버른 함재천 선교사
제7주	세상에는 나와 같은	선물을 보내는 선교사	필리핀 서성복 선교사
제8주	반복	편지를 보내는 선교사	인도네시아 강갑중 선교사
제9주	주님은 온 세상	지금 이곳에서의 선교사	말레시아 강신오 선교사
제10주	반복	선교 헌금통 만들기	태국 조순진 선교사

제11주	누가 가서 전할까	현지 음식 만들어 먹기	브라질 윤재웅 선교사
제12주	반복	선교 게시판 꾸미기	일본 고수림 선교사

3) 결론

　어린이들은 자신의 소명에 즉각적으로 따라 갈 수 없으므로 어린이들에게 선교에 대하여 강조하는 것은 무익한 일이라고 주장하는 사람들도 있다. 9, 10세 된 소년, 소녀가 선교사 사역을 하기에는 발달에서나 교육에 있어서나 아직 자격을 갖추지 못한 것은 사실이다. 그러나 하나의 목표를 소유하지 않으면 안 된다. 헌신을 한 어린이나 또는 적어도 선교사가 되겠다는 강한 소망을 나타내는 어린이는 바로 지금 이것을 실행해 나갈 수 있다는 것을 실감하게 해 주어야 한다. 어린이들은 자신의 이웃들을 위한 선교사가 될 수 있다. 또한 교회와 어린이들이 선교사들을 위해 행하는 수많은 일들에도 참여할 수 있다. 선교사가 된다는 것은 자신이 살고 있는 곳이 어느 곳이든지 거기서 예수님을 증거하는 것을 뜻하는 것이기 때문이다. 하나의 목표에 이르기 위해서 어린이는 먼저 하나의 목표를 가져야 한다.

　어린이들이 지금 학교에서 배우고 있는 것이 언젠가는 그들이 전적으로 주님을 섬기게 될 때에 유용하게 될 것이라는 점도 어린이들이 이해할 수 있게 도와주라. 어린이들이 훈련을 받아야 하고, 또한 하나님과의 교제를 발전시킬 필요가 있다. 앞으로 겪게 될 어떤 어려움이나 고난도 능히 이길 믿음을 갖추기 위해서이다. 선교에 대한 하나의 일련의 교훈을 들은 다음 어린이가 자신에게 제시된 바에 대하여 단순하게 감정적으로 응답하는 것은 있을 수 있는 일이다. 그러나 수많은 선교사들의 간증들은 하나님께서 선교 영역으로 부르신 어린이의 생활에 관여하신다는 것을 우리에게 말해 주고 있다. 얼마나 많은 십대의 청소년들과 성인들이 자신의 생활에 방향과 목적을 갖고 있는 것처럼 보이는가 생각해 보자. 어린이들에게 선교가 그들에게 주어지는 기회임을 알려 주는 것은 얼마나 놀라운 의무이며 또한 특권인가!

The Church and Mission Education

제17장

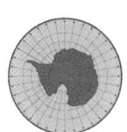

선교 교육 프로그램(3) - 교회

"선교 없는 교회는 뿌리 없는 나무요, 교육 없는 선교는 열매 없는 뿌리와 같다."[1] 다시 말하면 교회는 선교를 반드시 해야 하며 선교에는 교육이 있어야 한다는 의미이다. 한국 교회가 2030년까지 10만 명의 선교사를 파송하려면 선교훈련 시스템의 개편이 불가피하다는 목소리가 높아지고 있다.

현재 교단 및 선교단체, 개교회 차원에서 이뤄지는 선교훈련 과정으로는 탁월한 선교사를 파송하는 것이 충분치 않으며 우리의 만족이 아닌 선교지에 맞는 미래지향적인 선교훈련 시스템을 하루 속히 구축해야 할 것이다. 현장 선교사들도 선교지 상황과 변화를 일목요연하게 파악할 수 있는 전문 강의와 실습 과정이 필수적이라고 강조하고 있다. 한국 교회의 선교훈련 현황 및 향후 과제에 대해 알아보자.

그 동안 선교훈련이 어떻게 이루어져 왔는가를 보면, 1980년대 이전까지 한국 교회는 체계적인 선교훈련 기관을 갖지 못했다. 한국 교회 최초의 초교파 선교단체인 '국제선교협력기구'(KIM)가 인턴십 중심 세미나를 개최하여 선교사를 배출하던 것이 고작이었다. 이 때문에 선교사들은 시각각 변화되는 선교지 상황으로 인해 적지 않은 시행착오를 겪었다. 이후 교단 및 선교단체들이 저마다 선교훈련원을 세웠지만 총체적인 훈련 모델은 제시하지 못했다.

---

1) 고용수, 『교회 교육론, 기독교 교육론』(서울: 대한기독교교육협회, 1984), 154.

전인적 통합 선교훈련은 1986년 한국선교훈련원(GMTC)이 설립되면서 가시화되기 시작했다. GMTC는 전문성, 팀 사역, 기도 생활, 초교파적 공동체, 믿음 생활, 검소한 삶, 주인의식, 섬김의 삶, 이론과 실제의 통합 등을 추구했다. 훈련생들은 공동체 생활 속에서 삶을 나누는 방법을 배웠다. 이는 단순한 지식 전달만이 아닌 아픔과 내면을 나누는 훈련, 진리를 생활화하는 훈련 등을 터득하기 위해서였다. 자녀도 훈련 대상에 포함됐다. 현재 GMTC는 6개월(장기)과 3개월(단기)에 걸친 연 2회의 정기훈련 외에 안식년 선교사들의 연장교육을 위한 프로그램(선교학 박사 수준)을 비정기적으로 실시하고 있다.

교단 선교부의 훈련은 크게 두 가지로 이뤄진다. 감신대세계선교대학원, 총신대선교대학원 등 각 교단의 신학 기관을 통한 선교훈련과 선교훈련원(기감, 예장통합), 총회선교훈련원(예장합동), 선교사훈련원(기성), 해외선교훈련원(예성), 오순절세계선교훈련원(기하성), 고신선교훈련원(예장고신) 등에서의 선교훈련으로 나뉜다. 현재 예장합동은 전국 31개 지역에서 운영 중인 평신도를 위한 지역선교훈련원의 전문화를 추진하고 있다.

SIM, OMF, OM 등 국제선교단체를 비롯하여 한국전문인훈련원(GPI), 한국선교연구원, 중동선교회, 일본복음선교회, 중국복음선교회 등도 각종 훈련 프로그램을 진행하고 있다. 중국어문선교회와 중국대학선교회는 공동으로 중국 선교훈련 및 단기선교 과정을 운영한다. 여기에 중앙아시아를 위한 실크로드훈련센터, 중동 북아프리카를 위한 애굽선교센터, 동남아 무슬림을 위한 빠울로스훈련학교 등도 활동 중이다.

앞으로의 선교훈련은 특히 선교지에 효용 가치가 높은 훈련 프로그램이 진행되려면 커리큘럼과 훈련 환경이 끊임없이 혁신되어야 한다. 목적과 내용이 분명한 선교훈련 시스템을 갖추고 훈련 전문가인 일종의 '미션 코치'를 양성하는 선교훈련의 표준화 및 과학화를 시도해야 한다. "선교훈련 강사진에 목회자 내지 선교사가 아닌 사회과학, 인문과학 등을 전공하고 현장 감각이 뛰어난 기독학자들을 대거 동참시키는 동시에 도제식 선교훈련을 시도해야 한다." 또 교단과 신학대학교와 선교단체가 공동으로 참여하는 통합적인 선교훈련 커리큘럼을 만들어야 할 것이다.

예수님과 사도 바울이 도제식 관계를 통해 제자를 훈련시켰듯이 선교사 후보생들에게 건강한 사역 모델을 제시할 수 있는 미션 코치제를 도입해야 할 것이다. 미션 코치 자격으로 사명감이 투철하고 타 선교단체로부터도 인정을 받을 수 있는 리더십, 최소한 4년 이상 타 문화권 선교 경험자 등을 꼽을 수 있을 것이다. 김 선교사는 "미션 코치는 자민족 중심주의, 자신이 소속된 단체 중심주의에서 벗어나서 선교적 리더십을 행사할 수 있어야 한다"면서 "훌륭한 미션 코치를 양성하기 위해 한국 교회가 재정 후원에 나서야 한다"고 제안했다.

선교훈련은 맞춤식으로 진행해야 한다고 권고한 것은 선교지 상황과 전문적인 영역에 따라 훈련 내용이 달라질 수밖에 없기 때문이다. 예를 들면 교회 개척을 전문으로 하길 원하는 선교사 후보생에게는 셀교회, 알파코스, G-12 등 기존의 교회성장 운동에 대한 올바른 이해를 갖게 한 뒤 현장에 맞게 재구성할 수 있는 노하우를 전수해야 한다. 그리고 "미전도 종족 리서치 및 동원사역 전문가, 거주 또는 비거주 비즈니스 사역자 등을 양성하면 보다 창의적인 사역을 펼쳐나갈 수 있을 것이다.

1. 어린이 선교 교육

한국 교회는 선교의 열기에 비하여 이상하리만큼 전반적으로 선교 교육이 부족한 상황이다. 선교 교육의 부족 현상은 곧 선교에 대한 무지와 많은 오해들을 낳게 되고 결국은 올바른 선교 사역을 하지 못하게 되는 결과에 도달하게 된다. 그래서 지금부터라도 교회는 계획을 세워 어린들로부터 선교 교육을 체계적으로 실시해야 한다. 선교는 교회의 본질이며, 성경적인 교회는 반드시 올바르게 선교하는 교회이기 때문이다.

1) 어린이 선교 교육의 필요성

존 드레서(John M. Drescher)는 "어린이들이 참된 가치를 확립하고 훌륭한 목표와 목적을 세우는 데 도움이 될 만한 좋은 책들을 읽도록 영향을 미치는 것이 중요하다"[2]고 말하면서 어린이 교육의 중요성을 강조하였다. 어린이들이 듣거나 읽는 위인전과 위인들의 자서전은 어린이의 생각과 마음을 정결하고 참되게 만들며, 나아가 위대한 위인들의 생애가 그들의 생각 속에 깊숙이 각인될 수 있다. 그러므로 어린 시절 무엇을 배우고 익히느냐가 곧이어 청소년 시기의 가치관을 형성할 뿐만 아니라 많은 영역에 있어서 동기를 부여해 주게 된다.

한국 교회는 전반적으로 선교 교육이 열악하다. 이와 같이 부실한 선교 교육은 선교에 대한 무지와 오해를 가져오며 나아가 올바른 선교 사역을 하지 못하는 결과를 초래하게 된다. 한국 교회가 21세기 세계 선교의 역량을 바르게 감당하려면 반드시 교회학교 어린이들로부터 선교 교육이 이루어져야 하며, 선교가 자기 자신의 사명이라는 인식을 심어 주어야 할 것이다. 그래야 성장한 후에도 선교가 자신의 일이라는 것이 자연스럽게 받아들여질 것이다.

선교의 올바른 동역을 위해서도 선교 교육은 필요하다. 파송받는 선교사뿐만 아니라 본 교회에서 물질과 기도로 후원하는 것도 중요하다. 모든 성도가 각자의 부르심을 따라 어떻게 효과적으로 선교에 참여할 것인가를 가르쳐야 한다.

뿐만 아니라 탁월한 선교의 인적 자원을 확보하기 위해서도 선교 교육은 필요하다. 양질의 선교 교육을 통해서 훌륭한 인적 자원이 배출될 수 있다. 선교훈련은 한 순간에 이루어질 수는 없는 것이다. 어려서부터 기독교적인 세계관 훈련과 제자양육을 통해서 풍부한 선교적 관점이 훈련되어져야 한다. 특히 서구 선교사들은 어린 시절 교회의 선교 교육을 통하여 선교사로서의 부르심에 응했다고 답했다.[3]

---
2) 존 드레서, 『자녀 교육, 초등학교 때가 중요합니다』, 안보현 역 (서울: 생명의말씀사, 2001), 22.
3) 백인숙, "선교 교육이 왜 필요한가?," 「미션월드, 제19호」(1993. 11), 14.

2) 어린이 선교 교육의 목적

어린이들에게 선교 교육을 하는 것은 당장 그들을 선교사로 만들고자 함에 있는 것이 아니다. 교회는 오히려 그들을 미래의 선교 자원으로 인식해야 한다. 왜냐하면 선교사들 중에는 10대에 구원의 감격과 그 은혜에 감사하여 선교사로 헌신한 이들이 허다하기 때문이다. 선교사는 하루아침에 만들어지는 것이 아니다. 그렇다면 선교를 위한 준비 기간이 길수록 좋을 것이다. 교회학교 시절부터 세계를 품은 그리스도인으로 양육하는 것이 중요하다.

선교 교육의 궁극적인 목적은 구원받은 하나님의 백성으로서 그리스도인으로서의 성숙한 성품을 갖추도록 도울 뿐만 아니라 예수 그리스도의 지상명령을 탁월하게 수행하는 선교사로서의 자질을 갖추도록 돕는 데 있다.[4]

즉 어린 시절부터 하나님의 말씀인 성경을 잘 배우고 깨달아 예수 그리스도를 모르고 죄 가운데 죽어가는 영혼들에 대해 불쌍히 여기는 마음과 긍휼함과 선한 부담감을 갖게 하고, 나아가 장래에 교회의 선교 사역에 헌신할 수 있는 꿈을 심어주는 데 그 목적이 있다고 할 수 있다.

3) 어린이 선교 교육을 위한 전제조건

(1) 목회자의 선교 교육

선교의 성패는 교회 지도자의 지도력에 의하여 결정된다. 다시 말하면 한 교회의 선교 사역에 있어서 가장 성공적인 요소가 담임 목사인 것은 아무리 강조해도 지나치지 않을 것이다.[5] 담임 목사의 선교에 대한 관심과 목회관은 교회의 선교에 대한 강도를 결정하는 중요한 요인이 된다. 한국 교회의 현실은 교육 목회보다 예배 중심의 목회로 치우쳐 있기 때문에 선교 교육이 적절히 시행되지 않고 있다.

담임 목사는 교회 교육의 최고 지도자로서 선교 교육의 모든 교육과정과

---

4) 이동휘, "세계를 품은 그리스도인을 육성하라," 「선교 21세기, 제35호」, 17.
5) Terry C. Hulbert, 『오늘의 세계 선교』, 윤혜준 역 (서울: 생명의말씀사, 1984), 80.

목적을 수립하여 시행해야 할 책임자로서 그에 부합하는 지도력을 선임하고 교회 교육을 시행할 때 균형 잡힌 교회 교육이 이루어질 수 있도록 하기 위하여 선교 교육도 잘 세우도록 관심을 가져야 한다. 연구에 따르면 목회자들이 선교 교육을 실시하지 않는 이유 중의 하나는 그들이 선교 교육을 받아 본 적이 없기 때문인 것으로 나타났다.[6] 그래서 신학생들을 위한 선교 교육이 매우 중요한 것을 알 수 있다. 그리고 신학대학교에서의 선교 교육은 선교 의식을 가진 목회자를 양성하는 중요한 기초가 된다. 뿐만 아니라 목회 현장에서 성도들에게 선교에 관하여 올바르게 지도하고 홍보하고 후보자들을 발굴하여 선교의 사명을 감당하고, 선교는 교회 부흥의 원동력임을 분명하게 인식시켜야 한다.[7] 담임 목회자들을 위한 선교 교육도 중요하다.

(2) 교사의 선교 교육

교회학교의 올바른 선교 교육을 위하여서는 교사들이 성경을 통하여 선교의 참된 의미를 깨달아야 하며 선교에 관한 성경공부와 선교학 관련 신학 서적을 읽고 토론과 발표를 통하여 먼저 선교 교육을 받아야 하며, 나아가 단기 선교를 체험하는 것도 좋은 방법이 될 것이다. 안디옥 교회는 교회학교 교사들의 자격을 다음과 같이 제한하고 있다. 첫째, 구원의 감격과 확신을 가진 자, 둘째, 기도와 말씀으로 무장한 자, 셋째, 생명을 사랑하는 자, 넷째, 끊임없이 연구하는 자, 다섯째, 선교 지향적인 사고를 가진 자, 여섯째, 안디옥 정신과 선교 정신으로 무장한 자, 일곱째, 세계적인 인생관을 가진 자 등이다.[8]

4) 선교 교육 프로그램의 실제

어린이들에게 선교가 무엇이며, 왜 선교를 해야 하는지, 누가 선교를 할

---

6) 박도수, "교회 내 선교 교육의 실태,"「세계선교 제16호」(서울: 총신대학교부설선교연구소, 1993), 16.
7) 세계선교 편집부, "신학생 선교의식 연구조사 결과보고서,"「세계선교 제39호」(서울: 총신대학교부설선교연구소, 2001), 152.
8) 이동휘, "세계를 품은 그리스도인을 육성하라,"「선교 21세기, 제35호」(1996, 7), 17.

수 있는지, 어떤 방법으로 선교를 하는지, 선교사들은 어디에서 어떻게 선교를 하는지, 선교 현지의 소식과 선교사들의 활동 내용들을 구체적으로 알려주는 내용들이다.

(1) 선교 현지 상황 들려주기

선교사를 초청하여 현지의 이야기들을 생생하게 들려줄 수 있다. 선교사를 직접 초청하여 현지의 이야기를 들을 경우 어린이들에게 가장 생동감 있고 현지의 상황을 정확하게 알릴 수 있어 선교 현지의 소식들을 이해하는 데 효과적으로 도움을 받을 수 있다.

(2) 선교사 편지 읽어주기

어린이들에게 선교 현지의 소식을 알려줌으로 선교 현지의 소식을 접할 수 있고, 나아가 선교사가 가진 선교의 내용과 방향 그리고 선교지 현지인들을 향한 선교의 열정을 이해할 수 있는 좋은 방법이다.

(3) 선교 실화 들려주기

선교 현지에서 일어난 일들을 하나의 이야기로 엮은 것으로 어린이들에게 공감대를 형성할 수 있다. 또한 주인공들이 예수님을 믿고 현지인들에게 복음을 전하거나 예수님을 믿고 현지인들에게 복음을 전하거나 예수님을 믿는 가운데 핍박과 어려움이 있지만 잘 이겨나가는 생활을 보면서 듣는 어린이들의 신앙생활에 용기와 힘을 줄 수 있고 나아가 전도에 대한 용기와 자신감까지 줄 수 있을 것이다.

(4) 선교 신문 만들기

교사가 어느 한 선교지 혹은 교회에서 파송한 선교사의 선교지에 관한 자료를 모으거나 혹은 반별로 나누어서 모조 전지에 나누어 스크랩하고 발표하게 하면 어린이들은 선교지에 대한 이해를 훨씬 쉽게 할 수 있게 된다.

(5) 선교 찬송 부르기

어린이들의 특징은 노래를 좋아하는 것이다. 그러므로 선교의 주제를 담은 노래나 찬양을 모아서 가르치거나 발표를 하게 하는 것이다. 특히 선교의 주제를 가진 찬송을 가르칠 때에는 그 가사가 담고 있는 내용을 쉽게 이해할 수 있도록 해석을 겸하면 훨씬 이해를 쉽게 할 수 있다.

(6) 선교를 위한 기도회

기도는 선교를 도울 수 있는 중요한 하나의 방법이 된다. 어린이들에게 기도의 중요성을 가르친 후에 선교에 대한 구체적인 기도 제목들을 주고 어린이들이 개인 기도 시간이나 반별로 성경공부를 한 후에 기도할 수 있도록 함으로써 중보기도의 중요성을 일깨워 줄 수 있을 것이다.

(7) 선교 편지 쓰기

어릴 때부터 선교사들의 활동에 관심을 갖게 해 주는 가장 좋은 방법은 선교사에게 편지 쓰는 활동일 것이다. 뿐만 아니라 선교사와 그 가족들에게도 어린이 한 사람의 편지가 얼마나 큰 힘과 위로가 되는지 모른다. 이것은 어린이에게는 선교사와 선교지에 대한 관심을, 그리고 선교사와 가족에게는 위로와 격려가 된다.

(8) 선교 헌금 드리기

헌금을 드리면 선교지에 대한 관심은 저절로 생기게 된다. 그리고 어릴 때부터 선교를 위한 헌금에 참여할 수 있는 기회를 줌으로써 선교사를 돕는다는 긍지와 자부심을 키워 줄 수도 있다. 더 나아가서는 선교사의 가족들이 생일을 맞이하거나 특별한 절기를 맞이할 경우 선교사에게 필요한 물품을 준비하여 보내도록 하면 좋은 격려가 될 것이다. 이때 서로의 꿈과 소망을 적어서 보내면 더 깊은 관심을 유발할 수도 있을 것이다.

(9) 선교지 입양 프로그램

정기적으로 한 나라를 선정하여 그 선교지의 생활, 문화, 풍습, 민간 종교, 언어, 음식 등을 수집하면서 선교지를 보다 구체적으로 이해하고 연구하면서 공부하는 프로그램이다. 반별로 입양할 나라의 선교에 관한 정보를 수집하여 전지에 그려서 발표하고 마지막으로 그 나라와 민족을 위하여 기도의 시간을 갖는 것도 좋은 방법이 된다.

2. 청소년 선교 교육

1) 선교에 있어서 청소년의 위치

교회의 선교 사역의 주역으로 등장할 자들은 중·고등부 청소년들이지만 이들이 선교에 어떻게 동참해야 하는가를 구체적으로 안내해 줄 수 있는 지침서가 거의 없다. 있다면 교회학교 예배 시간에 선교사들의 이야기나 성경 속에 나타난 선교에 대한 사상을 설교하는 것 뿐이다. 구체적으로 이들에게 선교의 소명을 불러일으킬 수 있는 것이나 나아가 선교 사역을 어떻게 감당해야 하는가에 대한 자료들은 전무한 상태이다.

청소년들은 자라는 선교사 또는 예비 선교사, 선교사 후보생이라 할 수 있다. 오늘날 한국 교회가 파송하는 선교사들의 평균 나이는 30세가 훨씬 넘는다. 그들은 대개 다 결혼을 하고 자녀가 한둘은 있는 상태에서 선교지로 출발한다. 이것이 과연 바람직한가 하는 질문을 던질 수 있다. 또 선교사가 선교지에 도착해서 곧바로 선교 사업을 착수하는 것도 아니다. 대개 선교를 위해 3년가량은 선교지 언어를 공부하기 위해 시간을 소비한 후 선교의 일에 착수하곤 했으나 오늘날에는 상당히 정책적으로 보완되어 언어는 어느 정도 습득한 후에 파송한다. 그러나 어려서부터 선교에 대한 훈련을 받으면 어학연수 기간이 단축되고 나아가 선교지 적응도 매우 빠른 속도로 진행될 것이며, 선교사의 나이도 젊어져 결국 선교지에서의 사역이 보다 장기화되고 효과적으로 될 것이다.

한편 청소년들이 선교사로 나가지 않을 수도 있으나 그들은 여전히 선교사 후보생들이다. 왜냐하면 그들은 얼마든지 선교사를 파송하고 후원하는 선교사, 곧 보내는 선교사가 될 수 있기 때문이다. 성장한 후에 선교를 배운다고 하지만 선교 지식을 배울 수 있는 기회가 적다.

이 같은 현상은 한국 교회에서 너무 쉽게 볼 수 있다. 예를 들면 선교가 교회 부흥의 한 수단이라는 말이 유행하고 있다. 역으로 말하면 교회의 성장에 기여하지 못하는 선교는 할 필요가 있는가라는 것이다. 그러나 선교는 교회의 수단이나 도구가 아니라 교회의 본질이며 하나님의 명령이다.

그럼에도 불구하고 극히 일부의 교회들은 선교사들을 필요에 따라 제명 처분하거나 후원을 중단하는 사례를 많이 볼 수 있다. 그러므로 선교에 대한 교육을 어려서부터 철저하게 해야 한다. 청소년기에 속한 자들은 현재 한국 교회에서 가장 중요한 선교적 인재들이다.

2) 선교 교육 프로그램

청소년들이 나아갈 방향은 크게 두 가지로 나눌 수 있다. 첫째, '나가는 선교사'요, 둘째, '보내는 선교사'이다. 결국은 모두 다 선교사이며, 동일한 프로그램으로 그들은 훈련을 받아야 한다. 이유는 보내는 자의 사상과 가는 자의 사상이 다를 때는 갈등이 필연적으로 나타나기 때문이다. 이를 위한 프로그램을 구체적으로 살펴보자.

(1) 학문을 하나님께 헌신하는 교육

흔히 학교공부와 종교는 별개라고 여기는 경우가 많다. 성경만 공부하면 되고 세상 학문은 그렇게 중요하지 않은 듯이 생각한다. 이것은 매우 위험하다. 세상 학문이나 성경 말씀이나 모두 하나님의 영광을 위해 사용되어야 한다. 사탄은 끊임없이 세상 학문을 자기의 영역의 것으로 만들려고 한다. 성경은 "만물이 그에게 나오고 그에게로 돌아가니 영광이 그에게 세세토록 있을지로다"(롬 11:36)라고 했다. 문제는 세상 학문이 어떤 경로나 방법으로 하나님께 돌려질 수 있는가를 배워야 한다. 한국 교회는 아직 학문이 어떻게 하나님을 위해 사용되어져야 하는가 하는 방향성을 제시하지 못하고 있다. 다만 몇몇 선교단체(IVF, CCC 등)에 의해 제시되고 있을 뿐이다. 일반적으로는 돈을 벌어서 그것으로 하나님께 영광을 돌리는 것으로 인식되거나 아예 전적으로 하나님의 일을 위해 신학과 같은 종교 특수 분야로 헌신하게 하고 있다. 이것이 틀린 것은 아니나 다 이렇게 하고 나면 학문에 대한 공동화 현상이 일어날 수도 있을 것이다.

그러므로 무엇보다도 학문 자체로 하나님께 영광을 돌릴 수 있음을 교육시켜야 한다. 즉 학문 자체로서 하나님께 영광을 돌리는 방법을 제시하고 공부할 수 있게 해야 한다. 예를 들면 디자인을 잘하는 이가 있다고 할 때에 그는 이것을 생을 위한 도구로 삼을 수 있을 뿐만 아니라 교회에서 선교사를 위한 홍보나 선교기관을 도울 수 있다. 나아가 그의 모든 도안 활동들을 통하여 그리스도의 향기를 드러낼 수 있다. 이것은 고도의 기술이 요구된다. 전혀 기독교 색채가 나타나지 않는 듯하면서도 기독교의 향기가 나게 하는 것, 이것은 마치 에스더서 속에 하나님이나 여호와라는 단어는 한 글자도 없으면서 하나님의 섭리와 사역을 알 수 있게 한 것과 같다.

이렇게 하기 위해서는 자기가 원하는 분야 - 하나님이 주신 각자의 재능 - 에 대해 전문가가 되어야 한다. 이것은 떠나는 선교사나 보내는 선교사가 동일하다. 여기에 떠나는 선교사는 반드시 언어에 대한 공부를 더욱더 열심히 해야 한다. 그러므로 학생들끼리 모여 배우는 교과목이 선교 사역에 어떻게 사용될 수 있는가를 서로 토의하면 유용할 것이다.

(2) 선교 성경공부

선교사들이 선교에 헌신하게 된 동기를 살펴보면 일반적으로 선교 지향적 성경공부를 한 결과가 많음을 알 수 있다. 선교사로 지망한 자들을 통계 내어 보면 미국의 경우 성서신학교 출신들이 신학교나 일반대학의 출신보다 많다. 선교사 출신 성분을 보면 제일 많은 곳이 성경학교(대학 수준)이고 다음이 신학교이며, 일반대학 출신자가 가장 적다. 이것은 한국 교회도 마찬가지이다. 선교사의 대부분은 신학교 출신이거나 각종 선교단체에서 성경을 열심히 공부한 자들이다.

한국 교회의 형편을 보면 일반적으로 성경공부를 교리적 체계로 배우고 있다. 이것은 신앙의 기초를 닦고 기둥을 세우는 데 반드시 필요하다. 그러나 그 자체가 벽과 장식물, 또는 건물 전체가 되어 버렸다. 그 결과 매우 딱딱하고 보수적인 것만을 강조하게 되고 삶의 풍성한 면이나 선교에 대해서는 너무나 약화되고 말았다. 모든 신학과 성경공부는 선교지향적이어야 한다. 예수님도 제자들을 훈련시키고 난 후 보수주의자나 근본주의자가 되라고 하시지 않으시고 "너희는 땅 끝까지 이르러 복음을 증거하라"(행 1:8)고 하셨기 때문이다. 여기에서 우리가 잊어서는 안 되는 것이 있는데 그것은 우리의 착한 행실이다. 선교는 인격 대 인격의 만남 속에서 이루어지기 때문에 반드시 착한 행실이 필요하다. 마태복음 5:13-16을 보면 우리를 빛과 소금이라고 하였다. 빛과 소금은 그 결과로서 '착한 행실'을 낳아야 하며 그 행실로서 복음이 증거되고 하나님께 영광을 돌리게 된다. 이것 때문에 도리어 복음 전파가 막힌 경우가 있다. 대표적으로 중국과 러시아 선교의 경우가 그렇다.

중국에 간 선교사 중에는 특별히 행실이 악한 자는 별로 없었으나 선교사를 뒤따라 간 상인들이나 군인들의 행패로 기독교에 대한 인식이 나빠져 결국 기독교 배척 운동이 일어났다. 불행한 것은 아직 선교 지향적인 성경공부 교재가 많지 않다는 점이다. 일부 선교단체에서는 이 같은 교재를 만들어 사용하고 있으나 교회에서는 찾기가 힘들다는 점은 한국 교회의 문제점이다.

(3) 외국에 대한 연구

학교에서 배우는 세계사나 문화사는 너무나 피곤하다. 요즘은 수능시험에서 선택이다. 그 결과 오늘날 청소년들이 세계에 대한 안목이 넓지 못하고 좁아지게 되었다. 외국에서 무슨 일이 일어났다고 해도 마이동풍이 되고 말았다. 그러나 사실 그 사건들은 모두 하나님의 섭리 속에 속하므로 선교 사역에 있어서는 둘도 없이 귀중한 자료들이다. 그러므로 청소년들은 각국에 대한 문화, 풍물, 정치, 경제, 역사 등에 관한 스크랩을 하는 것이 좋다. 처음에는 혼자 할 수 있다. 그러나 국가가 많아 혼자서 다 할 수는 없으므로 팀을 이루어 서로 토의하고 발표하는 훈련에 도움이 된다.

방법으로는 동일한 선교지에 나간 선교사들의 서신이나 보고서 등을 중심으로 할 수 있다. 이 같은 자료들은 선교사를 파송한 각 단체들을 통해서 도움을 받을 수 있다. 또는 요즘 KBS TV나 MBC TV에서 제작한 세계 여행에 관한 비디오 테이프를 보면서 어떤 특징이 있으며, 복음이 얼마나 필요하며, 어떤 선교사가 필요한지를 서로 논의하는 것이 좋다. 세계 각국의 문화나 정보 등을 보면 그 나라에 필요한 것이 어떤 것인가를 어느 정도 짐작할 수 있다. 예를 들면 세계에 나가 있는 선교사들의 대부분은 10-40 창문 지역을 중심으로 퍼져있다. 이들 지역은 대부분 가난한 나라들이며, 또 농업 중심의 국가이다. 우리나라도 한때 농업 인구가 80% 이상을 차지했다. 가난한 나라의 특징이 농업 인구가 국민의 절대 다수를 차지한다는 점이다.

선교는 생활 속에서 전하는 것이므로 현재 자신의 적성에 비추어 볼 때 어느 선교지에 선교사로 나갈 것인가를 어느 정도 결정할 수 있고 또한 어떻게 후원해야 할 것인가를 알 수 있을 것이다.

(4) 기도 훈련

선교는 곧 기도의 산물이다. 사도행전 13:1-3에 의하면 최초의 선교사 사울과 바나바가 피택된 것도 기도 가운데 이루어졌다. 사도 바울과 바나바만 기도한 것이 아니었다. 모두가 주를 섬겨 기도할 때에 되었다. 세계 선교는 기도가 얼마나 강하였느냐에 달려 있다. 허드슨 테일러는 "그가 무릎을 꿇지 않고는 해가 뜨지 않았다"고 했으며, 옥스퍼드대학의 선교 운동이나 미국의 대각성 운동도 모두 기도의 운동이었다. 외국의 경우만 그런 것은 아니다. 1973년도 선교사가 되기로 하고 해외로 나간 감비아의 이재환 선교사, 나이지리아의 강승삼 선교사, 라이베리아의 류종재 선교사, 코트디부아르의 윤원로 선교사 등 모두 기도의 사람들이었다. 그들은 한국 교회가 선교가 무엇인가를 잊고 있을 때에 그들끼리 모여 기도회를 갖기 시작하였다.

세계에 흩어진 불신자들을 사랑할 수 있는 뜨거운 마음을 가질 수 있도록 하나님께 간절히 기도하는 것은 무엇보다도 중요하다. 이를 위해 가장 가까운 선교사의 사역에 관한 서신을 읽고 그들을 위해 뜨겁게 기도하는 것이 필요하다. 하나님은 입을 넓게 여는 자를 향해 그가 주시고 싶어 하시는 것을 쏟아 부어 주신다(시 81:10). 먼저 원수를 사랑할 수 있는 그리스도의 사랑을 구해야 한다. 선교지에는 불신자, 곧 하나님을 대적하는 자가 많기 때문이다. 뜨거운 기도는 역사하는 힘이 있다. 혼자보다는 그룹을 지어서 하는 것이 더 좋다. 하나님이 주시는 지혜와 섭리를 경험하게 될 것이다. 이것을 심야기도회나 정기 예배 모임에서 기도하게 하는 것이 좋다. 분명히 큰 은혜의 체험을 하게 될 것이다.

(5) 헌금 훈련

성경은 "네 보물이 있는 곳에는 네 마음도 있느니라"(마 6:21)라고 하였다. 이것은 선교훈련에도 그대로 적용된다. 금액의 많고 적음을 관계없이 헌금에 동참하게 하는 것이 중요하다. 사용처를 잘 의논하여 효과 있게 사용하는 것이 중요하며, 선교의 필요성과 당위성을 스스로 느끼게 될 것이다.

(6) 전도 훈련

선교에 있어서 절정은 전도에 있다. 복음을 사랑하며 불신자의 생명을 아끼는 자가 어느 곳에서든지 복음을 전할 수 있기 때문이다. 이 프로그램에는 반드시 제자양육까지 들어 있어야 한다. 선교지를 조사해 보면 제자양육을 실패하는 경우가 종종 있다. 직간접 전도 방법, 즉 노방 전도를 통해서 결신자를 얻거나 양로원, 학교, 병원 등을 통해 결신자를 얻었다 할지라도 양육할 준비가 안 되어 실패하는 경우가 많다. 이 훈련은 청소년들에게 꼭 필요한 것으로 그들이 선교사로 나갈 나이가 되었을 때에는 이미 전도와 양육에서는 성숙한 모습을 볼 수 있게 될 것이며, 나아가 한 생명이 얼마나 귀중한가를 알게 될 것이다.

(7) 선교단체 탐방

보통 교회에서 선교에 관한 의식 고취를 위해 선교사들을 교회로 초청하여 보고를 듣게 하든지 아니면 선교 전문기관에서 일하는 자를 초청하여 선교에 관한 것을 듣게 하고 있다. 이것을 통해서 많은 선교의 결실이 있는 것 또한 사실이다. 그러나 이러한 프로그램은 대부분 장년층 중심이며 결코 청소년들 중심이 아니다. 장년층들은 이곳저곳으로 옮겨 다니기 싫어하고 편히 어떤 정보를 가지려 한다. 필자가 신학대학교에서 선교 교육을 강의하면서 항상 리포트를 요구하는 것 중에 하나는 선교단체를 방문하여 선교 교육 프로그램을 수집하게 하는 것이다. 학생들은 이 같은 방법을 통하여 산 교육을 체험한다. 이 방법은 강의를 통해 선교의 필요성을 강조하는 것보다 더 많은 효과가 있다. 선교 현장이 눈에 보이는 것이다. 물론 어떤 선교단체는 부족하여 실망을 주나 어떤 단체는 안정된 모습과 열정적인 모습을 보고 감동을 받고 온다. 긍정적인 면과 부정적인 면 모두를 보고 온다.

또 선교단체마다 특징이 있어서 장차 자신이 어느 선교단체를 통하여 선교사로 나갈 것인가 또는 어느 단체와 손을 잡고 일할 것인가 하는 꿈을 키울 수 있다. 한국은 주입식 교육이 발달되어 있으므로 무엇이든지 강의를 통해서만 모든 지식이나 정보를 얻으려 하는데 이것은 지양해야 한다. 현장을 뛰어다니는 방법이 선교를 배우는 데 종합적이며 구체적이다.

(8) 선교자료 비치와 정리

청소년들의 교회 생활을 보면 대개 주일이면 아침에 교회 왔다가 오후 늦게까지 교회에서 지체하는 이들이 많다. 이들을 그냥 내버려두기에는 아까운 재원들이다. 이들은 왕성한 능력이 있다. 그러므로 그들에게 선교에 관한 일들을 시킬 필요가 있다. 그들이 선교 자료를 정리하고 편집하는 일을 하게 되면 이것 때문에 선교에 눈을 뜨고 헌신할 수 있게 될 것이다.

교회에 도서실을 세우고 그 책을 학생들에게 주어 요약을 하게 하는 것도 좋은 방법이다. 청소년들이 선교에 관한 책을 읽고 선교에 대해 눈을 뜰 수 있는 좋은 계기를 만들 수 있다.

(9) 기 타
- 선교사 헌신의 과정과 훈련 과정 조사
- 역대 선교사들의 전기 읽기
- 선교사를 돕는 방법 토의
- 선교 신문 만들기
- 선교지 선교 역사 토의
- 선교 사역과 국내 사역의 차이점 토의
- 선교사에게 편지쓰기
- 선교지 고유 의상 가장 행렬 등

3) 미래 사역지에 대한 소개

오늘날 청소년들에게 가장 안타까운 부분은 비전이 없다는 점이다. 내가 앞으로 무엇을 해야 할 것인가? 나는 어느 부분에서 헌신해야 할 것인가에 대한 꿈이 없다. 오늘날처럼 다원화된 시대에 무엇을 할 것인가를 결정할 수 없다는 것은 심각한 문제이다. 선교도 동일하다. 일반적으로 선교에 헌신하라고 하면 대부분 전문직 아니면 목사로서 선교지에 나가는 것만을 생각한다. 실제는 이보다 훨씬 더 많은 분야가 필요하다. 어떤 면에서는 직업의 종류는 선교사의 종류가 될 수 있음을 먼저 알 필요가 있다고 본다.

(1) 가는 선교사를 위한 사역의 종류

a. 말씀 전담 사역자

대부분 선교사 하면 이 부분만을 생각하는 것이 현재 한국 교회의 실정이다. 그렇기 때문에 말씀 전담 사역자를 파송하려고 노력하고 있음을 쉽게 볼 수 있다. 사실 말씀 전담 사역자는 선교지에서의 핵이며 중심이다. 이들은 말씀에 능통해야 할 뿐만 아니라 지도력과 대인관계가 뛰어나야 하며 언어에도 뛰어나야 한다. 선교의 최종 목표가 불신자들을 신자가 되도록 도와주며, 나아가 새 신자가 다른 불신자를 전도하여 양육할 수 있는 관계까지 지도할 수 있어야 한다. 그러므로 이들은 신학교에서 반드시 신학훈련을 받아야 한다.

b. 의료봉사 사역자

일반적으로 저개발도상국들은 많은 질병을 앓고 있어서 유아와 노인의 사망률이 높다. 그 결과 인구 구성층이 젊은이로 되어 있다. 이는 질병으로 인한 사망률이 높고 젊은이라고 할지라도 건강하지 못하다는 것을 말해 준다. 이들을 위해 현재 우리나라의 의료계와 같이 최첨단의 의료 수준을 요구하지 않는다. 어느 정도의 수준만 되면 된다. 그 같은 곳은 의사가 거의 없다. 심지어 간호원들도 없는 곳이 많다. 그러므로 우리나라의 간호학교나 학원의 수준만 되면 무난히 감당할 수 있다. 남자도 간호사나 간호조무사가 될 수 있다. 침술사도 될 수 있다.

c. 기술 봉사자

선교지에서는 건축 각종 기술을 필요로 한다. 대표적으로 건축, 전기, 기계 등과 같은 기술자이다. 선교지에서는 건축하는 일이 자주 있다. 또 선교지의 대부분은 전기가 없다. 비록 전기시설을 가지고 있다 할지라도 전기기구가 고장이 나면 며칠 또는 몇 달간 사용할 수 없게 되기도 한다. 이러한 것을 손볼 수 있으면 된다. 때에 따라 수맥을 찾아내어 수도시설을 장치하기도 해야 한다.

d. 교 사

선교지에서 선교사들은 벙어리 냉가슴 앓듯이 선교사 파송교회나 후원교회에는 말할 수 없고 혼자 속 태우는 것이 선교사 자녀들의 교육 문제이다. 일반적으로 선교지는 수준이 낮거나 아예 학교가 없는 곳도 많다. 이곳에서 적어도 본국에 돌아갔을 때 자녀들이 감당할 수 있는 수준으로 공부시키길 원한다. 그러나 선교사들은 일에 매달려 자녀들을 제대로 공부시키지 못한다.

외국의 유수한 선교단체(SIM, NAM, OMF 등)를 통해 나가면 어느 정도 문제는 해결이 되나 한국어나 한국에 관한 교육은 불가능하다. 실제로 한국의 선교사로서 이 같은 단체를 통해 나간 선교사 수는 그리 많지 않다. 그러므로 선교지에서 가장 큰 고통을 치른다. 이러한 선교사 자녀들은 교육시킬 교사가 필요하다. 무엇보다도 초등학교 교사 자격증 소지자가 좋다. 이유는 중·고등학교는 혼자 떨어져 있을 수 있기 때문에 외지로 대부분 유학을 보낼 수 있기 때문이다.

e. 언어 전문가와 인쇄 기술자

선교지 언어의 종류는 많이 알려져 있으나 선교지 언어로 성경이나 신앙서적이 기록된 것은 전체 언어의 수에 비교해 볼 때 극소수이다. 아직도 많은 양의 신앙서적들과 전도 및 양육용 서적들이 현지어로 번역되어야 한다. 우리의 신앙이 성장되는 이유가 바로 이 같은 신앙서적의 보급에 있음을 잊어서는 안 된다. 이들은 현지어로 번역도 하고 현지인들을 교육도 시킬 수 있다. 현재 이 같은 사역을 국제적으로 하고 있는 선교단체는 위클리프(Wycliff)로서 매년 훈련생을 모집하고 있다. 또 언어 전문가가 성경이나 신앙서적 등을 번역했다고 할지라도 인쇄되지 않으면 무가치하다. 그러므로 인쇄 기술자가 필요하다. 그곳에서는 옛날 60-70년대 초까지 유행하던 등사판을 사용할 줄 알고 제본을 할 줄 알면 일단 훌륭한 선교사가 될 수 있다. 한 예로 서부 아프리카 감비아의 경우 인쇄소는 전국에서 단 한 곳뿐이다.

f. 컴퓨터 기사

우리나라는 컴퓨터 시대가 열렸고 의당 컴퓨터가 필요한 줄 알고 있다. 그러나 선교 현장에는 아직 컴퓨터 없는 곳이 많다. 그리고 선교사들은 하루 종일 컴퓨터에 앉아서 문서를 작성하거나 프로그램을 작성할 수 없다. 그러므로 선교사를 도울 수 있는 기사가 필요하다. 특히 신학교가 있는 곳에서는 더욱 필요하다. 프로그램을 만들 수 있는 컴퓨터 기사가 있어야 한다. 몇몇 선교지에서는 실제로 컴퓨터 기사가 선교사로 갔다.

g. 농업 기술자

이 분야는 대부분의 선교지에서 각광을 받고 있다. 특히 중국의 경우 가장 큰 고민은 자국민을 먹어 살리는 것이다. 농림성 장관이 한국에 농업 기술자를 보내 달라고 요청을 했을 정도이다. 몽골과 같은 선교지에서도 마찬가지이다. 선교지는 앞서 언급한 대로 대부분 전 인구의 80% 이상이 농업 인구이지만 자급자족하지 못하고 또 농사를 어떻게 지어야 하는지도 잘 모른다. 다만 전통적으로 농사를 지을 뿐이다. 이러한 지역에서 농사를 짓는 법을 가르치고 수확이 많은 종자를 개발해 낸다면 선교에 엄청난 힘이 된다. 그는 아마 그 국가의 일대 영웅도 될 수 있다. 이 같은 것을 전문적으로 가르치는 곳이 단국대 열대작물학과와 이민자들을 교육시키는 '국제 농업인력 개발원'과 같은 곳이다(훈련소: 경기도 용인군 고매리 737-4).

h. 항공 조종사와 정비사

산골짜기, 늪, 정글 지역 등지에서 사역을 하는 곳도 있다. 이곳은 결코 비행기나 모터 등을 이용하지 않고서는 왕래가 불가능하다. 또 선교사가 오지에서 갑자기 질병이나 어려움을 당할 때 경비행기나 헬리콥터가 필요하다. 실제로 AIM, SIM 등과 같은 선교단체는 이미 수십 대의 비행기가 있다. 한국에도 항공선교회가 조직되어 낙도 선교를 계획하고 있다.

i. 선교선과 종사자

선교하는 배가 있다. 전 세계를 다니며 선교사들에게 필요한 물자를 공급해 줄 뿐 아니라 정박하는 곳마다 선교사를 하고 그 교회 지도자들을 격려한다. 이 같은 일은 미쳐 선교사가 도달하지 못한 지역을 담당하기도 한다. 배에는 참으로 다양한 직종이 필요로 한다. 항해사, 선장, 기관장, 통신사, 전기기사 등이 필요하다. 한국에서도 동남아를 다니는 한나호(한나선교회)가 있다.

이상과 같이 볼 때 해외로 나가서 일할 수 있는 선교사가 될 수 있는 길은 참으로 넓다. 실제로 전문인 선교사가 될 수 있는 것은 무한하다고까지 할 수 있다. 앞서 언급한 것은 일반적으로 선교단체들이 요구하는 선교사들이지만 정말로 선교를 하고 싶으면 혼자서라도 가능하다. 한국의 경제가 발달해서 세계 각국에서 기술자를 요청하고 있다. 선교사가 들어갈 수 없는 중국에도, 러시아에도 이제 한국 기술자들에 의해 공장이 세워지고 있다. 길이 없어서 선교사가 못되는 것이 아니다. 다만 평상시에 선교에 관한 공부와 선교지에서 가르칠 수 있는 성경 실력이 문제인 것이다.

(2) 보내는 선교사

보내는 선교사는 가는 선교사 못지않게 중요하다. 흔히 돈만 있으면 선교사를 파송할 수 있다고 생각하는데 그것은 잘못된 견해이다. 보내는 선교사가 올바른 생각을 가지고 있느냐에 따라 가는 선교사의 활동이 달라질 수 있기 때문이다. 그러므로 보내는 선교사는 가는 선교사 못지않게 선교에 정통해야 한다.

현재 한국 교회에서 꼭 필요한 부분 중 하나는 선교를 연구하는 연구기관이다. 이것이 확립된 연구기관은 아직 없다. 다만 영세성을 면치 못한 상태를 나름대로 노력하고 있을 뿐이다. 연구기관에 종사할 수 있는 자는 반드시 신학을 공부한 사람이어야 할 필요는 없다. 각종 영역에서 필요하다. 선교지는 종합 학문을 이용해야 하기 때문이다. 정치, 경제, 문화, 언어 등 선교지를 연구하는 데 필요한 모든 인력이 필요하다. 그러므로 각자의 전공을 하나님의 일을 위해 투자하면 된다. 다만 모든 것의 해석을 성경에 근거하여야 하는 것이다.

이상에서 볼 때 선교사는 단기간에 만들어지는 것은 아니다. 이제 우리가 할 일은 현재 배우고 있는 위치에서 얼마나 노력하고 헌신하는가에 달려 있다. 그리고 이것을 어떻게 사용할 수 있는가를 꾸준히 하나님께 아뢰고 나아가 여러 선교단체들을 방문하여 지식을 넓혀 나가야 한다. 한국 교회의 선교 역사는 길지만 선교의 성숙도는 아직 미숙한 단계라 할 것이다.

3. 청년 · 대학생 선교 교육

대학생들이 교회를 등지는 것은 교회의 삶이 버거워서가 아니라 젊음을 불태울 만한 비전을 발견하지 못해서이다. 빌리 그래함(Billy Graham)은 다음과 같이 말하였다. "오늘날과 같이 범세계적으로 수많은 헌신된 젊은이들이 있었던 적은 결코 없었다고 확신한다. 그들은 세계 복음화라는 역사상 최대의 혁명에 인도되고 도전받기를 기다리고 있다."

1) 서 론

개신교 선교 역사를 통해서 볼 때 세계 복음화를 위한 교회의 선도적 운동들이 있을 때마다 대학생들이 결정적인 역할을 수행해 왔다. 교회가 새롭게 힘을 공급받고 세계 복음화의 추진력을 얻은 것은 바로 이들 대학생들의 비전과 노력의 결과였다. 과거 독일의 할레대학(Halle Univ.)을 중심으로 한 경건주의파들의 학생 선교 운동이 개신교 선교 운동의 시초였다면 영국에서 시작하여 미국에서 새로운 선교의 세기를 낳은 그 유명한 학생 자원운동(SVM)은 현대 선교 운동의 꽃이었다.

한 세기가 흐른 오늘에 있어서도 북미의 IVF를 중심으로 19,000여 명이 참석하고 있는 어바나 학생 선교대회와 유럽 15개국이 연합하여 10,000여 명을 대상으로 3년마다 주최하고 있는 TEMA(The European Mission Association) 학생 선교대회 등이 구미의 학생 선교 운동의 역사적 흐름을 이어가고 있다. 2년에 한 번씩 열리는 '선교 한국'을 통해 수천 명의 학생 선교 헌신자들이 배출되었고 전술한 어바나'93대회에 참가한 18,000여 명 중에 한인 2세가 무려 2,000명 이상이었다. 아직 미진하기는 하나 한국 교회의 해외 선교에 대한 관심이 전에 비해 상당히 증폭되는 가운데 선교지로 나아갈 양질의 학생 선교 자원자들이 이렇게 배출되는 것은 한국 선교의 내일을 밝게 해 주고 있다.

학생 선교 운동가들은 "오늘 하나님께서 한국 대학생들 사이에 무슨 일을 하고 계신가?"에 대한 질문에서 시작하여 하나님의 특별한 역사하심에 대한 인식 가운데 "어떻게 더 효율적인 학생 선교 동원을 할 것인가?"를 협의하기 위해 고심한다. 한국과 미국에서 대학생들을 대상으로 선교 운동을 하고 있는 학생 선교 운동가들이 패서디나의 미국세계선교센터(USCWM)에 모인 제1회 한국 학생 선교 운동가 전략회의(Student Mission Mobilizer Consultation II)가 바로 그것이다.

2006년 1월 4일부터 6일까지 미국 패서디나 미국세계선교센터(USCWM)에서 아주 의미 있는 선교전략 회의가 열렸다. 기성세대들은 오늘의 젊은이들을 소위 '신세대'라 부른다. 80년대 후반 군사독재가 막을 내릴 무렵 이데올로기 상실과 함께 등장하기 시작한 이 신세대들은 획일주의, 권위주의, 전체주의를 배격하며 개인적이고 감성적이다. 이런 경향은 교회 내의 기독 학생들에게도 전염병처럼 퍼져나가고 있다. 이들은 결혼, 취직 등 장래에 대한 막연한 기대, 헌신에 대해 두려워하고 있다. 그들은 세상 일과 하나님의 일 사이에서 갈등하고 있다.

어떤 면에서 보면 한국의 젊은이들은 꽉 막혀 있는 댐 속의 물과 같아 보인다. 자신의 생애를 드릴 만한 도전을 주는 사람도 드물기 때문에 개인주의와 세속주의로 막혀 있는 것처럼 보인다. 그러나 이 문만 열어 준다면 삼천리 방방곡곡에, 그리고 더 나아가 온 세계의 복음이 미치지 못한 곳으로 흘러가게 될 것이다. 위에서 인용한 빌리 그래함의 말대로 많은 젊은이들은 자기 인생을 불태울 만한 의미 있고 거룩한 목표를 얻기를 원하고 있다.

오늘날 대학생들이 교회를 등지고 떠나가는 것은 교회의 삶이 버거워서가 아니라 젊음을 불태울 만한 비전을 발견하지 못해서일 것이다. "묵시(비전)가 없으면 백성이 방자히 행하거니와"(잠 29:18). '방자히'의 영어 표현은 'no plan'이다. 젊은이들은 위대한 목표에 자기가 기여한다는 생각만으로도 몸과 마음이 불탄다. 그렇다면 이들에게 거룩한 부담을 줄 수 있는 위대한 목표는 무엇인가? 그것은 바로 모든 족속 가운데 하나님 나라가 임하는 지상명령 성취의 비전이다.

한국에는 현재 약 50,000개의 교회와 300개 정도의 선교단체가 있다. 특히 선교단체들을 통해서 많은 청년 대학생들이 거룩한 목표를 향해 헌신하는 것을 보았다. 그러나 아무리 많은 선교 헌신자가 배출되더라도 지역교회 내에 선교에 대한 바른 인식이 없다면 그들의 헌신은 교회 안에 머물고 고이게 된다. 반면 교회가 선교에 대해 관심을 가지고 지속적으로 교육하고 도전한다면 한국 교회의 선교 경향을 갱신하는 것은 물론 필요한 곳으로 흐르는 물로서 우리의 젊은 자원들이 각각 적절한 곳으로 흘러가 세계 복음화의 최전선에서 그들의 생애를 드리게 될 것이다. 이런 전제를 가지고 선교 교육 프로그램을 연구해 보면 좋겠다.

2) 효과적인 선교 교육을 위한 지침들

첫째, 먼저 영적인 지도자들이 청년 대학부의 교육 목표에 선교를 앞에 두어야 한다. 매년 새해 청년 대학부의 교육 목표를 정할 때 분명한 선교적 목표가 포함되도록 하는 것이 필요하다. 이전에 선교에 대해 목표 설정을 한 적이 없다고 두려워하지 말고 시도해 보기를 바란다.

일반적으로 교회의 청년 대학부는 이제까지의 전통을 답습하려고 하는 경향을 띠고 있다고 볼 수 있다. 전통에서 이탈하면 불안해한다. 따라서 진취적이거나 창조적이지 않게 된다. 여기에다 모든 사역의 방향이 담임 목사에 의해 결정되고 그래서 담임 목회자에게 지나치게 의존하는 것이 지역교회 청년 대학부가 젊은이 모임으로서의 다이나믹(dynamic)함을 상실하는 원인이 되고 있는 것도 사실이다. 대부분 청년 대학부의 교육 목표는 지체들을 잘 훈련시켜 그들로 하여금 다시 훈련 사역을 감당할 수 있도록 하는 것에 그치고 있다.

이 같은 기본적인 목표에 충실하되 창의적이고 진취적인 선교 목표를 설정하여서 참여하는 모든 이들, 특히 목회자, 리더들이 계속 선교에 우선순위를 두도록 해야 한다.

수년 전 본인이 지도했던 청년 대학부의 경우 중요한 목표를 '땅 끝으로 가자'로 정하였다. 모든 지출은 물론이고 교회의 헌금이 간식비나 물건 구입비로 과다하게 소모되고 낭비되는 상황에서 시작한 이 운동은 모든 예산의 20% 이상을 선교비로 지출하자는 세부 목표 아래 시작하였는데, 시작한 지 5개월 만에 헌금이 2배로 증가했고 지출은 줄어드는 성과를 거두었다. 그리고 선교사 초빙 프로그램의 횟수를 늘렸고 그때마다 선교에 대한 비전을 심고 동시에 헌금을 하자 헌금이 점점 늘었던 경험을 하였다. 선교의 비전과 의지와 열정을 개발한 셈이다.

둘째, 선교적 관점에서 청년 대학부의 교육 체계를 점검하는 것이 필요하다. 어느 교회나 나름대로의 교육 체계를 가지고 있다. 각 교단의 교회학교를 위한 공과(text)도 그중 하나이다. 문제는 그 안에 어떻게 선교와 전도에 관한 내용이 커리큘럼 속으로 편집되어 들어갈 수 있겠는가 하는 것이다.

선교는 성경공부로부터 시작되어야 할 것이다. 그리고 선교는 제자훈련의 마지막 단계에서 가르쳐야 한다고 생각하는 사람들이 많이 있다. 본인의 경험으로 볼 때 전도의 중요성이 제자훈련 전 영역에서 강조되어야 하듯 선교도 청년 대학부 제자훈련 프로그램의 모든 단계에서 다루어져야 한다. 각 제자훈련 단계에 맞는 선교에 대한 목표를 설정하고 그것을 기존 체계 안에서 어떻게 활용할 것인지를 생각해 보는 것이 필요할 것이다.

셋째, 사역자의 메시지를 선교적 입장에서 평가해 보라. 현대 선교의 동향과 발전에 대해 언급하고 있는가? 나의 메시지에 십자가와 부활에 대한 복음의 메시지나 성도를 온전케 하기 위한 여러 메시지와 함께 잃어버린 바 된 상태에 있는 11,000여 종족의 영혼들의 영적 필요에 대한 도전이 포함되어 있는가를 반드시 점검해야 한다.

이를 위해서 목회자가 반드시 선교 전문가가 될 필요는 없다. 교회와 선교단체의 지도자 의존의 형태를 자세히 분석해 보면 학생 선교단체의 특징은 학생 자발성이고 지역교회 대학부의 특징은 경우에 따라 차이는 있지만 지도 교역자 의존형이다. 따라서 목회자의 설교가 선교에 방향성을 두고 바뀔 때 훈련받는 청년들의 관점도 함께 바뀌는 것은 너무도 당연할 것이다.

넷째, 선교 지도력을 개발하라. 사역자가 어느 정도 전문가가 되는 것은 반드시 필요하다. 그러나 사역자가 모든 것을 다 할 수는 없기 때문에 지도하고 양육하는 그룹 내에서 선교에 관심을 보이는 청년과 대학생들을 적극적으로 발굴하고, 그들이 청년부 내 위임된 범위 안에서 선교에 대해 전문가가 될 수 있도록 안내해 주고 격려해 주는 것이 매우 중요하다. 그리고 선교에 안목을 가진 청년과 대학생들이 주축이 되어 시간적 여유가 있는 겨울, 여름휴가와 방학 때를 맞아 선교에 대한 관심 그룹을 구성하여 관심 지역에 대한 연구, 선교를 위한 기도 운동, 선교를 위한 도서 수집과 연구, 선교단체 방문과 도전, 선교사 초빙 세미나, 선교 바자회 등을 통해 다른 학생들을 자극하고 함께 정보를 나누는 역할을 할 수 있도록 할 수 있다.

수년 전 청년 대학부를 지도할 때 관심 분야별로 특히 여름수련회 시 집중적으로 선교를 주제로 하여 모든 성경공부, 집회, 기도회, 등을 진행한 적이 있다. 동시에 이를 위하여 미리 선교를 위한 연구 그룹을 지도하였다. 이중 선교연구 그룹이 몇 개 조직되었었는데(이 중 한 리더는 대학에서 선교단체 출신이었기에 매우 유용했다) 이들은 아직 선교 도서를 선정하여 읽고 같이 토론한다. 그리고 방학을 이용하여 수련회 후 다시 이들을 중심으로 하여 몽골로 단기 선교여행도 2주간 다녀온 적이 있다.

다섯째, 청년 대학부가 선교사를 입양(adopt-a-missionary)하는 것이다. 곧 종족을 입양(adopt-a-people)하는 것이다. 입양 행위는 막연한 관심을 구체적으로 만들어 준다. 많은 선교사가 있지만 우리 부서(팀)가 특별히 관심을 갖고 관계를 맺을 선교사를 선정하여 그 선교사의 사역과 가정을 위해 기도하게 하는 것이다. 특정 교단에서 파송을 받는 선교사들을 제외하면 대부분의 선교사는 파송 받은 후에는 교회로부터 별 관심을 얻지 못하는 것이 현실이다. 그런 선교사들에게 인격적이고 개인적인 관심을 나타내는 것은, 파송된 선교사는 용기를 얻고 청년 대학생들은 선교에 대해 계속해서 도전을 받을 수 있는 기회가 될 것이다.

여섯째, 전시 생활방식(wartime life style)을 훈련하는 것이다. 전시의 군인들은 최소한의 물품으로 살아간다. 그러나 전쟁에서의 승리를 위해서는 탄약의 값을 따져가며 아까워하지 않고 목표를 향해 마구 쏘아댄다. 이와 같이 영적 전쟁의 최전선에서 싸우는 우리도 영적 사역에 필요한 곳에는 많은 투자를 하지만 그 외의 부분에서는 검소하게 살아가야 하는 것이다. 이러한 훈련을 국내에서부터 생활화하지 않는다면 해외에 나가서도 적용할 수 없다. 오늘날 한국 교회가 우선적으로 회복해야 할 것이 있다면 이미 언급한 '나를 위해서는 절제하고 다른 사람들을 위해서 나누는 운동'이다.

선교 교육은 지상명령이 열두 제자에게뿐 아니라 모든 믿는 자에게 주어졌다는 데에서 출발한다. 지상명령은 모든 믿는 자에게 주어진 것이기 때문에 성도라면 누구나 지상명령의 실체가 무엇인지 선교가 무엇인지 마땅히 알아야 한다. 선교 교육은 믿는 사람들이 지상명령의 성취를 위해 자신이 할 수 있는 특별한 영역을 발견할 수 있도록 돕는 것이라 할 수 있다.

위의 지침들을 기억하고 각 지역 교회에 맞는 선교 프로그램을 만들어 보는 것이 필요할 것이다. 만약 여러분이 속한 지역 교회의 프로그램이 성공적이라면 교인들의 관심은 '나와 선교는 어떤 관계가 있는가'에 맞추어질 것이다.

3) 선교 교육 방법

청년 대학부에서의 선교 교육은 공동체 내의 모든 청년들이 지상명령의 성취를 위해 자신이 해야 할 특별한 영역을 발견할 수 있도록 돕는 것을 목표로 한다. 특히 젊은 시절에 선교에의 도전과 체계적인 선교 교육을 받아야 할 중요한 이유는 무엇보다도 이때가 인생의 방향이 결정되는 시기이기 때문이다.

물론, 대학부에 획일적인 선교 교육 프로그램을 제시한다는 것은 무모할 수 있다. 왜냐하면 교육 프로그램이란 각 공동체의 성숙도와 처해 있는 제반 상황에 따라 얼마든지 달라질 수 있기 때문이다. 중요한 것은 프로그램이 아니라 철학이며 선교 명령에 지속적으로 순종하고자 하는 각 사람의 의지이다. 이런 것을 전제로 선교 교육 프로그램을 네 가지 단계로 유형화하여 제시하고자 한다.

4) 선교 교육 정책의 방향

선교 교육 방향은 교회의 3대 정책과 밀접한 관계가 있다. 즉 불러내고, 훈련하고, 보내는 'EDM 정책'[9]은 선교 교육에도 그대로 적용되어 선교 관심자

---

9) EDM, 즉 전도(Evangelism)와 제자도(Discipleship), 선교(Mission)의 목표를 제시하는

제17장 선교 교육 프로그램(3) - 교회 379

들을 불러내어, 훈련하고, 그들이 선교 헌신자로 성장하고, 그래서 사역의 현장으로 가게 하는 것이다. 먼저 선교에 대하여 잠자던 상태의 성도들을 불러내어 선교적인 삶을 살도록 교육하고 선교적인 삶에 대한 자각을 하기 시작하는 성도들(선교 관심자)로 하여금 그들의 은사들을 점검하게 하며, 그 은사들을 통해 선교 현장으로 부르시는 하나님의 부르심의 음성을 듣고 결단하도록 돕는 교육이 제공되어야 할 것이다.

각자의 비전에 대한 확신이 있고 구체적인 선교 사역의 준비를 시작한 사람들(선교 헌신자)은 이제 각자의 소명 분야에서 전문화되는 과정이 필요하게 되는데, 이들에게는 각 전문 선교단체를 통한 전문화된 교육과 공동체 훈련 등을 통해 현장에서의 효과적인 선교를 할 수 있는 준비를 도울 수 있어야 할 것이다.

선교 교육에 대한 필요가 절실한 데도 우리는 이제껏 선교 교육의 암흑기를 거쳐 왔다고 할 수 있다. 이제 우리는 선교의 활로가 열리면서 더욱 다양하고 구체적인 선교 교육의 요구가 봇물처럼 밀려오고 있는 것을 내다보면서 가만히 앉아 있을 수는 없다.

선교는 단순한 작업이 아니다. 우리의 삶이 종합적이고 다원적인 것처럼 선교는 참으로 많은 고려와 다변하는 상황, 그리고 다양한 사람들이 어우러지는 오묘한 조합체이다. 전문 선교 단체들과 다양한 선교 분야에 대한 정보, 그리고 이러한 정보들을 기초로 한 선교 전략들이 선교학교를 통해 선교 헌신자들에게 제공될 것이다. 교회는 정규적인 선교 교육과정을 이수하는 사람들이 파송 선교사가 되도록 최대한의 훈련을 지원하고, 그들이 선교 현장에서 좋은 열매들을 얻도록 중점적으로 후원해야 할 것이다.

정책이다. 이 목표들은 어느 하나가 다른 것에 종속되기보다는 이 세 가지가 균형 있게 공동체 안에서 담겨져야만 한다.

5) 선교 교육 프로그램 단계

(1) 1단계/선교 계몽 프로그램

아직 공동체 전체가 선교의식을 공유하지 못하고 소수만 인식하고 있는 상태라면 우선 모든 사람이 선교를 감당해야 한다는 것을 일깨워 줄 기초적 선교 프로그램이 필요하다. 이것이 1단계 과정인 선교 계몽 프로그램(Mission Awareness Program)이다.

a. 선교 집회(선교 수련회, 세미나)

선교 계몽 단계에서 가장 손쉽게 할 수 있는 프로그램은 선교 집회를 개최하는 것이다. 간단하게는 선교사를 설교자로 초대할 수 있고 별도로 시간을 떼어 선교 세미나를 개최할 수도 있다. 교회 내에 전반적으로 선교 의식이 빈약할 경우에는 전 교인을 대상으로 선교 주일 행사를 준비하여 개최할 수도 있다.

필자가 수년 전 교회에서 교육 부서를 지도할 때 '선교 수련회'를 기획한 적이 있다. 이 수련회는 그 기간에 때마침 엄청난 폭우가 쏟아져 야외로 수련회를 가지 못하게 되자 응급 상황으로 선회하여 교회 교육관에서 하게 되었는데 그것은 오히려 전 교인들로 하여금 선교에 관심을 갖게 하는 특별한 계기가 되었다. 준비했던 소책자, 선교 자료, 각국 판넬 포스터 자료, 선교 현황 등을 홍보할 때 장년부 성도들까지 함께 참여하는 것으로 확대되었다. 이때 준비했던 아시아, 아프리카 등 권역별로 선교 현황을 제작하였고 교단 및 본 교회가 파송한 선교사들의 현지 사역 자료를 받아 선교 전시회를 준비하였다. 이것은 전 교인들에게 선한 자극을 주었다.

청년 대학생들은 매우 역동적이고 창의적인 세대이다. 분명한 방향만 주어진다면 선교 단체를 방문하여 자료를 수집하거나 매일 모여 선교 집회를 위해 기도하는 등 얼마든지 내용 있게 선교 집회를 준비할 수 있다. 신문이나 주간지 등에 실린 세계의 영적 상황을 스크랩하여 선교 집회를 빛낼 수도 있다. 그러나 이러한 특별한 집회를 통해서 받았던 도전과 헌신자들을 계속적으로 유지시켜 나가는 것이 선교 집회를 훌륭히 치루는 것보다도 더욱 중요함을 잊지 말고 사역자들은 계속하여 선교에의 헌신을 위한 후속 프로그램들을 준비해야 할 것이다. 그리고 교회공동체 안에서 선교 관심 그룹이 지속적으로 활동할 수 있도록 목회적으로 배려하는 것이 필요할 것이다.

b. 선교 자료실

청년 대학부실이나 정기 예배실 등 적절한 장소에 선교에 대한 자료들을 모으고 전시하는 공간을 마련한다. 아직 한국어로 된 세계 선교 상황을 담은 지도는 나와 있지 않으나 대학생들이라면 미국세계선교센터(U.S. Center for World Mission) 발행 성경 지도나 미전도 종족 포스터 혹은 로고스 세계 지도를 능히 사용할 수 있을 것이고 필요하다면 자체 제작도 가능하다. 게시할 선교지 소식과 기도 제목을 담은 서신인 '세계를 품는 G.T' 혹은 '아시아 기도' 그리고 '난 곳 방언으로'와 같은 선교단체 회보 등을 정기적으로 구독하여 잘 활용할 수 있도록 한다.

c. 창의적 선교 자료

교회 도서관에 선교에 관한 기본 도서를 배치하여 균형 잡힌 선교 시각을 갖게 하는 데 사용할 수 있다. 『허드슨 테일러의 생애』(두란노), 『세계를 품은 그리스도인이 되려면』(죠이선교회), 『기도로 세계를 움직이라』(생명의말씀사), 『선교사 열전』(크리스챤다이제스트사), 『세계 선교 기도 정보 카드』(죠이선교회), 『선교 현장 이야기』(IVP), 『오늘의 세계 선교』(생명의말씀사), 『문화적 갈등과 사역』(죠이선교회), 『학생선교 운동가 매뉴얼』(선교한국), 『선교와 문화이해』(CLC) 등의 도서가 있다. 또 독서 토론회를 통해 얻어진 내용들을 정리해서 주보나 회지 등에 싣는다든지 아니면 책을 읽고 서평을 쓰게 하라. 그런가 하면 수련회나 M.T 프로그램으로 루나 게임(Luna Game)이나 램프(LAMP) 같은 창의적인 자료를 사용할 수 있다.

d. 선교 성경공부

위의 교육 프로그램이 일회성이라면 선교 성경공부는 대학부 교육 과정에 포함하여 진행할 수 있다. 위의 프로그램을 통해 드러난 관심자들이나 헌신자들을 특화하여 일정 기간 동안 선교의 성경적 기초를 비롯한 제반 영역에 대해 공부하도록 할 수도 있다. 사용할 수 있는 교재로는 『세계 선교 출발』(IVP), 『선교사 바울』(선교한국), 『세계 선교의 지상 명령』(총신대), 『세계 선교』(IVP), 『최후의 개척자들』(선교한국), *Global Issues Bible Studies*(미 IVP) 등이 있다.

(2) 2단계/선교 경험을 위한 단기선교 프로그램

1단계 과정을 통해 선교에 대한 관심이 어느 정도 공동체 안에 공유되면 단기선교 프로그램(Short Term Mission Program) 단계로 들어가 타 문화권 사역을 체험해 보는 기회를 갖도록 한다. 매년 수천 명이 짧게는 2주에서 2달 정도의 선교 여행을 떠나는데 그 폐해를 고려한다고 하더라도 단기선교는 타 문화권 경험의 기회로서 대학생들에게 적극적으로 권유할 만하다.

처음부터 타 문화권에 나간다는 것이 부담이 되면 국내 전도 여행부터 점차적으로 실시할 수 있다. 선교 여행을 효과적으로 진행하기 위해서는 많은 준비와 경비가 필요하다. 이를 한정된 지면에서 다루는 것은 어려우므로 선교 한국에서 나온 『단기선교 핸드북』을 참조하라. 이 책에서는 단기간의 선교 여행에서 단기선교 훈련, 그리고 1-3년간을 기간으로 하는 단기선교 사역까지 단기선교에 대한 유익한 자료들을 듬뿍 얻을 수 있다.

다만 이제까지는 주로 지리적으로 가깝고 경비도 적게 드는 동남아시아 쪽으로 단기선교 여행을 갔다면 이제는 이러한 지역 선정에 변화가 필요하다. 그리고 특별히 2-4주 정도 짧은 기간에 방문하는 경우 설익은 사역보다는 아직 복음을 듣지 못한 종족들 안에 들어가 그들의 영적 상황, 독특한 문화 등을 살피는 정탐꾼의 역할에 비중을 두는 것은 어떨까 한다. 이에 대한 훈련은 한국해외선교회(KRIM)에서 주관하는 '여호수아 캠프'에서 받을 수 있다.

(3) 3단계/헌신자의 발굴과 훈련

대학부 선교 교육 프로그램이 여기까지 오게 되면 학생들은 지상명령의 성취를 위한 자신의 특별한 영역을 발견하게 된다. 전문인으로서든지 전통적인 의미의 목회자, 선교사로서든지 자신의 생애 전체를 선교 사역에 드리기로 헌신하는 사람과 선교사로 나가지는 않지만 본국에 남아서 자신의 교회가 계속 선교적인 비전을 유지하고 발전하도록 하는 일을 위해 선교 운동가로 헌신하게 된다. 선교 헌신자나 선교 운동가 둘 중 어느 것을 택하든 이들을 선교 사역자로 발굴하고 훈련하기 위해 '따로 세워야 하는'(행 13:2) 단계에 이르게 된다. 이 단계에서 제일 중요한 것은 지속적으로 비전을 세워 주기 위해 일대일로 동행(Mentoring)하는 것이다. 국내외 수많은 헌신자가 나오지만 많은 사람들이 여타의 이유로 중도에 낙오하고 만다. 이를 해결하기 위한 가장 적극적인 방법이 '동행'이다. 선교 운동가들이 헌신자들을 개인적으로 담당하여 그들의 비전을 유지하고 구체화해 나가도록 필요할 때마다 상담해 주고 인도해 주는 것이 필요하다.

헌신자의 발굴과 훈련(Missionary Recruitment)의 단계에서는 각 사람이 적절한 준비를 할 수 있도록 기회(선교 대회, 선교 세미나와 훈련)를 제공하는 것이 필요하다. 구체적으로 일반 교육과 신학, 필수적인 사역 훈련, 본인에게 적합한 선교부 조사, 그리고 문화 적응 및 언어 훈련 등을 들 수 있다. 대학부의 선교 활동이 선교여행 단계에 들어서면서는 자연스레 교회의 관심을 끌게 되는데 이 단계에서 중요한 것은 교회 내 지도자급과의 적절한 의사소통이다. 특별히 헌신자의 경우, 교회 내에서 봉사 및 사역의 열매를 보이도록 하는 것과 교회 목회자를 비롯한 지도층에 노출시키는 것이 필요하다. 교회 리더십이 선교 헌신자로 인정하고 지원할 준비를 갖추게 하는 것은 간과해서는 안 될 부분이다. 선교 헌신자가 개인적으로 준비해야 할 것에 대한 자료는 교단 선교국과 선교단체를 통해 도움을 받을 수 있을 것이다.

(4) 4단계/파송과 관리

선교 교육 과정을 통해서 발굴된 헌신자를 파송(sending)하는 단계에 이르면 이제부터는 대학부 내부적인 선교 교육을 벗어나서 교회 선교 부서의 관리(supervising) 체제로 들어가야 한다. 그러나 이들이 그 동안의 선교 교육의 결실이라는 점에서 대학부가 공동체적으로 파송할 준비를 하고 이를 통해 후배들이 계속 선교에 헌신할 수 있도록 독려할 필요도 있다.

교회에서 함께 성장해 왔고 공동체를 이루었던 지체를 선교사로 파송하며 남아 있는 이들이 기도와 재정 및 행정적 지원을 책임지는 것은 얼마나 아름다운가. 이들은 단순히 선교사를 파송하거나 후원하는 사람들이 아니다. 이들을 선교 운동가(Mission Mobilizer)라고 부르면 어떨까! 선교 운동가는 선교사와 똑같이 헌신하고 훈련을 받아야 한다.

미국세계선교센터의 설립자 랄프 윈터 박사는 "한 명이 선교사로 나가는 것보다 100명의 선교사를 발굴하고 파송하는 일이 훨씬 더 중요하다"고 주창한 바 있다. 자신의 교회 내에 지속적인 선교 운동이 일어나도록 자극하며 불을 붙이는 사람을 따로 세워나가는 일도 선교 교육에서 목표로 해야 한다.

(5) 확인표

- 당신은 선교사로 헌신한 적이 있는가?
- 그것을 위해 어떤 훈련을 받고 있는가? 스스로는 어떻게 준비하고 있는가?
- 당신이 선교사로 파송되기 전에 해결해야 할 문제는 무엇인가?
- 선교사로 헌신한 당신이 중도에 포기했다면 그 이유는 무엇인가? 그것은 합당한 결정이었는가?
- 당신의 주위에 선교사로 헌신한 이가 있다면 그를 어떻게 도와줄 수 있는가?
- 당신은 생애의 얼마 동안을 선교지에서 보낼 생각은 없는가? 있다면 그를 위해 어떻게 준비할 계획인가? 우선순위를 따라서 계획을 세워보라.
- 당신이 선교사로 나갈 생각이 없다면 그 이유는 무엇인가?

· 당신의 생애 비전은 무엇인가? 비전을 선교적 관점에서 어떻게 재해석할 수 있는가?
· 단기선교는 나갈 계획이 있는가? 있다면 어떻게 준비할 것인가?

6) 선교 교육 프로그램

(1) 안디옥 스쿨 교육 프로그램

안디옥 스쿨은 비교적 수준 높은 커리큘럼으로 강도 높은 선교 교육 훈련을 실시하고 있다.[10] 교회 안의 모든 그리스도인들이 선교적 마인드를 품고 각자의 자리에서 선교적인 삶을 살아가기를 소망하며 만들어진 프로그램이다. 1%의 가는 선교사 후보생에게보다는 99%의 보내는 선교사 내지는 선교 동역자에게 초점을 두어 교회 전체가 하나님 나라의 마인드를 가지고 공동체적으로 그리고 각자의 삶에서 하나님이 주신 소명을 확인하며 선교적인 공동체를 만들고 선교적인 삶을 살아가도록 하는 것이다.

하나님과의 관계 회복, 성도와 성도들의 관계 치유, 제자의 삶, 비전을 주제로 하는 1과정, 타 문화권에서 하나님 마음을 품고 선교적 마인드를 적용하는 선교 현장 리서치 훈련 과정(여름: Field Research Training), 그리고 미션퍼스펙티브를 주제로 하는 2과정으로 구성되어 있다. 안디옥 스쿨은 '광화문 LMTC'라는 이름으로 '총회세계선교회'(GMS)의 지역 단기선교훈련원(LMTC:

---

10) 안디옥 스쿨은 교회 안의 모든 그리스도인들이 선교적 마인드를 품고 각자의 자리에서 선교적인 삶을 살아가기를 소망하며 만들어진 프로그램으로서 1%의 가는 선교사 후보생에게보다는 99%의 보내는 선교사 내지는 선교 동역자에게 초점을 두어 교회 전체가 하나님 나라의 마인드를 가지고 공동체적으로 그리고 각자의 삶에서 하나님이 주신 소명을 확인하며 선교적인 삶을 살아가도록 하는 것에 있다.
안디옥 스쿨은 하나님과의 관계 회복, 성도의 관계 치유, 제자의 삶, 비전을 주제로 하는 1과정(봄 학기: 비전 과정), 타 문화권에서 선교적 마인드를 적용하는 선교현장 리서치 훈련 과정(여름: Field Research Training), 그리고 미션퍼스펙티브(Mission Perspective)를 주제로 하는 2과정(가을학기: 미션 과정)으로 구성되어 있다. 그리고 '광화문 LMTC'라는 이름으로 총회세계선교회(GMS)의 지역 단기선교훈련원(LMTC: Local Missionary Training Course)을 겸하고 있어 비전 과정, 선교현장훈련, 그리고 미션 과정을 모두 수료한 훈련생에 대하여 안디옥 스쿨 수료증과 함께 LMTC 수료증이 수여되며 총회 단기선교사로 파송받을 수 있는 자격이 부여된다. www.anthioch school.com

Local Missionary Training Course)을 겸하고 있어 비전 과정, 선교현장훈련, 미션 과정을 모두 수료한 훈련생에 대하여 안디옥 스쿨 수료증과 함께 LMTC 수료증이 수여되며 총회 단기선교사로 파송받을 수 있는 자격이 부여된다.

(2) 천호동교회 선교 교육 프로그램

a. 선교의 역사와 자원
  가) 선교의 역사
  · 1980년대 초부터 선교를 시작하여 지속적인 선교 수행(도표 12)
  나) 선교의 자원
  · 청년 단기선교 여행: 선교 경험의 축적과 관심자 증가
  · DTS: 영적 기초를 만들고 후속 단기선교 여행 - 선교 경험의 축적과 관심자 증가
  · 선교사들의 방문과 선교편지: 선교지에 대한 관심과 중보기도자 및 후원자 증가
  · 선교사를 위한 기도회: 꾸준히 지속해 오면서 선교지 꾸준한 기도와 선교지 정보의 축적
  · 결론: 평신도와 목회자의 선교 경험이 축적되어 인프라를 형성하고 있음. 선교 자원을 양성화 할 필요성 대두

b. 선교 자원 양성화의 요구
  가) 목회적 요구
  · 선교여행(아웃리치)의 재정립: 재정이 많이 투자되는 만큼 질적 향상 필요, 선교지 사역 기여
  · 선교관의 확립: 교회 내 선교관의 확립을 통한 선교 운동의 부흥이 요구됨
  · 중보기도의 부흥: 지상명령 성취를 위한 강력한 중보기도의 부흥이 요청됨

제17장 선교 교육 프로그램(3) - 교회

- 관심별 선교권의 개발: 선교 공동체를 구성하여 선교지에 재정, 기도, 인력의 공급
- 비거주 선교사, 단기선교사, 전문인 선교사들의 개발을 통한 지상명령 성취가 요구됨
- 결론: 이상의 선교적 요구에 상응하는 선교 구조의 필요성을 만족시키고 교회 내 선교적 관심과 선교팀의 활성화를 통해 교회의 힘을 증대시켜 부흥의 디딤돌로 삼을 필요성이 요구됨

나) 성경적 요구 - 보다 근본적인 요청

- 세계복음화의 임박성
  - 이 천국 복음이 모든 민족에게 증거되기 위하여 온 세상에 전파되리니 그제야 끝이 오리라(마 24:14)
  - 현재 24,000종족 중 6,300개 미전도 종족에게 복음이 전해진다면 선교적 과업이 완성될 것임
  - GBT는 2025년까지 주요 미전도 종족 성경 번역을 완수할 예정
- 이스라엘의 회복
  - 로마서 11:25-26 (형제들아 너희가 스스로 지혜 있다 함을 면키 위하여 이 비밀을 너희가 모르기를 내가 원치 아니하노니 이 비밀은 이방인의 충만한 수가 들어오기까지 이스라엘의 더러는 완악하게 된 것이라 그리하여 온 이스라엘이 구원을 얻으리라 기록된 바 구원자가 시온에서 오사 야곱에게서 경건치 않은 것을 돌이키시겠고)
  - 1948년 이스라엘 재건국 및 유대인의 기독교화가 산발적으로 이루어지고 있음
  - '백 투 예루살렘'(Back to Jerusalem, 인터콥, 알마티 은혜교회, 중국교회) 운동을 통한 유대인의 회복이 가시화
- 효과적 선교를 위한 구조
  - 성경적 요구: 안디옥 교회가 바나바와 바울을 세워 선교를 가속시킴
- 결론: 주님의 다시 오심을 향한 남은 과업을 완수하는 충성된 교회가 되기 위해, 효과적 선교를 수행하기 위해 선교 구조가 필요함

c. 선교 구조의 개발(가칭: 안디옥 선교센터)
　가) 비전: 온 땅이 하나님의 영광을 가득 차는 것
　"대저 물이 바다를 덮음 같이 여호와의 영광을 인정하는 것이 세상에 가득하리라"(합 2:14).
　· 장,단기선교사 100명 이상 파송
　· 기도합주회(영적 각성과 세계 복음화를 위한): 월 1-2회
　· 영적 각성과 세계 복음화를 위한 일천 중보기도단 결성
　· 선교 센터를 통한 각종 선교 프로그램의 진행
　· 결론: 비전을 이루기 위해서는 실행을 위한 구조가 필요함
　나) 필요한 프로그램
　· 단기선교학교: DTS와 청년 단기선교의 질적 향상과 선교지 사역을 돕기 위해 초점 맞춤
　· **Perspective Study Program(PSP)**: 가장 중심적인 프로그램으로 선교의 관점을 형성해 주는 훈련
　· 중보기도학교: 중보기도 사역을 일으켜 이를 통해 성도와 교회의 영적 부흥과 지상명령 성취를 위한 기도단 결성
　· 선교권역별 세미나: 남은 과업의 중심은 10/40창 내의 문화권역을 나누어 성도들의 중보기도와 단기선교를 보다 날카롭게 함
　· 전문인선교학교: 남은 과업을 위해 평신도 전문인들이 적극적으로 요청되지만 교단의 구조부재로 인해 전문인 선교사 개발이 미비함
　· 세계선교기도단: 중보기도 학교와 선교 훈련을 통해 배출된 자들이 교회 부흥과 세계 복음화를 위해 기도하도록 기도단을 결성하여 기도 운동을 전개하여 감
　· 결론: 선교 구조 개발로 지상명령 성취에 기여하여 하나님의 영광을 증대시키며 한국 교회에 모델 제시다. 선교 구조와 선교 관점 세우기를 위한 제언
　· 총체적 선교 구조를 세우기에 앞서 선교 훈련을 통해 집중되고 통일된 선교 관점을 세움이 필요

· 시대적으로 쓰임 받는 미션퍼스펙티브(Mission Perspective on the World Mission, 도표 13)
· PSP(12주)의 실행을 통해서 명확한 선교 관점 훈련(성경, 역사, 문화, 전략적 관점)
· 온누리교회, 사랑의교회 등 대형 교회에서 이 프로그램을 변형하여 사용하고 있음
· 명성교회, 여의도순복음교회 강남성전, 주안장로교회, 부흥한국 등에서 도입하여 실시함

도표 12 프로그램의 구성: 강의와 소그룹

순번	주 제	내 용
1	1.살아계신 하나님은 선교하는 하나님이시다	하나님의 목적은 삼중적이다. 악에 대해선 하나님 나라의 승리, 열방에 대해선 구속과 축복, 하나님께 대해선 전 세계인들의 예배를 통해 나타나는 하나님의 영광이다. 아브라함과의 약속에서 나타나는 하나님의 목적을 역사 가운데 성취하신 선교하시는 하나님을 확인한다.
2	2.하나님의 영광에 대한 이야기	하나님을 위한 목적을 연구한다. 어떻게 하나님이 온 열방과 세대에 하나님의 더 큰 영광을 실현하는 계획을 꾸준히 펼쳐 오셨는가. 그래서 결국은 모든 민족들이 하나님 한 분께만 예배하게 하시는가를 확인한다.
3	3.나라가 임하옵시며 4.열방을 위한 명령	악에 대한 하나님의 목적을 연구한다. 열방이 자유롭게 그리스도를 따를 수 있도록 하기 위해 하나님은 어떻게 악한 세력을 완전히 물리치셨는가를 보게 될 것이다. 예수님의 이방인들에 대한 전략적 관심과 대위임령을 이해한다. 그리고 열방에 하나님 나라의 진척을 막는 다원주의와 만민구원설의 거짓됨을 드러낸다.
4	5.복음을 자유롭게 함	예수님의 첫 제자들이 인간적 연약함에도 불구하고 헌신적으로 철저히 순종했으며, 그 결과 복음이 문화의 장벽을 넘어 전 세계적으로 확장되었음을 발견하고, 그것을 가능하게 하는 사도적 열정에 대해 학습한다.

5	6.세계 기독교 운동의 확장	하나님의 목적은 구약을 넘어 로마 시대부터 지금까지 지속적으로 성취되어 왔음을 발견한다. 물론 인간의 연약함에도 불구하고 하나님은 신실하셨음을 발견하게 될 것이다.
6	7.선교 역사의 여러 시대들	인류 역사 이래 개신교의 등장으로 200년간 부흥의 폭발적인 성장이 일어났으며 우리가 선교의 마지막 시대에 살고 있음을 발견한다. 전 세계적 추수의 일꾼들이 누구인지 발견하게 될 것이다.
7	8.남은 과업	2000년 기독교 역사를 통해 선교가 진척되어 왔다. 그리고 이제 남은 과업인 미전도 종족의 개념을 이해하고 선교의 불균형을 발견하며 남은 과업을 수행하는 전략적 사고를 돕게 된다.
8	9.그들은 어떻게 들을 것인가	선교는 선교지의 문화를 고려한 복음 전도가 고려되어야 함을 발견하게 될 것이며 선교지의 위험으로서의 혼합주의의 문제와 하나님께서 만들어 놓으신 기회로서의 구속적 유비를 발견한다.
9	10.사랑의 다리가 되어	위대한 선교사의 모델인 예수님의 성육신을 통해 선교사들이 소속감을 높이고 현지인들에게 신뢰감을 주면서 효과적으로 의사전달할 수 있는 역할 모델을 발견한다.
10	11.기독교적 지역사회 개발	세계의 필요에 대해 개관적으로 살펴보고 복음 전도와 사회활동의 역동적인 균형이 필요하며, 그리스도의 주권을 나타내는 선교지의 변혁에 대한 소망을 품게 된다.
11	12.교회의 자발적인 배가 13.최전방 교회 개척	어떤 종족 집단 전체에 파고들어 집단 전체에 영향을 끼치는 생명력 있는 교회 개척에 대한 비전을 나누며, 이 중심에 있을 복음이 어떻게 순수하게 전파되야 할 것인지에 대한 문제인 상황화에 대해 연구한다.
12	14.세계를 품은 그리스도인의 협력	선교사를 포함한 모든 그리스도인들이 그리스도의 전 세계적인 목적이 부합하는 삶을 산다는 것이 무엇이며, 이를 위한 모델인 전시생활방식을 발견하여 세계적인 과업을 이루는 실제적인 소망과 지혜를 나누게 된다.

제17장 선교 교육 프로그램(3) - 교회

■ PSP를 도입하기 전에 Pilot Program(6주)을 실시할 것을 제안함

PSP 안내: PSP란 Perspective Study Program의 의미로서 '세계 기독교 운동의 관점'(Perspective on the World Christian Movement)을 심어 주는 프로그램이다. 이 프로그램은 미국세계선교센터(USCWM)의 랄프 윈터 박사가 1970년대 초반부터 시작하여 세계복음화의 남은 과업을 완성하기 위한 선교적 관점을 배우는 잘 알려져 있는 훈련 과정이다. 이 과정을 통해 참가자들은 선교에 대한 분명한 관점을 확립하고 하나님 나라의 확장을 위해 구체적으로 헌신하도록 도전을 줄 것이다.

■ 실험 프로그램(PSP 6주 과정)
· 과정: 6주
· 강사: **PSP 전문 강사**(예산안은 추후 결정)
· 진행: 강의와 소그룹으로 구성

도표 13 실험 프로그램

순번	주 제	강 사
1	1. 살아계신 하나님은 선교하는 하나님 2. 하나님의 영광에 대한 이야기	한철호 선교사 (선교한국 상임총무) 백금산 목사 (예수가족교회 담임)
2	3. 열방을 위한 명령 4. 복음을 자유롭게함	김병선 목사 (GP 선교회) 권성찬 선교사 (GBT 공동 대표)
3	5. 세계 기독교 운동의 확장 6. 선교역사의 여러 시대들	이교욱 교수 (ACTS 선교학) 한철호 선교사 (선교한국 상임총무)
4	7. 남은 과업	한철호 선교사 (선교한국 상임총무)
5	8. 한국 기독교 역사	이용남 선교사 (WMF 강사)
6	9. 백 투 예루살렘	박재형 간사 (인터콥 강사)

(3) 광염교회(감자탕교회) 선교 교육 프로그램[11]

a. 서 론

선교사, 선교단체, 그리고 모교회, 이 세 가지는 선교의 필수적인 구성요소이다. 이 구성요소들 중 어느 하나라도 결점이 생길 때 선교는 그 목적을 성취하기가 어려울 것이다. 그중에서도 모교회를 선교의 모판이라고 할 수 있다. 초대교회는 교회가 선교를 했고, 교회가 선교사를 배출했다. 교회야말로 세계를 품은 그리스도를 양육할 수 있으며, 이미 나간 선교사의 사역을 위해서 기도와 물질로 지원할 수 있는 힘있는 공동체이다. 교회의 존재 목적이 선교로 보는 비전을 가진 교회는 선교의 큰 뜻을 이룰 것이고, 선교를 교회의 여러 사역 중의 하나로 보는 목회자는 그만큼 선교를 약하게 할 것이다.[12]

광염교회는 교회성장의 새로운 모델을 보여준다. 상가 건물에서 셋방살이하면서도 부흥할 수 있다는 좋은 본보기가 된 것이다. 건물보다는 사람에 투자한다는 확고한 목회 철학을 가지고 장학, 구제, 선교 사업에 재정의 30% 이상을 과감하게 투자한 결과, 매년 5천만 원이 넘는 장학금을 지급하고 가난한 이웃을 위한 구제 사업에 앞장서고, 재난이 발생하면 현장에 즉시 출동하며, 캄보디아 광염대학교와 중국 광염관을 세우는 등 상상할 수 없는 선교 사역들을 실천하고 있다.[13] 광염교회를 통해 지역교회가 가져야 할 선교의 모델을 살펴보며 교회 내에 이루어져야 할 선교 교육에 대해 고찰해 보고자 한다.

b. 본 론

가) 선교 교육이란 무엇인가?

선교 교육은 예수 그리스도에 관한 교육이며, 주님의 지상명령을 연구하는 교육이며, 순종케 하는 교육이며, 순종을 통하여 온 세계로 가게 하는 교육이며, 온 세계를 복음화 할 수 있도록 지속적으로 격려하며 훈련하는 하나

---

[11] 대학에서 필자의 강의를 듣고 소논문을 발표한 강은경 학생의 논문을 본인의 동의하에 여기에 싣는다.
[12] 이재완, 「선교와 선교 교육」, 140.
[13] 양병무, 『감자탕교회 이야기』(김영사)

의 성경적 훈련의 과정이다.[14]

선교 교육의 본질: 선교는 하나님의 사업이며 아울러 교회의 사명이며, 나아가 이 땅의 모든 그리스도인들의 사명이다. 삼위일체이신 하나님의 본질은 그 속성상 선교적 하나님이다. 그러므로 선교는 예수 그리스도를 통하여 완성된 구원의 복음을 교회를 통하여 이 땅에서 성취해 가시는 하나님의 사업이다. 예수 그리스도께서는 최초의 선교 교육자로서 사역을 하셨다. 예수께서 스스로 직접 삶의 현장 속에서 제자들을 만나셨고 부르셨으며 제자들과 함께 공동체 생활을 하면서 직접 제자들을 가르쳐 훈련하셨으며 열두 제자를 파송하셨고 나아가 70인 제자들을 파송하셨다. 그리고 승천을 앞두시고 마지막으로 제자들에게 "너희는 가서 모든 족속으로 제자를 삼아 아버지와 아들과 성령의 이름으로 세례를 주고 내가 네게 분부한 모든 것을 가르쳐 지키게 하라"(마 28:18-20)고 명령하시면서 선교 교육을 강조하셨다.[15]

선교 교육의 필요성: 선교 교육의 필요성에 대하여 한국선교훈련원(GMTC) 백인숙 교수는 다음과 같이 말했다. 첫째, 교회가 그 사명을 다하기 위해서는 선교 교육이 필요하다. 선교는 교회의 본질이므로 교회가 성경적으로 성장하려면 선교적이어야 함은 당연하다. 둘째, 올바른 동기로 선교하기 위해서는 선교 교육이 필요하다. 셋째, 의미 있는 동역을 하기 위해서는 선교 교육이 필요하다. 선교는 비전가나 선교사에 의해서만 이루어지는 것이 아니라 선교는 교회 전체가 참여하여 이루어지는 과업이다. 현지에서 활동하는 선교사뿐만 아니라 기도와 물질로 후원하는 자들도 중요한 인력이다. 넷째, 훌륭한 인력을 양성하기 위해서는 선교 교육이 필요하다. 그리스도인은 영적으로 거듭나는 순간 세계를 품는 그리스도인이 되어야 하는데 세계적인 선교 훈련은 장기적이고 보다 조기에 실시하는 것이 이상적이라는 결론에 이르고 있다. 다섯째, 현재 활동하고 있는 선교사들이 더욱 양질의 선교사들이 될 수 있도록 교정하고 선교 발전을 위하여 선교 교육이 필요하다. 여섯째, 한국 선교의 장래를 위해 선교 교육이 필요하다. 일곱째, 선교를 위한 행정 체계의

---

14) 이재완,「선교와 선교 교육」, 87.
15) 이재완,「선교와 선교 교육」, 87.

발전과 선교 사역의 발전을 위해서 선교 교육이 필요하다.[16]

나) 광염교회의 선교

· 광염교회는?[17]

목사: 조현삼 목사 / 설립: 1992년 3월 28일 / 소속: 대한예수교 장로회(합동) / 주소: 서울 도봉구 도봉2동 63번지 / 전화: 02)951-1004

서울 수락산 기슭에 위치한 서울광염교회는 '감자탕교회'로 더 잘 알려져 있다. 조현삼 담임목사는 성도가 일정 규모에 이르면 성전을 건축하고 교육관 기도원들을 세워나가는 등의 일반적인 교회성장 패턴과는 다른 행보를 보이고 있다. 출석 성도가 1,000여 명을 넘어섰지만 아직까지 셋방살이 상가교회를 고집하고 있다. 교회 확장보다는 천국을 경험하고 확장해 나가는 '작지만 큰 교회'에 우선순위를 두고 있기 때문이다. 자체 건축보다는 오히려 이라크 바그다드에 교회 설립을 추진할 정도이다.

조 목사의 목회철학을 요약할 수 있는 키워드는 '사람'이다. 장학, 전도, 선교, 구제 등 모든 사역의 초점이 사람을 키우는 데 맞춰져 있다. 최근 몇 년간 압축 성장 속에서도 불구하고 초심을 잃어버리지 않고 조 목사는 이 키워드를 깨진 가정을 복원시키고 있는 '사랑의 집', 거처할 장소가 없거나 돌보아줄 부모가 없는 젊은이들을 위한 기숙사인 '광염학사', 북한 동포를 위한 '중국광염관' 설립 등으로 이어가고 있다. 또 재난 현장에 어김없이 나타나는 교계 119 '한국기독교연합봉사단'과 '목회자 유가족을 돕는 사람들'(일명 목유사) 등 교회가 아닌 또 다른 이름으로 사역을 확장하고 있다.

광염인들은 평일에는 현장에서 진정한 빛과 소금이 되는 삶을 살아가며 주일날이면 병원 전도대, 지하철 전도대, 등산 전도대 등으로 나눠 복음 전파의 사명을 다하기 위해 여념이 없다. 광염인 모두가 현장 사역자가 되고 있는 것이다. 교회가 재미있고 창조적인 곳이라는 신선한 의식을 심어 주기에 부족함이 없다. 청소년은 물론 청장년 광염인들은 인도, 캄보디아 등 해외 선교

---

16) 백인숙, "선교 교육의 필요성," 「미션월드」 1993. 11-12월 호.
17) 서울광염교회 http://www.sls.or.kr/

지와 국내 전도지로 단기선교 여행을 떠난다. 이를 통해 평신도 선교사의 꿈이 여물어 간다.

광염인들은 이 모든 사역을 위해 '파이프 교회론'을 실천하고 있다. 매주 헌금은 당일 집행·결산된 뒤 백만 원만 남기게 된다. 지난 25일 주일 헌금 3천여만 원도 마찬가지였다. 지난해 교회 헌금 14억여 원도 잔액 100만 원으로 결산됐다.

"교회를 개척하면서 정한 원칙은 계좌에 잔액을 100만 원 이상 남기지 않겠다는 것이었죠. 그때는 100만 원 채우기도 힘든 실정이어서 아무도 반대하지 않았어요. 그 원칙이 우리 교회의 영원한 정체성이 됐습니다."

조 목사는 "흘려보내는 채널인 교회가 재물을 쌓아두면 다툼이 일어나고 정말 쓰일 곳에 재정이 흘러갈 수 없다"면서 "교회는 예수님의 몸 된 교회로 남아 있을 때 영향력이라는 보너스를 얻게 된다"고 강조했다.

· 서울광염교회 10대 비전
- 세계에서 전도비를 가장 많이 지출하는 교회
- 국내외에 100개 이상의 교회를 설립하는 교회
- 100명 이상의 선교사를 지원하는 교회
- 1천만 장 이상의 전도지를 전하는 교회
- 우리나라에서 구제비를 가장 많이 지출하는 교회
- 100명 이상의 고아와 과부의 생활비를 지원하는 교회
- 1만 가정 이상을 천국의 모형으로 만드는 교회
- 우리나라에서 예수 닮은 인재를 가장 많이 양육하는 교회
- 100명 이상의 목회자를 양성하는 교회
- 100명 이상의 사회 각 분야 최고 지도자를 양성하는 교회

· 재정집행 기본 원칙
- 모든 재정 입출금은 투명하게 공개한다.
- 예산의 30% 이상 구제선교 장학금으로 집행한다.

- 절기 헌금 전액은 구제비로 집행한다.
- 헌금은 공급하신 하나님께 영광되게, 헌금한 성도들에게 보람되게, 받는 이에게 기쁨되게 집행한다.

다) 광염교회 파송 선교사

광염교회는 총 11가정의 선교사를 후원한다.
- 주누가 선교사(선교 전략, GO 대표) 사모 최경숙
- 권성대 선교사(캄보디아) 사모 김경숙
- 김마가 선교사(GO) 사모 송재인
- 김현호 선교사(농인 선교, 수화사랑카페) 사모 현미정
- 장사라 선교사(아프리카 수단)
- 조요셉 선교사, 사모 안승교
- Yosief Rezene Tesfay(중동, 아프리카)
- 이문성 선교사(서남아시아), 사모 이순영
- 임만호 선교사(캄보디아), 사모 김용순
- 이동현 선교사(미얀마), 사모 이선영
- 사바르자 알탄 서읍보 목사(몽골), 사모 차차

라) 광염교회 선교 프로그램

단기선교를 통한 선교 동원: 광염교회는 매년 청년들을 해외로 보내고 있다. 청년들은 단기선교 활동을 위해 2006년에는 11지역, 2007년에는 14지역, 2008년에는 12지역에 단기선교를 다녀왔다. 캄보디아 선교 때는 1인당 78만원의 비용 중 교회가 50만원을 지원했기 때문에 80명이라는 많은 청년들이 참여할 수 있었다. 게다가 선교 비용의 상당 부분이 교인들의 정성어린 십일조에서 지원되기 때문에 참가자나 그 가족만의 행사가 아니라 전 교인의 축제로 승화될 수 있었다.

80명의 청년들은 복음 증거뿐 아니라 가난으로 고통 받고 있는 현지인들을 돕기 위해 많은 물자를 준비했고 광염대학교 학생들을 위해서는 25대의

컴퓨터와 2대의 발전기를 기증했다. 광염대학교는 절망의 땅 캄보디아의 빛과 소금이 되기 위해 설립한 학교인데 사실 셋방살이 교회에서 대학을 세운다는 것은 상상하기 어려운 일이다.[18]

도표 14 광염교회 2008년 여름 단기선교 일정

청년 2부 / 6.29-7.5 / 러시아
청년 3부 / 6.29-7.12 / 아프리카 우간다, 탄자니아, 케냐 구호
중국 교구 / 7.9-7.15 / 대만
서남아시아 교구 / 7.19-7.26 / 인도 캘커타
인도차이나 교구 / 7.20-7.26 / 베트남
일본 교구 / 7.21-7.26 / 일본 센다이
네팔 교구 / 7.24-8.1 / 네팔 카트만두
청년 1, 2부 / 7.26-8.2 / 캄보디아
몽골 교구 / 7.2-8.3 / 몽골 셀링게
스리랑카 교구 / 7.2-8.2 / 스리랑카
러시아교구 / 7.27~8.3 / 러시아 이르츠크 / 이택기목사
청년3부 / 7.28~8.2 / 라오스 구호 / 이석진목사

선교단체를 통한 선교 교육: 광염교회는 현재 GO선교회(Global Operation)를 후원해 오고 있다. 이에 GO선교회는 선교회의 훈련 프로그램인 프런티어 스쿨(Frontier School)을 매주 광염교회에서 무료로 교육하고 있다.

· 프런티어 스쿨(Frontier School)[19]

선교 훈련(**강의 13주**): 강의는 영성 분야와 선교정보 분야, 그리고 선교전략 분야로 나누어 영적 예배에 대한 깊은 이해와 세계 선교에 대한 균형 있는 접근을 도와준다.

---

18) 양병무, 『감자탕교회 이야기』, 김영사.
19) GO 선교회 http://www.go1040.org/

도표 15 광염교회 프런티어 스쿨 커리큘럼

1주	입학식 및 오리엔테이션
2주	예배하는 하나님 군대 / 도래하는 하나님 나라
3주	하나님의 형상 / 친밀감
4주	1차 미션 캠프 '하나님 나라의 임재'
5주	선교의 성경적 기초 / 예배와 기름부음
6주	신부의 영성 / 중보기도와 영적 전쟁
7주	세계 선교 완성과 미전도 종족 전방 개척선교와 전문인 선교
8주	2차 미션 캠프 '마지막 프런티어와 추수'
9주	세계 선교의 현황과 미완성
10주	현장 개척과 여성 사역/지역 연구
11주	이슬람
12주	교회론
13주	3차 미션 캠프 '아멘 주 예수여 오시옵소서'

· 프런티어 스쿨에서 가장 중요시하는 부분

- 예배: 훈련에서 가장 중요한 것은 먼저 예배자가 되는 것이다. 하나님과 사랑에 빠짐으로 열정적으로 예배하는 자는 하나님 나라의 회복을 갈망한다. 예배자가 되는 것이 우리의 정체성이며, 열방에서도 예배자를 세우는 것이 우리의 사명임을 깨닫는 시간이다.

- 선교 정보: 세계 선교 상황은 빠르게 변하고 있다. 10/40창의 미전도 종족이 어떻게 변화되고 있고, 전문인 선교 사역을 통해 미전도 종족 안에 트랜스퍼메이션이 어떻게 일어나는지 알게 된다. 이런 선교 정보들을 공부할 때 하나님의 움직임을 느낀다.

- 선교 전략: 다양한 선교정보를 접하고 타문화와 타종교를 이해함으로 전방 개척 선교의 총제적인 접근 전략의 필요성을 깨닫게 된다. 그리고 창의적인 전략을 구상하게 되고 실제 영적 전쟁에 참여하면서 중보의 능력을 실감하게 된다.

- 선교 공동체: 현대의 선교는 결코 혼자의 힘으로 이루어낼 수 없다. 선배 선교사님들의 교제와 권면은 여러 시행착오를 줄이고, 같은 마음을 가진 형제들과의 동역은 우리에게 힘을 얻게 한다. 훈련에

서 그런 교제를 경험하게 된다.

선교지 현장 훈련(1~3주의 현장 경험): GO 프런티어 강의를 통해서 들은 현장을 직접 눈으로 보고 몸으로 경험하는 시간이다. 이 시간을 통해 하나님께서 열방 가운데 어떻게 일하시는지를 경험하고 복음이 없어 신음하는 민족들을 마음속 깊이 품는 시간이 된다.

마) 선교 교육 계획서

선교 후원: 교회가 먼저 모범을 보일 때 교인들도 선교에 적극적으로 헌신할 수 있다. 어떤 교회들은 교회의 선교비를 교인들의 항목 헌금으로 대신하는 경우가 많은데, 바람직한 모습은 아니라고 생각한다. 교회가 먼저 전체 수입의 몇 퍼센트를 선교와 사회봉사 헌금으로 사용할 때 교인들도 자연스럽게 교회의 모범을 따라 주를 섬기게 된다. 교회는 늘 헌금이 모자라다. 여러 가지 일들을 운영해가는 동안에 늘 헌금의 부족을 경험하기도 한다. 하나님께서 아브라함에게 하신 언약의 핵심은 "내가 너로 말미암아 열방을 축복하시겠다"는 축복의 통로이다. 아브라함의 언약은 교회에 계승되었다. 하나님께서는 교회가 열방의 축복의 통로가 되기를 원하신다. 그렇다면 교회 전체 수입의 일정한 퍼센트를 선교와 사회봉사 헌금으로 바쳐야 한다. 마땅히 부활절과 추수감사절, 성탄절 헌금도 선교와 구제 헌금으로 따로 하나님께 드려져야 한다.

미국 남침례회 교단의 경우 성탄절과 부활절 헌금을 교회가 사용하지 않고 전부 교단 총회로 보낸다. 성탄절 헌금은 '라티문 헌금'이라 해서 해외 선교부로 보내고, 부활절 헌금은 '애니 암스트롱 헌금'이라고 해서 국내 선교부에 전액을 보낸다. 현재 남침례교 소속 해외 선교사가 5천 명을 넘어섰는데 이들에게 필요한 경비의 절반이 라티문 헌금으로 충당될 정도이다. 교회가 먼저 모범을 보이면 교인들도 그리스도의 지상명령에 순종하기 위해 자신들을 거룩한 제물로 하나님께 드리게 된다.[20]

---

20) 조경호, 「교회를 선교동원 시키는 효과적인 방안」

선교 교육 방법: 전교인에게 동일한 선교 교육의 기회를 제공해야 한다. 선교에 헌신된 사람들을 위한 선교 학교 운영뿐 아니라 보내는 선교사를 위한 전교인 대상의 선교 교육이 전략적으로 시도되어야 한다. 교인들은 배운 만큼 헌신한다. 제대로 가르치지 않으면 온전한 헌신과 봉사를 기대할 수 없다. 장·단기 교육 계획과 커리큘럼을 가지고 교육해야 한다. 몇 가지 선교 교육 방법을 살펴보면 다음과 같다. 첫째, 정기적인 선교 부흥회이다. 매년 고난 주간이나 추수감사절 주간에 선교 부흥회를 실시함으로 전교인을 위한 선교 도전과 기회를 줄 수 있다. 각 선교단체 별로 초청하여 설교와 강의를 시도함으로 선교단체와 교회의 연합을 추구할 수도 있다. 둘째, 선교단체를 통한 교육 의뢰이다. 선교단체에게 일정 기간 선교 세미나를 의뢰하여 시도하는 것도 바람직한 방법이다. 형제 교회의 경우 WMTC 단체에 의뢰하여 매주일 50여 명의 직분자들이 8주 동안 대전 선교훈련원으로 내려가 훈련을 받았다. 셋째, 선교사 초청 예배이다. 매월 정기적으로 주일 저녁과 수요 저녁 예배 중 하나를 정하여 정기적으로 선교사 초청 예배를 통해 꾸준히 성도들의 선교적 관심과 헌신을 격려하고 하나님께서 지구촌에서 어떻게 일하고 계신지 그 현장을 목격하게 함으로서 그리스도의 지상명령에 계속 순종하게 할 수 있다.[21]

선교의 작은 움직임들: 첫째, 특정 선교 사업, 단체 혹은 국가를 위해 월례 기도회를 인도한다. 이 기도 모임은 다른 선교 행사와 함께 실천 그룹이 될 수도 있다. 둘째, 교회 간행물에 선교에 대한 글을 싣는다. 선교 관련 도서를 소개한다. 만약 교회에 서점이 있다면 관련 책들을 비치해 놓도록 부탁한다. 셋째, 선교 게시판을 만든다. 선교사 혹은 국가에 대한 정보를 제공한다. 찬양 제목들과 기도 제목을 적어 놓는다. 여러 장의 큰 사진, 지도, 도표를 활용하여 밝은 색상들을 사용해 게시판을 꾸민다. 넷째, 교회의 소그룹에 계속해서 선교 관련 정보를 제공한다. 때때로 소그룹 리더들에게 정보를 주고 기도를 요청하는 자료들을 발송한다. 그러면서 그들의 기도가 어떻게 응답되었는지 그들에게 알려 준다. 다섯째, 교회 리더들에게 가끔씩 주일 예배 시간에

---

21) 한국선교정보원 http://cafe.naver.com/kiimorg

기도와 선교 정보를 제공할 시간을 달라고 요청한다. 특히 다음 번에도 이 같은 기회를 다시 갖고 싶은 마음이 있다면 간단하고 명확하고 흥미롭게 한다. OHP를 사용하거나 당신의 설명할 나라의 의상을 보여주거나 그 나라의 국기를 가져온다. 리더들이 모일 때마다 성도들에게 선교의 여러 양상에 대해 언급할 수 있도록 격려한다. 여섯째, 선교 주간 행사를 할 수 있을지 알아보라. 토요일에 선교 관련 주제로 강연회를 가질 수도 있을 것이다. 초청 강사는 다음날 주일 예배에서 말씀을 전할 수도 있다. 각국의 국기로 교회를 장식한다. 다른 나라의 찬양이나 노래를 배운다. 다양한 선교기관의 사역을 보여주는 수많은 전시물을 진열해 놓는다. 일곱째, 다른 나라에 있는 공동체와 자매결연하는 것에 대해 고려해 본다. 소식지와 기도 제목들을 교환하고 혹은 일시적으로나마 목사님들을 바꿔볼 수도 있을 것이다. 어떤 특별한 계획을 지원하기 위해 재정이나 사람들을 보낼 수도 있다.[22]

c. 결 론

많은 한국 교회는 교회 건물을 세우는 데 더 높은 가치를 두고 아름답고 큰 건물을 세우는 데 급급했다. 외형만을 중시하며 양적 성장을 추구해 왔으며 선교는 대형 교회의 전유물로 생각해 왔다. 여기 그 틀을 완전히 깨는 교회가 있다. 바로 서울광염교회이다. 많은 교회들이 광염교회 같았으면 좋겠다. 선교하는 교회였으면 좋겠다. 교회의 목적은 선교이다. 교회가 선교하지 않으면 목적 없는 교회와 같다. 교회 안에서의 선교 교육은 목적 없는 교회를 목적 있게 만드는 역할을 한다. 앞에서 살펴본 바와 같이 작은 것부터 실천하여 교회 안에 선교 교육이 이루어지도록 우리는 실천해야 한다. 또한 우리가 교회 내에서 선교의 동원가가 되어야 함을 기억해야 할 것이다.

---

22) 스티븐 고크로저, 『선교 길라잡이』, IVP.

(4) 삼일교회 선교 교육[23]

a. 서 론

예수님께서는 이 땅에 오셔서 '가르치시며'(teaching), '복음을 전파하시며'(preaching), '고치셨다'(healing). 그분은 가르치시면서 당신의 일을 이루어가셨다. 실로 이 시대 교회나 혹은 복음과 관계된 기관에서는 어떻게 하나님 나라 진리, 즉 성경과 그리스도를 가르칠 것인가 하는 것이 큰 화두이다. 복음을 가진 입장에서 세상을 향해 사람들에게 어떻게 하나님 나라 진리를 전할 것인가의 문제는 그리 쉬운 문제는 아니다. 이러한 의미에서 본 삼일교회에서의 선교는 가르쳐 주는 바가 크다. 21세기 주님 다시 오심을 바라보는 이 때 이 땅의 교회가 혹은 우리 기독교인들이 '세상에 복음을 전파하는 것'에 대한 기본자세와 그 준비와 그 내용에 대해서 일목요연하면서도 철저한 준비로 명쾌한 해답을 준다. 선교하는 교회로 올해로 14년째를 맞이하는 삼일교회는 선교에 관한 여러 가지 문제와 상황에 다사다난(多事多難)한 일들을 많이 겪어 왔다. 그만큼 전교인들이 선교에 대한 관심과 열정은 말로 표현할 수 없으며, 한 해 교회 운영 프로그램이 3분의 2가 선교로 구성되었다. 그로 인한 선교에 관한 프로그램 역시 체계적이면서도 참 다양하고 창의적이며 효과적인 방법들을 제시할 수 있게 되었는데 삼일교회를 통해 지역교회가 가져야 할 선교의 모델을 살펴보며 교회 내에 이루어져야 할 선교 교육에 대해 고찰해 보고자 한다.

가) 선교 교육이란 무엇인가?

선교 교육이란 예수 그리스도에 관한 교육이며 주님의 지상명령을 연구하며 순종을 통하여 온 세계로 가게 하는 교육으로 온 세계를 복음화할 수 있도록 격려와 훈련을 통해 선교 사역에 이바지하는 하나의 성경적 훈련 과정이다.[24]

---

23) 대학에서 필자의 강의를 듣고 소논문을 발표한 김진주 학생의 논문을 본인의 동의하에 여기에 싣는다.
24) 이재완, 「선교와 선교 교육」(아세아연합신학대학교 강의안, 2008), 87.

선교 교육의 본질: 선교는 예수 그리스도를 통하여 완성하신 구원의 복음을 교회를 통하여 이 땅에서 성취해 가시는 하나님의 사업이다. 이를 위하여 예수 그리스도는 최초의 선교 교육자로서 사역을 하셨다. 예수께서 스스로 직접 삶의 현장 속에서 제자들을 만나셨고 부르셨으며(마 4:18-19), 제자들과 함께 공동체 생활을 하면서 직접 제자들을 가르쳐 훈련하셨다(마 5-8, 10장 등). 열두 제자를 파송하셨고(마 10:1-12), 나아가 70인 제자들을 파송하셨다(눅 10:1-12). 그리고 승천을 앞두고 마지막으로 제자들에게 "너희는 가서 모든 족속으로 제자를 삼아 아버지와 아들과 성령의 이름으로 세례를 주고 내게 네게 분부한 모든 것을 가르쳐 지키게 하라"(마 28:18-20)고 명령하시면서 선교 교육을 그토록 강조하셨다. 즉 선교 교육은 예수 그리스도에 관한 교육, 주님의 지상명령을 연구하는 교육, 순종케 하는 순종을 통하여 온 세계로 가게 하는 교육이며 온 세계를 복음화할 수 있도록 지속적으로 격려하며 훈련하는 하나님의 성경적 훈련의 과정인 것이다.[25]

선교 교육의 필요성: 허버트 케인(J. Herbert Kane)은 "선교사는 태어나지 않고 만들어진다"라고 했다. 그렇듯 선교에 헌신하고자 하는 모든 사람은 선교 교육을 받아야 한다. 그 어떠한 이유로도 그 과정은 면제될 수도, 건너뛸 수도 없는 것이다. 한국선교훈련원(GMTC) 백인숙 교수는 다음과 같이 말했다. "첫째, 교회가 그 사명을 다하기 위해서는 선교 교육이 필요하다. 선교는 교회의 본질이므로 교회가 성경적으로 성장하려면 선교적이어야 함은 당연하다. 둘째, 올바른 동기로 선교하기 위해서는 선교 교육이 필요하다. 셋째, 의미 있는 동역을 하기 위해서는 선교 교육이 필요하다. 선교는 비전가나 선교사에 의해서만 이루어지는 것이 아니라 선교는 교회 전체가 참여하여 이루어지는 과업이다. 현지에서 활동하는 선교사뿐만 아니라 기도와 물질로 후원하는 자들도 중요한 인력이다. 넷째, 훌륭한 인력을 양성하기 위해서는 선교 교육이 필요하다. 그리스도인은 영적으로 거듭나는 순간 세계를 품는 그리스도인이 되어야 하는데 세계적인 선교훈련은 장기적이고 보다 조기에 실시하는 것이 이상적인 결론에 이를 수 있다. 다섯째, 현재 활동하고 있는 선교

---

25) 이재완, 「선교와 선교 교육」, 87.

사들이 더욱 양질의 선교사들이 될 수 있도록 교정하고 선교 발전을 위하여 선교 교육이 필요하다. 여섯째, 한국 선교의 장래를 위해 선교 교육이 필요하다. 일곱째, 선교를 위한 행정 체계의 발전과 선교 사역의 발전을 위해서 선교 교육이 필요하다"[26] 선교사는 태어나지 않고 만들어진다. 선교 없는 교회는 뿌리 없는 나무요, 교육 없는 선교는 열매가 없는 뿌리와 같다. 다시 말하면, 교회는 선교를 반드시 해야 하며 선교에는 교육이 있어야 한다는 의미이다.[27] 또한 그 선교 교육은 교육을 통해 문화적 적응력이 길러지고 선교 현장에 순수한 복음의 상황화를 기대할 수 있다. 선교의 기본적인 교육은 지역교회에서 이루어져야 한다.

나) 삼일교회와 선교

· 삼일교회의 기본정신 - R.E.M.

부흥(Revival): 예배를 통한 부흥의 체험으로 각자의 심령에서 말씀이 역동케 하며 삶의 모든 현장에서 부흥을 위해 기도한다.

교육(Education): 예배와 선교의 현장에서 살아있는 교육을 통한 강한 그리스도인이 되어 각 분야에서 영향력 있는 신앙인으로서 성(城) 쌓는 교회가 아닌 길 닦는 교회를 만들어 가는 것이다.

선교/사명(Mission): 준비된 선교에 있어 중요한 것은 먼저 자신을 내어 드림이다. 먼저 헌신한다면 하나님께서 준비하신 선교의 은혜를 맛보게 된다. 복음으로 영혼을 살리자. - 1년에 최소한 1주는 선교에 헌신한다.

· 교회 소개

교단: 대한예수교장로회(합동)/위치: 삼일교회 A관-서울시 용산구 청파동 3가 134번지(용산경찰서 뒤편), 삼일교회 B관-서울시 용산구 청파동1가 180-36(현), 삼일교회 C관-서울 용산구 청파동2가 113번지 B관 건너편(구 서

---

26) 이재완, 「선교와 선교 교육」, 87.
27) 이재완, 「선교와 선교 교육」, 238.

제17장 선교 교육 프로그램(3) - 교회

보빌딩)/삼일기도원: 경기도 남양주시 수동면 수산리 365번지(031-592-8385)/교회 설립: 1954년 3월1일/홈페이지: www.samilchurch.com/전화: 02-713-2660/팩스: 02-3273-5297

· 삼일교회는?

젊은 교회: 삼일교회는 많은 청년들로 구성되어 있다. 그래서 젊고 활동적이면 신선하며 누구와도 쉽게 친해질 수 있으며 즐겁게 적응할 수 있다. 진 체제 교회(Camp system Church)로 12개의 진(陣, camp) 체제를 통해 여러 세대를 아우를 수 있는 가족공동체를 꿈꾸는 교회이며 다양한 세대가 함께 어우러지는 기쁨을 누릴 수 있는 곳이다.

살아있는 예배를 드리는 교회: 예배는 하나님과 만나는 기쁘고 거룩한 시간, 삼일교회는 하나님을 설명하는 교회, 하나님을 말하는 교회가 아니라 하나님을 만날 수 있는 교회이다. 살아있는 예배, 즐거운 예배, 하나님의 임재가 있는 예배를 위해 삼일교회는 끊임없이 노력하고 있다.

사람을 키우는 교회: 하나님 나라는 바로 말씀의 씨앗으로 확장된다. 그래서 삼일교회는 젊은이들을 말씀으로 교육하고 훈련하는 데 집중하며 수많은 젊은이들이 말씀으로 양육 받고 있다. 이런 젊은이들은 사회의 전 분야에 심기어져 세상을 개척하고 있다.

선교에 목숨 거는 교회: 제주 선교, 통영 선교, 목포 선교, 장흥 선교, 동해 선교, 농어촌 선교, 대만 선교, 일본 선교, 미얀마 선교와 군 선교에 전교인이 동참한다. 복음이 필요한 곳이면 어느 곳이든 달려가는 것, 이것이 바로 삼일인의 정신이다.

· 삼일교회 선교

삼일교회 선교하는 교회, 애국하는 교회(삼일교회의 이름 또한 3월 1일에 만들어졌다 하여 삼일교회가 되었다)로 젊은 교회, 인재 양성, 영혼 구원, 약자 구원을 비전으로 삼고 나아가고 있다.

삼일교회 선교란: 삼일교회는 새벽 예배, 영혼 구원, 구제, 야성, 초청, 진과

팀을 구성으로 예배, 교육, 선교를 목적으로 하여 예배(매일 새벽 예배, 수요 예배, 목요 찬양 예배, 철야 예배〈다음날 오전 4시 반까지〉, 토요 리더 예배, 주일 예배, 청년 예배)를 통해 영적 구원화를 이루고, 진별 교제와 성경 교육을 통해 그리스도의 장성한 분량까지 자라게 하여 선교로 복음이 필요한 모든 곳을 섬기는 것이 목표이다. 현재 선교의 현황으로는 국내로 제주, 통영, 목포, 울진, 장흥, 사천, 동해, 농어촌, 군 선교 등이 있고 해외로는 대만, 일본, 미얀마, 인도네시아, 기타(구제, 의료 사역, 수해 지역 복구) 등 우리를 부르는 모든 곳에 복음을 뿌릴 준비를 하고 늘 영육간의 준비를 있다.[28]

- 여름: 국내 - 제주 선교, 동해 선교, 농어촌 선교
  해외 - 대만 선교, 일본 선교, 미얀마 선교
- 겨울: 국내 - 통영 선교, 목포 선교, 장흥 선교, 사천 선교
  해외 - 대만 선교, 일본 선교, 미얀마 선교
- 기타: 400 개척 선교, 의료 선교, 군 선교, 캠퍼스 전도

본 교회는 교회 프로그램 중 1년의 3분의 2는 선교에 초점이 맞춰져 있어 삼일교인이라면 누구나 한 번씩은 필수로 선교를 다녀오게 되어 있다. 대학생들은 여름, 겨울 방학의 기간에 선교만 하다가 학교로 돌아가는 경우도 다반사이다. 삼일교회의 첫 선교는 1994년 대만 선교로부터 시작된다. 1994년 8월, 대만 땅을 위해 기도하고 선교를 준비할 때만 해도 무엇을 어떻게 해야 할 지, 어디서부터 선을 대야 할지 막막했던 선교 사역이 계속 이어져오다 보니, 여러 착오와 시행 끝에 선교 프로그램이 잘 구성되어 발달되어 오게 되고, 이런 사역의 교육들을 다른 교회에서 배우고자 연결되어져 오는 곳이 많아지게 될 수밖에 없었다. 14, 15년 가까이 선교 사역을 다녀오면서 예상을 뛰어넘어 일하시는 하나님을 많이 경험하게 되고 그렇게 선교의 필요성과 복음의 전파에 따라 삼일교회는 성장하게 되었다. 삼일교회의 단기선교의 최

---

28) 삼일교회 선교에 관한 홈페이지 http://web2.samilchurch.com/sub/club/club_main.php?cb_id=cafe_relief에는 선교 사역에 관한 자료들을 문서화하여 남겨 놓아 앞으로 이어질 사역에도 효율적, 체계적으로 만들어지고 있다.

종 목적은 믿지 않는 영혼들에게 복음을 전하고, 선교지의 교회와 연계하여 그 교회의 영적인 상태와 사역을 돕는 데 있다. 단기선교는 짧은 기간 동안 이루어지는 선교이기 때문에 단발적이고 지속적인 효과가 없지 않느냐고 우려하는 분이 많다. 하지만 단기선교 팀들이 지속적인 사역을 제대로만 한다면 반드시 열매를 거둘 수 있다. 단기선교는 교회 전체를 살리고 성도의 마음을 뜨겁게 하며 다른 사역에까지 불을 붙일 수 있기 때문이다.

삼일교회의 선교 교육과 프로그램: 삼일교회는 선교와 선교 교육 비중의 균형화를 유지하며 하나님 나라 확장을 위해 교회 사명을 원천적이며 역동적으로 감당, 서로의 결합과 협력을 통해 사도행전의 초대교회 공동체의 교재와 성경적 세계관, 복음적 가치관을 앞세워 선교 교육을 하고 있다. 복음을 열방에 전하기 위해 하나님의 공동체임을 늘 의식화하며 희생을 사명으로 여겨 밀알의 삶으로서 선교 교육도 이것을 목적과 목표의식으로 배우고 적용, 행동화[29]하여 1년에 2번씩, 6개월마다 국내외로 단기선교를 나가고 있다. 십수 명으로부터 시작하는 단기선교로부터 수백 명이 참석하여 동원되는 대규모 프로젝트에서 필요한 선교 관한 영적·행정적인 교육 준비와 절차들을 중요한 것들을 중심으로 알기 쉽게 정리해 보고자 한다.

삼일교회 단기선교는 특별한 점이 있는데, 삼일교회는 그 점을 통해 그 단기선교 자체로 현상 선교 교육이 이루어지게 되기도 한다. 바로 6개월에 한 번씩 꾸준한 연계 사역으로 지속성과 연속성을 강조하고 있다는 점이다 (이게 어떻게 선교 모델이며 선교의 교육이 되겠느냐 하겠지만 처음에 정해진 나라와 지역 교회에 6개월마다 꾸준히 선교를 간다는 것은 쉬운 일이 아니다). 6개월 단위로 꾸준히 가다보면 현지교회가 변화되고, 그 교회의 성도와 단기선교 팀원들 간의

---

[29] 우리가 많은 준비를 거쳐 단기선교를 떠나는 이유는 단순히 교세 확장을 위한 차원이 아니다. 우리는 주님이 제자들을 파송하셔서 이스라엘의 잃어버린 양들에게로 가라고 하셨던 그 음성에 순종하는 것이다, 그래야 각 나라 족속에 흩어져 있는 주님의 잃어버린 영혼들에게 다가가 '복된 소식'을 선포하고, 영원하신 하나님을 찬양하며 주님의 기쁨에 동참하려는 것이다. 교회와 선교는 같은 것은 아니지만 분리될 수도 없다. 즉 선교하지 않은 교회나 교회로 모이지 않는 선교란 모순처럼 들린다는 얘기다, 선교는 교회의 일부만 아니라 전 교회적으로 실행해야 하는 막중한 사명이다. 선교를 통해 교회를 세워야 하고 그 세워진 교회는 선교를 해야한다. 황은우, 「삼일교회 단기선교 이야기」(서울: 좋은 씨앗, 2008).

끈끈한 교제도 유지된다. 또한 그전에 믿지 않았던 그 나라나 지역의 사람들도 계속 와서 선교를 하다 보면 주님을 영접하는 경우도 많이 얻을 수 있었다.[30] 또한 다른 새로운 멤버가 투입이 되어도 전에 갔던 팀원이 팀장이 되는 인수인계형식으로 형성되어 영적 리더십의 상승 효과를 발휘하게 된다.

또한 그렇게 연계된 교회의 팀장을 세우게 되면 선교를 갈 때 필요한 인원은 팀장을 중심으로 자신들이 함께 사역하고 싶은 사람들을 모으도록 자율권을 배분한다. 그러다보니 관계성이 좋고 열심히 뛰는 팀장에게는 금세 많은 선교 대원이 모이게 된다. 또한 거기에 자극받은 다른 연계 교회 팀장들도 마냥 기다리는 것이 아니라 일할 사람들을 뛰어다니며 열심히 모으게 되는 것이다. 이로 인해 선교 동원 인원수도 2배의 가까운 동역이 이루어지게 되며 그로 인해 선교의 동원 방향과 제시성을 공부하게 된다. 또한 계속 갔던 선교 인원들이 참여하게 됨으로 인해 세월이 흘러 청년이 아닌 장년이 되어도 팀원들과 함께 연관과 연속되어 선교를 갈 수 있게 된다. 또한 어디 그분 한 분만 가게 되겠는가? 가족이 함께 가게 되는 경우도 발생한다. 가족 단위로 와서 선교하는 모습을 보게 되고 자라나는 아이에게도(아이들과 같이 가게 되어 선교에 장애가 될 것이라고 생각하지만 절대 그렇지 않다. 오히려 오늘날에는 권장하고 있는 추세이다)[31], 같이 동역하는 청년들에게도 본이 되고, 현지교회에도 안정감과 사랑을 심어 줄 수 있게 된다. 또한 청년이 할 수 없는 사역을 장년들이 감당할 수 있게 되어(김장 사역, 음식 사역, 김치 강습회, 교회 전문적인 보수공사 등 위기 시에 장년들이 한두 분 있으면 대처 능력이 좋아진다. "모든 것이 협력하여 선을 이룬다.") 그곳 교회와 더욱 끈끈해지고 깊어지는 모습, 또한 오늘날 올바른 인간 관계 형성에도 많은 도움이 된다. 선교의 교육은 물론 사회 교육도 함께 하게 되는 결과를 낳게 된다. 사도 바울도 그가 세운 교회들과 지속적으로 연락하고 그들을 돌보았다. 단기선교라 할지라도 이처럼 교회를 지속적으로 돌보고 방문하게 될 때 장기 선교와 비슷한 성과, 선교 교육에도 더 효율성의 극대화를 볼 수 있다. 선교를 다녀온 후 선교 대원들이 서로 친구처럼 교제, 구

---

30) 황은우, 『삼일교회 단기선교 이야기』, 41
31) 예로 굿네이버스 홈페이지를 보면 가족단기선교를 모집하고 있는 공고를 볼 수 있다.

제사역을 다니게 된다. 그러면서 결속력도 높아지고 조원들의 양질의 사역을 동일하게 전수받게 된다. 초창기 구성원들이 팀장이 되어 이끌다 보니 후임들도 그 이상의 역량을 발휘하게 된다.

　삼일교회 선교 중 특별한 점의 또 하나는 가등록 제도라는 것이다. 한 사람이라도 더 갈 수 있게 하기 위한 삼일교회만의 아이디어, 예전에는 마감시간을 정해두고 등록을 받았는데 마감 때까지 전체가 어느 정도 갈지 감이 잘 안 잡히고, 등록비도 마지막에 입금되는 일이 많았다. 그래서 가등록 제도를 실시한 것이다. 선교 두 달 전에 가겠다고 결심하는 사람에게는 3만원을 할인, 마지막에 가는 사람에게는 원래 금액을 다 받는 것, 그러다 보니 사람들이 선교를 미리 결심하게 되고, 준비팀의 입장에서도 필요가 미리부터 예상이 되어 준비하는 데도, 선교 교육을 하는 데도 도움이 된다.

　또한 연계 교회별로 팀장을 세우고 팀장이 팀원들을 모집하는 현황에 사람이 채워질 때마다 전체 상황 진행판에 그 연계 교회 팀원들 명단을 채워 나가는 것, 아직 등록이 안 된 지체가 있다면 서로 연락하여 독려하고, 또 연계 교회 상황에 따라 반주자나 통역자, 공연자 등을 구하기 때문에 균형 있게 팀원을 모집할 수 있게 된다. 또한 팀에 팀원이 40명이라면 그 곳의 팀장은 4명으로, 20명이면 2명의 팀장으로 구성해서 팀원을 체계적으로 관리할 수 있게 분배를 잘하고 있다. 현 시대는 감사하게도 단기선교를 위한 최상의 환경을 갖추고 있다. 신라의 혜초 스님은 인도를 다녀오는 데 7년이나 걸렸지만 지금은 비행기로 하루만에 인도 단기선교인 뉴델리에 안착한다. 전화와 인터넷을 통해 많은 선교 사역과 영적인 케어가 이루어지고 있고, 여러 긴급하고 중요한 정보들이 시시각각 오간다.

　삼일교회는 이 점을 또한 극대화로 살려 선교를 하고 있는 것이다. 그 한 예로 국내 선교 같은 경우는 연계교회와 현지 팀장들의 연락처를 휴대용 책자 속에 남기고, 팀장들은 본부와 서울에 있는 교회 각 진과 팀 식구들에게 현 선교 상황을 핸드폰으로 수시로 연락, 기도와 동역이 손쉽고 가능하게 활용한다. 국외 같은 경우는 소책자에 현지에서 연락이 닿을 수 있는 연락처, 준비 위원장 전화, 현지교회 전화번호, 한국대사관, 현 나라의 정보와 그곳의 교통수단(버스, 지하철), 가는 곳의 지도, 기본적인 그 나라 언어와 문장을 수록한다.

삼일교회는 선교를 가령 8월 중순에 단기선교를 간다고 하면 한 달 전쯤 준비 강습회를 시작한다. 그때에 언어를 가르칠 수 있는 사람들이 한 2주 코스 정도로 사영리와 간단한 인사말들을 가르친다. 아무리 언어에 소질이 없는 사람이라고 해도 그 정도 시간이면 기본적인 인사말을 충분히 다 익히게 된다. 선교 교육 프로그램의 시간은 청년들의 시간이 다 다양함으로(삼일교회 구성은 거의 청년들로 직장인, 학생 등 유동성이 다양한 사람들이다) 교육은 거의 새벽 기도가 끝나고 50분 동안 커리큘럼을 짜서 광고하여 진행한다. 또한 저녁 시간 때로 하여 교육, 선교 특별 강습회를 연다.

또한 교회 교육 프로그램으로 저녁 시간 때 성경공부와 그 외 선교와 전도에 필요한 기타 부수적인 교육 프로그램을 개설하여 누구나 들을 수 있게 개방화하여 교육을 진행한다. 또한 멀티미디어를 이용, 교회 인터넷 삼일교회 홈페이지 선교에 관한 프로그램에 들어가면 개인적으로도 얼마든지 공부할 수 있게 자료화되어 있는 것을 볼 수 있다. 사실 삼일교회는 매주 예배와 새벽 예배, 청년 예배 많은 예배들을 통해 알게 모르게 선교 교육 프로그램을 행하고 있다. 그 예로 삼일교회만의 독특한 특성인 율동인데 대예배 시간에도 율동을 행하며 찬양을 부른다(이것이 좋아 교회를 나오는 교인도 있다). 맨 처음엔 경건한 예배시간에 무슨 율동이냐며 한국 교회 예배상황으론 아직 이해할 수 없는 사람도 있겠지만, 이것이 선교지에 나가면 얼마나 크게 도움을 받는지 경험하지 않은 사람을 알 수 없다.

선교지에 나가서 이것만으로도 아이들에게 너무나 큰 복음을 나눠 줄 수 있다). 또한 목사님의 설교 말씀의 거의 대부분이 선교에 관한 설교로 선교를 나아가야 된다는 성경적인 근거 제시와 이야기들이다. 매주일 나오는 주보와 YES31이라는 간행지도 선교적인 마인드 사상을 각인시켜주는 데 한몫하고 있다.

제17장 선교 교육 프로그램(3) - 교회   411

㉠ 삼일교회 선교 관련 섬김 체계

도표 16 삼일교회 선교 체계

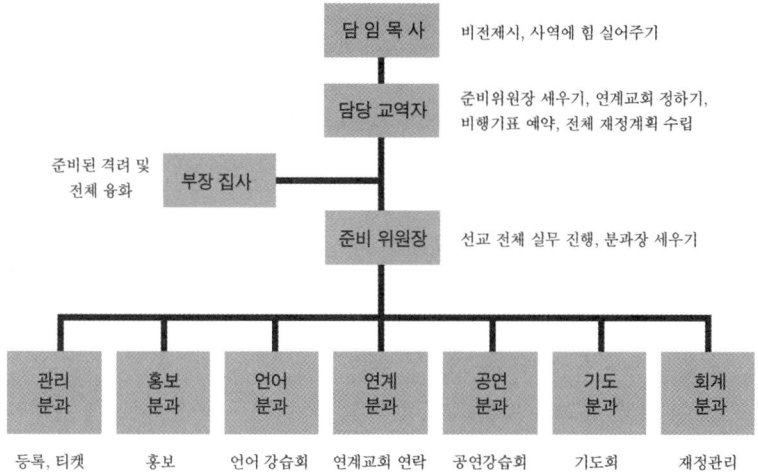

〈분과별 중심사항〉

① 관리 분과
· 선교 날짜에 맞춰 조속한 시일 내 비행기 좌석 확보
· 여권 및 비자 신규 발급자를 위한 안내, 현재 소지자 유효기간 확인
· 선교 대원의 가등록 및 완등록 관련 업무, 전체 선교 대원 명단과 다양한 양식의 명단자 작성 및 관리
· 전체 선교 대원의 여권 수령 및 보관 업무
· 출국, 귀국 시 공항에서의 모든 관련 업무
· 병역 미필자 출·귀국 신고/보딩 패스 발급 및 배분/각종 짐 보딩

② 홍보 분과
· 홍보 시기와 내용과 대상 및 효과적인 방법 충분히 구상
· 각 분과장들이 필요로 하는 홍보 수요 파악, 타 분과와의 협력 필수

· 홍보 및 홍보물 부착 장소 선택
· 신속하고 깔끔한 홍보물 수거 및 정리 정돈

③ 언어 분과
· 사영리 및 사영리 동영상 강좌 제작
· 언어 강습회 진행: 선교 대원 모두가 사영리로 복음을 전하는 것을 잘 준비하도록
· 강사 섭외
· 수준별, 팀별 강습회 운영(팀장과의 의사소통 중요)

④ 연계 분과
· 공문: 최소한 선교 기간 한 달 전 현지에 도착할 수 있도록
· 연계교회 관리: 팀별로 연락하고 있는 교회와 연계분과에서 연락하고 있는 교회를 잘 구분
· 차량 관리: 선교 일자를 되도록 빨리 통보하고 자세한 일정은 2주 전에 상호 간 모든 결정이 나도록(버스 비용 포함)
· 통역 도우미: 연계교회별 통역을 확인하고 통역이 연결되지 않는 교회에 대해서는 방법 강구
· 선발대: 선발대는 선교 시작 전주 금요일 쯤 대만에 도착, 현지 상황 파악하고 원활한 선교를 위해 준비

⑤ 공연 분과
· 현지 공연의 컨셉 및 진행 포맷 짜기(복음적이면서 한국적 요소를 공연을 통해 감동과 복음과 재미를 줄 수 있음)
· 공연을 가르칠 강사 섭외 및 강습회 일정 수립
· 모범적인 공연 및 준비 과정을 동영상으로 찍어 올리거나 관련 자료 제공하기
· 공연 준비 과정에서 미비한 부분에 대해 보충 수업 및 도움 주기

⑥ 기도 분과
· 전체 선교대원들이 기도로 준비할 수 있도록 다양한 환경 조성
· 기도회(최소 한두 달 전부터 매일 기도회, 선교기간 동안 저녁 특별기도회)

· 기도회 인도할 사람 섭외(담당 교역자나 기도 분과장, 기도회 인도할 만한 사람 섭외)
· 선교지에서 매일 기도를 돕는 간단한 말씀 QT 자료 제공
· 각 선교대원들이 기도 부탁을 위한 기도 카드를 만들어 교회에 남은 사람에게 제공

⑦ 회계 분과
· 재정 청구서 챙겨 놓기(사무 간사): 청구서 결재란에 재정 집사의 서명을 미리 여러 장 받아 놓기
· 분과별 청구 받기: 일자 지정(예, 금요 철야 전 또는 리더 모임 전)
· 주일 청구: 1부 예배 후에 사무 간사에게 전달, 저녁 예배 전 7시에 재정부 집사에게 청구액 수령
· 분과별 지급액은 꼭 증빙 서류(영수증 등) 챙길 것
· 금전 출납부 기록
· 등록비 입금 관리
· 등록비를 준비팀 경비로 사용하지 말고 필요한 금액은 재정부 청구를 통하여 사용
· 선교 이후 1주 내에 재정 보고서를 작성하여 담임 목사에게 보고 후 재정부로 제출
 - 등록비/사영리 판매비 등 수입 내역서
 - 재정부 청구액 사용 내역서 및 지출 영수증(영수증이 없을 경우는 사용 내역을 상세하게 작성하여 영수증 대신 첨부)

⑧ 문서 분과
· 문서 분과의 주요 사역은 가이드북 제작
· 가이드북의 핵심은 연계교회 정보: 이전 가이드북을 참고하거나 연계교회 팀장에게 정보 수집, 정보 항목은 모든 연계교회가 동일하도록 구성
· 다양한 컨텐츠 필요, 이전 가이드북과 차별화된 아이디어 구상

414   교회와 선교 교육

ⓒ 선교 전체 일정 및 선교 교육 훈련 프로그램(5-8월)

도표 17 삼일교회 선교 훈련 프로그램

주일	월	화	수	목	금	토
5/4	5/5	5/6	5/7	5/8	5/9 첫 준비팀 모임	5/10 찬양집,작업 시작
5/11	5/12	5/13	5/14	5/15	5/16 예산안 보고	5/17 연계교회 확정
5/18 홍보 시작 기도회와 가등록, OT홍보	5/19	5/20	5/21	5/22	5/23 첫 팀장 모임	5/24 집회 확정
5/25 홍보 시작 기도회와 가등록, OT홍보	5/26	5/27	5/28	5/29	5/30	5/31
6/1 가등록 시작 YES31 홍보	6/2 기도회 시작	6/3	6/4	6/5	6/6	6/7
6/8 YES31 홍보 삼일뉴스광고	6/9	6/10	6/11	6/12	6/13	6/14 가이드북, 사영리, 찬양집 출간
6/15 YES31홍보 삼일뉴스광고	6/16	6/17	6/18	6/19	6/20 특별새벽기도 새벽 예배	6/21
6/22 YES31홍보 삼일뉴스광고	6/23	6/24	6/25	6/26	6/27	6/28
6/29 가등록 마감	6/30	7/1	7/2	7/3	7/4	7/5 강습회 선교준비QT
7/6	7/7 공연 준비 및 언어 강습회	7/8	7/9	7/10	7/11	7/12

제17장 선교 교육 프로그램(3) - 교회 415

7/13 등록 마감	7/14	7/15	7/16	7/17	7/18	7/19
7/20 선교비 납부 마감	7/21	7/22	7/23	7/24	7/25 선물 구비 환전 완료 공연 강습회	7/26
7/27	7/28	7/29	7/30	7/31	8/1 마지막 강습회 선교 QT	8/2
8/3	8/4 25차 대만 선교 출발	8/5 시먼띵 집회	8/6	8/7	8/8 까오슝 집회	8/9 25차 대만선교 도착
8/10	8/11 분과별 작업 및 예산 정리	8/12	8/13	8/14 준비팀 MT	8/15	8/16 예산 보고 (담임 목사)

ⓒ 삼일교회 대만 선교 통계

도표 18 삼일교회 대만 선교 통계

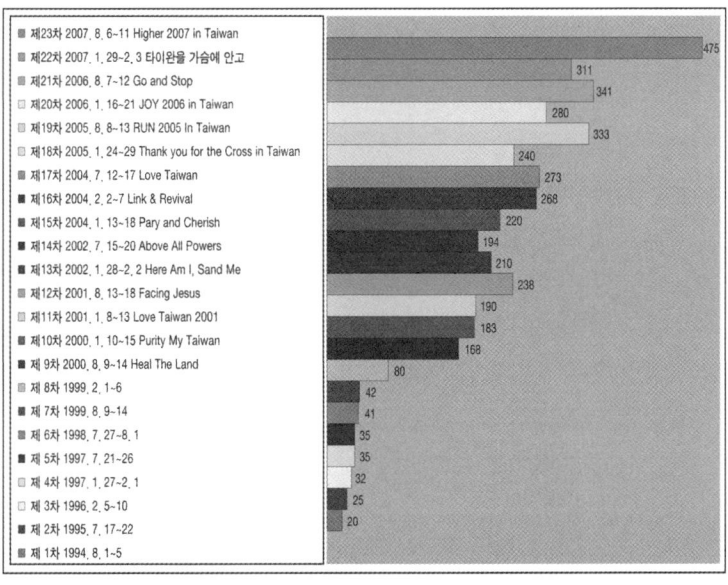

c. 결 론

　삼일교회의 단기선교 사역은 분명히 주님의 사랑으로 빛나는 광채로서 어두운 세상에 등대가 되고 있다. 하지만 그에 따른 선교 교육과 사역 시스템도 더욱 보완해야 할 부분이 많은 것이 사실이다. 또한 신학생이나 선교 후보생들이 공부하기에는 다소 요구하는 선교 교육의 범위에 미치지 못하는 경우가 다반사이다.

　그러나 이 선교 교육이 단기선교이던 장기선교이던 간에 선교사를 도와 더욱 풍성한 열매를 맺도록 하는 데 초점을 두고 있다는 점에서 맞추어져 있다는 관점에서 현 오늘날 우리나라 선교 실태에 비해 보람과 열매가 있는 선교 교육이라 평하고 싶다. 많은 교회들이 하나님 나라를 위한 정병들이 많이 일어나 주님이 다시 오시는 날을 준비하는 이 귀한 선교와 이 선교 과정의 교육 프로그램에 많이 참여하며 함께 선교해 나감으로서 더욱더 선교 교육의 필요성과 중요성 그리고 선교를 향한 방향이 향상되기를 소망한다.

제18장

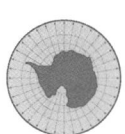

선교 교육 프로그램(4) - 단기선교

1. 단기선교란

1) 배 경

전통적인 선교사의 사역 방법은 현대에 와서 많은 벽에 부딪히게 된다. 특히 2차 대전 후 식민지의 독립으로 인해서 각 나라에서는 국가주의가 싹트게 되고 서구인에 대한 배척 감정이 두드러지게 되어 선교사들을 거부하게 된다. 또한 공산권과 회교권 등의 지역에서는 전통적인 방법으로 선교가 거의 불가능하게 되어 새로운 선교 전략이 요구된다. 한편 선교사로 헌신하는 이들도 장기적으로 평생 선교사로 사역하기보다는 단기로 헌신하여 복음을 전하려는 경향이 생기게 되었는데 대부분의 선교단체에서는 이러한 점을 적극 활용하여 선교사역을 효과적으로 담당할 뿐 아니라 장기 선교사의 발굴 내지는 훈련의 기회로 삼기도 한다. 더욱이 단일 문화권에서 성장해 온 한국인에게는 장기 선교사로서의 훈련을 위한 단기선교가 매우 귀중하다. 단기선교의 개념에 대해서는 여러 학자 간의 견해가 있다. 2-3년간 사역하는 것 혹은 여름 및 겨울방학을 통해서 1-2개월 사역하는 것을 단기선교로 보기도 한다. 어쨌든 기간의 장단에 관계 없이 단기선교가 갖추어야 할 요소가 충족되었을 때 그것을 단기선교라 한다. 단기선교에서는 몇 가지 갖추어야 할 요소가 있는데 무엇보다도 사전 훈련과 현지교회나 선교단체와의 협력관계, 체계적이고 준비된 계획에 의한 진행과 경험 있는 지도자나 현지 선교사의 지시 내지는 감독을 받아야 하며, 지원자 선발에도 신중을 기해야 한다. 이것은 단기선교지를 둘러보고 상황을 파악하는 것을 위주로 기회를 보아서 전도하는 선교여행과는 구별되어야 한다.

2) 개 념

단기선교의 평가에 대해서는 많은 논란이 있다. 무엇보다도 단기선교의 장점은 정규적인 선교사가 쉽게 머물 수 없는 지역에서 단기간에 머물면서 복음을 전하면서 그곳에 있는 소수의 현지 기독교인이나 장기 자비량 선교사 등과 연결하여 전도한 사람들은 계속 양육할 수 있도록 하는 것에 있다. 이 경우는 비자에 대해서 크게 신경 쓰지 않아도 되므로 적극적으로 전도할 수 있고 또 현지인에게 쉽게 접근할 수 있다. 또한 방학을 이용해서 하는 단기선교는 선교에 관심을 갖고 있는 학생, 교사, 교수, 목사, 전도사 등 많은 사람들을 선교의 지원으로 동원할 수가 있다. 평생을 선교사로 갈 수 없더라도 단기간 선교 사역에 참여함으로써 선교를 직접 할 수 있으며 또한 당사자뿐 아니라 교회와 주위의 사람들에게 선교에 대해 자극을 줄 수 있다. 특히 장기 선교사를 생각하는 사람들은 소명에 대한 확인을 할 수 있고 자신이 선교사로 적합한지를 점검해 볼 수 있는 좋은 기회도 된다. 실제로 단기선교에 참여한 사람의 상당수가 장기 선교사로 헌신하는 것은 매우 고무적이다. 더욱이 장기 선교사로 지망하는 이들을 위해서 단기선교는 타문화권 적응 훈련을 위해서 필수적이기도 하다.

한편, 단점으로는 먼저 선교 사역이 일시적이며 단편적이 되어서 오히려 현지인과 장기 선교사에게 본의 아니게 피해를 줄 수가 있으며 무계획적이고 즉흥적인 시도로 인해서 현지에서 장기 선교 사역에 오히려 방해가 되기도 한다. 또한 부적격자의 참여로 인해서 선교사의 이미지를 나쁘게 하며, 현지에서의 무분별한 낭비, 현지교회에서의 문제 야기 등 여러 가지 부정적 요소가 있기도 한다. 더욱이 선교 사역에 대해서 짧은 경험을 통해서 얻은 지식을 일반화하여 전달한다든지 현지 선교사나 현지 기독교인들을 성급하게 비판하기도 한다. 이 같은 단점에도 불구하고 단기선교는 현대 선교의 추세라 본다. 그러므로 단점은 최대한으로 줄여가며 장점을 살려서 세계 복음화에 단기선교를 최대한 활용해야 할 것이다.

2. 전 략

실제로 단기선교라 이름 붙이는 행사들의 대부분은 단기선교와는 상당한 거리가 있다. 우리가 진정한 사역을 하기 위해서는 적어도 우리가 행하려는 사역의 대상들에 대한 정탐이 되고, 또 그 종족들에게 들어갈 준비가 되고, 문화 충격의 과정을 넘어서야만 가능하다. 이러한 전체적인 준비의 기간이 불과 1, 2주간에 되는 것은 불가능에 가깝다. 그래서 대체적으로 6개월 이상 3년 이하의 선교 현장 사역을 단기선교라 한다. 물론 현지 선교사들의 의견 따라 사역을 하겠지만 현지 선교사들은 앞서 말한 준비 과정을 생략하고 사역에 들어가도록 하는 자체가 불가능하기에 다분히 자신들이 해당 교회와의 관계에 유리한 대로 스케줄을 권하는 형식이 될 수밖에 없다. 이것도 유익은 있겠지만 선교 사역에 대한 온전한 접근이 불가능하거나 선교에 대한 패러다임을 왜곡시킬 가능성이 많다. 이는 단기선교 팀에게 현지 선교사가 자신을 변호하거나 실적을 보여주기 위한 또 다른 시나리오를 만들게 할 가능성이 있다.

1) 선교 현장 정탐 훈련

그러면 이 프로그램을 어떻게 유용하게 할 수 있을 것인가? 먼저 1주에서 4주 정도의 프로그램을 통해 가장 효율적인 선교 프로그램으로는 어떠한 것이 있는가? 모든 선교는 먼저 정탐 훈련이 필요하다. 이를 통하여 선교지에서 실제적으로 필요한 일들과 선교 현장에 대한 이해를 할 수 있다. 먼저 목적이 분명해야 할 것이다. 어떠한 목적이든 공통적으로 정탐이라는 선행적 훈련이 필요하다. 선교 문화인류학자인 폴 히버트 박사는 "선교는 예수님이 성육신해서 우리에게 오신 것 같이 우리가 그들에게 들어가는 것이다"[1] 라고 하면서 "우리가 그들에 대하여 아는 만큼 그들 속에 들어갈 수 있다"[2]고 리서치의 중요성에 대해 강조했다. 그들이 누구인지, 어떻게 사는지, 그들에게 영향을 미치는 사회적인 구조들은 어떠한지를 알아야 복음을 전할 수 있다는 것이다. 우리는 선교지 종족들에게 '복음을 들고'가 아니라 자신이 복음이 되어 들어가야 하는 것이다. 우리가 그들의 삶 속에 들어가는 만큼 복음이 그들 속에 들어간다. 우리가 그들을 이해하지 못하고 관계를 맺지 못하면 겉돌 뿐 아니라 복음이 그들 속에 정착하지 못한다. 우리말로 복음을 설명하면 그들이 알아들을 수 없는 것처럼 그들의 문화를 알지 못하면 우리 문화로 그들에게 복음을 전하는 것이 된다. 그래서 우리가 그들 속으로 성육신하기 위해서 필연적으로 리서치가 필요하다. 조사한 만큼 그들에게 다가갈 수 있기에 리서치는 계속되어야 한다. 모든 단기선교 사역에 앞서 리서치 훈련이 선행되어야 한다.

2) 성경의 정탐 역사

구약성경의 민수기 13:1-14:11과 신명기 1:19-27에는 가나안 땅에 대한 정탐 이야기와 그에 따른 이스라엘 백성들의 불순종에 관한 기사가 나온다.

(1) 첫째 불순종

신명기 1장에서 모세는 민수기 13장에 기록된 가데스 바네아에서 있었던 가나안 정탐에 대하여 회고하면서 이스라엘 백성이 '올라가서 얻으라 두려워

---

1) Paul. A. Hiebert & Eloise Hiebert Meneses, 『성육신적 선교 사역』(Incarnational Ministry), 안영권, 이대헌 역 (서울: CLC, 1998), 413.
2) Paul. A. Hiebert & Eloise Hiebert Meneses, 『성육신적 선교 사역』, 416-422.

말라 주저하지 말라'라는 하나님의 명령을 거역하고 두려워하여 정탐꾼을 파송했다(민 13:22). 어떻게 보면 정탐 없이 전진만하는 것은 무모해 보인다. 하나님의 음성에 대한 확신이 있다면 그 확신대로 행할 것이다. 그러나 이스라엘 백성들을 우리보다 어리석게 보지는 말아야 한다. 그들은 하나님의 약속을 받았고 애굽의 10가지 재앙을 통해 하나님의 말씀에 대한 확실한 증거를 얻었고, 홍해가 갈라져서 물이 벽같이 쌓이는 기적을 체험한 백성들이다. 그러나 그들에게도 두려움이 있었고 주저할 수밖에 없었다. 우리의 삶을 돌아보아도 두려움에 주저했던 때가 있을 것이다. 겸손한 믿음으로 철저한 전쟁 준비와 두려움에 빠지지 않도록 훈련해야 한다.

(2) 둘째 불순종

정탐꾼들의 보고를 받은 백성들은 또 다시 두려움에 빠졌다. 그래서 약속의 땅, 가나안 땅으로 올라가기를 거부하였다. 이스라엘 백성들이 여호와를 거역했다(민 13:26). 민수기는 이스라엘 온 백성들이 밤새도록 통곡하며 모세와 아론을 원망했다(민 14:1)고 기록하고 있다. 결국 하나님은 진노하셨다(민 13:34-40). 불신앙은 여호와를 멸시하는 것(민 14:11)이 된다. 정보의 정확성이 중요한 하기도 하지만 정확한 정탐이 전쟁의 승리로 이어지려면 믿음으로 정탐하고 해석해야 한다. 갈렙과 여호수아처럼, 그리고 엘리사의 사환이 무수히 많은 아람 군대들은 보고 하나님의 맹렬한 군대들은 보지 못했던 것 같이 전쟁을 영적인 눈으로 보아야 한다. 하나님께서 엘리사의 사환의 눈을 열어 주셔서 하나님의 군대를 본 것 같이 믿음으로 나아가야 한다. 정보를 얻는 것과 그 정보를 해석하는 것, 그리고 그 정보를 적용하는 것도 믿음으로 해야 한다.

(3) 셋째 불순종

이스라엘 백성들의 불순종에 대해 하나님의 엄한 징계가 모세를 통하여 발표되자 이스라엘 백성들은 슬퍼하며 회개한다. 그러나 그 다음 하나님께 묻지도 않고 모세의 만류에도 불구하고 산지로 올라간다. 하나님이 함께 하지 않는 전쟁은 승리할 수가 없다. 여호와께서 귀를 기울이지 않으심으로 아말렉인과 산지의 가나안인들에게 대패하고 여호와 앞에서 통곡했다(민 13:45). 경솔히 산지에 올라간(민 13:41) 이스라엘 백성들은 여호와의 명을 거역했다(민 13:43). 하나님의 징계는 그대로 받는 것이 순종이며 징계 그 자체가 또 다른 하나님의 명령이다. 아담이 범죄한 후에 인간은 땀을 흘려 소산을 얻는 것이 순종이다. 또한 징계를 받은 사람들에게도 그 결과에 합당한 하나님의 사명을 살피고 사역해야 한다. 그러므로 시간과 환경 그리고 태도에 따라 하나님의 명령은 다른 의미를 갖고 있다.

이스라엘 민족을 가나안 땅으로 인도하신 하나님께서도 이 영역에 대한 문제를 간과하지 않으시고 분배에 대한 원칙과 소유에 대한 원칙을 구체적으로 명령하셨다. 여기서 하나님께서는 모든 것이 하나님의 소유라는 것을 강조하시면서 분배와 소유에 대한 근본적인 원리를 말씀하셨다. 하나님께서는 우리의 모든 소유의 원천 창조주 하나님이시며 하나님께서 이스라엘 민족이 애굽의 종살이에서 구원해 내셨다는 사실을 강조하신다.

3. 단기선교의 준비

단기선교도 중요한 선교 사역이다. 그러므로 사전에 치밀한 계획과 기도 그리고 준비가 필요하다. 먼저 정보를 수집해야 한다. 선교지에 대해서 가능한 많은 지식을 바탕으로 전략을 수립해야 할 것이다. 이 정보는 현지를 다녀온 사람, 현지 선교사, 관련 서적을 통해 얻고 가능하면 한국에 거주하는 현지인에게 직접 상황을 듣는 것도 필요하다. 그리하여 단기선교를 가려는 사람들이 팀을 구성하여 전략을 수립한다. 이를 위해서는 현지 기독교인이나 현지 선교사의 조언이 필수적이다.

또한 그 지역에서 활동하는 전문적인 선교단체의 도움을 받는 것도 중요하며 혹 그 지역에서 어떤 선교단체가 이미 단기선교를 하고 있다면 그 프로그램에 같이 합류하여 하는 것도 바람직하다. 이런 일들이 정리되면 실제적으로 영어 및 현지어를 준비하는 것이 필요하다. 선교 사역에 있어서 언어의 중요성은 아무리 강조해도 지나치지 않는다. 단기 사역에서의 가장 난점의 하나는 언어의 부족으로 인해서 충분한 사역이 되지 않는 것이다. 이를 위해서는 영어권에서는 영어 훈련을, 타 언어권에는 영어와 현지어의 일상 회화의 습득이 필요하며 현지 기독교인 동역자를 동행하는 행정적 절차 등에 대해서도 세심한 주의를 기울여야 한다.

한편 단기선교를 통해서 접촉된 사람들은 반드시 현지 교회나 현지 선교사에게 알려 주는 것이 필요하다. 아무리 장기 선교사가 제한된 국가라고 하더라도 자비량 선교사 등 그곳에서 선교 사역을 담당하는 이들이 있기 때문이다. 이때 주의해야 할 사항은 접촉된 사람에게 선교사나 현지인 기독교인의 신분을 노출시키지 말아야 할 것이다.

1) 타 문화권 선교훈련으로의 단기선교

폴 히버트는 문화에 대해서 "인간이 생각하고 느끼고 행동하는 바를 조직하고 체계화하는 한 집단의 사람들에 의해서 공유된 사상, 감정, 가치 그리고 행동에 연관된 유형과 사물의 통합된 크고 작은 체계"[3]라고 정의한다. 또한 데이빗 보쉬(David Bosch)는 "선교는 교회가 섬기는 자의 형상으로 울타리(장벽)를 넘는 것"이라고 했다. 선교사가 넘어야 할 장벽 중 하나는 타 문화권 적응이다. 타 문화권의 적응은 현지 문화를 수용하고 이해를 통하여 그 문화권에 복음이 들어갈 수 있는 자리를 만드는 것이다. 선교사가 타 문화권에 첫 발을 내디디면서부터 타 문화권의 파도가 때로는 신선한 충격과 흥미로 당혹감으로, 때로는 분노와 슬픔으로 다가오게 된다. 피부색, 역사, 환경, 기후, 언어, 관습 등이 다름에서 오는 문화적인 충격은 당연하다.

그러나 오랫동안 사역을 통해서 그 나라의 관습, 제도, 언어들에 익숙하면서도 정작 선교사가 자신이 현지인들과 동질 의식을 갖지 못하는 경우나 현

---

3) Paul G. Hiebert, *Anthropological Insights for Missionaries* (Grand Rapids: Baker Books, 1985), 30.

지인들이 '우리'라고 받아들이기보다는 '너희'라고 보는 시각으로 인해서 선교사는 좌절감을 맛보기도 한다. 과거에는 이런 다른 것이 선교사의 매력이 되기도 했으며 현지인들에게 호기심을 자극하므로 복음 전파에 오히려 긍정적인 면도 있었다. 하지만 그로 인하여 복음이 서양문화 혹은 선교사의 출신 문화의 옷을 입고 그대로 전달됨으로 선교지에서 복음의 토착화가 이루어지지 않고 이질적인 요소가 교회 내에 계속되었다. 현대의 선교는 이러한 과거의 잘못을 반복하지 않기 위해서 선교사 훈련에 타 문화권 커뮤니케이션, 문화 인류학, 문화와 복음 등이 이론 외에 타 문화권 적응 훈련을 강조하게 된다. 진정 복음이 한 문화권에 심겨지기 위해서는 선교사는 문화권에 적응하고 연구하고 이해하도록 노력하여 복음이 토착화될 수 있도록 끊임없이 애써야 할 것이다. 이에 대해서 한국 내에서 최근에 일어나는 선교사 훈련에 대한 관심은 매우 고무적이라 볼 수 있다.

이러한 사역들은 선교학에 대한 이론적 강의와 언어 훈련, 영성 훈련을 하며 특히 최근에는 실제로 현지에 가서 단기선교 및 단기선교 여행들을 통해서 적응 훈련을 하여 훈련자에게 큰 도움을 주고 있다. 「미션월드」지에 수록된 한국 선교사 훈련 현황을 보면 한국선교훈련원은 태국 등 동남아시아 여러 나라를 돌며 타 문화권 적응 훈련을 하고 국제선교훈련원은 3개월간 필리핀에 있는 문화센터에서 인간관계 훈련, 언어 훈련, 문화접촉 훈련을 하고 있으며, 동서선교훈련원에서는 6개월간 선교 현지에서 언어 훈련과 문화적응 훈련을 하고 있다.

타 문화권 선교사 훈련원에서는 매주 인천항에 들어오는 외국선원들을 대상으로 전도하며 훈련기간 동안 매년 러브아시아(Love Asia)프로그램과 중앙아시아 회교권 전도를 통해서 현지 적응 훈련을 한다. OM에서는 영국에서 2개월간 훈련 후 러브유럽(Love Europe)에 참석하게 하며, 선교사 훈련원은 필리핀에서 10개월의 과정이 있는데, 이때에 어학 훈련과 전도 훈련, 적응 훈련을 하게 된다. 그 외 여러 선교단체에서는 다양한 프로그램을 마련하여 선교사 후보자의 현지 적응을 돕고 있다. 이러한 프로그램들은 참석자들로부터 매우 좋은 반응을 일으키나 한편 지적하고 넘어가야 할 사항들이 있다.

첫째, 대부분의 단기선교 사역이 한국인들의 팀으로 구성되어 있다는 것이다. 현지에서 한 달 혹은 그 이상 지내지만 현지인들과 혼합된 팀에서 사역하는 것이 아니고 한국인끼리 생활하므로 피부로 와 닿는 적응 훈련을 하지 못하는 경우를 본다.

둘째, 현지인들이나 현지 교회와의 연결이 약하여 대부분의 전도와 사역이 일방적으로 이편의 요구와 필요, 계획에 의해 진행되어서 현지 교회, 현지 기독교인과의 협력관계나 그들을 돕고 섬기는 역할로서의 선교사가 가져야 할 중요한 자세를 배우지 못하는 경우가 많고 심지어는 현지인들을 훈련의 대상으로 취급하여 여러 가지 부정적인 인상을 남기기도 한다.

셋째, 단기간이기 때문에 어려운 일이 있거나 팀 내에 갈등이 있더라도 극복하고 이겨나가며 문제를 해결하려 하기보다는 몇 주, 몇 달만 참고 말려는 태도를 가지기도 한다. 선교사가 이러한 태도를 가지게 되면 실제 장기 선교를 할 때도 동료 선교사에 대해서뿐만 아니라 현지인들에 대해서도 같은 태도로 임할 수 있다. 또한 단기간 내의 경험은 대부분 신기하고 신선한 면으로 보여지기 때문에 선교 사역을 너무 쉽게 생각하는 경향도 생기게 된다.

넷째, 선교지에서 나를 바꾸어야 하고 적응해야 하며 진정 현지인들과 동료 선교사들을 사랑하고 그들과 동거동락(同居同樂)하려는 생각보다 일시적으로 내가 세운 계획과 생각을 성취하려 하며 실적을 위해 지극히 이기적인 태도를 가질 수도 있다.

이러한 문제들을 극복하기 위해서는 단기선교를 계획하는 책임자는 선교사 훈련에 대해서 타 문화권 적응 훈련이 가지는 중요성을 인식하고 그것이 참석자, 현지 교회, 선교사, 현지인들에게 미치는 영향과 반응을 면밀히 검토하여 형식적인 방문이 되지 않도록 해야 할 것이다.

2) 단기선교의 준비

다양한 문화권에서 어떻게 현지인을 이해하고 그들에게 복음을 효과적으로 전하는가? 선교사가 현지 문화에 어떤 태도를 가지고 무엇을 받아들이고 무엇을 변화시킬 것인가? 이러한 질문들은 끊임없이 던져진다. 단기선교의 준비는 다음과 같다.

첫째, 문화에 대한 적용을 공부한다. 성경을 해석할 때 그 당시의 상황, 저자, 역사적 배경 등에 대해서 연구하는 것은 필수적이다. 그 시대를 살았던 하나님의 사람들이 그 시대에 어떻게 적응했는가를 성경을 통해 보면서 우리가 살고 있는 세상에 대한 바른 개념을 가져야 하며 특히 타 문화권에 대해서 성경적 관점 훈련이 필요하다.[4] 로잔 언약에서 "복음은 어떤 문화가 다른 문화에 대해 우월하다고 전제하지 않으며, 단지 모든 문화를 진리와 의에 대한 각자 고유의 표준에 의해서 평가하고 모든 문화에서 도덕적 절대성을 강조한다"라고 한 것처럼 서로 다른 면에 대해서 인정하고 수용하고 이해해야 할 것이다. 성경에는 서로 다른 문화권이 만날 때 다른 문화권의 사람들이 생활할 때 어떻게 할 것인가를 우리에게 보여준다.

선교사들은 현지에서 그들이 나와 어떠한 공통점이 있는가를 찾아서 공감대를 형성해야 하며 더 나아가서 그 문화권이 성경의 문화권과 어떤 공통점이 있는가를 파악하여 복음이 그 문화권에 어떻게 적용이 되어야 할 것인가를 끊임없이 연구해야 한다. 실제로 서로 매우 다른 문화권이지만 깊이 들어가 보면 놀랍게도 많은 동일점을 발견하게 된다. 이것을 발견하여 그 자리에 복음을 심는 것은 선교사의 기쁨이며 선교사만이 느끼는 특권이라고 본다. 이에 대한 훈련으로 성경을 볼 때 그 사건의 배경에 관심을 가지고 그때의 상황에 쓰여진 말씀이 오늘 이 문화권에 어떻게 적용되는가를 끊임없이 연구해야 할 것이다.

둘째, 자신의 문화에 대해 평가하는 것이다. 타 문화권에 가면 타 문화에 적응하려고 애쓰는 것 같이 현지인들도 선교사로 인해서 형성되는 문화권을 접하게 된다. 그것에 대하여 이해하기 위해서도 자신의 문화권, 즉 한국과 한국인에 대하여 배워야 한다. 의외로 우리나라의 역사, 정치, 종교 등에 대해서 무관심하고 지극히 단편적인 관점이나 도식화 개념을 가진 경우가 많다. 우리 자신의 문화를 먼저 파악하고 이 문화권이 가지고 있는 여러 가지 양상

---

4) 멕 크로스만 편, 『미션 익스포저』, 정옥배 역 (서울: 예수전도단, 2008), 17-77.

들을 이해해야 할 것이다. 더 나아가서 자신이 자라온 배경, 환경 등에 대해서도 파악하는 것이 필요하다.

셋째, 타 문화권 적응에 대한 준비이다. 이를 위해서는 선교지에 대해서 다양한 연구가 되어야 한다. 그곳의 역사, 지리, 풍습, 종교에 대해 많은 책을 읽고 연구하며 파악해야 한다. 또한 타 문화권 커뮤니케이션, 복음과 문화, 문화 인류학, 선교 현장에 대한 토의, 선교사의 보고 등의 과목을 통해서 타 문화권 적응에 대해 학자들이 연구한 내용과 선교사의 경험을 토대로 준비해야 한다. 문화는 특성상 끊임없이 변화하며 같은 지역이라도 그룹에 따라서 매우 다양하다. 그래서 항상 새로운 정보와 지식을 습득해야 한다. 이와 더불어 타 지역의 종교를 연구하는 것도 매우 중요하다. 그들의 종교관, 세계관 등을 넘어서 복음의 문화권으로 들어오도록 하는 과정이 필요한데 이를 위해서 그들의 종교성 등을 이해해야 한다. 많은 지역이 겉으로 나타나는 종교 외에 오랜 역사를 통해서 밑바닥에 있는 고유의 종교심이 있는데 이것을 파악해야 한다. 이를 위해서 섬기는 태도와 현재에서 배우려는 자세를 가져야 할 것이다.

넷째, 타 문화권의 경험과 사역을 평가하며 끊임없이 관찰하고 분석하는 습관을 가져야 한다. 선교지에서의 작은 경험, 느낌, 새로운 면들, 거부감 등을 기록하고 조명하고 관찰해야 한다. 그룹 토의를 통해서 각 분야별로 나누는 것도 좋은 방법이며 일기 쓰기도 중요하다. 이러한 훈련을 통해서 장기적으로 타 문화권에 지낼 때 단순하게 어떤 사실을 아는 것만이 아니라 왜 그렇게 되었는가, 왜 이런 결과를 낳았는가, 왜 이런 문화를 형성하게 되었는가 등을 파악하는 것이 중요하다. 이것을 통해서 그 문화권 중에서 거절해야 하는 것과 인정하고 수용해야 하는 것이 무엇인가, 또한 적극적으로 받아들이고 배워야 할 것이 무엇인가 등에 대해서 깊이 생각해야 한다. 선교사는 그 문화권에서 잘못된 점에 대해서는 지적하고 하나님의 말씀에 의거해서 가르쳐야 하는 적극성과 한편 그 문화권에서 받아들일 것을 완전히 수용하고 적극적으로 배우려는 겸손한 자세를 가져야 할 것이다.

다섯째, 정탐 훈련이다. 이를테면 중동의 터키는 우리가 정복해야 할 가나안이다. 야곱과 70인의 가족이 가나안 땅을 떠난 후 가나안은 우상을 섬기는 패역한 백성들로 가득했었다. 그들의 죄악이 너무나 심각하여 하나님께서는 그 땅의 백성들을 모두 다 진멸하라고 하셨다. 터키, 바울의 가르침의 소리와 밤낮으로 눈물을 흘리면서 기도하고 말씀이 흥왕하던 그 땅, 그러나 지금 그들은 사라져 버리고 아무도 없게 된 그 땅이 우상과 죄악으로 가득하다. 가나안 땅의 관문 여리고 성을 함락하듯이 강한 용사인 대장 여호수아를 보내서서 그 땅을 정복하게 될 것이다. 그 땅을 정복하기 위해 정탐대들을 보내고 계신다.

3) 정탐의 중요한 요소들

(1) 관점

정탐에서 가장 중요한 것은 정탐을 통해 얻은 정보에 대한 정탐꾼들의 관점(perspectives)이다. 관점이 꼬여 있거나 부정적인 사람은 사실에 접근하는 것도 어렵지만 얻은 정보를 분석하고 적용하는 데도 문제가 있다. 민수기 13:27; 14:7-9에 보면 정탐꾼이 가져온 정보들의 객관적인 내용은 동일하고 정확하지만 그 정보에 대한 해석은 전혀 다르다. 인간의 편견과 선입견에 의해 아무리 정확한 정보라도 그 효용성과 진실성이 왜곡될 수 있다. 정보 속에 있는 하나님의 진실을 찾아내지 못하면 그 정보는 두려움과 어려움을 준다. 가인이 범죄하고 두려움에 떨었던 것처럼 하나님을 떠난 인간은 너무나 나약해져서 두려워하며 분별력을 잃고 늘 불안하다. 그러나 그러한 인간들을 하나님은 찾아오셔서 믿음과 평안을 주시고 성령을 통하여 분별력이 있게 한다. 꼬여 있고 부정적인 관점을 고치셔서 긍정적인 관점으로 바꾸신다.

(2) 약속에 대한 믿음

정탐은 우리에게 경험적 지식을 제공한다. 그러나 믿음 없는 경험은 약속을 상속하지 못한다. 이는 가나안 정탐대의 결과에 잘 나타나 있다. 갈렙과 여호수아만이 가나안을 상속할 수 있었다(민 14:24). 믿음은 하나님의 약속과 그 약속에 대한 반응이다. 가나안 땅은 하나님께서 이미 이스라엘 백성들에게 약속하신 땅이다. 그리고 그 약속을 이루시기 위해 대 민족을 이동시키고 있다. 이 민족의 거대한 이동을 통해 하나님께서는 믿기 어려운 많은 기적들을 경험하게 하였다. 그러나 그 놀라운 기적들과 그 기적에 대한 경험들이 가데스 바네아에서 전혀 쓸모없는 지식이 되고 말았다. 하나님께서는 우리 각자의 삶 속에서 그 동안 수없는 기적들을 이루셨다. 하나님께서 우리를 구원하신 그 일에 감격했던 그 시절의 일들을 우리의 삶 속에 나타내신 하나님의 메시지를 발견하지 못하고 그분의 기대하시고 요청하시는 바대로 행하지 못하는 것은 약속에 대해 믿음으로 반응하지 않았기 때문이다. 그렇다면 약속을 상속하지 못한다. 문제는 하나님께서 우리에게 가서 정복하라고 하신 그 땅에 들어가기를 즐겨하지 않는다. 두려움과 안주하는 삶의 유혹 때문이다.

(3) 통합적 지식

사실을 정확하게 보고 그 정보를 분석하고 해석하는 것은 정탐자의 마음과 이미 그 속에 형성된 사고의 틀에 의해서이다. 정보 속에 숨어 있는 하나님의 의도하심을 발견하기 위해서는 바른 관점과 통합된 지식을 가져야 한다. 성경적 지식과 경험적 지식이 통합된 사고를 통하여서 우리의 삶은 분별력을 갖게 된다. 우리가 말씀을 읽고 듣고 묵상하고 연구하는 것은 성경적 지식을 우리의 삶 속에 입력하는 일이다. 이스라엘 민족은 신명기 1:8과 같은 분명한 하나님의 약속과 그 약속에 대한 하나님의 간절한 설득들을 들어 왔다. 이것은 하나님의 말씀에 대한 성경적인 지식이다. 신명기 1:24-25에는 정탐꾼을 보내어 얻은 보고서가 있다. 이것은 정탐대의 경험적인 지식이다. 이스라엘 민족은 하나님의 약속의 말씀과 정탐대의 경험적인 지식을 통합하여 판단하고 행동했어야 하는 것이다. 그러나 그들에게 이 통합적인 지식이 잘못되어 있었다. 갈렙과 여호수아의 사고는 이 통합된 지식에 바탕을 두고 있다. 성경적 지식이 있는 사람들은 경험적 지식에서 오는 하나님의 또 다른 메시지를 들을 수 있다. 그러나 말씀에 대한 이해가 부족한 사람들은 그들의 경험을 통해 나타내시려고 하시는 하나님의 음성을 듣지 못한다. 그래서 자신의 잘못이 무엇인지 인식하지 못하며, 어떻게 살아야하는지에 대한 거룩한 기대감도 없다. 그래서 자신의 죄에 대한 참회가 없으며, 자신의 가치에 대한 소망을 찾지 못해 기쁨을 누리지 못한다. 진정한 회개는 불순종한 현재에서의 하나님의 말씀을 수용하며 나아가 삶 속에서 발견된 경험적인 지식과 죄, 소망에 대해 말씀하신 하나님의 약속, 성경적 지식의 통합적 지식을 갖는다.

4) 대사명

신명기 1:8은 단순히 가나안 땅을 너희에게 주겠다는 약속만 하고 있지 않고 오히려 그 약속의 완성을 위해 들어가 싸워서 얻으라는 사명에 대해 말씀하고 있다. 사도행전 1:8도 증인이 되리라는 약속의 말씀만을 하고 있는 것이 아니라 성령을 받으라는 명령이 내포되어 있다. 그래서 그 말씀에 앞서서 약속한 성령을 기다리라는 당부가 있었다. 선교는 하나님의 약속의 성취를 위해 우리가 믿음으로 반응하는 것이다. 사도행전 1:8에는 두 가지 약속이 있다.

첫째 약속은 성령강림이다. 우리의 삶이 성령충만해야 한다. 어떤 면에서 구하고 찾고 두드리는 작업은 정탐대의 작업과 동일하다. 구하는 이에게 주실 것이요 찾는 이가 찾을 것이요 두드리는 자에게 열릴 것이라는 말씀의 원리는 성령을 구하는 자에게 성령이 임하신다는 것과 동일하다. 우리의 삶에 성령강림을 간절히 기다리는 자에게 성령을 부어 주실 것이다. 이것이 하나님의 약속이다. 열심히 충성스럽게 정탐대의 삶을 살라. 하나님의 약속의 땅을 향하여 구하고 찾고 두드리는 삶을 살라. 그것이 하나님의 약속이다.

둘째, 증인된 삶을 살게 하겠다는 것이다. 즉 세계 선교를 위해 살게 하겠다는 말씀이다. 물론 우리 족속을 전도하는 일도 포함하여 모든 족속을 제자 삼아 아버지와 아들과 성령의 이름으로 세례를 주고 분부한 모든 것을 가르쳐 지키게 하라고 하셨다. 하나님은 민족을 차별하시지 않는다. 선교를 위해 성령충만한 삶을 살아야 한다. 성령충만한 가운데 최선을 다해 그리스도의 증인된 삶을 살아야 한다. 이것은 하나님의 약속이며 명령이다.

신명기 28장을 보라. 이스라엘 민족들은 하나님의 약속과 명령대로 살지 않았다. 그래서 그들은 저주받은 백성이 되었다. 그리스도인들의 삶에 있어서 정보를 얻는 것은 하나님의 약속에 대하여 믿음으로 반응하기 위함이다. 정탐을 통해 얻은 정보들이 민족과 열방들을 하나님께 무릎 꿇게 하는 유용한 정탐이 되어야 한다. 더 나아가서 정탐은 대단히 중요하다. 단기선교는 모든 사람에게 열려 있는 하나님의 목적에 맞는 선교가 되어야 한다.

4. 결론

제임스 케네디(James Kennedy)는 "평신도들이야 말로 세계 복음화에 있어서 가장 전략적으로 중요하면서도 가장 사용되어지지 않은 열쇠이다"라고 했다. 21세기의 한국 교회는 평신도를 선교 대열에 더욱 적극적으로 파송해야 할 것이다. 그리고 평신도 선교에 대한 인식을 높이고 선교 교육을 통해서 선교에 대한 바른 개념을 심어 주며 발굴된 선교사를 다각적으로 훈련시켜야 할 것이다. 또한 체계적으로 정책을 수립하여 지역별 사역별 연구를 통해 선교 전략을 세워야 한다. 이를 위한 가장 효과적인 방법은 단기선교를 통한 선교의 활성화이다. 오늘날 한국 교회에 있어서 세계 선교의 방향은 평신도 선교를 어떻게 하느냐에 따라서 크게 영향을 받을 것이다. 옥한흠 목사는 한국 교회에 대해 "불행하게도 많은 교회에서 평신도가 잠을 자고 있다. 엄청난 저력을 가진 거인이 힘이 쓰지 못하고 있다"고 했다. 세계 선교를 위해 한국 교회는 평신도 선교와 단기선교에 대해 보다 폭넓은 이해와 관심을 가지고 주님께서 "땅 끝까지 이르러 내 증인이 되리라" 하는 명령을 실행하기 위해서 잠자는 거인을 깨워서 이 위대한 하나님의 선교 사역에 동참하도록 해야 한다.

The Church and Mission Education

제19장

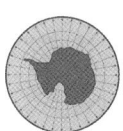

선교 교육 프로그램(5) - 요한 웨슬리

엄밀한 의미에서 선교란 "모든 사람이 예수 그리스도를 영접할 수 있는 기회를 갖도록 하게 하는 것이다." 특히 개신교의 선교 전통은 인간의 타락, 개인의 신앙고백을 통한 영혼 구원, 즉 개인의 영혼 구원을 선교의 최대 목표라고 할 때 웨슬리는 탁월한 선교 사역자라 할 수 있을 것이다.[5]

요한 웨슬리가 1792년 옥스포드에서 몇몇의 학생들과 더불어 신성 클럽(Holy Club)을 조직하였을 때에는 이미 런던과 웨스트민스터 지역에만 사십여 개의 신도회가 존재했을 뿐만 아니라 그와 유사한 신도회들이 생겨나고 있었다.[6] 이 신도회들은 웨슬리의 '작은 교회'의 조직을 위한 선교 전략에 결정적인 기여를 했다고 볼 수 있다. 웨슬리는 그의 세계 선교의 비전이었던 "세계를 나의 교구로 삼는다"라는 선교 사상의 큰 맥락에서 선교 방법 으로서의 '작은 교회'를 개발한 것이다.

역사적으로 스패너(P. Spener)에서 진젠도르프로 이어지는 '교회 안의 작은 교회'(Ecclesiolae in Ecclesia)에 대한 개념과 그에 관한 운동은 모라비안 교도들의 선교활동을 통해 웨슬리에게 전해졌다. 1735년에 스팡겐베르그

---

5) 본 소고는 필자의 박사학위 논문인 「요한 웨슬리의 "Eccleolae in Ecclesia"에 나타난 선교사상 연구」의 제V장을 정리 요약한 것이다.
6) 홍성철, "독일 경건주의가 요한 웨슬리에게 미친 영향," 「신학과 선교」 제19집 (부천: 서울신학대학교, 1994), 359.

(Spangenberg)가 한 무리의 모라비안 교도들을 이끌고 미국의 조지아(Georgia)로 가기 위해 떠나는 배에 때마침 웨슬리도 동선했다. 이것이 요한 웨슬리와 모라비안 교도들과의 첫 번째 만남이었는데, 후에 웨슬리는 그의 일기에서 말하기를 "그때 그들로부터 받은 감동은 일생을 통해 잊을 수 없는 감격스러운 것이었다"[7]라고 했다.

정확히 누가 페터레인(Fatter Lane)을 조직하고 또한 그 규칙을 제정하였는지 - 웨슬리인지 뵐러인지 - 는 불명확하다. 그러나 이 페터레인의 규약을 보면 매주 기도와 고백을 위한 모임을 가졌고 5-10명 정도를 조로 나눠 자유로운 대화와 새로운 회원을 소개하는 순서가 있었다. 그리고 매월 한 번은 오후 7시부터 10시까지 애찬을 나누고[8] 월 회비를 냈다. 웨슬리가 예측하지는 못했지만 페터레인은 "영국계 모라비안 교도의 모판, 즉 에클레시아(Ecclesia)가 된 에클레시올래(Ecclesiolae)"[9]가 될 운명이었다.

1755년에는 이미 영국 안에 15개 이상의 모라비안의 형제단이 설립되어 있을 정도로 영국에서의 복음적 각성운동에 끼친 그들의 영향은 지대했다. 그 후 그는 비록 모라비안과 결별했으나 그는 이들로부터 받는 경건주의적 감화[10]와 선교에의 열정 그리고 신앙 소공동체는 웨슬리의 전교 전략에 깊은 영향을 끼쳤다.

이러한 과정 속에서 필립 스패너(P. Spener)의 '안으로부터의 교회 개혁'과 진젠도르프의 선교적 열정이 함께 어우러져 마침내 웨슬리에게서 적극적으로 조직되고 활성화되어 '작은 교회운동'이 시작되었다. '작은 교회'를 통하여 웨슬리가 품었던 비전은 복음으로 인간을 구원하고 그 시대 영국 교회의 갱

---

7) John Wesley, *Works*, vol. I, 47.
8) John Wesley, *Journal*, vol. I, 458-459.
9) John Wesley, *Journal*, vol. II, 28-56.
10) 당시 독일에서 스페너(Phillip Jacob Spener)가 *Pia Desideria*(1675)라는 책을 출판했는데 그 역시 독일의 경건주의를 일으킨 collegia pietatis라 불리우는 작은 세포조직을 형성하는 일을 시작했다. 이 경건주의(Pietism)와 신앙단체운동(그리고 경건주의와 메소디즘)의 관계는 대개 무시되어 왔다. 메소디즘은 역사적으로 단절되어 있던 경건주의와 모라비안 교도들을 상호 연결시켰다는 점에서 어느 정도 중요하다. 흥미 있게도 '신앙단체'(religious society)와 '경건한 무리들'(collegium pietatis)은 대략 같은 것을 명명하는 동의어로 사용된다.

신과 동시에 부패한 영국 사회를 치유하고 회복시키는 사회구원을 통하여 전인적인 구원을 추구하는 사회선교를 실천하였다.

웨슬리의 구원관이나 신앙관을 주로 개인 구원, 개인 복음, 개인 선교 차원에서만 보아왔던 관점을 기본 전제로 하여 요한 웨슬리에게서 찾아볼 수 있는 선교적 관점을 서술하고자 한다. 이를 통하여 웨슬리는 총체적인 구원과 통전적 복음 전파, 통합된 선교관을 가지고 있었다는 것과 이것이 탁월한 선교 교육의 한 모델이 될 수 있음을 밝히고자 한다.

1. '작은 교회'에 나타난 선교 영성 훈련과 선교신학적 의미

웨슬리는 '작은 교회' 운동을 통하여 '세계는 나의 교구다'라는 위대한 선교를 실천하고자 했으며 이를 위해 '작은 교회'를 메소디스트들을 훈련하는 선교의 훈련장으로 생각하였다. 특히 성화를 위한 철저한 영성 훈련을 중심으로 훈련을 매우 강조하였다.

이를 위하여 신도들은 부단히 은총의 수단(means of grace)을 사용해야 함을 요구 받았다. 웨슬리는 교회사적인 전통 속에서 사용해 온 변할 수 없고 영구적인 은총의 수단을 'instituted means of grace'라 언급했는데 이것은 곧 기도, 말씀, 성만찬, 금식 그리고 각종 영성 훈련 모임이라 언급하였다. 그리고 상황에 따라 구체적으로 변경시킬 수 있는 은총의 수단을 'prudential means of grace'라고 표현했는데 그것은 선행을 실천하는 것(to do good)과 악행을 피하는 것(to do no harm)이라고 했다.

그리고 일반적인 은총의 수단(general means of grace)으로서는 모든 계명을 준수하고 자기를 부인하며 자기 십자가를 지고 주님을 따르는 것으로 설명하였다. 또한 웨슬리가 직접 은총의 수단으로 언급하지는 않았지만 초기 감리교회에서 실제로 은총의 수단으로 활용되었던 기독교 고전 읽기와 찬양을 헨리 나이트(Henry H. Knight Ⅲ)는 그의 저서 *The presence of God in the Christian Life: John Wesley and the Means of Grace*에서 은총의 수단에 추가했다. 그리고 김홍기는 그의 「초기 감리교회의 조직화와 속회 중심의 영성 훈련」이란 논고에서 웨슬리의 생애와 초기 감리교 운동 속에서 영적 일기 쓰기, 경제적 나눔, 시간의 선용 등[1]을 은총의 수단으로 추가하였기에 여기서는 이 모든 것들을 종합하여 다룸으로써 웨슬리 당시의 '작은 교회'를 통해서 웨슬리가 메소디스트들을 어떻게 훈련하고자 했는지에 관하여 보다 구체적으로 드러내고자 하였다. 그리고 이 영성 훈련을 영역별로 개인적, 공동체적, 사회적 영성 훈련으로 분류하여 언급하고자 하였다.

1) 개인적 영성 훈련

(1) 말씀 훈련

웨슬리에게 있어서 성경이 영성 훈련의 가장 원천적이고 중요한 표준과 자료가 되었다. 왜냐하면 성경이 구원에 관하여 가장 확실한 가르침을 제공하기 때문이다. 성경이 신학의 기초가 될 뿐 아니라 최고의 권위였다. 웨슬리는 자신이 성경이 말하는 성경적 성결(scriptural holiness)을 그 자신이 추구하였고, '작은 교회'를 중심으로 하는 감리교도들에게 가르치고 훈련시켰다. 하나님이 감리교 설교가들을 부르신 이유는 어떤 종파를 만들려는 것이 아니라 성경적 성결을 온누리에 퍼뜨리는 것이라고 강조하였다. 그의 구원론의 질서를 순서를 따라 가장 잘 요약한 설교가 '성경적 구원의 길'(Scripture Way of Salvation)이었다. 성경을 근거로 하여 선재적 은총, 회개, 의인화, 거듭남, 성화, 완전, 영화를 체계 적으로 설명하고 있다.[2] 웨슬리는 성경 연구를 강조하면서 다음과 같이 언급했다.

> 성경을 탐구하는 일은 하나님께 속한 것들을 이해하기 위한 길이다. 성경 말씀을 주야로 묵상하라. 그러면 가장 선한 지식과 유일하신 참 하나님을 알게 된다.[3]

---

1) 김홍기, "초기 감리교회의 조직화와 속회 중심의 영성훈련," 「신학과 세계」 제40호 (서울: 감리교신학대학교 출판부, 2000, 봄), 110-125.
2) 김홍기, "초기 감리교회의 조직화와 속회 중심의 영성훈련," 「신학과 세계」 제40호, 113.
3) John Wesley, *Works*, vol. VI, 252.

웨슬리는 1765년 자신의 생애를 회고하면서 그는 1730년부터 '한 책의 사람'(homo unius libri)이 되기 시작하여 성경 이외에는 비교적 다른 책들은 연구하지 않았다고 했다.[4] 물론 그는 1세기에서 5세기에 이르는 동서방 교부 신학의 책들이나 어거스틴(Augustine), 루터(M. Luther), 칼빈(J. Calvin), 윌리암 로(William Law), 제레미 테일러(Jeremy Taylor), 토마스 아 켐피스(Thomas a Kempis) 등 역사신학 책들을 많이 읽음으로써 역사 신학적 전통에 능숙하였으나 성경을 전통보다 귀중한 신학 자료로 생각하였다. 웨슬리는 '작은 교회'의 모임에서 역시 성경 연구를 매우 중요시하였고 그 성경 연구의 목적을 역시 성화에 두었다. 성경을 통하여 자신의 생활을 반성하고 간증을 통하여 서로를 권면하고 충고하고 위로를 주고받음으로써 더욱 성화된 삶을 추구할 수 있게 되었다.

성경 말씀을 읽고 묵상하고 듣고, 특히 그의 '작은 교회'인 속회나 신도회 모임에서 말씀 해석이나 설교를 통해서 은혜 받는 것을 강조하였다. 그의 일생 동안 삶의 표준이 성경이었고 그의 목회의 표준이 성경이었기에 그는 성경을 매일 히브리어와 희랍어로 몇 시간씩 읽으면서 진지하게 성경을 연구하였다. 그래서 웨슬리는 성경에 능통하였고, 그가 쓴 편지 든 논설이든 많은 성경 구절이 인용되어 있었고 항상 성경에 대한 이야기로 가득 채워져 있었다. 또한 웨슬리의 설교의 기초와 내용이 바로 성경이었다. 그의 설교문들은 간접적으로 혹은 직접적으로 성경의 인용으로 가득 차 있다.

요약하면, 웨슬리의 말씀 훈련에는 세 가지의 중요한 요소가 있는데 그것은 첫째, 자기 성찰을 통한 개인 성화의 성취와 둘째, 신도들이 은혜 안에서 성장하는 것을 돕기 위함이며, 마지막으로 소공동체 안에서 말씀 연구를 통하여 서로를 고쳐 주고, 나아가 부요하게 해 주며 서로의 경험을 보다 구체적으로 나눔으로써 그리스도께 더 가까이 나아가는 은혜의 수단으로 마음껏 활용하였다.

---

4) 김진두,『웨슬리의 실천신학』, 94.

(2) 기도와 금식 훈련

웨슬리의 영성 생활의 핵심은 기도 생활이다. 웨슬리는 말하기를 "기도는 확실히 하나님께 가까이 나아가는 가장 중요한 수단이다. 따라서 그 밖의 다른 모든 것은 이것과 병행하거나 또는 이것을 위해 도울 때에만 도움이 된다"[5]고 하였다. 그래서 웨슬리는 "기도는 성도의 영적 생명의 호흡"[6]과 같다고 강조하였다. 그는 기도를 성도의 삶의 총체적인 것으로 보았다. 즉 기도를 통하여 우리의 죄에 대하여 각성하고(회개와 고백), 우리 속에 하나님의 약속이 성취되기를 열망하고(청원), 이웃의 요구를 위해 대신 요청하고(중보), 하나님의 선하심과 인자하심에 대하여 감사하게 된다고 주장했다. 웨슬리는 기도의 필요성에 대하여 언급하기를 하나님과의 교통과 신앙의 성장, 그리고 은사와 보다 깊은 영성을 얻기 위하여 반드시 기도 생활을 권면하였다.[7]

그 자신이 새벽 4시면 일어나서 새벽기도하는 생활을 습관화하였다. 그가 15년 이상 을 살았던 집(Wesley's House: 영국 런던의 City Road에 있는 웨슬리 예배당 옆에 있는 건물)에 그가 매일 기도하던 방이 있다. 그 방을 '능력의 방'(Power House)이라 불렀다. 그의 기도의 능력으로 세계적인 감리교회를 만들었다는 뜻이다. 그가 이렇게 4시면 일어날 수 있었던 것은 어머니 수산나의 철저한 교육 때문이었다. 어머니는 매일 밤 8시면 자고 오전 4시면 일어나는 훈련을 시켰다. 특히 수산나는 잠을 잘 때와 잠에서 깨어날 때에 주기도문을 외우게 했고 좀 더 성장한 후에는 짧은 기도문을 외우게 했고, 어머니는 자녀들에게 매일 안수기도를 했고 자녀들은 어머니를 위해 기도하게 하였다.

그리고 옥스퍼드대학교의 신성클럽 시절에는 매시간 캠퍼스 종을 칠 때마다 기도하고 시편을 묵상하였다. 또한 클레이톤(Mr. Clayton)의 제안에 따라 금식을 일주일에 두 번씩 수요일과 금요일에 실천하였다. 그리고 감리교도들에게도 금식의 날을 지키도록 요구하였고 나아가 많은 사람들이 금식하지 못하는 것에 관심을 가졌다.

또한 철야기도를 중요한 은총의 수단으로 생각하였다. 1742년 3월 12일

---

5) John Wesley, *Letters*, vol. IV, 90.
6) John Wesley, *Notes*, vol. I, Thes 5:16.
7) John Wesley, *Works*, vol. I, 384-385.

제19장 선교 교육 프로그램(5) - 요한 웨슬리

금요일 많은 사람들이 와서 웨슬리는 밤 8시에서 이튿날 오전 8시까지 설교 했는데, 성령이 임하여서 자정이 넘기까지 약 100여 명이 기도와 찬양을 계속하였다. 집으로 돌아가면서도 기도와 찬양을 계속하였다. 그래서 그것이 계기가 되어 매월 1회 정기적으로 런던과 브리스톨과 뉴 케슬에서 철야기도회(watch night service)를 하게 되었다. 새해 이브에 철야 기도회를 갖게 되었고 이것이 새해 첫 주일에 언약 갱신 예배(Covenant Service)로 정착되었다.[8]

웨슬리의 기도신학의 중심은 욕망의 성취가 아니라 어디까지나 성화의 완전한 성취에 있었다. 즉 웨슬리의 기도의 목적은 궁극적으로 성화를 이룩하려는 데 있었다. 기도는 우리의 신앙과 사랑을 증진시켜 주고 하나님과 더욱 깊은 교제로 영적 성장을 가져오는 것이 그 목적이다. 웨슬리는 리처드 백스터(Richard Baxter)와 요셉 홀(Joseph Hall)의 명상기도법대로, 즉 성경을 읽고 그 말씀에 근거하여 묵상하는 기도법을 따라 기도할 것을 연회에서 그의 메소디스트들에게 가르쳤다. 웨슬리는 하나님께 간절히 요구하는 통성기도(active prayer)나 즉흥기도나 화살기도도 중요하게 생각하였으나 하나님과의 친교와 사귐과 대화를 갖는 관상기도(contemplative prayer)를 통하여 성화를 훈련하는 기도를 더욱 강조했다. 그리고 웨슬리는 월요일에서 주일까지 매일 드리는 공동 기도문을 만들어서 초기 감리교도들로 하여금 기도하게 했다.[9]

그리고 금식 훈련을 하였다. 웨슬리는 '작은 교회'를 중심으로 하는 금식일을 대단히 강조했는데[10] 기도와 금식생활을 중요한 은총의 수단으로 여겼다. 웨슬리 자신은 일주일에 두 번(수, 금요일) 금식을 했는데 1738년 이후에는 금요일에만 금식기도를 하였다.

특히 부자가 된 후에 금식하기를 싫어하고 영성 생활이 나약해지는 것을 두려워하면서 경고하는 설교를 그의 말년에 자주 하였다. 금식의 진정한 목적은 세상일에 집착된 영혼을 세상일에서 손을 떼고, 영적 목표인 완전 성화를 이루며 하나님 앞에서 보다 그리스도를 본 받는 생활을 하게 하기 위함이라고 강조했다. 웨슬리는 금식기도의 중요성과 유익을 잘 인식하고 있었다.

---

8) 김홍기, "초기 감리교회의 조직화와 속회 중심의 영성훈련," 「신학과 세계」 제40호, 111.
9) 김홍기, "초기 감리교회의 조직화와 속회 중심의 영성훈련," 「신학과 세계」 제40호, 112.
10) John Wesley, *Works*, vol. VII, 288-289.

웨슬리는 그의 설교에서 당신이 기도와 함께 금식으로 하나님을 찾을 때 그 일은 결코 헛되지 않을 것이라고 하면서 금식해야 할 이유를 "죄를 슬퍼하고, 신체의 건강을 위해서, 육신의 정욕을 죽이고, 더 깊이 기도하고, 과식과 소비를 억제하고, 끝으로, 자아의 훈련을 위하여"[11]라고 제시했다

여러 날 금식, 하루 금식, 반나절 금식, 단식, 조금 먹는 금식, 즐겨하는 음식을 금식하는 것 등 상황에 따라 변경할 수 있는 것(prudential)으로 강조했으나 금식 자체는 제도화 된 수단임을 강조했다. 그가 강조한 금식의 목적은 첫째, 죄에 대해 슬퍼하는 것과 하나님의 진노를 두려워하는 것, 둘째, 어리석고 경건치 못한 욕망과 불결한 감정에서 벗어나는 금욕적인 것, 셋째, 하나님이 사랑하시는 가난한 이웃의 필요를 따라 나누어 줌으로써 서로의 연대의식과 책임감을 갖는 것으로써 금식의 궁극적인 목적은 성화에 있었다.

(3) 영성 일기와 고전 읽기

웨슬리는 1725년부터 일기를 쓰기 시작하여 두 종류의 일기(Diary와 Journal)를 통하여 자신을 영적으로 돌보는 영적 성찰을 도모했다. 'Diary'는 객관적 사실을 서술 중심으로 썼고, 'Journal'은 해석 중심으로 썼다. 오늘의 Q.T와 같은 방법도 그와 비슷한 영적 성찰과 성화 은총의 수단이라 생각한다. 영적 상태를 돌보고 점검하는 영성 일기는 오늘날도 활용해야 할 중요한 은총의 수단이라고 볼 수 있다.[12]

그리고 기독교 고전 읽기를 훈련하였다. 웨슬리는 그의 성화와 완전에 이르는 영성 훈련을 위해 많은 영향을 준 기독교 영성 대가들의 책들을 모아 『기독교 문고』(Christian Library)를 출판했다.[13]

이렇게 기독교 문고에 모아진 모범적인 영성 대가들의 책들 속에 나타난 경건생활을 위한 다양한 영성 훈련을 읽는 것이 성화와 완전에 이르는 은총의 수단임을 웨슬리는 강조하였다. 웨슬리는 그의 평신도 설교가들에게 이 『기독교 문고』 속에 있는 책들을 많은 기도와 함께 열심히, 그리고 오전 6시

---

11) John Wesley, *Sermon*, vol. Ⅰ, 455-460.
12) 김홍기, "초기 감리교회의 조직화와 속회중심의 영성훈련," 「신학과 세계」제40호, 122.
13) 김진두, 『웨슬리의 실천신학』, 92.

부터 12시까지 읽을 것을 권면하였다. 웨슬리의 철저한 훈련의 면모를 이 부분에서도 발견할 수가 있는 것이다.

(4) 평신도 설교

웨슬리는 평신도 설교자들을 세우게 된 동기를 다음과 같이 밝힌다.

하나님께서 전에 저들을 돕게 하셨던 목사들(ministers)이 다시 그곳에 돌아와서 볼 때 그들은 엄청난 양의 사역을 다시 시작하여야 했다. 그러나 타락한 자들은 종종 죄 가운데 너무 완악하여져서 어떤 감명도 침투할 수 없게 되었다. 이렇게 극단적으로 불가피한 경우 그들은 무엇을 할 수 있는가? 거기에 많은 영혼들이 위험에 놓여 있지 않는가? 성직자들은 전혀 돕지 않을 것이다. 남아 있는 방법은 저들 가운데 누군가 찾는 것뿐이다. 바른 마음과 하나님의 사업을 온전히 판단하는 자를 그리고, 그가 할 수 있는 대로 자주 만나 성경을 읽고 기도하거나 또는 권면하도록 요구하는 것이다 … 여러 곳에서 이들 평범한 사람들 덕분에 이미 잘 달리기 시작한 자들은 다시 영원한 죽음에 떨어짐을 막았을 뿐 아니라 다른 죄인들까지도 악한 생활의 잘못에서 회심하는 일이 많았다 … 나는 그런 불가피한 경우에 이런 도움을 이용함을 금지하는 성경을 알지 못한다.[14]

평신도 설교자라는 새로운 직책은 이렇게 시작되었다. 이것이 분명하게 된 것은 1744년부터 1748년까지 초기 연회 기간 동안이었다. 명칭도 다양하게 붙혀졌는데, 처음에는 lay assistants로 불리었고 마침내 lay preacher로 바뀌었다.[15] 그리고 여기에는 웨슬리의 영국 교회적 목회관과 교회 교육관이 반영되고 있다.[16] 감리교가 영국 국교회를 비롯한 다른 교회와 다른 전통은 바로 '평신도 설교자'이다. 웨슬리는 1738년 8월 8일 일기에 다음과 같이 기록하고 있다.

---

14) John Wesley, *Works*, vol. V, 156 ff.
15) Martin Schmidt, 『존 웨슬리(상)』, 김덕순, 김영선 공역, 106.
16) Martin Schmidt, 『존 웨슬리(상)』, 106.

수요일과 목요일에 나는 이 교회의 최고자인 미카엘 린너(Michael Linner)와 이야기할 기회를 가졌으며, 하나님의 도우심으로 이 교회를 처음 세운 데이비드와 많은 시간을 보냈다. 내가 여기에 머무는 며칠 동안 네 차례나 그의 설교를 들었으며, 매번 그는 내가 전에 그에게 말한 바 있는, 내가 원하는 많은 주제를 택하여 설교했다. 세 번이나 그는 믿음이 약한 사람들의 상태를 기술했으며, 의인이 되었으나 아직도 새롭고 깨끗한 마음을 갖지 못한 사람과 그리스도의 피로 용서하심을 받았으나 아직도 성령이 항상 함께 머물지 못한 일을 말해 주었다 … 그의 네 번째 설교는 믿음의 바탕에 관한 것이었다. 이 설교는 나에게 강한 감동을 주었다. 내가 집에 갔을 때 나는 말로 표현할 수 없어 그 내용을 적었다.[17]

웨슬리는 이러한 영향으로 평신도 설교가들을 길러내게 된다. 웨슬리는 1790년 9월 9일에 그의 글에서 조셉 홈프레이스(Joseph Humphreys)에 대해 '1738년 영국에서 나를 도왔던 최초의 평신도 설교자'라고 했다.[18] 평신도 설교자들은 바울이 천막을 만들어 생계를 유지했던 것처럼 직업에 종사하면서 밤에나 주일에 자신의 이웃들에게 설교를 하였다.[19] 이들 중에 대부분은 지역 설교자(local preacher)로 남았으며, 소수가 순회설교자(itinerant)가 되었다.[20]

평신도 설교자의 직분에 대해 1744년 연회록에 쓰인 웨슬리의 답변은,

그들의 직무는 목사와 같다. 목사가 자리를 비웠을 때 양떼를 먹이고 인도해야 한다. ① 매일 아침저녁으로 말씀을 전하는 것, ② 매주마다 연합 신도회, 조모임, 선별 신도회 및 회심자들을 만날 것, ③ 매달 한 차례 속회들을 방문할

---

17) John Wesley, *Works*, vol. Ⅰ, 117.
18) C. W. Towlson, *Moravian and Methodist, Relationships and Influences in the Eighteenth Century*, 235.
19) Abel Stevens, *The History of the Religious movement of the Eighteenth Century Called Methodism*, vol. Ⅱ (New York: Carlton and Porter, 1859), 471.
20) Henry Carter, *The Methodist Heritage* (New York: Abingdon Cokesbury Press, 1951), 96.

것, ④ 모든 불화를 듣고 결단을 내릴 것, ⑤ 그들의 직분을 수행하는 집사, 리더들, 교사 및 탁사(housekeepers)를 만날 것, ⑥ 매주 집사들, 조모임 및 속회의 리더들을 만나 그들의 보고를 살펴볼 것 등이었다.[21]

웨슬리는 이처럼 그의 조직들이 개종자들에 대한 사후관리 및 보호를 위한 방법이었으며, 그들이 스스로 구령자가 되도록 훈련을 받게 함으로써 선교에로 유도하였다.

이외에도 모라비안은 웨슬리와 메소디스트에 많은 영향을 주었다. 웨슬리의 교육과 감리교 연회, 즉석 기도와 설교 등은 모라비안에게서 받은 영향이 컸다. 이러한 요소들은 모라비안에게 이미 활용되던 것들로 나중에 웨슬리의 사역에도 그대로 적용이 된다.

2) 공동체적 영성 훈련

웨슬리는 고립된 상태에서 성도의 신앙생활은 절대로 성장할 수 없음을 강조하면서 영적 교제와 사귐과 대화를 통해서 서로 돌보고 양육하는 영적 책임감(accountability)을 통하여 성장하게 하였다. 그래서 서로가 서로의 영적인 상태를 돌보는 모임(Christian conference)을 중요하게 생각하였다. 성도의 교제와 그리스도인의 대화를 통하여 영적 성숙을 도모하는 컨퍼런스를 의미한다. 여기에는 속회와 밴드를 비롯하여 각종 예배(철야기도회, 애찬회, 언약 갱신 예배, 설교 예배 등)를 통해 성숙하게 됨을 강조하였다.

(1) 애찬회

애찬회는 초대교회의 아가페(agape) 전통에서 역사적 기원을 갖고 있다. 그런데 웨슬리는 초대교회 전통뿐 아니라 모라비안들에게서 배웠다. 1727년 모라비안들이 헤른후트에서 시작하였는데, 웨슬리는 1737년 여름 미국 조지아주에서 모라비안들로부터 배웠고, 올더스게이트 체험 후 1738년 6월 중순

---

21) John Wesley, *Journal*, Friday, 29th. June. 1744.

에서 9월 중순까지 독일 헤른후트를 방문했을 때 그들과 애찬회를 다시 가졌고 많은 감명을 받고 돌아와 그것을 감리교 모임에서 활용하여 처음 시작한 것은 1739년 새해에 페터레인 신도회에서였다. 3개월에 한 번씩 계절마다 가졌다. 순서는 참석자들과 함께 기도와 찬양과 친교를 나누었고, 특별 순서로 간증과 감사하는 순서가 있었다. 간증을 하는 동안 케이크, 비스킷, 음료 등을 나누어 먹었다.

이때 신성회 회원 6명과 다른 신도 60여 명의 애찬회가 열렸는데, 이 애찬회야말로 초대 기독교의 아가페 정신을 현대적으로 재현한 것이었다. 그리고 그날의 애찬회는 다음 날 새벽 3시까지 계속되었고, 계속해서 열심히 기도하는 중에 강력하고 신비한 성령의 임재를 체험하였다.[22] 웨슬리는 그날의 애찬회를 다음과 같이 기록하였다.

> 홀, 킨친, 잉함, 휫필드, 헛친스 씨 그리고 내 동생 찰스는 페터 레인에서 사랑의 잔치에 참여했는데, 60여 명의 형제들도 함께 있었다. 새벽 3시경 우리가 기도하고 있을 때 하나님의 능력이 우리 위에 강하게 임하셨으며 넘치는 기쁨으로 많은 사람들이 울음을 터트리고 땅에 엎드려질 정도였다. 우리가 그의 현존하시는 위엄의 경이에서 다소 회복되자마자 우리는 한 목소리로 외쳤다. "오, 하나님, 우리는 당신을 찬양합니다. 우리는 당신이 주가 되심을 아나이다."[23]

그리고 형제단의 애찬식은 결혼식이나 일요일 저녁에 행해졌는데 웨슬리는 그의 일기에 다음과 같이 기록하고 있다. "오후 4시에 기혼 남성들의 애찬회가 있었는데 이들의 마음은 즐겁고 단순함으로 음성으로는 찬양과 감사를 드리면서 음식을 들었다."[24]

1744년 1차 연회(the first conference)는 애찬식과 함께 열렸다. 그러나 1759년의 일기에서 웨슬리는 애찬식이 전체 신도에게, 그러니까 연 4회의 속회

---

22) John Wesley, *Journal*, Friday, 29th. June, 100.
23) John Wesley, *Journal* 1738년 12월 31일, *Works*, vol. Ⅰ, 170.
24) John Wesley, *Works*, vol. Ⅰ, 115.

티켓을 제출하도록 요구받은 구성원들에게도 허용되었다는 사실을 기록했다. 결국 애찬식은 쇠퇴했다. 그러나 놀라운 것은 애찬식이 결코 주의 만찬과 혼동되지는 않았던 점은 높이 평가할 만하다.[25]

사실상 이때부터 애찬회는 영국 감리교 부흥운동의 특징적인 전통으로 자리 잡게 되었다. 처음에 애찬회는 모라비안식으로 월 1회 저녁에 모였는데, 첫 달에는 남자들, 다음 달에는 여자들만, 셋째 달에는 함께 모였다. 음식은 호밀 빵이나 과자, 물이 전부였다.[26]

1748년 웨슬리는 감리교의 애찬회를 공식적으로 소개했다. 웨슬리의 설명에서는 애찬회가 조모임(band meeting)의 친밀한 교제의 연장으로 나타났다. 처음 애찬회의 규칙은 조모임의 규칙과 똑같았고, 애찬회 참석자들은 조모임의 회원들로만 구성되었다. 사실상 처음의 애찬회는 조모임의 연장이었으나 후에는 충실한 속회원에게만 참석 자격을 주었다. 그러나 지역에 따라서 점점 전체 신도회가 참여하는 것으로 변화해 갔다. 웨슬리는 처음 애찬회를 다음과 같이 설명했다.

> 그들 안에서 하나님의 사랑에 대한 감사를 증진하기 위하여 첫달 하루 저녁에 기혼 또는 미혼 남자들이 모이고, 다음 달에는 기혼 또는 미혼 여자들이 모이고, 그다음 달에는 다 함께 모이도록 구성하였다. 우리는 초대 교회의 전통을 따라 기쁨과 순전한 마음으로 빵을 함께 먹었다. 우리의 음식은 호밀 과자와 물이 전부였다. 그러나 우리는 언제나 만족하게 먹었다. 영생하는 양식을 만족하게 먹었다.[27]

웨슬리는 애찬을 신도반 교제의 연장이며 활성화시키는 수단으로 간주했고, 이 애찬은 새로운 회원들을 신도반에 받아들이는 행사였다. 1758년 이후에는 참석 인원이 모든 신도회 회원들에게로 확장되자 속회의 입회 증서를 가진 자만이 참석할 수 있도록 엄격히 제한함으로써 애찬회의 참석은 특권

---

25) Barrie Tabraham, 『감리교회 형성사』 김희중 역 (서울: 한돌출판사, 1998), 197.
26) 김진두, 『웨슬리의 실천신학』, 101.
27) John Wesley, *Works*, vol. Ⅷ. 258-259.

이 되었다.[28] 초기 메소디스트들의 애찬회의 특징은 신도들 간의 뜨거운 사랑과 말로 다 표현할 수 없는 아름다운 성령 안에서의 교제에 있었다. 그리고 또 하나는 자유롭게 나누는 신앙의 간증이었다. 그런데 놀라운 것은 이와 같은 교제와 나눔과 간증을 통해서 그리고 뜨거운 기도의 시간을 통하여 많은 회심자들을 얻었다는 데 있다. 그야말로 감리회의 애찬회는 그 모임에서 빵과 물을 마심은 단지 하나의 교제를 위한 상징일 뿐이었다. 신도들 안에서 친밀하고 따뜻한 사랑의 교제를 마련해 주고 참석자 모두가 자유롭고 자발적으로 자신들이 경험하고 있는 영적인 삶의 경험들을 나눔으로써 그리스도의 임재를 체험하는 축복의 장이었다.

(2) 철야 및 언약 갱신 예배

철야기도회는 모라비안의 센터가 있던 헤른후트를 방문했을 때 처음 참석하고서 그 잠재적인 가치를 알게 되었는데, 이것을 브리스톨의 킹스우드에서 첫 감리교회 철야기도회로 발전시켰다. 1742년 3월 12일 금요일 많은 사람들이 몰려 왔는데, 웨슬리는 8시에서 9시까지 설교했다. 그런데 성령이 임하여 사람들의 울부짖는 울음 때문에 웨슬리의 설교 소리가 들리지 않았다. 그들은 자정이 넘기까지 노래와 찬양을 계속하였다. 자정이 넘었는데 약 100여 명이 함께 노래하고 기뻐하고 하나님을 찬양하였다고 기록하고 있다.[29]

브리스톨, 런던, 뉴캐슬에서 매월 1회 정기적으로 철야기도를 가졌다. 그러나 나중에는 새해 이브에 갖는 철야기도회로 굳어졌다. 웨슬리는 이 철야기도회의 기원이 초대교회에 있었음을 알았고 초대교회가 온 밤을 오로지 찬송과 기도로 지새우던 관습을 그의 '작은 교회' 안에서 실현하고자 했음을 알 수 있다.

감리교의 첫 번째 철야기도회는 1742년 3월 12일에 브리스톨에 있는 킹스우드 학교에서 광부들에 의하여 처음 시작하였다. 웨슬리는 『감리교인들에 대한 평이한 해설』에서 철야기도회의 발생과 발전에 대하여 설명하고 있

---

28) David L. Watson, *The Early Methodist Class Meeting*, 64.
29) John Wesley, *Letters*, vol. II, 300.

는데, 그는 킹스우드에서 몇몇 교인들이 자주 모여 기도와 찬양과 감사로 밤을 세운다는 얘기를 들었다. 그는 그것을 철저히 살펴보고, 초대교회의 관습과 비교해 본 후 그것을 금지시킬 이유가 없으며 오히려 이 좋은 것을 발전시키고 적극적으로 권장했다.[30] 웨슬리는 일기에서 다음과 같이 기록하였다.

> 우리는 처음으로 런던에서 철야예배를 드렸다. 우리는 대체로 이런 엄숙한 예배를 만월에 가깝거나 이를 전후하여 금요일 저녁에 갖는데, 이는 먼 곳에 사는 회중들이 오고 가는 길에 빛이 있게 하기 위해서이다. 예배는 8시 반에 시작되며 자정 조금 후까지 계속된다. 우리는 이 시즌에 특별한 축복을 받는 것을 자주 보았다. 일반적으로 회중들에게서 깊은 경건미를 찾을 수 있으며, 특히 밤의 고요 속에서 찬송을 부를 때의 그 마음은 측정할 수 없다. 그리고 찬송은 대개 다음과 같이 끝난다. "저 엄숙한 음성을 들으라 한밤의 저 장엄한 외침을! 기다리는 영혼들이여, 기뻐하고 기뻐하라 신랑이 가까우심을 느껴라."[31]

1742년 3월 12일 금요일 많은 사람들이 웨슬리의 설교를 듣고 회개하고 성령을 체험했고, 자정이 넘기까지 기도와 찬양을 계속했다. 그 후 런던, 브리스톨, 뉴캐슬 등에서 매월 1회 정기적으로 철야기도회를 가졌다. 그러나 나중에는 새해 이브에 갖는 철야기도회로 굳어지고 매월 갖지는 않았다. 철야기도회를 통하여 교인들은 개방되고 자유로운 환경에서 마음껏 개인기도, 중보기도, 협력기도를 할 수 있었고 자발적으로 기쁨에 넘치는 찬양을 하고 자유로운 간증으로 서로의 영적 경험을 나눌 수 있었다. 감리교인들은 이 모임에서 넘치는 축복을 경험한다고 웨슬리는 설명했다.[32]

찰스 웨슬리는 철야기도회를 위하여 11개의 찬송을 지어 부르게 하였고, 이 찬송에는 이 모임의 처음 상황을 잘 표현하고 있다. "장엄한 목소리를 들으라 경이로운 밤중의 울부짖음 기다리는 영혼들이 기뻐하고 가까이 오시는

---

30) John Wesley, *Letters*, vol. II, 300.
31) John Wesley, *Works*, vol. I, 364.
32) John Wesley, *Letters*, vol. II, 300.

신랑을 환영하도다." 웨슬리는 이것의 기원은 초대교회가 기도와 찬송으로 온 밤을 새우던 관습으로서 초대교회 시대에는 어디에서나 실행되었다고 말했다. 또한 이것은 개인기도와 협력기도를 자유롭게 함으로써 영적 체험과 나눔을 극대화할 수 있는 은혜의 방편이라고 역설했다.[33]

1744년에 웨슬리는 이 모임을 매월 실시해야 한다고 권면했으나 말년에는 점점 빈도가 줄었고, 그의 사후에는 매년 1회 새해 전날 밤의 모임으로 정착되었다. 그리고 영국의 다른 독립교회들은 이 모임을 배워 독립교회들의 전통이 되었으나 20세기 후반에는 이 관습이 자취를 감추었다.[34] 레슬리 처치(Leslie F. Church)는 이에 관해 다음과 같이 말했다.

> 철야기도회는 … 인생의 순례길을 걷는 그리스도인들이 기도와 찬양과 감사로 지난해를 마감하고 새해를 맞이하는 필수적인 경건의 실천이다.[35]

그리고 언약 갱신 예배는 성경의 언약 갱신 신학에 영향 받은 것으로 이 예배는 다양한 시간에 시도해 본 후, 마침내 매년 첫째 주일로 정착되었고 성찬 예식도 함께 가졌다. 특히 언약 갱신 예배 예문을 철야기도회 때나 새해 첫 주일 언약 갱신 예배 때 사용하기도 했다.[36]

이 언약 갱신 예배는 모든 메소디스트들이 매 신년 첫 주일에 새로운 한 해를, 더 나아가 평생을 하나님 앞에서 성결하게 살고 하나님 한 분만을 사랑하며 살기로 언약을 맺는 예배였다. 웨슬리는 이 예배를 통해 '거룩한 삶과 거룩한 죽음'을 훈련하는 그야말로 그의 메소디스트들이 더욱 하나님께 가까이 나아가게 되기를 바라는 영성 생활의 보다 높은 차원의 훈련이었다고 볼 수 있다.

---

33) John Wesley, *Journal*, vol. II, 536.
34) 김진두, 『웨슬리의 실천신학』, 99.
35) Leslie F. Church, *More about the Early Methodist People* (London: The Epworth Press, 1949), 245.
36) 김진두, 『웨슬리의 실천신학』, 99; 107-108.

(3) 찬 양

초기 감리교회는 찬양을 중요한 은총의 수단으로 생각했다. 찬양은 하나님과의 아름다운 영적 관계를 형성시켜 주고 영적 성장과 성숙을 불러일으켜 주는 중요한 도구였다. 또한 찬양은 감리교 신학과 교리를 시적인 방법으로 설명해 주는 가장 중요한 수단이었다. 찬양은 은총의 수단으로서 하나님과의 새롭고 건전한 관계를 형성시켜 주는 거룩한 감정을 불러일으켜 주고 계속해서 하나님 안에서 영적으로 성장하는 감정을 부여해 준다.

웨슬리 형제들은 50년 동안 60여 권의 찬송가를 출판하였다. 그들은 찬송을 통해 그들의 성화와 완전과 만인 속죄의 교리를 배웠고, 그 교리를 마음으로 확신하는 신앙 의식화를 체험하였다. 감리교 설교와 찬양은 신학적 분위기를 바꾸어 놓았다. 심지어 감리교 설교는 1마일을 퍼져 나갔다는 말도 생겼다. 가사는 찰스가 지었으나 곡들은 그 당시 영국에서 유행하던 가요와 민요들을 사용하였기에 대중들에게 잘 수용될 수 있었다.[37]

웨슬리는 모라비안으로부터 찬양의 중요성을 배운다. 모라비안들은 저녁에 주로 찬양 집회를 많이 가졌다. 웨슬리는 미국 조지아 선교를 향해 가던 중 선상에서 만난 모라비안의 찬송에서 처음부터 강한 인상을 받았다. 결국 웨슬리는 5월 14일에 헤른후트파의 찬송가를 영어로 번역하기 시작하였다. 그것은 그의 결정적인 순간에 있어서 자신의 신앙을 견고하게 하기 위한 강한 영향을 그에게 끼쳤다. 웨슬리는 이미 1735년 10월 27일에 출항하여 웨슬리는 아마도 1735년의 형제단의 최초의 찬송가라고 생각되어 지는 것을 입수하였다. 결국 그는 아메리카에서 독일의 영적 재산인 헤른후트파의 독일어 찬송가를 영어로 번역하는 위대한 일을 해낸다.[38]

웨슬리가 옮겨 쓰고 요약한 네 개의 최초의 찬송가는 다음과 같다. 프레이링 하우젠의 "오 예수여 고요한 안식처의 근원이시여", 프리드리히 리히터의 "내 영혼이 당신 앞에 경배합니다", 진젠도르프의 "예수여! 내 영혼이 당신 앞에 경배합니다". 게르하르트(P. Gerhartdt)의 "나의 마음과 입으로 당신을 찬송

---

37) 김홍기, "초기 감리교회의 조직화와 속회중심의 영성훈련," 「신학과 세계」 제40호, 122.
38) Henry Carter, *The Methodist Heritage* (London: The Epworth Press, 1951), 41.

합니다" 등이었다. 다행스럽게도 웨슬리는 루터파 정통주의와 할레파와 헤른후트파의 경건주의 찬송가들을 손에 넣게 되었다. 중요한 것은 이 찬송가들은 전체적으로 기도요, 그것은 하나님과 인간이 서로 대면할 수 있는 가장 깊은 영역의 중심까지 도달하고 있었다는 점이다.

이를 통해 깊고 끊임없는 하나님과의 교제를 위한 근거를 제공했다. 웨슬리는 경건주의 찬송가의 풍요한 유산을 발견하고 큰 도움을 얻었다. 그의 찬송가의 노랫말과 내용의 번역은 웨슬리를 성경의 세계 속으로 확실히 깊이 침투하는 일을 도와주었고 또 그의 삶에 있어서 초대 기독교적 태도를 강화시켰다.

(4) 성만찬

웨슬리는 루터와 칼빈처럼 교회란 설교가 선포되고 성례전이 집행되는 것임을 강조했다. 성례전은 회개와 거듭남과 성화를 체험하는 은총의 수단(means of grace)임을 강조하였고, 성례전 중에서도 특히 성만찬은 선재적 은총, 의인화의 은총, 성결의 은총을 전달하는 수단으로 이해하였다. 또한 성만찬을 거듭남을 재촉하고 신앙을 견고하게 하는 예전임을 주장했다. 그래서 웨슬리는 성만찬을 회심케 하는 의식이라고 하였다.

> 초대교회에서 세례 받은 사람들은 누구나 날마다 성찬식을 했다 … 그러나 나중에 주의 만찬은 회심하는 성례가 아니라 신앙을 굳게 하는 성례라는 데 동의했다. 그리고 우리들도 오로지 회심한 자, 성령을 받은 자, 완전한 의미에서 믿음이 있는 자만이 성찬식을 해야 한다고 굳건하게 배웠다. 그러나 경험을 통해 주의 만찬이 회심케 하는 성례가 아니라는 주장이 얼마나 잘못된 것임을 알 수가 있다 … 우리 주님은 아직 회개하지 않는 자, 아직 성령 받지 못한 자(완전한 의미에서), 믿음이 없는 자에게도 그를 '기억하며' 성찬을 받으라고 명령하셨다.[39]

---

39) John Wesley, *Journal*, 1747년 7월 27일, 금요일.

성만찬은 하나님의 사랑의 표시이며, 이를 통해 성령의 은사가 성도들의 마음속에 내려온다고 해석한다. 웨슬리는 성만찬을 그리스도의 대속적 죽음의 표적, 현재적 은혜의 표적, 천국의 표적, 그리고 성도의 교제의 표적이 됨을 강조하였다. 이렇게 성만찬을 은총과 영성 훈련의 중요한 수단으로 보았기 때문에 모든 사람들에게, 세례를 받지 않은 성도들에게도 성찬을 주었다. 왜냐하면 그들도 이 은총의 수단을 통하여 각종의 은총, 선재적 은총, 의롭다 하심의 은총, 성화의 은총을 받을 수 있는 기회가 주어지기 때문이다. "사람들에게 선재적 은총, 의롭다 하심의 은총, 성화케 하는 은총을 부여하는 평범한 채널이 되는 목적을 위해 외적 상징과 말씀과 행동으로 하나님에 의해 제정된 것이다."[40]

특히 웨슬리는 성만찬에 관하여 합당한 수찬자가 믿음으로 받을 때 그는 자기의 필요한 은혜를 받을 수 있음을 강조하면서 언급하기를

> 모든 불신자도 기도하고 성찬을 받아야 하는가? 그렇다. "구하라, 그러면 주실 이다." 따라서 만일 그리스도가 죄 많고 연약한 너희를 위하여 돌아가셨다고 믿는다면 떡을 먹고 잔을 마셔라.[41]

여기서 보듯이 웨슬리에게 있어서 성만찬은 대단히 개방적이요, 누구나 예수님의 살과 피를 받음으로 구원받게 하고자 하는 선교적인 정신으로 가득함을 볼 수 있다. 이 성만찬은 주님의 십자가 전날 밤, 최후의 만찬의 자리에서 예수께서 자신의 몸을 비유로 자신의 몸이 찢겨지고 또한 피를 흘려야 하는 대속적 죽음을 상징적으로 나타내시면서 제자들에게 주신 교훈에서 유래된 것으로서 웨슬리는 이 성만찬을 통해 은혜를 체험한 메소디스트들에 의하여 주님의 죽으심이 온 세계로 전파되기를 원하였다. 복음 전파와 구원을 위한 웨슬리의 열정과 탁월함이 여기서도 돋보이고 있는 것이다.

---

40) John Wesley, *Works*, vol. I, 381.
41) John Wesley, *Letter*, vol. VI, 124.

3) 사회적 영성 훈련

(1) 선행의 실천

웨슬리는 그의 '작은 교회'를 중심으로 병자 방문과 가난한 사람에게 먹을 것을 나눠 주고, 감옥의 죄수들을 성실한 사랑으로 돌보고, 사회의 구석구석에 소외되고 있는 불쌍한 이웃을 향하여 각종 사랑의 선행을 실천하도록 훈련하였는데, 할 수 있는 대로 모든 사람에게 모든 곳에서 언제나 최선의 방법을 동원하여 선행을 실천할 것을 강조하였다.

Rules for Christian Living(그리스도인 삶의 원칙): "Do all the good you can(네가 할 수 있는 모든 선을 행하라), By all means you can(네가 할 수 있는 모든 수단을 동원하여), In all the ways you can(네가 할 수 있는 모든 방법으로), In all the places you can(네가 할 수 있는 모든 곳에서), At all the times you can(네가 할 수 있는 모든 시간에), To all the people you can(네가 할 수 있는 모든 사람에게), As long as ever…you can!(네가 할 수 있는 한 오랫동안)"[42]

(2) 악행을 피하기

웨슬리는 그의 메소디스트들에게 악행을 피하도록 훈련하였는데, 악행에는 주로 다음과 같은 것들을 지적하였다. 즉 사치하는 것, 화려하게 치장하는 것, 값비싼 그림을 사는 것, 값비싼 음식을 과용하는 것, 주초 등 하나님의 계명에서 금하는 것들이다.

'On Dress'[43](1786)라는 설교에서 검소하고 겸손한 옷을 입도록 권면했다. 값비싼 옷을 입으면 교만과 허영심이 생기고, 가난한 사람을 섬기는 사역에 해가 된다고 주장한다.

웨슬리는 그의 '작은 교회' 안에서 보다 철저히 생활의 개혁을 주장했고, 이를 위하여 검소하게 절약하면서 모든 사람들이 볼 때 감동을 줄 수 있는 성경적인 삶으로 돌아가도록 훈련하였으며 이것이 당시의 수많은 저소득 계층

---

42) John Wesley, *Letter*, vol. VI, 120-121.
43) John Wesley, *Sermon*, vol. III, 15-26.

과 수많은 노동자들에게 설득력이 있었다.

(3) 경제적 나눔

웨슬리는 고용제도의 개혁, 부자들의 사치와 음식 낭비에 대한 경고, 대자본가와 대지주의 독점화에 대한 비판, 시장 경제의 모순 지적, 부유층과 정치 지도자의 작은 세금 부과, 가난한 계층의 높은 세금 부담의 세제 개혁, 상속 재산의 부당성을 지적하고 사회에 환원할 것을 촉구하는 등 다양한 사회, 경제적인 개혁안을 제시하였다.[44)]

웨슬리는 경제적 나눔을 아주 중요한 성화의 수단으로 보았다. 돈 사용의 3대 원리(gain all you can, save all you can, give all you can) 중에 "할 수 있는 대로 모두 나누어 주라"(give all you can)는 말을 가장 중요하게 생각하였다. 나눔을 실천하지 못하는 것을 가장 질책하였고, 나누지 못하는 성도는 성화 생활의 큰 방해를 받게 된다고 강조했다. 돈 사랑은 교만, 분노, 고집, 신경질, 우상 숭배, 무신론을 낳게 하는 성화의 가장 큰 방해물로 보았다. 물질의 올바른 사용이 성화 생활의 중요한 요소가 된다. 성화란 우리에게 주신 물질과 재능과 은사들을 이웃에게 나누어 줌으로써 하나님께 다시 돌려 드리는 생활임을 강조하였다. 특히 오늘날과 같이 빈익빈 부익부의 현상이 두드러진 시대를 살아가는 우리들에게 경제적 나눔은 웨슬리 당시만큼 중요한 과제일 것이다.[45)]

그 동안 웨슬리 당시의 '작은 교회' 중심의 선교를 위한 선교 교육적인 영성 훈련을 살펴보았다. 이제 그 선교신학적 의미를 고찰해 보고자 한다.

4) 영성 훈련의 선교신학적 의미

폴 히버트는 『성육신적 선교 사역』에서 예수께서 우리에게 성육신적 선교 전략으로 다가왔듯이 우리의 선교도 성육신적 선교 전략으로 구체화되어야

---

44) John Wesley, *Works*, vol. XI, 54-55.
45) 김홍기, "초기 감리교회의 조직화와 속회중심의 영성훈련," 「신학과 세계」 제40호, 122-123.

할 것을 1장에서 이론적인 근거들을 제시하면서 도전하고 있다[46]. 그는 성육신 사역에 대해 언급하기를,

> 교회 개척은 … 하나님과 사람이 함께 하는 작업이다. 하나님께서는 사람들의 삶 가운데 역사하셔서 죄에서 불러내시며, 당신의 부르심에 응답하도록 능력을 주시며 그리고 궁극적으로 그들을 믿음의 공동체로 불러 모으신다 … 어떤 의미에서 교회는 거룩(divine)과 인간적(human)이라는 측면에서 성육신(incarnation)을 반영한다. 한편 사람들은 다른 이들을 교회로 이끌어서 그들을 성숙한 그리스도인으로 훈련시킨다 … 복음 전도자들과 교회 개척자들은 사람들을 초대하여 하나님과 만나게 하며 개교회에서 서로 영적인 삶을 나누게 한다.[47]

웨슬리의 선교 방법론은 다분히 성육신적이었다. 성육신 개념은 먼저, 예수께서 구체적인 한 지역으로 오셔서 갈릴리 지역의 가난한 사람들의 문제에 성실하게 대처하는 방법으로 전 우주의 구원의 문제를 다루었다. 그리고 하나님이 거룩의 담을 넘어 세속이 되셨다는 것이다. 그러므로 교회는 지역과 높은 담을 쌓을 것이 아니라 세상 안으로, 이웃 안으로 성육신해서 나와야 하며 세속의 삶 속에 거룩을 심는 새로운 선교적 사역을 찾아 나서야 할 것이다.

이와 같은 관점에서 웨슬리의 선교 방법은 성육신적이었다. 그는 영국 사회의 종교적, 사회적 현실을 외면하지 않는 구체적으로 대안을 가지고 응답하는 선교 방법론을 펼쳤으며, 둘째로, 그의 메소디스트 운동의 목표에서 확인할 수 있는 것처럼 그의 '작은 교회'가 세속의 삶 속에 거룩을 심기 위하여 철저히 훈련을 하였으며, 나아가 그 결과로 영국 사회 속에 '성경적인 성결'을 전파하는 것이었다. 셋째로, 웨슬리의 선교 방법론은 평등과 사랑을 상실하고 권위와 엄숙한 예배 의식만을 고수하던 일부 특권층의 종교로서의 생명력이 없는 고교회(high church, anglican church)가 아니라 가난하고 소외된 계층과

---

[46] 폴 히버트, 엘로이스 히버트 메네시스, 『성육신적 선교 사역』, 안영권, 이대헌 역 (서울: CLC, 1998), 21-53.
[47] 폴 히버트, 엘로이스 히버트 메네시스, 『성육신적 선교 사역』, 412-414.

민중을 직접 찾아다니면서 위로하고 격려하는 저교회(low church)의 성격을 추구하였다.

이런 의미에서 웨슬리는 '작은 교회' 안에서 메소디스트들을 훈련하면서 철저히 성육신 선교를 실천했다고 본다. 철저한 훈련을 통하여 개인은 물론 나아가 사회 전체의 생활 속에서 복음의 성육신이 이루어지도록 노력하였다. 그는 훈련을 통하여 보다 효과적으로 죄인들의 삶 속으로 들어갔고 그들의 성화를 이루지 못한 바로 그 연약한 부분과 씨름하면서 그들의 변화를 위해 때로는 밤을 세우기도 하고 오랜 시간을 사투하면서 개인과 공동체 그리고 사회적 영성 훈련을 통하여 철저히 성화된 그리스도인의 삶을 훈련했다.

그리고 무엇보다도 선교의 기초는 성경이기 때문에 성경을 연구할 수 있도록 했다. 새로운 개종자들도, 지도자들도 말씀 훈련이 웨슬리의 훈련 프로그램에 들어 있음을 보았다. 웨슬리는 말씀 훈련 안에서 그들의 성경에 대한 신학적 이해를 도왔으며, 나아가 성경을 더욱 풍성히 이해할 수 있는 방법을 찾아 서로 듣고 서로의 통찰을 나눌 수 있는 해석학적 공동체를 이루었다.

교회는 세상을 향한 하나님의 선지자적 음성이다. 이 음성은 세상을 회개시키고 구원하시고 화해시키기 위한 것이다. 이러한 진리들은 인간의 발견이 아닌 거룩한 계시를 기초한 것이다. 이 계시는 하나님의 말씀과 역사하심을 통하여 나타났고, 예수 그리스도의 인격을 통하여 최고로 드러났으며, 성경에 기록되어 있다. 이것들이 선교의 본문이다. 그리고 예수 그리스도께서 특정 시대와 환경 속에서 생활하시기를 선택하셨던 것처럼 웨슬리의 사역도 그가 섬기던 당시의 메소디스트들인 '작은 교회' 신도들의 선교 교육을 통한 훈련을 하기 위하여 늘 함께 호흡하며 성육신적 선교 사역을 실천한 것이다.

The Church and Mission Education

제20장

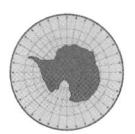

결 론

　지금까지 성경적인 관점과 신학적인 관점에서 교회의 선교와 선교 교육에 대하여 살펴보았다.
　먼저, 선교를 네 가지 관점 즉 교육학적 관점, 신학적 관점, 성서적 관점, 역사적 관점에서 살펴보았는데 성경에서 선교는 하나님께서 세상을 이처럼 사랑하사 선택하신 특별한 백성인 그리스도인들과 몸 된 교회 그리고 교회를 통하여 모든 열방이 구원얻기까지 열방을 향하신 하나님의 그 구원 의지를 펼치심으로서 하나님 나라를 확장하여 오셨다. 요한복음 3:16에 나타난 선교의 하나님은 최고의 사랑을 실천하신 사랑의 하나님으로서 다음의 아홉 가지로 설명이 가능할 것이다.

　　하나님이: 최고의 사랑을 실천하신 분이시다(Greatest Lover).
　　세상을: 최고의 숫자이다(Greatest Number).
　　이처럼 사랑하사: 사랑이 최고의 수준이시다(Greatest Degree).
　　독생자를: 최고의 선물이다(Greatest Gift).
　　주셨으니: 최고의 행위이다(Greatest Act).
　　누구든지: 최고의 초청이다(Greatest Invitation).
　　저를 믿는 자마다: 최고의 단순함이다(Greatest Simplicity).

멸망치 않고: 최고의 해방이다(Greatest Deliverance).
영생을 얻으리라: 최고의 소유이다(Greatest Possession).

이처럼 하나님의 사랑의 동기에서 시작된 선교는 선택된 하나님의 백성들을 통하여 열방으로 확장되었으며 이는 구약성경과 신약성경으로부터 일관성과 연속성을 가지고 있음을 알 수 있는 것이다.

둘째, 선교 교육은 교회의 선교적 사명인 잃어버린 열방의 구원과 하나님 나라의 실현을 위하여 수행해야 할 교육적 행위이다. 그리고 그 교육의 내용은 하나님, 예수 그리스도, 성령, 인간(죄), 복음, 교회와 선교 등을 포함한다. 그리고 선교 교육의 목적은 모든 그리스도인들로 하여금 신실한 예배자로, 선교자로, 제자로, 그리스도의 장성한 분량까지 성장하도록 돕는 것이다.

셋째, 21세기는 신학 전쟁의 시대라 해도 과언이 아닐 것이다. 다양한 선교신학이 난무하는 이때에 성경적인 선교와 성경적인, 복음적인 선교신학의 정립과 견지는 아무리 강조해도 지나치지 않다. 오늘날 한국 교회가 바람직한 영향력을 끼치지 못하는 안타까운 현실 속에서 교회는 그 본질적인 모습을 찾기 위하여 성경으로 다시금 돌아가야 할 것이다. 그런 의미에서 교회는 본질적으로 선교하는 공동체요, 교육을 통해 자신을 재발견하고 갱신하고 보완해가는 교육의 공동체인 것이다.

넷째, 한국 교회를 역사적으로 회고해 보면 지난 한 세기 동안 선교에는 열정을 쏟았으나 그에 상응하는 선교 교육에는 너무나 소홀히 해왔다. 이 시대에 영향력을 끼치지 못하는 무기력함은 선교 교육의 부재에 있었다고 해도 과언은 아닐 것이다. 솔직히 '선교 교육'이란 개념 자체가 생소할 뿐만 아니라 '선교 교육'을 다룬 저서들도 손에 꼽을 정도이다. 이제 21세기 한국 교회가 세계 선교의 주역이 되려면 겸손히 엎드려 체계적인 선교 교육을 준비하여 전 교회, 전 성도, 전 교역자들을 대상으로 실천해야 할 것이다.

마지막으로, 다시 한번 강조하자면 무엇보다도 모든 교회의 지도자들은 솔선하여 선교 교육에 임해야 할 것이다. 탁월한 선교는 많은 수의 선교사를 파송함에 있는 것이 아니라 파송한 선교지에 대한 연구, 선교사와의 관계, 후원 문제, 선교사 자녀 교육과 양육의 문제, 건강관리 문제 등 다양한 문제들에 대하여 섬기는 자세에 있다. 동역자의 관계로 하나님께 영광을 돌릴 수 있어야 할 것이다.

이처럼 더 나은 선교와 선교 교육을 위해서는 철저한 회개와 반성이 필요할 것이며, 체계적인 선교 교육을 위하여 꾸준한 준비가 필요할 것이며, 복음적인 선교신학을 다시금 재정립하고, 명분이나 과시욕에 대한 유혹을 버리고, 성경적인 선교관을 다시금 재정립하고, 다양한 선교 교육 프로그램 개발에 임해야 할 것이다. 나아가 신학대학교와 교단 총회 그리고 선교 단체의 리더십들의 도움을 받고 동시에 협력하여 선교 교육의 전문가들을 키우고 그들과 협력하여 선교 교육에 대한 교육 과정을 연구해야 할 것이다.

선교 교육은 선교에 대한 교회의 사명을 견고하게 해 줄 뿐만 아니라 선교를 통하여 온 세계 열방의 구원과 하나님 나라의 확장에 크게 기여하게 될 것이다. 그런 의미에서 선교 교육은 그리스도인 개개인이 먼저 예수 그리스도의 제자로 견고히 서고, 나아가 그리스도의 장성한 분량에까지 성장한 다음 또 다른 사람들을 사랑으로 세우는 일련의 과정인 것이다. 이 일에 한국 교회가 다시 한번 아름답게 헌신하는 일이 일어나기를 간절히 열망해 본다.

참고문헌

국외 도서

Blauw, Johannes. *The Missionary Nature of the Church*. New York: McGraw-Hill, 1962.

Bright, John. *The Kingdom of God*. Nashville: Abingdon Press, 1953.

Calvin, John. *Institutes of the Christian Religion*. ed. J. T. McNeil, Library of Christian Classics vol. 20, Philadelphia: Westminster, 1960.

Costa, Orlando. *The Church and Its Mission*. Wheaton: Tyndale, 1974.

Carter, Henry. *The Methodist Heritage*. New York: Abingdon Cokesbury Press, 1951.

De Ridder, Richard R. *Discipling the nations*. Grand Rapids: Baker Book House, 1975.

Dinnen, Stewart. *How are you doing?*. Bromley: STL Books, 1984.

Douglas, J. D (ed.). *The Lausanne Covenant, Let the Earth Hear His Voice*. Minnesota: World Wide Publications, 1975.

Dubose, Francis M. *How churches Grow in an Urban World*. Nashville: Broadman, 1978.

Glassser, A. F. and McGavran, D. A. *Contemporary Theologies of Mission*. Grand Rapids: Baker Book House, 1983.

Hale, Thomas. *On Being a Missionary*. California: William Carey Library Pasadena, 1995.

Harrison, Evertt. *Introduction to the New Testament*. Grand Rapids: Eerdmans, 1965.

Herklots, H. G. G. *A Fresh Approach to the New Testament*. New York and Nashville: Abingdon -Cokesbury Press, 1950.

Kane, Herbert J. *Christian Missions in Biblical Perspective*. Grand Rapids : Baker Book House, 1976.

Krass, Alfred C. *Go- And Make Disciples*. napervilne, 1974.

Kuyper, Abraham. *Lectures on Calvinism*. Grabd Rapids: Eerdmans, 1994.

Hiebert, Paul G. *Anthropological Reflections on Missiological Issues*. Michigan: Baker Books, 1994.

Jacques, Dupont. *The Salvation of the Gentiles*. Translated by John Keating from the original French, New York: Paulist Press, 1970.

Kittle, Gerhard, Friedrich, George ed., *Theological Dictionary of the New Testament V*. trans, Geoffery, W. Bromiley. Michigan: Grand Rapids, 1973.

Luzbetak, Louis J. *The Church and Cultures*. Techny, Illinois: Divine Word Publication, 1963.

Manecke, D. *Mission Als Zeugendienst*. Wuppertal: Theologischer Verlag Rolf Brockhaws, 1972.

McGavran, Donald Anderson. *Bridges of God*. New York: Friendship Press, 1955.

_____ . *How Churches Grow*. London: World Dominion Press, 1959.

_____ . *Understanding Church Growth*. Grand Rapids: W. Eerdmans,1970.

McGavran, Donald A. & Hunter III George G. *Church Growth*. Nashville: Abingdon Press, 1980.

Miller, Donald G. *The Nurture and Mission of the Church*. Atlanta: John Knox Press, 1957.

Morgan, G. Campbell. *The Missionary Manifesto*. Grand Rapids: Baker Book House, 1970.

Naugle, David K. *Worldview: The History of a Concept*. Grand Rapids/Cambridge: Eerdmans, 2002.

Norman, Goodall ed. *The Uppsalla Report 1968*. Geneva Switzerland: CVB-Druck, Zurich, 1968.

Nicholls, Bruce J. *Theological Education and Evangelization, Let the Earth Hear His Voice*. International Congresson World Evangelization. ed. Douglas, J. D. Minneapolis: World Wide, 1975.

Peters, George W. *A Biblical Theology of Missions*. Chicago: Moody Press, 1972.

Rowley, H. H. *The Missionary Message of the Old Testament*. London: Carey Kingsgate Press, 1945.

Santram, P. B. *The Purpose of St. John's Gospel: The Spread of the Good News*. Duraisingh and Hargreaves, 1975.

Smart, James D. *The Teaching Ministry of the Church*. Philadelphia: The Westminster Press, 1964.

Snyder, Howard. *The Problem of Wine Skins*. Downes Grove: Intervarsity Press, 1975.

Stevens, Abel. *The History of the Religious Movement of the Eighteenth Century Called Methodism*. vol. III, New York:

Carlton and Porter, 1859.

Stott, J. R. W. *Christian Mission in the Modern World*. London: Falcon, 1975.

Tillich, Paul. *Systematic Theology*. Vol. 3, Chicago: The University of Chicago Press, 1963.

Towlson, C. T. *Moravian and Methodist, Relationships and Influences in the Eighteenth Century*. London: The Epworth Press, 1957.

Visser't Hooft, W. A. *No Other Name*. London: SCM, 1963.

Vicedom, George F. *The Mission of God*. St. Louise Ms: Concordia, 1965

Wagner, Peter. *Stategies for Church Growth*. Ventura, CA: Regal Books, 1987.

Watson, David L. *The Early Methodist Class Meeting*. Discipleship Resources Nashville, 1987.

Wesley, John. *The Journal of the Rev. John Wesley*. A.M. ed. Nehemiah Curnock. 8 Vols. London: Epworth Press, 1938.

_____ . *The Letters of the Rev. John Wesley*. A. M. ed. John Telford. 8 Vols. London: Epworth Press, 1931.

_____ . *The Works of the Rev. John Wesley*. ed. Thomas Jackson. 14 Vols. Grand Rapids Mich: Zondervan Publishing House, 1991.

Wieser Thomas(ed). *Planning for Mission*. New York: The U. S. Conference for the World Council of Churches, 1966.

Wright, G. Eenest. *Theology of Recital*. London: SCM Press, 1969.

Wyckoff, D. Campbell. *The Gospel and Christian Education*. Westminster Press: Philadelphia, 1959.

번역 도서

Bavinck, J. H. 『선교학개론』. 전호진 역. 서울: 성광문화사, 1991.

Carey, William. 『이방인을 개종시키기 위한 도구로서의 신자들의 임무에 관한 탐구』(*An Inquiry into the Obligations of Christians to use Means for the Conversion of the Heathens*), 1792.

Christy, Wilson. "직업 선교의 역사," 『직업선교』. 데쓰나오 야마모리 편. 이득수 역. 서울: 한국기독교학생출판부, 1999.

Colman, Lusion E. 『교육하는 교회』. 박영철 역. 서울: 생명의말씀사, 1991.

Covey, Stephen. 『원칙 중심의 리더십』. 서울: 김영사, 2001.

Crosmann, Eileen. 『산 비』(*Mountain Rain*). 최태희 역, OMF, Rodem Books, 2006.

Dayon, E. R, Fraser, D. A. 『세계선교의 이론과 전략』. 곽선희 외 역. 서울: 대한예수교장로회출판국, 1991.

Dresser, John. 『자녀교육, 초등학교 때가 중요합니다』. 안보현 역. 서울: 생명의말씀사, 2001.

Evay, C. B. 『기독교 교육사』. 김근수, 신청기 역. 서울: 한국기독교교육연구원, 1986.

Frank, Karl Suso. 『기독교 수도원의 역사』. 최형걸 역. 서울: 은성, 1997.

Griffiths, Michael. 『기억 상실증에 걸린 교회』. 권영석 역. 서울: IVP, 1992.

Hamilton, Don. 『자비량 선교사들은 이렇게 말한다』. 정진환 역. 서울: 죠이선교회, 1992.

Hedlund, Roger E. 『성경적 선교신학』(*A Biblical Theology of Missions*). 송용조 역(서울: 고려서원), 301.

Hesselgrave, D. 『선교 커뮤니케이션』. 강승삼 역, 서울: 생명의말씀사, 1999.

Hoekendijk, Johaness.『흩어지는 교회』. 이계준 역, 서울: 대한기독교 서회, 1994.
Howard, David M.『그리스도의 지상명령』. 김경신 역. 서울: CLC, 1970.
_____ .『영적전투를 통한 교회성장』. 나겸일 역. 서울: 서로사랑, 1994.
Hulbert, Terry C.『오늘의 세계선교』. 윤혜준 역. 서울: 생명의말씀사, 1984.
_____ .『현대선교신학 개론』. 최정만 역. 서울: CLC, 1993.
Kane, J. Herbert.『기독교 선교이해』. 신서균 역. 서울: CLC, 1997.
_____ .『선교신학의 성서적 기초』. 이재범 역. 서울: 나단, 1990.
_____ .『선교사의 생활과 사역』. 백인숙 역. 서울: 두란노서원, 1991.
_____ .『세계를 품는 그리스도인, 왜 되어야 하는가?』. 민명홍 역. 서울: 죠이출판부, 1990.
_____ .『세계선교역사』. 서울: CLC, 1995.
Ladd, George Eldon.『하나님 나라의 복음』. 신성수 역. 서울: 한국기독교 교육연구원, 1982.
Lingenfelter, Sherwood.『문화적 갈등과 사역』. 황태종 역. 서울:죠이선교회, 1989.
McGavran, Donald A.『기독교와 문화의 충돌』. 이재완 역. 서울: CLC, 2007.
Morris, Henry.『기독교교육 개요』. 이갑만 역. 서울: 생명의말씀사, 1987.
Nichols, Bruce.『그리스도의 유일성과 종교다원주의』. 서울: 횃불, 1998.
Ottis Jr, George.『10/40 창문에 비쳐진 견고한 진』. 임상범 역.서울:예수전도단, 1997.
Owen, John.『개혁주의 성령론』. 이근수 역. 서울: 여수론, 1983.
Paul, Hiebert G. & Meneses, Eloise Hiebert.『성육신적 선교사역』. 안영권, 이대헌 역. 서울: CLC, 1998.

Richardson, Don. 『화해의 아이』. 김지찬 역. 서울: 생명의말씀사, 1974.
Robert, Palmer. 『계약신학과 그리스도』. 김의원 역. 서울: CLC, 1983.
Sanders, J. Oswald. 『성령과 그의 은사』. 권혁봉 역. 서울: 요단, 1987.
Schmidt, Martin. 『존 웨슬리(상)』. 김덕순, 김영선 역, 서울: 은성, 1997.
Seamands, John T. "선교 - 교회의 지상과제"「신학과 선교 II」. 허경삼 역. 부천: 서울신대출판부, 1974.
Simens, Ruth. "타문화권 직업 선교에 대한 성경적 근거"『직업선교』. 데쓰나오 야마모리 편. 이득수 역. 서울: 한국기독교학생출판부, 1999.
Smith, Oswald J. 『선교사가 되려면』. 김동완 역. 서울: 생명의말씀사, 1983.
Tabraham, Barrie. 『감리교회 형성사』. 김희중 역. 서울: 한들출판사, 1998.
Taylor, William D. 『잃어버리기에는 너무나 소중한 사람들』. 백인숙 외 역. 서울: 죠이선교회 출판부, 1998.
Tippett, Alan R. 『교회 성장과 하나님의 말씀』. 장중열 역. 서울: 보이스사, 1978.
Van Engen, Charles. 『모이는 교회, 흩어지는 교회』. 임윤택 역. 서울: 두란노, 1994.
Verkuyl, Johannes. 『선교의 성서적 기초』. 김명혁 역, 서울: 성광문화사, 1983.
_____. 『현대선교신학 개론』. 최정만 역, 서울: CLC, 1993.
Winter, Ralph D. 『교회의 이중 구조』. 백인숙 역. 서울: IVP, 2001.
_____. 『미션 퍼스펙티브』. 정옥배 역. 서울: 예수전도단, 2001.
William B. H. 『복음주의 기독교교육론』, 베르너 그랜도르 편, 김국환 역, 서울; CLC, 1992.
Yamamori, Tetsunao. 『미전도 종족 이렇게 접근하라』. 이현모 역. 서울: 죠이선교회, 1996.

Young, John M. L.『선교의 동기와 목적』. 권달천 역. 서울: 개혁주의 신행협회, 1972.
웨이나이, 롱, 츄엔, 샤오니엔.『선교의 ABC』. 김한성 역. 서울: 예영커뮤니케이션, 1996.

국내 도서

강승삼.「21세기 한국 교회의 선교전략을 위한 제안」. 21세기 선교전략회의 보고서, 2000.
김명혁.『현대교회의 동향』, 서울: 성광문화사, 1991.
김성환.『기독교교육론』. 오인탁 외 편, 서울: 대한기독교교육협회, 1990.
김용섭.『오늘의 한국교회 무엇이 문제인가?』. 교회문제연구소 편, 서울: 엠마오, 1986.
김진두.『웨슬리의 실천신학』. 서울: 진흥, 2000.
고용수.『교회교육론, 기독교교육론』. 서울: 대한기독교교육협회, 1984.
민경배.『한국기독교회사』. 서울: 대한기독교출판사, 1983.
박종구.『세계선교, 그 도전과 갈등』. 서울: 신망애출판사, 1994.
박영호,『선교학』, 서울: CLC, 1993.
배창훈.『개혁 교회론에서 바라본 학생 선교단체 비판』. 고려신학대학원, 1997.
양병무,『감자탕교회 이야기』 서울: 김영사, 2003.
오인탁.『기독교교육』. 서울: 종로서적, 1991.
옥한흠.『다시 쓰는 평신도를 깨운다』. 서울: 두란노, 1998.
은준관.『기독교교육사』. 강희천 외. 서울: 교육목회, 1992.
_____ .『교육신학』. 서울: 대한기독교서회, 1983.
이복수.『하나님의 나라』. 서울: CLC, 2002.
이재완.『웨슬리와 선교』. 서울: 한들출판사, 2004.

_____. 『선교와 문화이해』. 서울: CLC, 2008.

_____. 「상황화신학」. 아세아연합신학대학교대학원 강의안, 2007.

_____. 「선교인류학」. 아세아연합신학대학교신대원 강의안, 2007.

_____. 「선교의 상황화」. 아세아연합신학대학교 강의안, 2007.

_____. 「선교와 문화」. 아세아연합신학대학교 강의안, 2007.

_____. 「선교와 교육」. 아세아연합신학대학교 강의안, 2007.

_____. 「선교와 영적전쟁」. 아세아연합신학대학교 강의안, 2008.

_____. 「선교 역사」. 아세아연합신학대학교 강의안, 2008.

_____. 「선교현장과 영적전쟁」. 아세아연합신학대학교선교대학원 강의안, 2008.

_____. 「cross-cultural communication」. 아세아연합신학대학교선교대학원 강의안, 2008.

_____. 「선교와 선교 교육」. 아세아연합신학대학교 강의안, 2008.

_____. 「선교인류학」. 아세아연합신학대학교 강의안, 2009.

이태웅. 『한국 선교의 이론과 실제』. 서울: 한국해외선교회 출판부, 1994.

장중열. 『교회성장과 선교학』. 서울: 성광문화사, 1990.

전영인. 『선교교육지침서』. 서울 : 한국어린이전도협회, 1995.

전호진. 『선교학』. 서울: 개혁주의 신행협회, 1987.

_____. 『종교 다원주의와 타종교 선교전략』. 서울: 개혁주의신행협회, 1994.

정일웅. 『교육목회학』. 서울: 솔로몬, 1993.

정홍호. 『상황화 신학』. 서울: 한국로고스연구원, 1996.

채은수. 『선교학 총론』. 서울: 기독지혜사, 1991.

최정만. 『월드 뷰와 문화이론』. 서울: 이레서원, 2006.

황은우. 『삼일교회 단기선교 이야기』. 서울: 좋은 씨앗, 2008

논문

김홍기. "초기 감리교회의 조직화와 속회 중심의 영성훈련"「신학과 세계」제40호. 서울:감리교신학대학교출판부, 2000.
이재완. "영적전투에 관한 선교신학적인 연구"「석사학위논문」. 서울: 아세아연합신학대학교대학원, 1999.
_____ . "교회 안의 작은 교회 운동에 나타난 요한 웨슬리의 선교 사상 연구"「박사학위논문」. 서울: 아세아연합신학대학교대학원, 2004.
이혜경. "세계선교를 위한 교회교육 평가 및 제안"「석사학위논문」. 서울: 아세아연합신학대학교대학원, 1993.
임종표. "선교사 훈련을 위한 제언"『21세기를 향한 한국 선교의 비전』. 정민영 외 편. 서울: 한국기독학생회 출판부, 1996.
조현배. "선교론적 지평에서 본 교육목회의 기능이해"「석사학위논문」. 서울: 장로회신학대학교신학대학원, 1984.

선교 잡지 및 기타 자료

A. Korokaran, "Theological Foundations of Evangelization". *Indian Missiological Review*. Vol. I. No. 2(April), 1979
Samuel Hugh Moffett, "*Three Rocks for Mission to stand on*".
www.acts.ac.kr ACTS 선교사연장교육
The Lausanne Committee for World Evangelization, The Willowbank Report, 1978.
강성일. "중남미 선교의 현장 상황과 이해", PCKWM 세계선교 전략회의, 2007.
김영한. "성경은 하나님의 말씀", 명성교회 창립 30주년 기념 학술세미나, 서울: 명성교회, 2009.

김홍기. "초기 감리교회의 조직화와 속회 중심의 영성훈련"「신학과 세계」. 제 40호, 서울: 감리교신학대학교 출판부, 2000.

두란노서원.「목회와 신학」. 1990년 6월 호.

박도수. "교회 내 선교교육의 실태"「세계선교 제16호」, 서울: 총신대학교 부설 선교연구소, 1993.

박진경. "기독교교육에 대한 포괄적 이해"「통합연구」. 제2권 1호, 1989.

백인숙. "선교교육의 필요성"「미션월드」. 1993. 11-12월호

세계선교 편집부. "신학생 선교의식 연구조사 결과보고서"「세계선교 제39호」. 서울: 총신대학교 부설 선교연구소, 2001.

이극범. "선교의 교두보 디아스포라 한인교회" PCKWM 세계선교 전략회의, 2007.

이동휘. "세계를 품은 그리스도인을 육성하라"「선교 21세기, 제35호」. 1996. 7.

이재완. "바울의 상황화 선교에 관한 연구"「월간 프리칭」. 서울: 프리칭 아카데미, 2008.

한인수. "필립 야콥 스페너"「경건신학」. 제2호, 1994. 8.

한국기독교교회협의회.「기독교연감」. 1992.

한국해외선교회.「현대선교 11호」. 한국해외선교회출판부, 1997.

한국해외선교회.「현대선교 12호」. 한국해외선교회출판부, 1999.

한국해외선교회.「한국선교 핸드북(1998~2000)」. 안산: 한국해외선교회출판부, 1998.

허석구. "선교사회 선교 네트워크 방향" PCKWM 세계선교 전략회의, 2007.

홍성철. "독일 경건주의가 요한 웨슬리에게 미친 영향"「신학과 선교」제19집. 부천: 서울신학대학교출판부, 1994.

교회와 선교 교육

The Church and Mission Education

2009년 10월 30일 초판 발행

지은이 | 이 재 완

펴낸곳 | 사) 기독교문서선교회
등록 | 제16~25호(1980. 1. 18)
주소 | 서울시 서초구 방배동 983-2
전화 | 02) 586-8761~3(본사) 031) 923-8762~3(영업부)
팩스 | 02) 523-0131(본사) 031) 923-8761(영업부)
홈페이지 | www.clcbook.com
이메일 | clckor@gmail.com
온라인 | 기업은행 073-000308-04-020, 국민은행 043-01-0379-646
　　　　　예금주: 사)기독교문서선교회

ISBN 978-89-341-1049-1 (93230)

* 낙장 · 파본은 교환해 드립니다.